국어 접속어미의 문법

저자 **백낙천白樂天**

서울에서 태어났다. 동국대학교 국어교육과를 졸업하고 같은 학교 대학원에서 국어
학을 공부했다. 『국어 접속어미의 형태 분석과 의미 연구』(2001)로 박사학위를 받았
다. 한국연구재단 지원 박사후 연수 과정을 거쳤으며, 이후 한국학중앙연구원에서
책임연구원으로 있었다. 지금은 배재대학교 한국어문학과 교수로 있다.

지금까지 쓴 주요 저서로는 『국어의 통합형 접속어미』(2003), 『한글과 계몽 그리고
배재』(2019)가 있으며, 공저로는 『조선 후기 한글 간찰의 역주 연구』(2005), 『외국인
을 위한 한국문화 길라잡이』(2009), 『광산 김씨 가문 한글 간찰』(2009), 『새로운 국
어사 연구론』(2010), 『배재 인물 평전』(2011) 등이 있다.

국어 접속어미의 문법

초판 인쇄 2019년 12월 20일
초판 발행 2019년 12월 30일

지 은 이 백낙천
펴 낸 이 이대현

책임편집 임애정
편 집 이태곤 권분옥 문선희 백초혜
디 자 인 안혜진 최선주 김주화
마 케 팅 박태훈 안현진

펴 낸 곳 도서출판 역락 / 서울시 서초구 동광로46길 6-6 문창빌딩 2층(우-06589)
전 화 02-3409-2058 FAX 02-3409-2059
이 메 일 youkrack@hanmail.net
홈페이지 www.youkrackbooks.com
등 록 1999년 4월 19일 제303-2002-000014호

ISBN 979-11-6244-463-4 93710

＊정가는 뒤표지에 있습니다.

＊이 도서의 국립중앙도서관 출판예정도서목록(CIP)은 서지정보유통지원시스템 홈페이지(http://seoji.nl.go.kr)와
 국가자료공동목록시스템(http://www.nl.go.kr/kolisnet)에서 이용하실 수 있습니다.(CIP제어번호: CIP2019053204)

＊이 저서는 2019학년도 배재대학교 교내학술연구비 지원에 의하여 수행된 것임.

국어 접속어미의 문법

백낙천

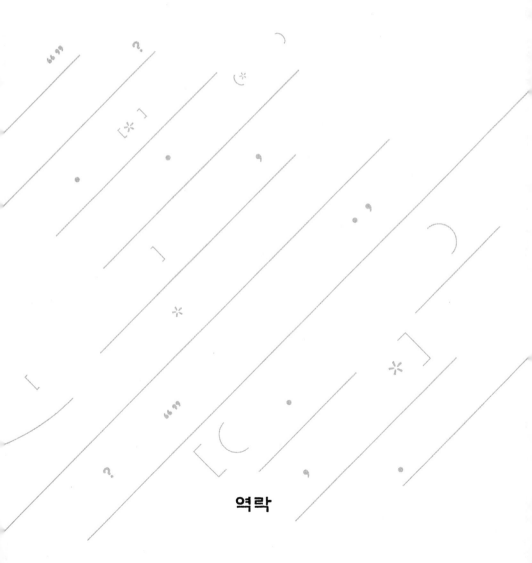

역락

머리말

국어 문법에서 활용어미에 대한 연구, 그중에서도 다양한 문법 범주가 통합되어 형성된 접속어미에 대해서 그동안 많은 논의가 이루어진 것은 이를 통해 국어의 모습을 보다 폭넓게 이해할 수 있기 때문일 것이다. 저자 역시 국어 접속어미에 관심을 가지고 지금까지 연구를 꾸준히 하고 있으며, 특히 국어 접속어미가 국어 문법 전반과 어떠한 관련을 맺고 있는지를 깊이 천착하여 왔다. 이는 문법 형태소에 대한 철저한 고찰이 국어 통사론 연구의 출발이라는 저자의 믿음에 기인한다고 하겠다.

이 책은 저자가 국어 문법과 관련하여 그동안 품었던 생각들을 논문으로 발표한 것 중에서 접속어미를 주제로 발표한 것들을 모아 하나의 책으로 엮은 것이다. 수록된 논문들은 국어 형태론에 기반하여 접속어미의 통사론적 특징을 살핀 저자의 일관된 연구 방법의 결과물이다. 특히, 이 책에는 접속어미의 문법적 특징과 다양한 의미를 구성요소의 형태에 근거하여 기술할 때 보다 설득력 있는 설명이 가능할 수 있다는 전제하에 기왕에 발표한 14편의 논문을 총 3부로 나누었는데, 여기에는 10여 년 전부터 조선 시대 한글 간찰인 언간에 관심을 가지고 발표한 논문 중에서 어말어미와 관련하여 기술한 논문 3편도 함께 실었다.

이 책에 수록된 논문은 교정의 수준에서만 손을 보았을 뿐 당시 게재한 상태를 그대로 유지한 채 이 책의 체재에 맞게 재구성하여 실었다. 오래전에 발표한 논문의 경우에는 수정·보완을 해야 할 부분도 있었으며 저자의 능력 부족으로 논증이 치밀하지 못한 것도 눈에 띄었다. 이럴 경우 기왕에 발표된 논문에 보충 논의를 첨부하여 제시하는 것이 마땅하지만 부끄럽게도 그렇게 하지 못했다. 더군다나 한 권의 책으로 엮다 보니 체계적으로 내용을 기술하지 못하여 부분적으로 겹치는 논의도 있다. 그럼에도 불구하고 이 책을 출판하게 된 것은 지금까지의 공부를 돌아보면서 새롭게 마음을 다지기 위한 저자의 소박한 심정에서 비롯된 것이다.

돌아보면 저자가 지금까지 공부를 하면서 헤매지 않을 수 있었던 것은 지도교수이신 서태룡 선생님의 가르침 덕택이다. 선생님의 부족한 제자로서 송구한 마음으로 이 책을 올려 드리며, 이제는 정년퇴임을 하신 선생님의 건강을 기원하는 마음 간절하다.

그리고 저자가 박사학위를 취득하고 한국학중앙연구원을 거쳐 배재대학교에서 학생들을 가르치고 연구할 수 있는 것은 한결같은 아내의 기도와 언제나 큰 힘이 되어 주는 든든한 아들, 딸들 덕분임을 고백한다. 저자에게 행복을 주는 가족들에게 이 자리를 빌려 감사한 마음을 전한다.

끝으로 학술 서적을 출판하는 것이 어려운 시절임에도 불구하고 이 책을 기꺼이 출판해 주신 도서출판 역락의 이대현 대표님과 마음을 다해 애써 주신 박태훈 이사님, 그리고 근사한 모양의 책으로 만들어 주신 편집부 임애정 선생님께 감사드린다.

2019년 12월
우남관 연구실에서
백낙천

차 례

제3부 언간의 어말어미

제1부

접속어미의 기본적 이해

제1장 접속어미와 문법화

1. 머리말

아리스토텔레스 이후 전통 문법 시대의 언어관에서는 언어는 변화되지 않는 것으로 보아 언어의 변화를 언어의 타락으로 간주하기도 하였다. 그러나 구조주의 언어학 시대 이후로 언어를 언중들의 상호 협동하는 자의적 음성 기호 체계로 이해하는 언어관의 입장에서 본다면, 언어는 의사소통을 위한 기능을 갖고 있고, 음성과 의미의 자의적 관계성을 지니고 있기 때문에 필연적으로 언어는 시간의 흐름에 따라 변화할 수밖에 없다. 제행무상(諸行無常)이라는 말이 언어에도 예외일 수 없는 것이다.

언어는 역사적 현재라는 표현대로, 최근에 이르러 공시적 언어 현상에 대한 올바른 기술을 위하여 통시적 언어 변화에 대한 이해가 필요하다고 하면서 공시태와 통시태의 구별보다는 범시태의 관점을 취하는 문법화 이론이 주목을 받고 있다. 문법화는 일반적으로 어휘적 의미를 갖는 언어 요소가 문법적 기능을 갖는 언어 요소로 바뀌어 가는 과정을 나타내는 언어 변화 양상을 가리키는 개념이다. 이러한 문법화의 개념은 19세기 역사주의 언어학 시대에 그 기초적 개념이 확립되었듯이 언어 연구에서 꽤 오래전부터 관심의 대상이 되었던 것이 사실이다. 그런데 소쉬르의 구조주의 언어학의 영향으로 공시적 언어 연구가 대세를 이루고 뒤이어 생성문법이 맹위를 떨쳤던 시기에는 문법화 논의가 관심의 중심에 놓이지 못하다가 Givón(1971)이 어제의 통사론이 오늘의 형태론이라고 주장하고 이후 일련의 문법화 이론이 전개되면서 논의의 활기를 띠게 되었다.

한편, 최근에는 국어 문법 연구를 정리하는 자리에서도 문법화 논의는 별도의 장을 마련하여 기술될 정도로 양과 질에서 매우 활발한 논의가 이루어지고 있는 실정이다. 국어 문법의 다양한 주제를 문법화의 관점에서 설명하려는 시도는 그대로 국어 문법 연구의 풍성한 논의를 이끌기에 충분했으며, 이렇듯 국어 문법화와 관련한 백가쟁명식의 논의와 접근 방식을 통해 국어 문법 연구 방법론이 더욱 설명력을 확보하게 된 것도 사실이다.1) 그러나 다양한 논의에도 불구하고 문법화의 개념은 아직 규정되지 못했으며, 문법화의 대상을 어디까지 한정할 것인지에 대한 범위도 확정되지 못한 실정이다.

---

1) 이성하(1998:24-25)에서는 언어학 이론으로서 문법화 이론은 언어 현상을 설명하는 데 독자적인 장점을 가지고 있다고 하면서 다음과 같이 제시하였다. 첫째, 문법화 이론은 언어의 관찰 대상을 공시나 통시처럼 인위적으로 나눈 부분적인 언어 자료가 아니라 언어가 가지고 있는 역사성과 그 문화, 언어 사용자의 인지 작용이나 언어 습득 등과 같은 포괄적인 측면들을 모두 관찰 대상으로 삼는다. 둘째, 문법화 이론은 이론내적인 설명이 아니라 이론외적으로 '독립적인 증거'를 통해 언어 현상을 설명한다는 점에서 타당성이 높은 설명력을 가지고 있다. 셋째, 문법화 이론은 언어 변화의 주체를 언어가 아니라 사람으로 봄으로써 언어 변화의 동기에 대한 설명을 가능하게 한다. 넷째, 문법화 이론은 문법의 하위 분야들이 서로 연쇄의 구조를 가지고 있음을 보임으로써 그동안 문법의 하위 분야들 간의 경계 설정에 대한 부자연스럽고 경직된 학문적 동향에 혁신적인 태도 변화를 가져오게 하였다. 다섯째, 문법화 이론은 언어 변화에 나타난 인간의 인지적 전략을 연구하는 데 큰 관심을 가짐으로써 범언어적인 시각에서 언어 현상을 기술하려 한다는 점에서 타당성이 높은 설명을 제시한다. 여섯째, 문법화 이론이 가지고 있는 범시적 시각은 공시 언어학에서 언어의 역사성을 무시함으로써 생겨나는 한계와 통시 언어학에서 언어의 공시적 현상을 간과함으로써 생겨나는 한계를 모두 극복한다.

그런 점에서 본고는 다양하게 이루어진 국어 문법화 연구의 현황을 점검하고 그 특성을 살펴보는 것을 목적으로 한다.

2. 문법화의 개념

모든 문법 형태소가 어휘 형태소에 그 기원을 두고 형성된 것이라고 단언할 수는 없지만 문법 형태소 중에는 기원적으로 어휘 형태소가 역사적으로 변화를 입어 생성된 것이 상당히 많다. 그런 점에서 하나의 문법 형태소는 역사적 현재라는 명제는 공시태가 보여 줄 수 없는 언어 변화와 관련한 비밀을 통시태를 통해 좀더 진실에 가깝게 다가갈 수 있는 가능성을 시사한다. 서양의 Humboldt를 거쳐 Meillet에 와서 문법 용어로서 정착되어 19세기 후반 역사주의 언어학 시대에 그 기초가 확립되었던 문법화란 개념이 최근 국어 문법 연구의 유용한 방법론으로 부각되고 있다.[2]

그런데 문법화라는 용어에서 일차적으로 포착할 수 있는 것은 어휘적 의미를 가지고 있는 실사류가 문법적 의미를 가지는 허사류로 바뀌는 언어 변화 현상이 문법화라는 것이다. 그러나 최근에 문법화 논의가 활발하게 일어나면서 문법화의 개념도 확대되었다. 문법화의 개념에 대한 현대적 정의로서 가장 많이 인용되고 있는 Kuryłowicz(1947)의 정의를 제시하면

---

[2] Hopper & Traugott(1993:18-31)에 의하면 'Grammaticalization'이라는 용어를 문헌에서 처음 사용한 사용한 사람은 Meillet(1912=1958)이지만, 그의 생각은 Humboldt(1825)가 제기한 문법의 기원에서 영감을 얻은 것이라 하고 있다. 한편, Hopper & Traugott(1993)는 grammaticalization과 grammaticization은 개념상에 있어 큰 차이는 없고, 다만 문법 형태소의 생성적 측면에서 전자는 역사적 전망을 강조한 반면에 후자는 공시적 관점에서 지속적으로 범주와 의미가 변하고 있음을 암시하는 것으로 설명하면서 최근의 주요한 논의들이 전자의 용어를 주로 사용하고 있음을 들어 전자를 선택한다고 밝히고 있다. 그렇게 볼때, 국어사의 초기부터 국내에서 이루어진 연구는 전자의 개념에 가까운 것들이라고 할 수 있다. 반면, 후자의 개념에서 이루어진 연구는 최근 안주호(1997)에서 살펴볼 수 있다.

다음과 같다.[3]

> (1) 문법화란 한 형태소가 어휘적 지위에서 문법적 지위로, 혹은 파생형
> 에서 굴절형으로의 변화처럼 덜 문법적인 것으로부터 더 문법적인 것으로
> 범위가 증가되는 현상이다.(이성하(1998:23)에서 재인용)

이 정의는 문법화를 결과와 과정에 모두 초점을 맞추어 이루어진 것으로, 문법화가 어휘적 지위나 문법적 지위를 갖는다는 것은 문법화의 결과에 초점을 맞출 때에 가능한 이해로써 문법화를 협의의 개념으로 이해할 때 가능한 정의이다. 한편, 덜 문법적인 것에서 더 문법적 지위를 갖는 것으로 범위를 확대하는 것은 문법화를 하나의 과정으로 이해하여 문법성의 정도를 연속선상에 있는 것으로 간주할 때 가능한 이해로써 문법화 개념의 외연을 확대한 정의라고 할 수 있다. 위와 같은 정의는 문법 형태소의 결과적 기원을 밝히는 것일 뿐만 아니라 하나의 문법 형태소가 어떠한 변화를 겪었는지를 보여 줄 수 있다는 점에서 매우 유력한 설명력을 가질 수 있다.

그런데 이러한 정의는 그동안 국어 문법화의 개념을 규정한 논의들에서도 대체로 비슷한 모습을 보여 준다. 가령, 이태영(1988:15-16)에서는 일정한 의미를 가지고 쓰이던 실질 형태소가 다른 형태소의 뒤에 연결되어 선행하는 형태소의 영향하에 들어가게 될 때, 그로 인하여 본래의 어휘 의미가 약화되거나 소실되어 의존 형태소로 변하는 현상으로 정의하였고, 이현희(1991:62)에서는 원래 어휘적 의미를 갖고 있던 실사류가 문법적 의미를 가지는 허사류로 바뀌는 사적 변화로 이해하였으며, 이지양(1998:132)에서는 어휘적 의미가 약화되고 문법적 기능을 가지게 되는 것으로 정의

---

3) 한편, 김유범(2004)에서는 언어 변화의 대표적 기제를 음운 변화와 유추로 보고 이 중에서 Kuryłowicz가 밝힌 유추의 특성에 대해 자세히 설명하고 있다.

하였다. 이러한 정의는 문법화를 협의의 개념으로 파악한 논의들이라고
할 수 있다. 또한, 문법화의 대상을 확대하여 통사적 구성이 변한 것까지
포함하거나 문법 범주의 변화까지 포함한 논의(정재영, 1996, 최형용, 1997),
문법화를 완결된 결과의 산물만이 아니라 그 과정 전체를 포괄하여 공시
적 입장에서 문법화를 정도성의 문제로 파악하거나(안주호, 1997, 이성하,
1998), 문법화에 화용론적 현상까지도 포함한 논의(고영진, 1997, 이정애, 2002)
도 있다.

　또한, 김태엽(2001:112-125)에서는 Hopper & Traugott(1993:94-129)에서 언
급한 문법화의 원리 중에서 분화의 원리를 국어에 적용하여 국어 비종결
어미 중에서 종속적 연결어미, 보조적 연결어미, 명사화 내포어미 등이 종
결어미로 변화하는 기능의 변화를 문법화와 관련하여 설명하는 등 다양
한 각도에서 문법화 현상을 살핌으로 그 개념의 범위가 한층 확대되었다.
그런데 대체로 문법화는 '어휘적 의미 약화>어휘적 의미 소실>문법적
기능 획득>문법적 기능 전이'와 같은 변화 과정을 겪는 것으로 보고 있
다. 그러나 문법화를 겪은 모든 예들이 위에서 제시한 변화의 전(全) 과정
을 충실히 이행한 결과라고 단정할 수는 없다. 오히려 문법화는 일련의
단계적인 변화 과정을 본질적인 속성으로 하는 현상으로 이해된다.4) 더욱
이 문법화 현상이 언어 보편적임에도 불구하고 개별 언어들이 보여 주는
문법화 과정은 언어마다 상이한 변화 과정을 보여 주고 그 변화의 단계도
각기 다름에 주목할 필요가 있다. 그런 점에서 백낙천(2003)에서도 언급하
였듯이, 기존의 문법화 논의가 보다 정밀화되기 위해서는 첫째, 문법화의
대상이 어휘 형태소에만 국한되지 않는다는 사실, 둘째, 문법화에 의해 어

---

4) Hopper & Traugott(1993:ⅩⅤ)에서도 문법화를 과정으로 파악하여 다음과 같이 정의하고
　있다.(밑줄 필자)
　We define grammaticalization **as the process** whereby lexical items and constructions come in
　certain linguistics contexts to serve grammatical functions.

휘 의미가 약화되거나 소실되었다고 할 수 없다는 사실, 셋째, 문법화의 결과가 문법 형태소에만 국한되지 않는다는 사실을 언급할 필요가 있다.

요컨대 국어의 문법화 이론은 논의가 진전될수록 그 변화의 과정과 결과에 모두 주목하고자 하는 언어 변화 현상을 설명하는 이론이라고 할 수 있다. 그러므로 동사의 어간에 어미가 결합한 통사론적 결합체가 형태론적 단위가 된 '-부터', '-조차', '-더불어', '-두고' 등이 이미 조사로 굳어진 것이나 재구조화의 과정을 통해 하나의 통합체로 굳어진 통합형 접속어미와 같은 예들도 현재의 국어 문법화 논의의 사정을 감안한다면 충분히 포함될 수 있으며, 그럴 경우 문법화의 개념은 다음과 같이 보완되어야 할 것이다.

> (2) 문법화 개념 : 문법화는 역사적 변화 과정에 근거한 통시적 결과물로서 그 변화의 유형은 어휘 형태소의 의미가 추상화되어 문법 형태소로 되는 것과 통사론적 구성이 형태론적 구성으로 재구조화되는 언어 현상을 가리키는 것으로 그 과정에서 분포와 의미 단위의 변화를 수반한다.

물론 (2)의 문법화 개념은 김유범(2004:433)에서도 지적한 바와 같이, 문법화의 개념이 매우 포괄적이어서 형태론에서 의미론에 이르기까지 언어 변화와 관련된 거의 모든 현상들이 문법화의 영역에서 다루어질 수 있다는 점에서 개념 규정의 한계가 있으나 바로 이것이 문법화가 가지고 있는 본질적 특성이라는 점도 간과할 수는 없을 것이다. 그런 점에서 본다면 권재일(2004:401-402)에서 언어 변화 이론과 관련하여 문법화 이론이 갖는 의의를 언급하면서 국어사 연구에서 문법화 이론에 입각한 연구는 그 의의가 클 것으로 전망한 내용을 주목할 필요가 있다.5) 실제로 문법화의 개

---

5) 권재일(2004:401-402)에서는 문법화 이론이 갖고 있는 의의를 다음과 같이 제시하였다. 첫째, 문법화 이론은 언어 현상을 언어 내적 방법이 아니라 언어 발달, 은유, 환유 등의

넘이 적극적으로 드러나지는 않았지만 문법화와 관련한 연구는 국어의 역사적 연구의 일환으로 국어학 연구 초기라고 할 수 있는 양주동(1939)을 비롯하여 이숭녕(1961), 이기문(1961), 유창돈(1962), 안병희(1967) 등에서 국 어 문법화의 대상으로 삼을 수 있는 예들에 대한 변화 과정을 구체적으로 언급하였다. 이들 논의에서는 문법화라는 용어 대신에 조사화, 허사화, 접 사화, 어미화(선어말어미화, 어말어미화) 등의 용어가 문법화의 이칭(異稱)으로 통용되어 왔다. 가령, 일찍이 양주동(1939)에서는 '-시-'의 기원을 '이시' (有)에서 비롯된 것으로 본 것과 선행 요소와의 결합 분포 양상을 통해 원 시명사 '드, 스'를 석출(析出)한 것은 이 방면의 거의 선구적인 언급이라고 할 수 있다. 또한, 이숭녕(1961:146-161)에서 후치사의6) 특징을 살피면서 '브터', '뻐', '드려', '셔', '더브러', '♡장' 등의 예들을 거론하였고, 이기 문(1961)에서는 공시적 언어 현상에서 보이는 불규칙한 예들의 원인 규명 을 역사적인 관점에서 시도하면서 중세국어 후치사 중에서 명사에서 기 원한 후치사로 'ᄀ장', 동사에서 기원한 후치사로 '두고, 셔, 브터, 조차' 등을 제시하였다. 또한 안병희(1967)은 비교를 나타내는 '두고'를 동사 '두 -(置)'의 문법화라고 언급한 것 외에도 '브터'는 동사 '븥-(附)'이 문법화한 것이며, '셔'는 '이시-' 또는 '시-'의 부동사가 화석화한 것이라고 하였고,

---

인지 작용과 같은 언어 외적 방법을 통해 설명할 수 있고, 둘째, 문법화 이론은 모든 언 어 현상들을 변화 과정 중에 있는 잠정적인 것으로 간주하여 공시적 관점과 통시적 관점 의 구분보다는 범시적 관점으로 언어 현상을 바라볼 수 있게 하고, 셋째, 문법화 이론은 '화용적 요소>통사적 요소>형태적 요소>형태음소>영형태'를 이루는 과정을 보여 주 어 언어 단위 사이의 상관관계를 설명해 줄 수 있고, 넷째, 문법화 이론은 연속 변이 선 상에 있는 언어를 하나의 축으로 보아 언어의 기술과 설명의 타당성을 제공할 수 있다.
6) 후치사라는 용어는 언어의 역사성을 고려한 용어로 흔히 첨사라는 용어와 혼용되기도 한 다. 그러나 후치사는 인구어의 전치사(preposition)에 대비되는 것으로 국어에서는 대체로 실사의 허사라는 문법화 과정을 거친 것들이 이에 속한다. 반면에 첨사는 1음소 내지 는 1음절인 형태를 띠고 있는 것이 일반적이다. 이숭녕(1961:146)에서는 '후치사는 알타 이 제어의 문법에서 으레히 설정하는 품사'라고 하였다.

후치사 '씬장'은 명사 'ㄱ장'이 문법화한 것이라 언급하였다. 특히 동사에서 기원한 후치사의 예들은 선어말어미 '-었-'과 '-습-'의 기원과 함께 문법화의 대표적인 예로 거론되고 있다. 안병희(1967:189)에서는 문법화와 화석화라는 용어가 혼용되었지만 이태영(1988)에서 언급한 대로 국어 문법사에서 문법화란 용어를 처음 사용하였다는 점에서 주목할 필요가 있다. 한편, 유창돈(1962)에서는 문법 형태소의 기원과 관련한 집중적인 논의를 통해 허사화를 실사의 어휘적 의미가 약화, 또는 소실되어 토, 어미, 접미사로 변하는 것으로 정의하고 통사상 어의의 기능을 수반한 변화와 어의의 희박화에 초점을 맞추어 체계적인 논의를 이끌었다.

　이상의 연구는 문법화 논의를 기원적 예들의 제시와 의미 변화에만 초점을 맞추어 문법화의 대상을 한정했다는 점과 맞물려 문법화라는 용어 대신에 후치사 내지는 허사화라는 용어를 사용하여 문법화의 이칭(異稱)을 낳게 되기는 했지만 국어학 연구 초기부터 국어 문법화와 관련하여 상당히 구체적인 논의가 이미 이루어졌음을 확인할 수 있다.7)

3. 문법화의 양상과 기제

　문법화의 기제는 문법화의 개념이 무엇인가 하는 문제를 풀어가는 과정에서 드러나게 되는데, 문법화를 변화의 과정으로 이해할 때, 그 다음에 생각해 볼 수 있는 것은 변화의 단계적 모습은 어떠한가 하는 것이다. 문

---

7) 이들 논의는 문법화로 인한 결과적 양상을 말하는 것이지 문법화와 동일한 개념적 위상은 아니다. 문법화의 결과에 집착하여 명칭을 달리 사용한다면 문법화의 결과로 생성된 문법 범주의 수만큼 문법화의 이칭이 늘어나게 되어 문법 기술의 비효율성을 초래한다. 그렇게 본다면 조사화, 허사화, 접사화, 어미화(선어말어미화, 어말어미화) 등은 문법화의 하위범주로 유형화하는 것이 타당할 것이다.

법화를 겪은 요소들이 모두 동일한 변화 단계를 보여 주고 있다고 할 수는 없다. 그런 점에서 변화 단계에서 나타나는 개별적 요인들에 대한 면밀한 고찰 없이 이들을 일반화하는 것은 무리이다. 실제로 이지양(2003)에서는 문법화의 기제로 거론되는 의미의 약화, 기능의 변화, 범주의 변화, 음운론적 축약, 재분석 등이 문법화를 이루는 중요한 부분일 수는 있지만 그것이 문법화에서만 일어나는 것은 아니라는 점에서 바로 문법화의 증거가 될 수는 없다고 하였다. 가령, 어휘의 생성, 성장, 사멸의 과정에서 필연적으로 의미의 변화는 수반되며, 파생 접사들 역시 의미의 약화 과정을 겪은 것이며, 또한 통사적 구성이 형태적 구성으로 변화하는 일련의 예들인 어말어미화 또는 의존명사화나 보조용언의 예들에서 보여 주는 기능이나 범주의 변화를 문법화로 부르기는 어렵다고 하였다. 더욱이 문법화가 덜 문법적인 것에서 더 문법적인 단위로 바뀌고 그 역 방향은 성립하지 않는다는 일방향성에 대해서는 이것이 하나의 동질적인 과정을 가지는 것인가에 회의적이라고 하면서 각 단계의 과정에서 일어나는 현상들에 대한 면밀한 고찰과 분석이 우선 선행되어야 한다고 주장하였다. 그런 점에서 이지양(2003)의 주장은 문법화 논의의 과열 현상에 대한 반성적 성격이 강하며, 국어 문법화의 개념 규정에 관련하여 보다 엄격한 기준과 분석이 필요하다는 점에서 시사하는 바가 적지 않다. 그러나 이미 국어 문법화 논의가 활발하게 진행되고 이에 따른 다양한 전개 양상이 일어나고 있는 현실을 감안한다면 문법화의 여러 양상과 기제를 국어 문법화의 틀 안에서 적용해 보는 것도 필요하다고 본다.

한편, Hopper & Traugott(1993:94-129)에서는 문법화의 원리를 다음과 같이 제시한 바 있다.[8]

---

8) Hopper(1991)에서는 문법화의 원리로 층위화(layering), 분화(divergence), 특정화(specialization), 지속화(persistence), 탈범주화(decategorialization) 등의 5가지를 제시하였다.

(3) 가. 의미의 일반화(generalization of meaning)
　　 나. 탈범주화(decategorialization)
　　 다. 특정화(specialization)
　　 라. 분화(divergence)
　　 마. 재생(renewal)
　　 바. 층위화(layering)
　　 사. 단일 방향성(unidirectionality)

(3가) 의미의 일반화는 어휘적 의미가 문법적 의미로 변화될 때, 이를 의미의 약화로 보기보다는 적극적인 측면에서 의미 용법의 확대에 의한 일반화로 보는 것이다. 이에 대해 이지양(2003)에서는 어휘 의미 분야에서 흔히 일어나는 의미의 확대를 문법화라고 말하는 것은 극단적인 문법화의 영역 확대로 보아 문제가 있다고 하였다.

(3나) 탈범주화는 동사나 명사와 같은 어휘 범주가 그 어휘적 속성을 잃어버리고 문법적 속성을 띠게 되는 현상이다. 고영진(1997)에서는 국어 보조동사가 일반동사의 의미가 추상화하여 문법화된 것이라고 하였으며, 이성하(1998)에서는 국어의 보조동사를 탈범주화의 예로 들고 있는데, 국어 문법화에서 보조동사의 수용 문제는 문법화의 범위 한정과 관련을 맺고 있다.

(3다) 특정화는 한 형태소가 특정 기능을 전문적으로 나타내는 현상으로 의미가 확장되어 경쟁 관계에 있는 다른 형태소들을 제치고 해당 문법 기능을 전담하게 되는 것이다.

(3라) 분화는 하나의 어원에서 여러 형태소가 의미, 기능상으로 나누어져서 거기서 갈라져 나온 형태소들이 새로운 의미를 얻으며 변해 가는 현상을 가리킨다.

(3마) 재생은 문법화의 단일방향성 원리와 관련하여 나타나는 새로운

형태와 의미의 변화 양상을 가리킨다.

(3바) 층위화는 어떤 기능을 담당하는 형태소가 있는데 새로운 형태소가 생겨서 공시적으로 상호 공존하는 현상을 가리키는 것으로 언어의 경제성 원칙에 어긋나는 것으로 볼 수 있다.

(3사) 단일 방향성은 문법화의 일반적 방향으로 구체적 의미가 추상적 의미로, 자립적 형태가 의존적 형태로, 어휘적 것에서 문법적인 것으로, 덜 문법적인 것에서 더 문법적인 것으로 변화의 방향이 단일 방향인 것을 가리킨다. 단일 방향성 원리에서는 그것의 역방향은 일어나지 않는다고 하였는데, 그렇게 본다면 어휘화는 단일 방향성의 반례라고 해야 할 것이다.9) 그런데 국어에서는 문법적 기능을 하던 것에서 어휘적 기능을 하는 것으로, 더 문법적 기능을 하던 것에서 덜 문법적 기능을 하는 것으로, 추상적 의미에서 구체적 의미로, 의존적 요소이던 것이 자립성을 획득하는 것으로 바뀌는 이른바 역문법화(degrammaticalization)이 존재한다. 안주호(2002)에서는 조사에서 부사로 바뀐 '보다'와 선행어가 있어야 쓰이는 의존명사 '때문에, 나름대로, 딴은, 뿐만 아니라' 등이 문장 앞에서 자립적으로 쓰이는 예, 그리고 접미사 '님, 짱'이 현대국어에서 각각 대명사와 부사로 쓰이는 것을 대표적인 역문법화의 예로 들었다. 그런데 이러한 현상이 매우 이례적이고 특수한 경우에 한정된다는 점에서 역문법화를 보편적 개념으로 간주하기는 어려운 실정이다.10) 그 외 Bybee, Perkins & Pagliuca(1994)에서 제시한 문법화의 원리인 근원 결정 가설(source determination), 단일 방향성 가설(unidirectionality), 보편적 경로 가설(universal paths), 이전 의미의 유지 가설(retention of earlier meaning), 의미적 축소와 음운의 축소 가설(semantic

---

9) 국어의 단어 형성과 관련한 어휘화를 문법화의 개념 속에 포함시킨다면 어휘화는 단일 방향성 가설의 반례가 아닌 문법화의 최종 단계로 볼 수도 있을 것이다. 고영진(1997: 215-253)에서 이와 같은 주장을 하고 있다.
10) 또한 이들은 기능의 변화라는 관점에서 볼 때 품사 통용의 문제와도 관련된다.

reduction and phonological reduction), 층위화 가설(layering), 상관성 가설(relevance)
도 문법화의 중요한 원리로 거론되는 것들이다.[11]

이제 문법화가 일어나는 기제들에 대해 살펴보자. 이성하(1998:219)에서
는 문법화의 기제들로 은유, 유추, 환유, 재분석, 화용적 추론, 조화, 일반
화, 흡수 등을 제시하면서 이들 기제들이 각각 독립적으로 문법화를 유발
하기보다는 여러 가지 혹은 단계별로 작용된다고 보았으며, 또한 이들 기
제들이 서로 분명한 경계를 갖고 있는 것이 아니라 중복되어 작용한다고
하였다. 그 외, 안주호(1997)에서는 은유, 재분석, 유추, 융합을 대표적인
문법화의 기제로 거론하였다. 여기서는 긴밀한 관계를 가지고 있는 재분
석과 융합에 대해 살펴보기로 한다.

우선, 재분석에 대한 논의를 하기 위해서는 용어의 검토부터 이루어져
야 할 것이다. 재분석은 둘 이상의 언어 단위가 통사, 형태, 음운론적으로
하나의 단위가 되어 가는 것이라고 할 수 있는데,[12] 이에 대해 서태룡
(1987:11)에서는 서양에서 사용하는 재분석이라는 용어가 국어에는 재구조
화로 이해해야 한다고 하면서 재구조화를 둘 이상의 구성요소가 결합하
여 하나로 인식되는 통합형을 구성하는 것이라고 하였다.[13] 본고도 국어

---

11) 최형용(1997:471-472)에서는 이들 가설들을 국어에 적용하여 설명하고 있다.
12) 가령, Hopper & Traugott(1993)에서는 'be going to'의 'go'가 진행형으로 쓰이는 'be
    going [to visit Bill]'에서 미래 조동사로 쓰여 '[be going to] visit Bill'이 되는 과정을 재분
    석이라고 하였다.
13) 일부에서는 재분석이 갖는 한계로 공시적으로 존재하지 않는 형태소에 대한 화자들의
    언어 직관을 문제로 삼기도 한다. 그러나 이것은 역사적 자료나 방언 자료가 언어 기술
    의 방법보다 우선해야 한다는 사실에 대한 이해 부족이다. 한편, 서태룡(1987:12-13)에
    서는 재분석이 갖는 효과를 첫째, 재분석은 형태소의 목록을 줄이게 되고, 둘째, 재분석
    은 통사론적인 관련성을 설명하기 위한 형태론적 근거를 제공하며, 셋째, 재분석은 하
    위분류가 다르게 구별되어 온 단일어의 동일성을 보여 주는 증거가 되며, 넷째, 재분
    석은 형태나 의미에 대한 기술과 설명을 정밀화하며, 다섯째, 재분석은 공시적인 형태
    소에 대한 인식을 정밀화하고, 여섯째, 재분석은 의미 기술에서도 정확한 사실을 알려
    주는 등 6가지로 제시하였다.

문법화의 기제로 재분석보다는 재구조화라는 용어가 더 적절한 것으로 생각한다. 재구조화는 문법화의 개념을 통사론적 구성이 형태론적 구성으로 변화한 것까지 확대하여 파악할 때 유용한 개념으로서 가령, 선어말어미 '-었-'이 '-어'와 어간 '있-'의 통사론적 구성이었던 것이 그 경계의 소멸로 하나의 형태론적 단위로 굳어진 것이나 통합형 접속어미들의 형성 과정을 설명하는 데에 적절하다. 그런데 여전히 문법화의 기제로는 재분석이라는 용어가 더 빈번하게 쓰이고 있는 것이 현실이다. 안주호(1997:35)에서는 재분석을 형태, 통사, 의미론적으로 변화가 발생한 표상을 강조한 것이라 보고, 이는 형태상의 실제적 분석이 아닌 언중들의 통합적 구성에 대해서 새롭게 인식하고자 하는 심리적인 측면에서 비롯된 것이라고 하여 언어 체계 안에서 유사한 유형과 일치해지려는 경향을 뜻하는 유추와 구별하였다. 결국 재분석의 개념이 한 문장에서 횡적인 구조를 체계화하는 것이라면 이는 백낙천(2003)에서도 밝혔듯이 재구조화의 그것과 매우 유사하다. 또한 문법화 논의에서 재분석의 예로 거론하고 있는 '-잖/찮-'형에 대해 국어 문법 연구에서 이를 융합형의 예로 간주하고 있다는 것도 재분석보다는 재구조화라는 용어가 더 적절하다는 것을 보여주는 사례가 될 것이다.14) 더욱이 최명옥(1991)에서 재구조화를 원래 상이한 형태, 통사론적 기능을 가지던 형태소들이 자립성을 상실하고 하나의 문법 단위로 굳어지면서 일어난 것이라 하면서 '-습디다'를 예로 든 바 있는데, 이는 재분석이라는 용어보다 재구조화라는 용어의 적절한 이해로 보아도 좋을 것이다. 또한, 복문 구조의 단문 효과를 설명하는 데에도 재구조화라는 개념이 사용되는데, 이에 대한 대표적인 논의인 최현숙(1988)에서는 부정 극어의 분포와 관련하여 동절 성분 조건과 모문 조건을 제시하고 국어

---

14) 이광호(2002)에서 '-잖/찮-'의 유형과 특징에 대해 상세하게 언급하고 있다.

의 보조용언 구성이 공시적으로 재구조화를 특징으로 한다고 하였다.

또한, 문법화의 기제로 재구조화의 개념과 함께 살펴볼 수 있는 것으로 융합이 있다. 융합은 언어학 용어인 'fusion'에 가까운 것으로서 Bybee(1985)에 의하면 융합을 이룬 형태는 어휘, 굴절, 통사적 구성 사이에 있으면서 어떤 어휘 요소에도 종속되지 않는 것으로 보고 이러한 융합은 의미 표현이 하나의 어휘 단위로 될 때 그 융합의 정도가 가장 강하다고 하면서 이것을 관련성(relevance) 개념을 통해 설명하였다. Bybee(1985)에서 언급한 관련성(relevance)은 동사의 의미와 밀접한 관련을 갖는 굴절 형태소가 동사의 의미와 관련성이 적은 굴절 형태소에 비해 융합하기 쉽다는 것을 언급한 것인데, 이를 문법화 원리의 하나로 생각해 볼 때, 특히 국어의 선어말어미의 순서의 변화와 의미의 변화도 문법화와 관련하여 고려해 볼 수 있다. 한편, 안주호(1997)에서는 융합을 재구조화가 더 진행되어 완전히 형태구조화 된 것으로 파악하였고, 이지양(1998)에서는 완전한 단어에 음절수 줄이기가 일어나 의존 요소로 재구조화되는 현상을 융합으로 정의하였다. 결국 융합은 원래 형식의 축소로 나타나며, 이러한 변화에는 기능과 의미의 변화와 밀접한 관계를 맺는다. 특히 이지양(1998)에서는 재구조화를 융합의 과정으로 파악하여 오히려 융합을 문법화와 대등한 개념으로 보고 이 둘의 차이를 설명하고 있다. 즉, 첫째, 문법화는 그 결과로 굴절접사를 만들어내지만 융합은 파생접사도 만들어낸다. 둘째, 문법화는 단어의 어휘적 의미의 약화나 소실에 국한하지만 융합은 통사적 구성의 변화까지도 포함한다. 셋째, 문법화와 달리 융합은 형태구조화 혹은 형태화에 관여한다. 즉, 이지양(1998)의 논의는 문법화의 개념을 협의로 파악하여 거기서 제외되는 예들을 융합이라고 하여 차별화하고 있다. 그러나 본고는 융합도 문법화의 기제로 보고자 한다.[15)]

한편, 문법화 논의에서 어휘화라는 개념도 적극적으로 사용되고 있다.

일반적으로 어휘화는 단어 형성을 공시적 현상으로 간주하는 규칙 기반 이론이 아닌 단어 형성의 통시적 현상을 강조하는 유추 기반 이론에 근거한 것으로 어휘부에 등재되어 독자적인 변화를 겪은 것으로 더 이상 공시적 설명이 불가능한 경우에 도입되는 통시적 개념이다. 즉 어휘화는 본래 단어 형성과 관련한 개념이므로 이것이 언어 변화를 설명하는 문법화와 동일한 개념일 수는 없지만 Hopper & Traugott(1993)에서는 어휘화를 문법화의 최종 단계로 설명한 바 있는데, 고영진(1995)에서도 문법화 과정을 풀이씨(용언)→활용형의 개별 낱말 되기→가지(접사) 되기로 설정하고 활용의 단계에서 매김씨(관형사)나 어찌씨(부사)로 되었다가 다시 앞가지나 뒷가지가 되고 이것이 최종 단계로 어휘화를 거쳐 단순어가 된다고 하여 동일하게 Hopper & Traugott(1993)과 같은 입장에서 어휘화를 문법화의 최종 단계로 보았다. 그런데 이지양(2003)에서는 문법화는 어휘적인 요소가 문법적인 요소로 변화한 것에 한정해야 하는데 어휘화는 새로운 어휘가 나타나는 것이므로 문법화에서 제외시켜야 한다고 하였다.

다음으로 접어화는 그리스어의 문법 용어에서 나온 것으로 '기대다'라는 어원적 의미인 접어(clitic)로 되는 현상을 말한다. 접어는 자립해서 쓰일 수 없는 의존적인 요소를 가리키는 것으로, 접어는 통사론적으로는 단어이지만 다른 완전한 단어에 기대어 쓰이기 때문에 형태론적으로 단어의 자격을 띠지 못하는 것으로 대체로 단어와 접사의 중간적인 요소라고 할 수 있다.16) 안주호(1997)에서는 접어화라는 용어를 사용하지 않았지만 문

---

15) 그런데 융합의 개념은 준말과 매우 유사하다. 송철의(1993)에서는 둘 이상의 형태소가 배열된 문법적 구성이 하나의 덩어리로 굳어져 더 이상 공시적 분석이 불가능해진 것을 융합이라고 보고 음운적 차원에서 형식의 감축이 있더라도 의미에는 변화가 없는 것을 준말이라고 하여 이 둘의 차이를 구분하기도 하였다.

16) 남윤진(1997)에서는 국어의 조사가 접어가 보여 주는 형태음운적, 통사적, 분포적 특성을 갖고 있다고 언급한 바 있는데, 여기서 제시한 접어의 특성은 다음과 같다. (ㄱ) 자립성이 없다. (ㄴ) 접어는 단어에 결합하며 이때 '단어+접어' 구성은 음운론적 단어를 구

법화의 3단계로 접사로의 형성 과정을 언급하면서 의존명사였던 '즈음'이 '쯤'으로 축약되면서 본래 [물리적 공간]을 뜻하던 것이 [시간적 공간]으로 의미 확대되고, [낮추어 봄]의 양태 의미까지 나타나게 되는 현상을 그 예로 설명하였다. 또한 김덕신(2005)에서는 국어 접두사화의 유형과 특징, 그리고 형성 원인을 논의하면서 접두사화의 과정 중에 형태상으로는 융합, 확대, 축소 등이, 기능상으로는 접어화가, 의미상으로는 허사화가 나타나며, 그 과정상의 결과물이 바로 접두사화라고 정의하면서 접어화를 접두사화 되는 과정에서 나타나는 단계적 모습으로 파악하였다. 접어화의 대상으로 논의된 의존명사나 조사, 보조용언 외에도 국어의 접두사 생성 과정을 문법화의 한 양상으로 파악했다는 점에서 국어 문법화의 외연을 확대한 논의라고 할 수 있다.

4. 통합형 접속어미

국어의 어미 체계에서 접속의 통사 기능을 담당하는 고유의 어미가 별도로 존재하지는 않으며, 접속의 기능 외에도 내포와 종결의 통사 기능도 함께 갖는다. 그런데 지금까지의 문법 기술에서는 동일한 형태를 가지는 이들 어미를 통사 기능의 차이로 내포문 어미, 종결어미, 접속어미로 나누었다. 그러다가 이들 어미들은 서태룡(1987)에서 비로소 활용어미 전체의

성한다. (ㄷ) 접어는 다른 접어 구성에 다시 연결될 수 있으며, 인접 형태소와의 배열 순서가 정해져 있다. (ㄹ) 접어는 구나 절 등 통사론적 단위를 지배한다. (ㅁ) 접어는 어떤 범주의 단어하고도 결합할 수 있다. (ㅂ) 접어는 그 어원에 따라 단순 접어와 특수 접어로 분류되며, 특수 접어는 그 기능에 따라 다시 굴절접어와 파생접어로 하위분류된다. (ㅅ) 접어 범주를 설정함으로써 형태부와 통사부의 사상 기제를 좀 더 포괄적으로 기술할 수 있다. 즉 접어가 선행 단어에 결합하는 과정은 형태론과 통사론의 논리 모두에 지배되는 현상이다.

체계 속에서 동일한 의미까지 지니는 것으로 파악되었다. 나아가 이들의 차이로 지적되는 통사 기능의 차이라는 것도 결국은 지배 영역의 차이일 뿐임이 밝혀졌다. 결국 명사형어미, 관형사형어미, 내포어미, 접속어미, 종결어미라는 것은 그 어미가 포함된 절의 위치와 수식 범위에 의한 차이일 뿐이다. 나아가 백낙천(2003)에서도 언급하였듯이, 국어의 접속어미는 다양한 구성요소들이 통합되어 재구조화된 통합형어미이기 때문에 이들에 대한 체계적인 설명을 위해서는 활용어미 전반에 대한 이해가 선행되어야 할 것이다. 통합형 접속어미는 종결어미, 명사형어미, 관형사형어미, 선어말어미, 조사, 의존명사, 보조동사 등이 구성요소로 참여하고 있으며, 이러한 구성요소들을 분석하여 설명하면 개별 접속어미들의 특징이 보다 명시적으로 설명될 수 있다. 즉, 통합형 접속어미는 개별 구성요소들의 분포에 제약이 생기면서 재구조화된 것이므로 이들 구성요소의 확인은 결국 문법화 개념을 통해 합리적인 설명을 도출할 수가 있으며, 나아가 공시적 문법 기술이 갖는 한계를 보완해 주는 데 도움을 줄 수 있다. 가령, 장윤희(1991:13)에서는 통합형어미를 별개의 두 형태소끼리의 통합체에서 그 형태소 경계가 소멸됨으로써 하나의 단위로 재구조화된 것으로 정의하였고, 정재영(1996:43)에서는 통합형어미를 통사론적 구성이 특정한 환경에서 인접한 통사론적 구성요소간의 통합 관계의 긴밀성 등으로 인하여 통합구조체로 인식되고, 이러한 통합구조체에서 존재했던 단어 및 형태소 경계가 소멸함으로써 하나의 어미로 굳어진 것으로, 통시적으로 문법화의 과정을 거쳐 생성된 어미로 정의하고 있다. 이들의 논의는 통합형 접속어미의 형성 과정을 문법화의 관점에서 파악하고 있다는 점에서 백낙천(2003)에서 설명한 내용과 기본적으로 동일하다. 즉, 접속어미 가운데 단일어미인 '-어', '-지', '-고'를 제외한 복합어미는 단일한 어미, 조사의 통사론적 구성이었던 것이 역사적 변화를 거쳐 형태론적 구성으로 재구조화된 것으로 백낙천(2003)에서는 이를 통합형 접속어미라고 명명하였으며, 이때의 '통합형'이라는 개념은 접속어미의 구성요소들의 분석 가능성을 전제로 하되, 단순히 두 가지 이상의 구성요소의 결합이 아닌 역사적 변화의 결과물로 파악할 수 있다. 가령, 구조주의에서 지배적인 개념으로 사용되는 통합(syntagmatic)은 구성요소간의 결합 가능 여부에만 초점을 맞춘다. 그러나 본고에서의 통합은 구성요소의 확인과 이에 대한 철저한 형태 분석을 함의하는 것으로 통합형 접속어미를 통사 구조의 변화를 입은 통시적 개념으로 이해한다. 그리고 이러한 통합형 접속어미는 형태소나 단어 경계의 변화, 분포의 변화, 의미 단위의 변화에 기인하여 하나의 문법 단위이자 하나의 의미 단위로까지 인식하기에 이르게 된 것이지만 재구조화의 과정은 개별 접속어미에 따라 다르게 나타난다.

그렇다면 통합형 접속어미의 형성 원인은 무엇인가? 본고는 이에 대한 해답을 서태룡(1987:17-22)에서 밝힌 형태소나 단어 경계의 변화, 분포의 변화, 의미 단위의 변화에서 찾고자 한다. 그러기 위해서는 우선 통합형 접속어미의 목록을 확정하고 이들을 형태를 기준으로 하여 분류하는 것이 필요하다. 형태를 기준으로 접속어미를 체계화한 대표적인 연구인 서태룡(1987)에서는 형태 분석을 통해 구성요소의 문법 범주를 확인하고 이들의 기본 의미를 통해 접속어미의 의미를 설명하였고, 서태룡(1998)에서는 마지막 구성요소의 형태를 밝혀 이를 기준으로 접속어미의 분류를 시도하였다. 또한 백낙천(2003)에서는 마지막 구성요소를 기준으로 접속어미를 분류하고 개별 접속어미의 형태론적 특징, 통사론적 특징을 구성요소의 형태를 통해 살펴보고 나아가 각각의 구성요소가 지니는 기본 의미에 근거하여 접속어미의 다양한 용법을 설명하였으며, 이를 통해 국어 접속어미가 형태 분석과 관련하여 국어 활용어미, 나아가 국어 문법 전반과 관련을 맺고 있음을 강조한 바 있다.

통합 관계와 계열 관계에 의해서 형태를 분석하고 분석된 형태에 정당한 의미를 부여할 수 있으면 그것은 하나의 독립적인 형태소로서의 자격을 가질 수 있다. 그렇지만 통합 관계와 계열 관계를 지키지는 못하지만 분명한 의미를 가지고 있다고 판단되는 형태소는 분석을 하여 설명하는 것이 좋다. 특히 대부분의 통합형 접속어미는 단일 형태소로 이루어지기보다는 여러 구성요소의 복합으로 이루어졌으므로 이들의 의미는 구성요소의 의미를 통해 설명하는 것이 타당하다. 그런데 형태 분석과 관련하여 주목할 것은 공시적 현상과 통시적 사실에 놓여 있는 문제이다. 공시적 형태 분석의 계열 관계와 통합 관계에 의해 확인되는 어미구조체와 달리 공시적 현상에서 분포의 제약을 이유로 분석을 포기하는 예들까지도 분석의 대상이 되어야 할 것이다. 그러므로 형태 분석은 통합 관계와 계열 관계를 충족하지 못하더라도 분명한 의미를 가지고 있으면 분석을 하여 설명하려는 태도를 견지한다. 예를 들어 '-은데'는 가능하면서 '*-을데'는 불가능하다고 하여 '-은데'의 '-은'을 분석하지 않는다면 동일한 이유로 '공부할 예정'은 형태 분석이 가능하지만 '*공부한 예정'은 형태 분석이 가능하지 않으므로 '공부할'에서 '-을'을 분석할 수 없다는 논리가 성립될 수 있다. 그런데 이 경우 '공부할'에서 '-을'은 공시적 입장에서 분석을 하고 있어 분석에 일관성이 없다. '-은데'는 가능하면서 '*-을데'는 불가능한 이유는 재구조화에 의한 형성 과정에서 그 원인을 찾아야 할 것이다.[17]

---

[17] 가령, '데'에 '-을'이 선행하는 경우는 이 '데'가 장소의 의미를 분명히 나타내는 다음과 같은 경우이다.

(ㄱ) 우리가 쉴 데가 어디 있을까?

(ㄴ) 네가 갈 데를 찾아 보아라.

즉, [-을#[둣+-에]]의 명사구 보문 구성으로 존재하는 것으로 동일 구성이 재구조화된 '-은데'와는 구별할 필요가 있다.

형태 분석의 문제와 관련한 우리의 태도는 분석이 본질상 극한을 요구하는 것이라면 형태 분석은 더 이상의 분석이 불가능할 때까지 분석해야 한다는 임홍빈(1982:175)의 견해와 형태 분석은 음소 단위에 이를 때까지 검토할 필요가 있다는 서태룡(1987:19)의 입장과 동일선상이다. 더욱이 서태룡(1990)에서 밝힌 바, 형태 분석은 형태소와 이형태의 관계를 분명히 밝히고, 문법 단위가 하나의 형태소라는 선입견을 버려야 하고, 국어 전반의 통합적 구조에 대한 이해가 필요하고, 형태소와 형태소의 통합에서 나타나는 축약 등의 음운 현상에 대한 이해가 전제될 때 비로소 형태 분석의 의의가 있다는 주장은 중요한 의미를 갖는다.

5. 맺음말

국어의 모든 문법 형태소가 어휘 형태소에 그 기원을 두고 형성된 것이라고 단언할 수는 없지만 문법 형태소 중에는 기원적으로 어휘 형태소가 역사적으로 변화를 입어 생성된 것이 상당히 많다. 특히 조사, 어미와 같이 문법 형태소가 발달되었고 이들에 의해 일어나는 문법 현상을 중요하게 여기는 국어에서는 문법 형태소의 기원에 대한 관심과 연구가 국어 문법 연구 초기부터 심도 있게 이루어졌다. 사실, 하나의 문법 형태소는 역사적 현재라는 명제는 공시태가 보여 줄 수 없는 언어 변화와 관련한 비밀을 통시태를 통해 좀 더 진실에 가깝게 다가갈 수 있는 가능성을 시사한다. 이를 반영하듯 최근 공시태와 통시태의 이분법적 구분보다는 범시태적 관점에서 언어 현상을 바라보려는 문법화 이론이 국어 문법의 새로운 해석으로 대두되고 있다. 물론 공시적 언어 현상에 대한 올바른 이해는 통시적 변화를 고려할 때 비로소 완벽해질 수 있다는 점에서 문법화 이론은 중요한 의미를 갖는다. 그러나 문법화 이론을 국어에 적용할 경우에는 보다 엄밀한 정의와 현상의 관찰이 필요할 것으로 보인다. 본고는 이러한 점에 주목하여 문법화 이론의 특징을 점검하면서 국어 문법화 연구의 동향을 살펴보았다. 또한, 본고는 다양한 구성요소의 결합으로 이루어진 접속어미를 통합형 접속어미로 특정화하여 통합형 접속어미는 역사적으로 재구조화되어 통시적 변화 과정을 겪은 것으로 파악하였다. 이제는 통합형 접속어미의 형태와 의미의 관련성을 확인하고 이를 토대로 통합형 접속어미의 제약 현상을 설명하고, 궁극적으로 통합형 접속어미가 형태 분석과 관련하여 국어 활용어미 체계, 나아가 국어 문법 전반과 관계하고 있음을 명시적으로 설명하는 것이다.

참고문헌

고영진(1997), 『한국어의 문법화 과정』, 국학자료원.

권재일(2004), 「국어사 연구 방법과 외래 이론 수용」, 『국어학』 43집, 국어학회, 385-405면.

김덕신(2005), 『국어 접두사화 연구』, 충남대학교 박사학위 논문.

김영욱(1995), 『문법형태의 역사적 연구』, 박이정.

김유범(2004), 「언어 변화 이론과 국어 문법사 연구」, 『국어학』 43집, 국어학회, 429-460면.

김태엽(2001), 『국어 종결어미의 문법』, 국학자료원.

남윤진(1997), 『현대국어의 조사에 대한 계량언어학적 연구』, 서울대학교 박사학위 논문.

백낙천(2003), 『국어의 통합형 접속어미』, 도서출판 월인.

서태룡(1987), 『국어 활용어미의 형태와 의미』, 서울대 박사학위 논문.

서태룡(1989), 『국어 활용어미의 체계화 방법』, 『애산학보』 8, 애산학회, 85-110면.

서태룡(1990), 「활용어미」, 『국어연구 어디까지 왔나』, 동아출판사, 345-357면.

서태룡(1998), 「접속어미의 형태」, 『이익섭 선생 회갑 기념 논문집』, 태학사, 435-463면.

송철의(1993), 「준말에 대한 형태・음운론적 고찰」, 『동양학』 23집, 단국대 동양학연구소, 25-49면.

안병희(1967), 「문법사」, 『한국문화사대계 5-한국어발달사 중』, 고려대 민족문화연구소, 165-261면.

안주호(1997), 『한국어 명사의 문법화 현상 연구』, 한국문화사.

안주호(2002), 「한국어에서의 역문법화 현상에 대하여」, 『언어학』 10-4호, 대한언어학회, 23-40면.

양주동(1939), 「향가주석산고」, 『진단학보』 10호, 진단학회.

유창돈(1962), 「허사화 고구」, 『인문과학』 7, 연세대학교 인문과학연구소.

이광호(2002), 「국어 융합형 '-잖다/-찮다'의 단어 형성과 그 의미」, 『정신문화연구』 25권 4호, 한국정신문화연구원, 199-216면.

이기문(1961), 『국어사개설』, 민중서관.

이상태(1988), 『국어 접속어미 연구』, 계명대학교 박사학위 논문.

이성하(1998), 『문법화의 이해』, 한국문화사.

이숭녕(1961), 『중세국어문법』, 을유문화사.

이은경(1996), 『국어의 연결어미 연구』, 서울대학교 박사학위 논문.

이정애(2002), 『국어 화용표지의 연구』, 도서출판 월인.

이지양(1998), 『국어의 융합 현상』, 태학사.

이지양(2003), 「문법화의 이론과 국어의 문법화」, 『정신문화연구』 26권 3호, 한국정신
문화연구원, 211-239면.

이태영(1988), 『국어 동사의 문법화 연구』, 한신문화사.

이현희(1991), 「국어문법사 기술에 있어서의 몇 가지 문제」, 한국정신문화연구원 제5
회 학술세미나, 57-76면.

임홍빈(1982), 「기술보다는 설명을 중시하는 형태론의 기능 정립을 위하여」, 『한국학
보』 26호.

임홍빈(1997), 「국어 굴절의 원리적 성격과 재구조화」, 『관악어문연구』 22집, 서울대
학교 국어국문학과, 93-163면.

장윤희(1991), 「중세국어의 조건 접속어미에 대한 연구」, 『국어연구』 104호.

정재영(1996), 『의존명사 'ㅇㄷ'의 문법화』, 국어학 총서 23, 태학사.

최명옥(1991), 「어미의 재구조화에 대하여」, 『김완진 선생 회갑 기념논문집』, 민음사.

최재희(1991), 『국어 접속문 구성에 관한 연구』, 탑출판사.

최현배(1971), 『우리말본』, 정음사.

최현숙(1988), 「Restructuring in Korean」, 『어학연구』 24-4, 서울대학교 어학연구소.

최형용(1997), 「문법화의 한 양상에 대하여」, 『관악어문연구』 22집, 서울대학교 국어
국문학과.

Bybee, J.L.(1985), 『Morphology: A Study of the Relation between Meaning and Form』, John Benjamins Publishing Company.

Bybee,J.,R. Perkins & W.Pagliuca(1994), 『The Evolution of Grammar』, The University of Chicago Press.

Givón, T.(1971), 「Historical Syntax and Synchronic Morphology : An Archaeologist's Field Trip」, 『Chicago Linguistic Society』 7.

Hopper,P.J.(1991), 「On Some Principles of Grammaticization」. in Traugott, E.C. & B.Heine. 1991. 『Approaches to Grammaticalization』, Amsterdam :Benjamins. 2 vols.

Hopper,P.J. & E.C.Traugott(1993), 『Grammaticalization』, Cambridge University Press.

Kuryłowicz, Jery(1947), 『Readings in linguistics Ⅱ』(Hamp, Eric P), University of Chicago Press.

Traugott, E.C. & B.Heine(1991), 『Approaches to Grammaticalization』, Amsterdam: Benjamins. 2 vols.

제2장 접속어미와 사전 기술

1. 머리말

본고는 일차적으로 접속어미의 형식과 내용을 체계화하기 위한 일환으로써, 접속어미의 문법적 특징과 다양한 의미를 구성요소의 형태에 근거하여 설명할 때 보다 명시적인 설명이 가능하고 나아가 이를 바탕으로 접속어미 목록을 체계적으로 기술하기 위해서는 어떠한 기준과 방안이 필요한지에 대한 기본적 논의의 성격을 갖는다. 이를 위한 구체적인 논의로는 접속어미의 사전 기술을 위해 필요한 표제어 선정 기준과 뜻풀이를 할 수 있는 방안을 제시하여 이를 바탕으로 접속어미의 목록을 설정하고 문법적 기술을 함으로써 국어 어미 사전을 편찬하는 데에 필요한 문제들을 몇 가지 제기하고자 한다.

접속어미 연구의 체계화를 위해서는 의미나 용법에 따른 분류에 근거하여 접속어미 목록을 제시하는 것보다 구성요소의 형태에 근거하여 접속어미 목록을 제시하는 것이 더 바람직할 수 있는데, 접속어미 목록 선정에서 기존의 논의가 갖고 있는 문제점은 국어사전의 표제어 선정에 있

어 명시적 기준이 제시되지 못하는 결과를 초래했다는 것이다.[1]

그런 가운데에도 이희자·이종희(1996)에서 국어 어미를 대상으로 동음이의 및 다의적 관계에 대한 하위 유형을 체계화한 것은 사전 편찬을 염두에 둔 것으로서 결국은 문법 범주의 하위범주화를 어떻게 할 것인가에 대한 방안을 제시했다고 할 수 있으며, 임동훈(1998)에서 국어 어미의 사전적 처리에 대한 나름의 해결 방안을 제시하면서, 그 기준으로 첫째, 어미의 식별과 관련하여 표제어의 범위와 성격 문제, 둘째, 이형태나 준말의 처리 즉, 표제어 간의 문법적 관계 문제, 셋째, 뜻풀이 방식의 문제 등을 제시한 것이나, 서태룡(2001)에서 조사와 어미 가운데 형태와 의미 때문에 표제어 선정과 그 범주 표시, 뜻풀이에 논의의 여지가 있는 것을 대상으로 나름의 해결 방안을 제시한 것은 주목할 만하다. 또한, 김종록(2002)에서는 각 사전의 어미 표제어의 수가 차이가 나는 이유를 표제어 선정의 기준 차이 때문이라고 하면서 첫째, 다의어와 동음어의 구별, 둘째, 선어말어미나 보조사 등을 포함한 여러 문법소와의 결합형 어미의 처리, 셋째, 각 어미의 문법 정보 및 뜻풀이 방법 등을 해결할 문제로 제시하면서 이 중에서도 동음어와 다의어의 구별에 중점을 두고 논의를 진행하면서 이를 구별하는 기준으로 어원적 유연성, 통사, 의미적 기능의 차이, 문법 범주의 변화, 문법화의 정도를 거론하고 몇 개의 접속어미를 대상으로 그 해결 방안을 제시한 바 있다. 그리고 박준석(2003)에서도 선어말어미 '-느-', '-더-'가 통합된 어미를 대상으로 사전 기술 현황을 살펴보고 표제항 선

---

[1] 이러한 점에 주목하여 백낙천(2003나)에서는 아래와 같이 접속어미 목록을 제시하고 기술의 편의를 위해 선어말어미가 통합된 접속어미인 '-거나', '-거니', '-게', '-건만', '-거든', '-거늘', '-건대', '-느니', '-느라니', '-느라고', '-느라면', '-더니', '-더라니', -더니만', '-더라도', '-더라면'과 현대국어에서 구성요소의 범주 확인이 불분명하다고 판단되는 접속어미인 '-도록', '-을수록', '-으락' 등은 관련 접속어미의 통합 관계를 살피는 자리에서 다룬 바 있다. 이는 국어가 마지막 구성요소가 핵인 언어라는 점을 주목하여 분류한 것이다.

정 기준과 방안을 제시한 바 있다. 이러한 논의들은 본고가 중점적으로 논의할 접속어미 목록 선정과 관련하여 중요한 문제를 제기했다고 할 수 있으며, 본고는 이러한 선행 연구를 바탕으로 하되, 특히 표제어 선정과 관련하여 기본형과 이형태 문제, 동음어와 다의어 문제, 단일형과 통합형 문제 등을 중심으로 접속어미의 사전 기술에서 염두에 두어야 할 몇 가지 내용들을 살펴보기로 한다.2)

2. 사전 표제어 선정

2.1. 기본형과 이형태

명사나 동사처럼 어휘 형태소의 이형태는 국어사전에 표제어로 등재하지 않는 것이 일반적이지만3) 조사나 어미와 같은 문법 형태소는 이형태들을 표제어로 등재하고 있다. 물론 형태소의 기본형과 이형태에 대한 '어문 규범'의 규정과 일반인의 문법 의식이 어휘 형태소와 문법 형태소의 경우에서 다르다는 것이 사전 기술에서 관건이 될 수 있겠다는 점에서 이 문제는 국어학 연구의 학문적 결과를 반영하는 사전이냐 일반인의 편의를 위한 사전이냐에 대한 분명한 기준이 설정되어야 할 필요가 있음을 시사한다. 가령, <금성판 국어대사전>이나 <표준국어대사전>에서는 '-어'와 '-아', '-어서'와 '-아서', '-어야'와 '-아야', '-면'과 '-으면' 등의

---

2) 백낙천(2003가)에서도 접속어미의 사전 기술에 대한 논의를 소략하게 언급한 바 있는데, 본고는 이를 보완하여, 표제어 선정 기준에 대한 부분을 중점적으로 다루기 위한 것이다.
3) 가령, 불규칙 활용을 하는 동사의 경우, 모음 어미 앞에서 'ㅅ', 'ㄷ'이 탈락하거나 'ㅂ'의 경우에는 모음 어미 앞에서 '오/우'로 바뀌지만 기본형만 표제어로 등재할 뿐, 비자동적 교체를 보이는 어간의 활용형은 표제어로 등재하지 않는다.

이른바 음운론적 이형태들을 모두 표제어로 등재하여 뜻풀이까지 반복하고 있다. 이것은 다분히 기본형과 이형태에 대한 국어학적 지식이 미약한 일반인을 위한 편의라고 할 수 있으며 그런 점에서 사전의 국민 계몽적 성격을 고려했다고 할 수 있으나 만약에 국어학 연구 성과를 반영할 목적의 사전이라면 일관된 기준이 제시되어야 할 것이다. 즉, 이형태라는 것이 동일한 의미를 가지는 관계에 있다는 것이므로 이런 경우, 기본형만 등재하고 이형태는 등재하지 않는 방법도 고려할 수 있을 것이다. 물론 이형태라는 것이 분포와 선, 후행 환경을 기술해 주어야 하므로 기본형만 등재하기가 곤란하다면, 적어도 뜻풀이는 반복하지 않도록 하여 비경제적인 사전 기술을 지양하는 것이 좋을 것이다. 주지하다시피 이형태라는 것이 음운론적 환경에서 서로 상보적 관계에 있는 것이므로 이형태 관계에 있는 형태들의 서로 다른 음운론적 환경은 제시해 주어야 할 것이다. 이 점과 관련하여 임동훈(1998)에서는 이형태 표제어들에 대해서 음운론적 환경과 관련한 문법 설명을 추가하면서 각각에 대해서도 뜻풀이를 하는 것이 좋다고 하였는데 이는 이러한 고민을 반영한 지적이라고 할 수 있다. 그러나 한 가지만 덧붙이자면 본고는 표제어에 대한 단순한 의미 풀이에 대해서는 되풀이할 필요가 없다고 생각한다.

그런데 특이하게 <연세 한국어사전>에서는 이형태나 관련 형태를 표제어로 등재하되 기본형과의 관계만 기술하는 방안을 취하고 있다. 곧 조사나 어미의 기본형과 이형태 즉 '대표 형태'와 '변이형'을 구별한 것이다. 그러나 서태룡(2001)에서도 지적하였듯이, <연세 한국어사전>에서 밝힌 '일러두기'의 "대표 형태 정하기"에서 제시한 기준은 몇 가지 점에서 문제가 있다. 가령, <연세 한국어사전>에서는 '대표 형태'의 기준을 다음과 같이 제시하고 있다.

(1) 가. 조음소의 유무에 따라 변이형은 조음소가 없는 형태

　　나. 모음조화에 따른 변이형은 양성모음의 형태

　　다. 받침의 유무에 따른 변이형은 받침 없는 말 뒤에 쓰이는 형태, 다
　　만 '이-'의 유무에 따른 변이형은 '이-'가 있는 형태

　이 중 (1다)의 '이-'와 관련된 내용을 제외하면, 사실상 (1가)와 (1다)의
전반부 내용은 중복적 표현이므로 (1다)는 후반부 내용인 '이-'와 관련한
내용만으로 충분할 것이다. 더욱이, 서태룡(2001)에서도 언급하였듯이, 국
어학에서 매개모음 '으'가 있는 것을 기본형으로 설정하는 것이 일반적이
고 양성모음보다는 음성 모음의 이형태가 사용 빈도가 높다는 것을 감안
하면 <연세 한국어사전>에서의 '대표 형태'의 기준은 국어학의 일반적
기준에도 어긋나고 일반인을 위한 것과도 어느 정도 거리가 있음을 알 수
있다. 따라서 국어사전의 표제어는 매개모음이 있는 것을 대표형으로 삼
고, 받침 있는 말 뒤에 오는 것을 대표형으로 삼는 것이 바람직할 것이다.

　한편, 백낙천(1999)에서 기술하였듯이, 국어사전의 접속어미 표제어 선
정과 관련해서 살펴보면, '-어'와 '-어서', '-고'와 '-고서', '-으며'와 '-으
면서'의 '-서', '-으니'와 '-으니까', '-다'와 '-다가'의 '-가', '-으려'와
'-으려고', '-느라'와 '-느라고'의 '-고', '-자'와 '-자마자'의 '마자' 등을
잉여적인 요소로 보고 이들의 관계를 이형태 관계로 처리하면 접속어미
의 목록을 확정하기 힘들어진다. 이들은 상보적 분포를 보이지 않으며, 특
정 문맥에서 상호 대체될 정도로 의미의 유사성이 있다고 하더라도 이것
을 가지고 마지막 구성요소를 잉여적인 요소로 파악할 수는 없다. 왜냐하
면 마지막 구성요소의 유무에 의해 통합상의 차이와 의미상의 차이가 나
타나기 때문이다. 문제의 마지막 구성요소인 '-서', '-가', '-고', '마자'
등은 고유한 의미를 가지고 있는 별개의 형태소이다. 그러므로 '-어'와 '-어
서', '-고'와 '-고서', '-으니'와 '-으니까', '-다'와 '-다가', '-으려'와 '-으

려고', '-느라'와 '-느라고', '-자'와 '-자마자' 등은 별개의 접속어미로
다루어 표제어로 등재하고 뜻풀이를 하되, 통합상의 차이와 의미의 변별
을 밝혀서 기술하는 것이 바람직하다.[4]

　이들 중에서 백낙천(2003다)에서도 살펴본 바 있지만 기본형과 이형태
관계를 보다 분명하게 할 필요가 있음을 언급하기 위하여 본고에서는 '-자'
와 '-자마자'를 가지고 형태론적 접근의 중요성을 확인하고 이와 같은 논
의를 통해 밝혀진 사실들이 국어사전을 기술하는 데에 기초적인 근거가
되어야 함을 언급하고자 한다.

　'-자'와 '-자마자'에서 문제의 핵심은 '마자'이다. 본고는 '-자마자'의
형태론적 구성이 범상하지 않음에 주목하고자 한다. 그리고 이러한 문제
의식이 '-자'와 '-자마자'의 관계를 푸는 실마리라고 생각한다. 사실 모든
경우에 '-자'와 '-자마자'가 대체되는 것은 아니다.

　가령, 선, 후행절 사이에 시간적 간격의 차이가 있는 경우에는 '-자'와
'-자마자'는 대체될 수 없다.

　　　(2) 가. 윤주가 대전역에 도착하자 한참 후에 기차가 떠났다.
　　　　　나. *윤주가 대전역에 도착하자마자 한참 후에 기차가 떠났다.

　(2가, 나)의 차이는 '-자'는 시간적 간격을 나타내는 부사어를 허용하는
데 반해, '-자마자'는 그렇지 않다는 데에 있다. '마자'가 단순한 잉여적인
요소라고 한다면 '마자'의 유무에 따른 차이가 있어서는 안 된다. 그런데
(2가, 나)는 차이를 보이는데, 이는 '마자'가 갖는 의미에 기인하는 것이다.

---

4) 백낙천(2003나)는 이러한 기준에 따라 논의를 보다 확대하여 마지막 구성요소를 기준으
　로 접속어미를 분류하고 개별 접속어미의 형태론적 특징, 통사론적 특징을 구성요소의
　형태를 통해 살펴보고 나아가 각각의 구성요소가 지니는 기본 의미에 근거하여 접속어미
　의 다양한 용법을 설명한 것이다.

이 문제는 서태룡(1987:216)에서도 언급한 바와 같이 '-자마자'가 선행절이 이루어지고 중지되는 것이 거의 동시에 이루어지는 이유는 구성요소인 '말-'이 갖는 의미, 즉 선행절 사건이나 행동이 중지되는 것을 나타내기 때문에 '-자마자'는 '-자'가 가질 수 있는 시간적 간격을 없애게 된다고 보는 것이 합리적인 이해이다. 나아가, '-자'는 선행절이 이루어진 다음에 후행절이 이루어지기 때문에 생기는 시간적 간격으로 인하여 후행절에는 일어나지 않은 사건이나 행동이 올 수 없다. 그러나 '-자마자'는 그러한 제약이 없다. 이는 '마자'에 의해 시간적 간격이 사라지기 때문이다.

> (3) 가. 윤주가 공항에 도착하{*-자, -자마자} 환영 인파가 몰려올 것이다.
> 나. 까마귀가 날{*-자, -자마자} 배가 떨어지겠다.
> 다. 윤주가 공항에 도착하자 환영 인파가 몰려오{-었-, -고 있-}다.
> 라. 까마귀가 날자 배가 떨어지{-었-, -고 있-}다.

(3가, 나)에서 '-자'가 불가능한 이유는 '-자'가 선행절이 이루어진 다음에 후행절이 이루어지기 때문에 생기는 시간적 간격으로 인하여 후행절은 이미 이루어진 과거이거나 이루어지고 있는 진행의 상태가 나타나는 것이 자연스러운데, (3가, 나)에서 '-자'의 후행절은 앞으로 일어날 일에 대한 미래나 예정을 나타내기 때문에 제약이 생긴 것이다. 반면에 '-자마자'는 '마자'에 의해 그러한 시간적 간격이 사라지기 때문에 후행절이 미래나 예정을 나타내어도 가능하게 된다. 그러므로 (3가, 나) '-자의 후행절을 (3다, 라)와 같이 바꾸면 자연스럽게 된다.

또한, '-자'와 '-자마자'의 변별은 후행절의 서법에서도 뚜렷한 차이가 보이는데, 이것 역시 '-자'와 '-자마자'가 동일한 의미를 지니는 이형태 관계에 있는 것이 아님을 보여 주는 증거라고 할 만하다.

(4) 가. 너는 집에 도착하{*-자, -자마자} 손을 씻어라.

　　나. 집에 도착하{*-자, -자마자} 손을 씻자.

(4가, 나)에서 '-자'는 후행절에 명령형이나 청유형이 올 수 없는 반면에 '-자마자'는 '마자'의 의미에 의해 시간적 간격이 사라지기 때문에 후행절에 명령형이나 청유형이 올 수 있다. 결국 '-자'와 '-자마자'는 형태론적 구성을 달리하는 접속어미이다.

지금까지 사전 기술을 위한 기본형과 이형태 문제를 살펴보기 위해서 본고는 백낙천(2003다)에서 기술한 '-자'와 '-자마자'의 차이점에 주목하여 확인해 보았는데, 이렇듯 '-자'와 '-자마자'는 통합상에 있어서 차이가 있어 이 둘을 이형태 관계라고 규정하기는 어렵다고 할 수 있으며,5) '-자'와 '-자마자'는 형태론적 구성을 달리 하고 의미의 차이를 보이는 별개의 독립적인 접속어미로 기술될 수 있는 것은 '마자'의 유무에 의한 것이므로 '마자'는 고유한 의미를 지니는 형태소로 더 이상 잉여적인 요소가 아니다.6)

한편, 기본형과 이형태 문제와 직접 관련되는 문제는 아니지만 실제로 <금성판 국어대사전>, <연세 한국어사전>, <표준국어대사전>의 뜻풀이 항목 기술을 보면 '준말'이라는 표현을 목격할 수 있다. 가령, '-든'과 '-든지', '-듯'과 '-듯이', '-다'와 '-다가'를 준말 관계로 기술하고 있으며, 더

---

5) 최재희(1991)에서도 '-자마자'의 생략형이 '-자'는 아니며, 모든 '-자'는 '-자마자'로 대체할 수 있지만 그 역은 안 된다고 하면서 '-자'와 '-자마자'를 각각 독립된 형태로 보았다.

6) 국어사전 기술에서 '-자'와 '-자마자'를 별도의 표제어로 하면서 '-자마자'의 뜻풀이에 대해서 <금성판 국어대사전>에서는 '그 동작을 하자 곧'의 의미를 추가하였고, <연세 한국어사전>에서는 앞의 행동이 진행되는 순간과 뒤의 행동이 일어나는 순간이 거의 동시적인 상태에 있음을 나타낸다고 하였으며, <표준국어대사전>에서는 앞 절의 동작이 이루어지자 잇따라 곧 다음 절의 사건이나 동작이 일어남을 나타낸다고 기술한 것은 결국 '마자'의 의미에 기인하는 것이라고 할 수 있다.

구나 '-으니까'는 '-으니'를 강조하여 이르는 말이고 '-고서'는 '-고'의 뜻을 더 똑똑하게 강조하기 위한 것으로 기술하였는데, 이들의 마지막 구성요소가 잉여적인 요소가 아니며, 더욱이 이형태 관계나 준말 관계로 보는 데에도 무리가 있다는 이 분야의 연구 성과가 사전 기술에 제대로 반영되지 못한 결과라고 할 수 있다. 나아가 이들 국어사전에서는 '-다만', '-지만', '-으련만', '-건만', '-더니만', '-어야만'은 각각 '-다마는', '-지마는', '-으련마는', '-건마는', '-더니마는', '-어야마는'의 준말이라고 기술하고 있다. 그런데 역사적으로 '-만'은 중세국어 '-만'이 '-마론'의 의미 일부까지도 흡수한 것의 직접적인 후대형이고, '-마는'은 '-마론'의 후대형이다. 본고는 '-마는'을 하나의 조사로 보기보다는 '-만'과 '-은'의 통합형으로 간주하므로 이들을 단순히 준말 관계로 볼 수는 없다고 생각한다. 더욱이 준말은 본말과 직접적인 관계일 것을 요구하며 단지 음운론적 원인에 의해 음절수가 줄어들 뿐 의미는 변화하지 않는다. 반면에, 이형태는 동일한 의미를 지니는 서로 다른 두 형태가 분포면에서 선행하는 음절이 자음으로 끝나느냐 아니면 모음으로 끝나느냐에 따라 음운론적으로 결정되는 비자동적 교체이다.

즉, 준말에서의 음운론적인 동기는 음절수의 변화만을 초래할 뿐, 음운론적으로 상보적 분포를 이루지 않는다는 점에서 근본적으로 이형태와는 다르다.[7] 그리고 이러한 준말의 개념이 보다 엄격하게 국어사전에 적용되어야 표제어 선정 기준에서 기본형과 이형태 문제가 분명해질 수 있을 것이다. 그러나 현재의 국어사전에서 뜻풀이를 통해 나타나고 있는 '준말'의 개념은 그 뜻이 모호할 뿐만 아니라 적용의 범위 또한 광범위하다는 데에

---

7) 송철의(1993)에서는 준말은 인접한 두 음절이 의미 변화를 초래하지 않으면서 한 음절로 줄어들어 형성된 언어 형식이라고 하였다. 한편, 최은경(2001)에서는 준말 종결형식의 사전 목록 현황을 제시하고 준말 종결형식의 형성 조건을 살폈다.

문제가 있다. 물론 국어사전에서 '-고 하-'가 줄어든 형식의 단순한 준말 형태인 환원형 어미들은 표제어로 삼기 어려우며 본말로의 환원이 어려운 비환원형 어미들은 표제어로 삼아야 할 것이다. 이러한 문제 인식은 임동훈(1998)에서도 찾아볼 수 있는데, 그럼에도 불구하고 임동훈(1998:101)에서는 '-다'와 '-다가'의 관계를 준말의 관계로 보는 것이 좋다고 조심스러운 견해를 제시하면서도 뜻풀이에서는 양쪽 모두에서 하는 것이 바람직하다고 하였는데, 그러한 이유에는 문맥 중에서 '-다'를 선호하는 것과 '-다가'를 선호하는 것이 있기 때문이라는 것이다. 물론 본고도 '-다'와 '-다가'는 이와 유사한 다른 접속어미들이 수의적 교체를 보이지 않는 것과 비교할 때 판단하기 어려운 것이 사실이라는 점은 인정한다. 그러나 일부의 관용적 표현이나 반복 구성에서는 '-다'와 '-다가'의 쓰임이 어느 정도 구별되며, 이러한 구별 의식이 적어도 음운론적 요인에 기인하는 것은 아니라는 점에서 준말 관계로 처리하기 어렵다는 것이 본고가 임동훈 (1998)의 논의와 차별되는 점이다.8)

(5) 가. 윤아는 보{-다, ?-다가} 못해 회의장을 나가 버렸다.
　　나. 한참 카톡을 하{-다, ?-다가} 보니 시간 가는 줄을 몰랐다.

(5가, 나)에서 '-다가'보다 '-다'가 더 자연스러운 것은 접속의 기능을 분명히 할 필요가 없는 관용적 표현이기 때문이다. 또한 (6가)와 같이 동

---

8) 준말 관계에 있다는 것은 동의어 관계라는 것을 전제로 한다는 점을 고려하면 '-다'를 '-다가'의 준말로 처리하는 방식은 얼마간 문제가 있는 것도 사실이다. '-다'와 '-다가'는 모든 환경에서 수의적인 교체를 보이지는 않으며, 이들이 상보적 분포를 보이지도 않는다. 더욱이 '-다'를 본말인 '-다가'에서 한 음절이 탈락한 것으로 볼 수도 없다. '-다'와 '-다가'가 보이는 미묘한 차이는 '-다가'의 마지막 구성인 '-가'의 의미가 선행절을 미완결하고 후행절을 연결하는 의미만큼의 차이를 가지고 있다. '-다가'가 '-다'보다 접속의 기능이 더 있는 것은 이 때문이다.

일 행동의 반복적인 표현이거나, (6나)와 같이 '하다' 동사에 내포되어 쓰이는 구성에서도 '-다가'보다 '-다'가 더 자연스럽다.

> (6) 가. 영희와 나는 오{-다, ?-다가} 가{-다, ?-다가} 만난 사이이다.
> 나. 윤아는 하루 종일 영희의 집 앞만 왔{-다, ?-다가} 갔{-다, ?-다가} 했다.

그러므로 '-다'와 '-다가'는 준말 관계에 있는 것은 아니며, 두 접속어미는 별도의 표제어로 등재하고 두 접속어미가 보여 주는 의미 차이는 각각의 뜻풀이에서 제시해 주는 것이 바람직하다.

2.2. 동음어와 다의어

일반적으로 사전 기술에서는 명사나 동사의 경우, 동음어는 별도의 표제어로 등재하지만 다의어는 하나의 표제어로 등재하여 뜻풀이를 제시하는 등 그 표제어 선정 기준이 일관적이다. 그러나 문제는 이러한 처리 방식이 국어사전 전체를 놓고 보면 그리 일관된 처리 방식을 적용한 것이 아니라는 점이다. 물론 동음어와 다의어가 명사나 동사와 같은 어휘 형태소에 일차적으로 적용되는 유효한 개념이므로 접속어미와 같은 문법 형태소의 경우에 동음어와 다의어의 개념을 그대로 적용하기에는 무리가 있다고 하더라도 적어도 국어사전 기술을 위해서는 표제어 항목 제시에서 명사나 동사의 처리 방식과 일치할 수 있도록 일관된 기준은 마련되어야 할 것이다. 서태룡(2001, 2002)에서도 지적한 바와 같이 학문적 목적의 '국어 어미 사전' 편찬을 위한 이론적인 토대와 실제적인 문제가 구체적으로 다루어질 필요가 있는 것이다. 가령, 접속어미 '-으나'에 대해서는 동일한 형태가 여러 가지 기능을 보이고 있음을 항목을 달리 하여 4개로

나누어 기술하고 있어 마치 명사나 동사에서 동음어를 기술하는 방식을 따르고 있다.9)

가령, '-으니'는 '인과', '동시', '계기'의 의미를 지니는 것으로 기술되고 있다. 즉, 후행절이 선행절에 대한 결과의 의미를 나타낼 정도로 선행절과 후행절의 내용이 긴밀한 경우에는 '-으니'가 인과의 의미를 나타내지만 그렇지 않을 경우에는 동시나 계기의 의미를 나타낸다는 것이다.

> (7) 가. 바람이 부니 낙엽이 떨어진다.
> 나. 윤주는 마음이 고우니 사람들이 좋아한다.
> 다. 내가 대전에 도착하니 비가 그쳤다.
> 라. 도심을 빠져나가니 한적한 자연이 펼쳐졌다.

(7가)의 경우는 후행절이 객관적 사실로서 선행절의 내용이 이루어지면서 후행절의 내용이 연결된 것으로 의미론적으로 긴밀한 연관성을 갖게 되므로 인과의 의미를 갖는 것이며, (7나)의 경우는 화자의 주관적 판단에 의한 것으로 화자는 후행절의 내용이 선행절의 내용에 의한 것으로 판단하게 되면 인과의 의미를 가질 수 있다. 그러나 (7다, 라)는 후행절의 결과가 선행절을 이유로 해서 해석되기에는 무리가 있다. 단지, 선행절과 후행절이 계기적으로 연결되어 있을 뿐인데, 이는 백낙천(2003나)에서도 기술하였듯이, 계기적 연결의 의미가 '-어'나 '-고'가 보여 주는 선·후가 분명한 계기성과 달리 '-으니'는 선행절이 '-은'에 의해 결정 완료로 인지된 다음에 '-이'에 의해 선행절의 내용이 유지되고 후행절의 내용이 이어지기 때문이다. 따라서 '-으니'가 보여 주는 다양한 의미 기능은 이러한 기

---

9) <표준국어대사전>에는 '-으니'를 6개의 표제어 항목으로 기술하고 있지만, '-으니⁵'와 '-으니⁶'은 중세국어의 예를 제시하기 위해 마련한 것이므로 이 둘을 제외하면 <금성판 국어대사전>에서 제시한 4개 항목과 사실상 같다.

본 의미에서 확장된 용법이거나 통사적 기능의 차이에 불과한 것이다. 그런 점에서 적어도 '-으니'를 명사나 동사와 같은 동음어 처리 방식처럼 별도의 표제어로 등재하기보다는 하나의 표제어 항목에서 다루는 것이 바람직할 것이다.

한편, 표제어 항목을 달리 한다는 것은 적어도 의미적으로 구별하려는 처리 방식이다. 그런데 기존 사전에서는 '-어'나 '-아'에 대해서 연결어미와 종결어미의 통사적 기능을 하나의 표제어에서 다루고 있어 명사나 동사에서 다의어를 처리하는 방식과 동일한 입장을 취하고 있다. 이러한 점은 본고의 처리 방식이나 기준과는 상통하지만 하나의 사전 안에서도 국어 어미 기술에서 일관된 기준을 보여 주지 못하고 있는 것은 여전히 문제이다. 더구나 '-어'나 '-아'의 사전 처리 방식이나 '-지'의 사전 처리 방식이 다를 수는 없는데도 불구하고, <표준국어대사전>에서는 '-지'를 연결어미와 종결어미라는 별도의 표제어로 등재하여 동음어와 같은 표제어 등재 방식을 적용한 것은 국어 어미의 통사적 기능에 대해 동일한 기준이 적용되지 않은 단적인 예이다.[10]

이러한 사실은 가령, '-은지', '-을지'의 사전 기술에서도 확인할 수 있

---

10) <표준국어대사전>에 실린 사전 기술은 다음과 같다.
   -지23
   「어미」
   「1」((용언의 어간이나 어미 '-으시-', '-었-' 뒤에 붙어)) 그 움직임이나 상태를 부정하거나 금지하려 할 때 쓰이는 연결 어미. '않다', '못하다', '말다' 따위가 뒤따른다.
   「2」상반되는 사실을 서로 대조적으로 나타내는 연결 어미.
   -지24
   「어미」
   (('이다'의 어간, 용언 어간이나 어미 '-으시-', '-었-', '-겠-' 뒤에 붙어))
   해할 자리에 쓰여, 어떤 사실을 긍정적으로 서술하거나 묻거나 명령하거나 제안하는 따위의 뜻을 나타내는 종결 어미. 서술, 의문, 명령, 제안 따위로 두루 쓰인다.

는데, '-은지', '-을지'는 그 범주조차도 명시적으로 제시되지 못하여 '-은지'에 대해서는 접속어미와 종결어미라는 두 가지 통사 범주로 분류하고 있으나, <금성판 국어대사전>에서 '-을지'에 대해서 접속어미로 분류하였고 <표준국어대사전>에서는 '-을지'에 대해 접속어미와 종결어미의 통사 범주를 부여해 주었다. 이러한 사정은 <연세 한국어사전>에서도 마찬가지이다. 일반적으로 국어학에서 모음 '으'가 있는 것을 기본형으로 설정하는 것과 달리 '-ㄴ지', '-ㄹ지'를 '대표 형태'로 설정하면서, '-ㄴ지', '-ㄹ지'에 대해 연결어미의 범주를 부여하였으며, '종결어미처럼 쓰임'이라는 다소 모호한 표현으로 범주를 부여하고 있다. 더욱이 의미 기능과 관련해서는 사전에서 공통적으로 '-은지'에 대해서는 막연한 의문이나 감탄을 나타낸다고 뜻풀이하고 있으며, '-을지'에 대해서는 추측이나 의심을 나타낸다고 하였다. 그러나 이러한 뜻풀이는 후행하는 동사나 절의 의미에 기인하는 것이지 '-은지', '-을지' 자체의 의미로 보기는 곤란하다.

　사실, 접속어미는 선행절과 후행절의 관계 의미나 화용론적인 해석에 따라 다의적인 의미로 해석될 수 있다. 이러한 기술 태도를 반영하듯, 지금까지 국어사전에서는 하나의 접속어미가 문맥과 분포에 따라 보여 주는 다양한 통사 기능과 용법을 용례와 함께 제시하고 있다. 문제는 이러한 기술 방식에서 어떤 일관된 기준이 명확하게 제시되지 못하고 있다는 것이다. 다의어의 문제와 관련하여 접속어미의 의미 기술에서 보여 주는 사례를 몇 가지 제시하면 다음과 같다.

　　(8) 접속어미의 의미 기술
　　　 '-고' : 나열, 동시, 대립, 계기, 이유, 원인
　　　 '-으려고' : 의도, 목적, 예정
　　　 '-으나' : 대립, 양보, 선택
　　　 '-으며' : 나열, 대립, 동시

'-으면서' : 동시, 대립
'-어서' : 계기, 이유, 원인
'-으니까' : 이유, 원인, 설명
'-다가' : 전환, 조건, 이유, 원인, 지속, 진행중
'-은데' : 설명, 대립
'-어도' : 양보, 대립, 조건
'-지만' : 대립, 설명
'-도록' : 결과, 목적

문제는 과연 (8)에서 제시한 접속어미들이 다의적인 것일까? 이들의 다의성을 인정하더라도 문제는 또 있다. 가령, '-은데'가 어떤 경우에 설명이고 어떤 경우에 대립인가 하는 것이다. 이들의 의미 변별이 확연히 구분될 수 있으며, 그러한 의미 정보가 어휘부에 등재되어 있는 것인가 하는 문제이다. 과연 선, 후행절의 동일주어 여부, 선, 후행절 서술어의 의미 관계, 화용론적 전제, 함의 등에 의해 차이가 나는 의미를 이들의 고유한 의미라고 할 수 있는가 하는 것이다. 또한, 의미 분류에 중점을 둔 연구에서조차도 '-고'가 대립의 의미를 지닌다고 동일한 용법을 보이는 '-어도'나 '-지만' 등과 같은 범주로 하지 않으며, 동일한 이유, 원인의 의미 기능을 갖는다고 '-고', '-어서', '-으니까', '-다가'를 같은 범주로 분류하지도 않는다. 또 다른 예에서도 '-고'는 조건, 전환의 의미 기능 등도 가질 수 있어 이러한 방법대로라면 우리는 나타날 수 있는 모든 가능한 의미 기능에 대해 기술을 해야 하는 부담을 가질 수밖에 없다.

그러므로 접속어미가 문장 상에서 보여 주는 다양한 의미 용법을 모두 기술하는 것은 유용하지 않다. 용법이 의미는 아니기 때문이다. 다양한 의미 기능을 갖는 것으로 기술하는 접속어미들은 그 이유를 통사적인 데에서 찾는다. 가령, '-고'는 선, 후행절이 동일주어일 경우에는 계기를 비동

일주어일 경우에는 대립의 의미를 갖고, 동일주어 조건일지라도 서술어의 의미 관계에 따라 나열이나 이유, 원인의 의미를 갖는다는 것이다. 그러나 이것은 의미 기능과 통사적 특징과의 상호 관계를 보여 주는 일반적 경향으로서의 기술은 될 수 있어도 접속어미의 본질적 의미를 설명하기 위한 것은 아니다. 기존의 접속어미 논의에서는 우선 의미 범주를 분류하고 유사한 용법을 가지는 접속어미를 차례로 제시하다 보니 분류된 범주와 제시된 접속어미 목록이 차이를 보여 기본적인 의미의 파악조차 제대로 이루어지지 않은 것은 이러한 이유 때문이다.

가령, 논의의 편의를 위해 '-고'를 중심으로 언급하자면, 문제의 '-고'에 대해서 '나열, 연결, 병렬, 동시, 계기, 대립, 이유, 원인,' 등 다양한 의미 범주로 기술하고 있는데 이러한 연구 성과를 반영하여 국어사전에서는 다양한 용법을 가지는 의미 기술로 용례와 함께 제시하고는 있지만 실제 국어사전마다 그 수효는 조금씩 다르다.

(9) '-고': <금성판 국어대사전>   나열, 대조, 진행, 종료, 이유/근거, 계기, 지속, 강조
　　　　<연세 한국어사전>   대조, 강조, 동시, 계기, 지속, 수단/방법, 이유/근거
　　　　<표준국어대사전>   나열, 계기, 동시, 대립, 강조

일반적으로 '-고'와 같이 다양한 통사 기능과 용법을 가지고 있는 접속어미에 대해 국어사전에서는 다의 관계로 파악하여 뜻풀이를 하고 있다. 그리고 이러한 기술 방식은 명사나 동사와 같은 어휘 형태소의 경우 다의어는 하나의 표제어로 등재하는 것과 동일한 기준을 적용하고 있는 셈이다.

한편, 국어사전에서 동음어로 처리하여 별도의 표제어로 각각 등재해야 할 접속어미는 준말로 기술하는 다음과 같은 접속어미이다.

(10) '-건': ① '-거나'의 준말
　　　　② '-거든'의 준말

그런데 사실 '-건'에 대해서도 <표준국어대사전>에서는 별도의 표제어로 등재하였으나 <금성판 국어대사전>에서는 하나의 표제어에서 함께 다루어 마치 다의어의 처리 방식을 보여 주고 있다. 물론 '-건'으로의 축약은 '날씨가 개건 가거라'에서 보는 바와 같이 '-거든'에서도 마찬가지로 나타날 수 있으나 '-거나', '-거든'은 다른 접속어미이므로 이 경우 별도의 설명이 필요할 것이다. 한편, <연세 한국어사전>에서는 아예 '-건'을 '-거나'의 준말 하나로만 기술하고 '-거든'이 '-건'으로도 쓰일 수 있음을 간과하여 사전 기술의 문제를 그대로 드러내고 있다.

이와 같이 접속어미의 경우 동일 형식이 여러 가지 통사 기능과 용법을 보이는 것은 다의어로 처리하여 하나의 표제어로 등재하는 것이 좋으나, 동일 형식이라고 하더라도 통사 기능과 용법에서 확연히 차이가 드러나는 접속어미는 별도의 표제어로 등재하는 것이 바람직하다.

2.3. 단일형과 통합형

단일형과 통합형의 문제는 어휘 형태소와 문법 형태소의 경우에도 적용될 수 있다. 국어의 어휘 형태소에 해당하는 단어가 형성 방식에 따라 단일어와 복합어로 구분될 수 있듯이, 문법 형태소인 어미도 그 구조에 따라 단일어미와 복합어미로 분류될 수 있으며 복합어미는 다시 어미구조체와 통합형어미로 나눌 수 있다.[11] 물론 국어 단어의 개념을 명확하게 규정하기 어렵고 단어와 복합어를 구분하기도 쉽지 않은 상황에서 어미

---

11) 이와 같은 관점은 서태룡(1987), 백낙천(2003나), 박준석(2003) 등에서 확인된다.

구조체와 통합형어미를 구분하는 데에도 형태 분석과 관련하여 복잡한 문제가 내재되어 있어 학자나 논의마다 다르며 이러한 사정이 국어사전 기술에도 저마다의 차이로 나타나고 있는 것도 사실이다. 물론 구조주의 언어학의 형태 분석 원리인 계열 관계와 통합 관계는 한 형태소 체계 내의 구조적인 특징을 객관적으로 보여 줄 수 있다는 점에서 공시적인 형태 분석에 있어 유효한 기준이 되어 왔다. 그러나 이 방법은 통시적으로 재구조화된 통합형어미의 구성요소를 확인하는 데에 있어서는 방법론적인 한계를 지니고 있다. 그래서 역사적 변화 과정을 겪은 형태소가 통합상의 제약을 보이는 이유나 동일한 형태소가 다른 체계 내에서 따로 존재할 때 이들이 의미적으로도 동일하다는 것을 합리적으로 설명하는 데에는 적절하지 않다. 공시적인 분포와 기능만으로도 형태 분석이 가능한 어미구조체와 달리 통합형어미는 공시적인 분포와 기능만으로는 분석이 불가능하고 재분석을 통해 그 구성요소를 확인할 수 있다. 이 중 복합어미는 공시론적인 분포와 기능만으로 분석될 수 있는 어미구조체와 통시론적인 재구조화의 결과로 공시론적인 분포와 기능만으로 분석되지 못하는 통합형어미로 나뉘는데, 국어의 접속어미 중에는 더 이상의 분석이 불가능한 단일형 접속어미 '-어', '-지', '-고' 등도 있으나 대부분의 접속어미는 둘 이상의 구성요소들이 재구조화된 통합형어미이다. 단일어미는 국어사전의 표제어로 등재되지만 복합어미 중에서 어미구조체는 형태 분석의 대상이 되므로 그대로가 사전 표제어가 되기는 곤란하고 통합형어미만이 사전 표제어로 등재되어야 할 것이다. 그러나 현행 사전이 이에 대한 기준이 분명하지 않다.12)

---

12) 임동훈(1998)에서 이러한 문제의식을 확인할 수 있는데, 국어사전에 '-느-'가 표제어로 등재되지 않고 있음을 지적하면서 '-느-'에 대한 문법 정보가 국어사전에 충실하게 반영되기 위해서는 '-느냐'를 '-느-'와 '-냐'로 나누어 표제어화 하는 것도 필요하다고 하였다. 김종록(2004)에서도 통합형 접속어미의 경우 문법화의 정도를 어떻게 보느냐에 따

형태 분석과 관련한 이러한 논의를 접속어미에 한정하여 살펴보더라도 음절 단위의 형식을 하나의 형태소로 인정하고자 했던 국어 문법의 잘못된 관행이 국어 문법사의 연속성과도 배치된다는 사실을 우리는 '-으며'를 통해서도 확인할 수 있다. 가령 '-으며'를 분석할 수 없는 하나의 형태소로 인정한다면 현대국어 화자들이 인식하는 '-음'의 존재는 밝혀낼 수 없게 되는데, 이제 이러한 문제를 다음 예문을 통해 확인해 보자.

(11) 가. 윤아는 시인이며 소설가이다.
　　　나. 윤주는 예쁘며 착하다.
　　　다. 영희는 공부를 하며 음악을 듣는다.
　　　라. 영수는 밥을 먹으며 TV를 본다.
　　　마. 남편은 노래를 부르며 아내는 춤을 춘다.

(11가, 나)는 선행절과 후행절의 서술어가 계사나 상태동사인 것으로 이때의 '-으며'는 결정된 내용의 나열로 인식되기 때문에 선행절과 후행절의 위치를 바꾸어도 대칭성에 문제가 없다. 이것은 그만큼 선행절과 후행절 각각이 독립성을 가지고 있다는 증거이다. 한편, (11다, 라)와 같이 선행절과 후행절의 주어가 동일주어이고 선행절과 후행절의 서술어가 동작동사이면 이때의 '-으며'는 결정된 내용의 나열보다는 동시로 인식되는데 그 이유는 '-음'이 선행절의 지속을 나타내기 때문이다.

또한 선어말어미 '-거-', '-느-', '-더-'가 통합된 접속어미와 관련해서도 단일형과 통합형에 대한 분명한 인식이 필요하다. 본고는 이 문제를 '-느라고'를 통해 살펴보고자 한다. 즉, '-느라고'에서 '-느-'의 존재를 확인할 때, 우리는 '-느라고'가 '-으려고'와의 의미 상관성을 더욱 분명히 확

라 사전 표제화가 달라질 수 있으며, 사전의 '실용성'을 감안하더라도 표제어 선정 양상이 사전마다 다른 것은 문제가 있음을 언급한 바 있다.

인할 수 있는데, 이러한 사실에는 형태 분석에 대한 분명한 인식을 바탕으로 한 단일형과 통합형에 기준 설정이 필요하다는 것을 방증한다.

가령, '-느라고'는 선행절과 후행절이 동일주어이며, 선어말어미로 '-었-', '-겠-'이 결합할 수 없고, 후행절에 명령형이나 청유형이 올 수 없다는 제약 조건이 따른다.13)

> (12) 가. 윤쥐는 시험공부를 하{*-었-, *-겠-}느라고 ei 밤을 새우{*-어
>   라 *-자}.
>   나. 윤아는 크{*-었-, *-겠-}느라고 ei 밥을 많이 먹{*-어라, *-자}

그런데 (12가, 나)에서 제약 현상이 일어나는 이유는 '-느라고'의 구성 요소인 '-느-' 때문이라고 할 수 있다. 일반적으로 '-느-'는 상태동사에는 직접 결합할 수 없고 동작동사에만 직접 결합하는 것으로 알려져 '-느-'의 의미를 '진행'으로 기술하는데, 이때의 '진행'은 동작동사가 갖는 의미의 속성에 기인할 뿐, '-느-'는 기본적으로 현재지각의 의미를 갖기 때문에 완결의 '-었-'이나 미지각의 '-겠-'이 결합할 수 없는 것이다. 또한 명령형과 청유형은 기본적으로 청자의 행동을 요구한다는 공통점을 가지고 있는데, 화자가 청자의 희망이나 소망을 곧바로 청자에게 행동으로 요구할 수 없기 때문에 '-느라고'의 후행절에 명령형과 청유형이 올 수 없는데, 이러한 설명의 근거에는 '-느-'의 존재가 있다.

또한 마지막 구성요소로 조사가 통합된 접속어미들은 현대국어 화자들이 상대적으로 쉽게 인식할 수 있으므로 비교적 형태 분석이 가능한 예들이다. 그러나 상대적으로 구성요소를 확인하기 어려운 보조동사나 의존명사가 통합된 예들까지도 분석하여 설명하는 것이 궁극적으로 국어사전

---

13) 이러한 제약 조건에 대한 기술은 최재희(1991)에서도 언급된 바 있다.

기술을 위해서도 보탬이 된다고 한다면 단일형과 통합형에 대한 분명한
인식은 필요하다.

가령, '-을수록'에 대해서 언급한다면 '-을수록'은 '*-은수록', '*-는수
록'이 불가능하여 '-을'의 분석이 구조적으로 불가능한 것으로 볼 수도
있다. 그러나 '-을수록' 다음에 조사 '-에'가 통합할 수 있다는 사실에 근
거하여 '수록'을 명사적 요소로 본다면 '-을'은 구조적으로 관형사형어미
일 가능성만 남는다. 특히, 의존명사 'ᄉ'가 관형사형어미 '-을'에만 통합
한다는 사실을 고려하면 '수록'은 하나의 단위는 아닐 것이다.14) 또한 형
태 분석에서 이견이 있을 수 있지만 가령 '-도록'이 동사 어간에만 결합
한다는 통합상의 특징으로 볼 때, '-도'가 중세국어 의존명사 'ᄃ'에 소급
될 가능성은 희박해 보이는 이유를 국어에서 명사가 동사 어간에 직접 결
합하기가 구조적으로 불가능하기 때문이라는 지적을 받아들인다고 하더
라도 현대국어 접속어미에서 의존명사 'ᄃ'의 존재를 확인할 수 있는 '-은
데', '-은들' 등이 관형사형어미 '-은'과 통합되어 재구조화된 통합형이라
는 점에서 '-도'가 명사적 요소임을 완전히 부인하기는 힘들 듯하다. 가
령, '-은들'에서 마지막 구성요소로 조사 '-을'을 확인하게 되면 '-을' 앞
의 'ᄃ/ᄃ'는 통합 구조상 명사적 요소가 되며 '-은'은 관형사형어미로 분
석이 가능하다. 서태룡(1987:221)에서처럼 '들' 자체를 명사적 요소로 보고
'-은들'이 선행절의 내용을 화자가 가정한 것으로 인지하는 것을 '들'의
의미에 기인하는 것으로 파악할 수도 있겠으나 결정 완료로 인지된 선행
절을 정해진 상태로 바꾸기 위해서는 동격 구성이어야 한다는 구조적 필
요성에 의해 'ᄃ'의 존재를 인정하지 않을 수 없다.15) 이것은 '-은'과 통

---

14) 서태룡(1987:227)에서는 형태론적 구조의 문제로 '수록' 자체를 하나의 단위로 간주하였
   다가 서태룡(1997)에서는 의존명사 'ᄉ'와 조사 '-으로'와 'ᄀ'으로 분석하였다. 한편 백
   낙천(2003나)에서도 '-을수록'의 형태 분석을 바탕으로 문법적 특징을 다룬 바 있다.

합되는 '드'가 '-을'과 통합되는 '스'의 대립적 분포를 통해서도 확인할
수 있다.

한편, 통합형 접속어미의 사전 기술과 관련하여서도 일관된 표제어 선
정 기준이 제시되지 않은 것은 '-았자'를 통해서도 확인할 수 있다. 백낙
천(2003다:261)에서도 언급한 바와 같이 '-았자'는 그 형태론적 구성이 매
우 특이하며 이러한 이유 때문에 접속어미 목록에서 '-았자'를 제시하는
경우는 매우 드문 실정이다. 접속어미로 기능할 때에는 '-았-'과 함께 쓰
여 출현하는데, '-았자'가 <금성판 국어대사전>에서는 사전 표제어로 등
재조차 되지 않았다가 <연세 한국어사전>이나 <표준국어대사전>에 와
서 표제어로 실렸다. 가령 <표준국어대사전> '-았자'와 '-였자'를 사전
에 싣고 있는데, 다른 어미에 대해서 '종결 어미', '연결 어미'라는 범주를
부여한 것과 달리 '-았자'의 범주에 대해서는 그냥 '어미'라고만 하여 다
소 포괄적인 기술 태도를 보여 주고 있으며, <연세 한국어사전>에서는
'-았자'만 표제어로 등재하고 연결 어미로 간주하며, '-었자', '-였자'는
표제어로 등재하지 않고 대신에 '-았댔자', '-었댔자', '-였댔자'를 표제
어로 등재하였다. 그러나 '-았댔자,' '-었댔자', '-였댔자'는 각각 '-(았,
었, 였)다고 해 보았자'가 융합된 이른바 환원적 융합형으로서 결국 남는
것은 '-았자'인 셈이 된다. 즉, 사전마다 표제어 선정과 뜻풀이에서 일관
된 기준 없이 연구자에 따른 서로 다른 사전 기술을 하고 있음을 알 수
있다.

요컨대, 국어 접속어미의 대부분은 종결어미, 명사형어미, 관형사형어

---

15) 한편, '-은들'은 중세국어에서는 '-은둘'의 형태로 나타나 의존명사 '드'의 존재를 확
   인할 수 있다.
   (ㄱ) 爛漫히 픈둘 므스기 有益ᄒ리오 <두초18:1>
   (ㄴ) 져젯 수를 ᄒᆞ야 온둘 엇디 머글고 <박초 상:2>

미, 선어말어미, 조사, 형식명사, 보조동사 등의 구성요소가 통합하여 하나로 인식되는 재구조화을 겪은 통합형들이며 둘 이상의 구성요소가 결합하여 하나로 인식되는 통합형은 공시적인 형태 분석으로는 구성요소를 확인할 수 없다. 그러므로 단일형과 통합형에 인식은 접속어미의 형태와 의미의 관련성을 설명하는 데에 유용하며, 나아가 공시적 문법 기술이 갖는 한계를 보완해 주는 데에도 도움을 줄 수 있다. 그리고 이러한 형태 분석에 대한 인식은 국어사전의 표제어 선정에 있어서 단일형과 통합형에도 일관되게 적용되어야 하며 어미 구조체를 제외한 단일형 접속어미와 통합형 접속어미는 모두 국어사전에 표제어로 등재되는 것이 바람직하다.

3. 맺음말

지금까지 본고는 국어사전이 일반인들의 어휘 뜻풀이 참고에 편의를 제공하는 계몽적 목적의 국어사전의 효용성도 인정하지만 국어 문법의 성과가 충실히 반영된 국어사전도 필요하다는 인식을 전제로 시작하였다. 이를 위하여 본고는 국어 어미 사전 편찬을 위한 기본적인 문제 제기 차원에서 우선적으로 접속어미를 체계적으로 기술하기 위한 기준과 방안이 마련되어야 하며, 이러한 기준과 방안을 바탕으로 접속어미의 사전 기술을 위해 필요한 표제어 선정 기준과 뜻풀이가 이루어질 필요가 있음을 언급하였다. 구체적으로는 기본형과 이형태 문제, 동음어와 다의어 문제, 단일형과 통합형의 문제에 대해 살펴보았다. 그리고 논의 과정에서 몇 개의 접속어미를 대상으로 문법적 특징에 대해 언급하였고 이들 접속어미의 문법적 특징이 제대로 국어사전에 반영되기 위해서는 본고가 제시한 기본형과 이형태 문제, 동음어와 다의어 문제, 단일형과 통합형 문제와 관련한 분명한 기준이 제시되어 국어사전에 표제어 기술이 이루어져야 할 필요가 있음을 제기하였다. 그런 점에서 본고는 일반인을 위한 사전 기술에 초점을 두기보다는 학문적 목적의 사전 기술을 위해 필요한 기준과 방안을 언급한 셈이라고 할 수 있다. 물론 국어 접속어미의 사전 기술을 위해서는 표제어 기술과 관련하여 범주 표시 문제, 뜻풀이와 예문 문제, 관련 항목을 어디까지 제시할 것인가 하는 문제도 살펴보아야 할 것이지만 이 문제는 다루지 못했다.

요컨대, 국어학의 연구 성과를 반영한 국어사전을 위해서는 이형태의 개념을 명확하게 해야 하며 준말의 개념도 보다 엄격하게 적용되어야 할 것이다. 또한 동음어와 다의어 문제도 어휘 형태소와 문법 형태소에서 일관된 기술 방식을 보여 줄 필요가 있으며, 통합형에 대한 보다 형태론적 인식을 분명하게 하고 이러한 인식의 결과가 국어사전에 반영될 필요가 있다.

참고문헌

국립국어연구원 편(1999), 『표준국어대사전』, 두산동아.

김민수 외 공편(1991), 『금성판 국어대사전』, 금성출판사.

김종록(2002), 「종결어미 통합형 접속어미의 사전 표제어 분석」, 『어문학』 75호, 한국
  어문학회, 1-19면.

김종록(2004), 「선어말어미 통합형 접속어미의 사전 표제어 분석」, 『어문학』 84호, 한
  국어문학회, 39-73면.

박준석(2003), 『국어 어미 {-느-} {-더-}의 사전 기술에 대한 연구』, 동국대 박사학
  위 논문, 1-196면.

백낙천(1999), 「접속어미 목록 설정과 관련한 몇 문제」, 『동악어문논집』 34집, 동악어
  문학회, 143-164면.

백낙천(2003가), 「국어 접속어미의 형태론과 사전 기술에 대한 연구」, 『한국어문학연
  구』 40집, 한국어문학연구학회, 1-28면.

백낙천(2003나), 『국어의 통합형 접속어미』, 월인출판사, 1-300면.

백낙천(2003다), 「'-자'를 포함한 접속어미의 형태론적 해석」, 『국어교육』 112호, 한국
  국어교육연구학회, 247-271면.

백낙천(2012), 「접속어미 '-느라고'와 '-으려고'에 대하여」, 『국제언어문학』 26호, 국
  제언어문학회, 203-222면.

서태룡(1987), 『국어 활용어미의 형태와 의미』, 서울대 박사학위 논문, 1-259면.

서태룡(2001), 「국어사전의 '-이' '-가' '-은' '-을'의 범주와 뜻풀이」, 『동악어문논집
  』 38집, 동악어문학회, 27-53면.

서태룡(2002), 「국어사전의 '-아', '-어', '-야', '-여'」, 『한국어문학연구』 39집, 한국
  어문학연구학회.

송철의(1993), 「준말에 대한 형태·음운론적 연구」, 『동양학』 23, 단국대 동양학연구
  소, 25-49면.

연세대학교 언어정보개발연구원 편(1998), 『연세 한국어사전』, 두산동아.

이정택(1995), 「접속어미 '-자, -자마자, -았자'의 의미와 문법」, 『애산학보』 17집, 애
  산학회, 1-27면.

이희자·이종희(1996), 「어미형태류의 동음이의 및 다의성 처리 문제」, 『국어문법의
  탐구 Ⅲ』, 태학사, 289-355면.

임동훈(1998), 「어미의 사전적 처리」, 『새국어생활』 제8권 제1호, 85-110면.

최은경(2011), 『한국어 교육을 위한 준말 종결형식 연구』, 동국대 박사학위 논문, 1-339면.

최재희(1991), 『국어 접속문 구성에 관한 연구』, 탑출판사, 1-229면.

최현배(1971), 『우리말본』, 정음사, 1-892면.

한글학회 편(1991), 『우리말큰사전』, 어문각.

제3장 접속어미와 시제 해석

1. 머리말

본고는 국어 접속문의 시제 해석과 관련한 진전된 논의에도 불구하고 국어 접속문의 시제 해석과 관련한 또 다른 문제는 여전히 남아 있다는 문제의식에서 출발한다.[1] 이에 국어 접속문의 시제 해석을 위해서는 국어 접속어미가 가지고 있는 다양한 구성요소에 대한 이해가 필요함을 언급하고자 하는 것이 본고의 일차적인 목표이다.

본고의 목적을 달성하기 위하여 첫째, 접속문의 시제 해석 논의에서 암묵적 전제로 삼고 있는 대등 접속문과 종속 접속문의 구분이 과연 명시적으로 확연히 구분될 수 있는가에 대해 알아보고, 둘째, 국어 접속문의 시제 해석과 그 통사 표상에는 매우 복잡한 양상이 결부되어 있는데 이 문제를 해결하기 위해서는 국어 접속어미를 이루고 있는 구성요소에 대한 이해가 필요하다는 점을 기술하고, 셋째, 이러한 문제가 만족스럽게 해결

---

[1] 이와 관련하여 그 동안 시제 해석 논의는 권재일(1985), 한동완(1992), 최동주(1994), 이은경(1996), 김정대(2004), 문숙영(2005) 등에서 이루어진 바 있지만 국어 접속문을 위한 논의로서는 얼마간 한계를 가지고 있다.

될 때에 국어 접속문의 시제 해석에 대한 새로운 방안과 국어 접속문의 구조가 명시적으로 구명될 수 있다는 것을 언급할 것이다.

2. 기본 논의

그동안 국어 접속문 논의에서는 크게 보아 대등 접속문과 종속 접속문을 구별하는 견해와 대등 접속문과 종속 접속문을 구별하지 않는 견해로 대별된다.

전자의 입장에 선 논의에서는[2] 대등 접속문과 종속 접속문이 통사론적 특징을 달리 하고 있다는 데에 주목하여 이에 대한 근거로 '성분 이동', '교호성', '대용화', '반복성', '주제성', '시제 해석' 등을 기준으로 제시하였다. 한편, 이익섭·임홍빈(1983), 남기심·고영근(1993) 등에서는 대등 접속과 종속 접속을 의미론적 관계에 따라 구분될 수 있는 것으로 보았다. 특히, 이익섭·임홍빈(1983)은 접속문의 통사론적 특징을 살피면서 종속 접속의 범주는 부사구라는 것, 대등 접속은 종속 접속의 한 특수한 부류에 속한다는 것, 종속 접속과 동사구 보문도 실제에 있어서는 큰 차이가 없다는 것 등을 주장하였다.

후자의 견해인 대등 접속문과 종속 접속문을 구별하지 않는 것으로는 논의 과정과 견해는 달리 하지만 서태룡(1987), 이은경(1996), 백낙천(2003가) 등에서 확인할 수 있다. 이은경(1996)에서는 대등 접속문과 종속 접속문의 통사론적 구별을 위해 거론되었던 기준들을 검토하면서 대등 접속문과 종속 접속문의 문제는 정도성의 문제로 환원된다고 하였다. 특히, 백낙천

---

2) 유현경(1986), 김영희(1988, 1991), 이필영(1994), 이관규(1999) 등이 대표적이다.

(2003가)에서는 국어 통사론의 발전과 함께 대등 접속문과 종속 접속문의 통사론적 구별이 이루어지고 대등 접속문과 종속 접속문을 구분할 수 있는 몇 가지 근거들이 제시되었지만, 제시된 조건들이 순수히 통사론적인 문제는 아니라는 점을 거론하였다. 사실 국어 문법에서 대등 접속문과 종속 접속문의 구별이 결코 통사론의 문제만은 아님에도 불구하고 그 동안 이 방면의 연구가 대등 접속문과 종속 접속문을 이원화하고 통사론적인 기준을 세우고자 했던 것은 통사적 형식화가 문법 기술의 간결성과 효율성을 가져올 수 있다는 기대 때문일 것이다. 그러나 대등 접속문과 종속 접속문의 구조와 관련하여 명쾌한 기술이 이루어지지 못한 것은 근본적으로 대등 접속문과 종속 접속문이 통사적인 문제는 아니며, 엄밀한 의미에서 두 사건의 연결이 순수하게 대등적으로 연결될 수 없다는 경험적 인식에 근거한다고 할 수 있다. 그러므로 접속문에 관한 한 대등 접속문과 종속 접속문의 문제를 통사론적으로 접근하는 것은 처음부터 한계를 지닐 수밖에 없다. 그런 점에서 볼 때, 그 동안 접속어미의 통사론적 논의를 통해 주장된 내용들은 오히려 대등 접속문과 종속 접속문의 구분이 무의미함을 반증하고 있다. 즉, 대등 접속문과 종속 접속문을 양분할 수 있는 절대적인 기준을 제시하기란 매우 어려우며, 실제적으로도 국어의 현실에 부합하지 않는다.[3] 사정이 이렇기 때문에 접속어미를 대등 접속어미와 종속 접속어미로 분류하고 대등 접속어미는 절대 시제의 해석을 받고 종속 접속어미는 상대 시제의 해석을 받는다는 주장을 일반화하기는 어렵다.

---

3) 대등성과 종속성의 이론적 배경과 관련하여 Foley & Van Valin(1984)에서는 범언어적으로 특히, 비인구어에서는 대등 접속과 종속 접속이 확연히 구분되지 않는다고 지적하면서 내포성(embedding)과 의존성(dependence)의 자질 유무로 자연언어에서 가능한 문장 접속을 대등 (-내포성, -의존성), 종속(+내포성, +의존성), 대등적 종속(-내포성, +의존성) 등 세 가지로 구분하였으며, Haimann & Thompson(1984)에서 제시한 종속 접속의 특징 7가지는 사실 대등 접속과 종속 접속이 정도성의 문제로 환원된다는 인식에 근거한 것이라고 할 수 있다.

한편, 그 동안 국어 접속문의 시제 해석은 접속문의 통사 구조에 대한 이해라는 틀에서 이루어졌다. 그러다 보니 대체로 접속문의 시제 해석은 '통사적 형식화'에 초점이 맞추어졌던 것이 사실이다. 가령, 이 분야의 대표적인 논의인 권재일(1985), 한동완(1992), 이은경(1996), 최동주(1994), 김정대(2004), 문숙영(2005) 등의 논의는 기존에 단문에 국한하여 이루어졌던 시제 논의에서 진일보하여 접속문의 시제 해석과 관련한 유의미한 근거 내지는 해결 방안을 제시했다는 점에서 의의가 있다. 그리하여 국어 시제 문제에 대한 중요한 실마리가 풀리는 결과를 가져왔지만 합리적인 결론을 이끌어 내지 못한 부분들도 있어 여전히 보완의 여지는 남아 있다. 가령, 대등 접속과 종속 접속이 통사적으로 분류 기준이 명확히 구분되기 어려움에도 불구하고 접속어미를 대등 접속과 종속 접속으로 나누어 놓고 논의를 전개하였다는 점, 접속어미가 문맥에서 보여 주는 다양한 의미 기능을 여과 없이 수용하면서 시제 해석을 하다 보니 설명의 난맥상을 초래한 부분이 있다.

가령, 한동완(1992)에서 언급한 대로 절대 시제와 상대 시제를 함께 받는 것으로 제시한 '-고', '-으며', '-거나', '-은데', '-으니' 등이 어느 경우에 절대 시제의 해석을 받는 대등 접속어미로 기능하고 또 어느 경우에 상대 시제의 해석을 받는 종속 접속어미로 기능하는지를 과연 통사적 형식화에 의해 무표적으로 예측할 수 있겠는가 하는 것이다. 이러한 문제는 최동주(1994)에서 일정정도 확인된다. 최동주(1994)에서는 국어 시제 체계를 '-었-'의 유무에 의한 일원적 체계임을 전제로 논의를 진행하였는데, 국어 문법 범주에 과거 시제가 있고 그것이 '-었-'이라는 주장에는 동의하지만 '-었-'의 유무에 의한 국어 접속문의 시제 체계는 얼마간 재고의 여지가 있는 것은 분명하다. 김정대(2004)에서는 국어 접속문의 통사 구조를 형상화하면서 접속문의 시제구 해석에 대해서 최동주(1994)에서 접속 삭감으로 처리하여 '-었-'의 유무에 의한 시간적 차이가 없다고 언급한 '-고' 접속문과 관련하여, 김정대(2004)에서는 접속 삭감을 부정하고 '-었-'이 없는 '-고' 접속문을 명제문과 명제문이 접속된 전체가 하나의 시제 요소에 이끌리는 구조로 형상화하였다. 요컨대, 표면에 나타나지 않는 '-었-'은 처음부터 존재하지 않는 것으로 보자는 것이다. 한편, 문숙영(2005)는 국어 시제 범주의 체계를 다루면서 국어 접속문의 시제 현상도 언급하였는데, 기본적인 문제 의식과 논의의 방향에서 본고와 유사한 점이 눈에 띈다. 그러나 접속어미를 이루는 구성요소를 확인하고 이에 대한 시제 해석을 제시하는 관점에 서 있지는 않다는 점에서 본고와 일정정도 거리가 있다. 그러므로 문숙영(2005)의 논의도 본고의 입장에서는 얼마간 한계를 지닌다고 하겠다.

3. 유형화 및 기술 방법

본고는 국어 접속문의 시제 해석을 접속어미의 구성요소가 지니는 형태와 의미에 근거하여 명시적으로 설명하는 것이다. 물론 이러한 목적을 성공적으로 달성하기 위해서는 국어 시제와 상의 개념 정립과 함께 국어 시제 관련 선어말어미의 특징 및 통합 원리와 개별 접속어미의 특징도 충분히 살펴야 할 것이다. 또한, 국어 접속문의 유형과 특징도 아울러 살펴 볼 필요가 있으며, 이를 바탕으로 국어 접속문과 시제 관련 선어말어미의 통합 특징을 기술할 때 비로소 국어 접속문의 시제 해석과 국어 접속문의 구조를 명시화할 수 있을 것이다.

접속문의 시제 해석은 사실 접속어미에 선행하는 선어말어미의 통합 제약 현상이라고 해도 과언이 아니다. 그러므로 본고에서 천착할 문제는

접속문의 시제 해석에 영향을 미치는 선어말어미의 목록을 확정하고 이
들과 접속어미와의 통합 양상을 살피는 일이 무엇보다 필요할 것이다. 대
부분의 논의에서 접속문의 시제 해석 원리를 규명하면서 주로 '-었-'과
'-겠-'에만 주목한 것은 이들이 통합 정도에 있어서 다양한 양상을 보여
주고 있기 때문이기는 하지만, 그렇더라도 온전한 의미로서의 접속문의
시제 해석이 별다른 전제나 논증 없이 '-었-', '-겠-'에만 국한해서 이루
어져서는 곤란하다. '-거-', '-느-', '-더-'를 시제 어미로 보지 않고 상
또는 양태 어미로 한정한다면 접속문의 시제 제약을 다루면서 '-었-', '-겠-'
만을 대상으로 하는 것이 얼마간 유효할 수도 있겠으나 시제와 관련된 선
어말어미를 포괄하여 살핀다는 입장에서라면 이들 선어말어미 모두에 대
한 통합 양상을 살펴야 접속문에 대한 시제 해석의 원리가 합리적으로 규
명될 수 있을 것이다. 이러한 문제를 확실하게 정립한 다음에 비로소 접
속어미 중에서 이미 확보한 시제 선어말어미와 접속어미의 구성요소 사
이에 형태와 의미가 일치하는 것이 있는가를 찾아 유형화하고 이를 국어
접속문의 시제 해석 문제와 연관 지어 설명하는 방법이 합리적일 것이다.
본고에서의 시제 선어말어미는 포괄적인 의미에서 선정한 '-었-', '-겠-',
'-거-', '-느-', '-더-', '-으리-', '-으니-'이다. 이들 선어말어미들은 어
떠한 식으로든 접속문의 시제 해석에 직, 간접으로 작용하기 때문이다.[4]

---

4) 백낙천(2003가)에서 제시한 분류 기준과 목록에 근거하여 접속어미의 형태론적인 구성을
시제 선어말어미가 통합된 접속어미와 그렇지 않은 접속어미로 유형화하면 다음과 같다.
＜시제 선어말어미의 첫 구성요소가 통합된 접속어미＞
'-거-' : '-게', '-거든', '-거나', '-건만', '-건대', '-거늘'
'-느-' : '-느라고', '-느라니', '-느라면'
'-더-' : '-더니', '-더라도', '-더라니', '-더니만', '-더라면'
'-으리-' : '-으러', '-으려고', '-을망정', '-을수록', '-을지', '-을지라도', '-을지언정',
'-으련만',
'-으니-' : '-으나', '-으니', '-으니까', '-은들', '-은지', '-은데'
＜시제 선어말어미의 첫 구성요소가 통합되지 않은 접속어미＞

한편, 시제 선어말어미의 통합 양상은 통합의 정도에 따라 크게 두 가지로 나누어 그 속성을 파악할 수 있다. '-거-', '-느-', '-더', '-으리-', '-으니-'는 접속어미에 직접 통합하지 않는다. 이들 선어말어미는 이미 접속어미의 구성요소로 재구조화되어 재분석을 통해 그 형태를 확인할 수 있을 뿐이다. 또한, 이들 선어말어미는 통합에 있어 제약의 정도가 심한 이른바 교착적 선어말어미라는 공통점이 있다. 이런 경우를 감안할 때, 시제 선어말어미의 통합 양상은 통합에 있어 제약이 약한 이른바 분리적 선어말어미인 '-었-', '-겠'의 통합 여부에 의해 유형화될 수 있으며, 이 경우 통합 가능한 것은 다음의 네 가지가 될 것이다.

> (가) '-었-', '-겠'이 모두 통합 가능한 접속어미 : '-고', '-으나', '-거나', '-으며', '-으면서', '-으니', '-듯이', '-더니', '-으니까', '-거든', '-으면', '-거늘', '-은데', '-건대', '-으므로', '-어도', '-더라도', '-을지라도', '-어야', '-다만', '-지만', '-건만', '-으련만', '-더니만', '-을망정', '-을지언정'
> (나) '-었-', '-겠-'이 모두 통합 불가능한 접속어미 : '-어', '-으러', '-으려고', '-고서', '-고자', '-게', '-느라고', '-느라니', '-느라면', '-더라니', '-든지', '-은들', '-도록', '-을수록', '-자', '-자마자'
> (다) '-었-'의 통합이 불가능한 접속어미 : '-어서'
> (라) '-겠-'의 통합이 불가능한 접속어미 : '-다', '-다가', '-더니', '-더라면'

이러한 분류에 기초하여 개별 접속어미의 시제 양상을 살펴야 시제 해석에 대한 보다 합리적인 원리가 제시될 수 있을 것이다.

가령, (나)의 시제 선어말어미의 통합이 원칙적으로 불가능한 접속어미와 관련하여 최동주(1994:60)에서는 '-으러', '-으려고', '-고자', '-도록',

---

'-고', '-어', '-으며', '-고서', '-어서', '-으면서', '-고자', '-다', '-듯이', '-다가', '-지', '-든지', '-으면', '-으므로', '-어도', '-어야', '-다만', '-지만', '-도록', '-자', '-자마자'

'-게'에 '-었-'이 후행절 시점 기준의 미래적 의미와 '-었-'의 의미가 모순되기 때문이라고 하였다. 그러나 이러한 설명은 '-었-'의 통합 불가능을 설명하는 이유는 될 수 있어도 그밖에 다른 선어말어미 가령, '-겠-'의 통합 불가능을 동일한 이유로 설명할 수는 없다. 보다 합리적인 이유는 이들 접속어미에 선행절과 후행절의 시간적 선·후 관계를 결정짓는 의미가 내재해 있기 때문이라고 해야 할 것이다. 즉, 선행절의 시간적 선행성이 전제되어 있으므로 '-었-', '-겠-'의 통합이 불가능해지는 것이다. 더욱이 선행절의 시간적 선행성은 통합된 구성요소의 의미에서도 확인할 수 있는데, '-으러'나 '-으려고'는 첫 구성요소로 예정·가능의 의미를 지니는 '-을'이 통합된 접속어미이다. 이로 인하여 이들 접속어미가 목적이나 의미의 의미를 나타내는 데 내부적으로 관여하며, 또한 문제의 '-을'이 예정·가능한 것으로 선행절의 내용을 인지하는 의미이기 때문에 선행절은 후행절의 시제를 기준으로 항상 후시적으로 해석된다.[5] 이와 같은 해석의 논리로, '-어서'가 '-었-'과의 통합이 불가능한 이유는 이들의 구성요소로 '-어'가 동일하고 특히 '-어서'의 '시-'는 '-었-'의 '있-'과 동일하게 존재의 의미를 나타내기 때문이라고 할 수 있다. 그러므로 이 두 가지 조건을 만족하지 못하는 '-고서'는 '-었-'의 통합마저도 불가능하다. 그런데 선행절의 시간적 선행성이 두드러진 '-어서'가 '-겠-'의 통합이 가능할 때가 있는데, 이때에 '-어서'는 단순히 시간적 선행성이 아닌 논리적 인과성이 강하게 드러날 때이며, 이럴 경우 '-겠-'에 의해 미지각 상태인 선행절이 전제될 수 있다. 또한, (라)에서 언급한 '-다가'는 시제 선

---

5) 가령, 다음 예문을 살펴보자. (ㄱ)철수는 운동화를 사{*-었-, *-겠-}으러 백화점에 갔다. (ㄴ)영희는 공부를 하{*-었-, *-겠-}으러 도서관에 갈 것이다. (ㄱ,ㄴ)에서 선행절은 후행절을 완결하기 위한 전제 조건이 된다는 점에서 항상 후행절 시제에 대해 후시적이며 실현되지 않은 사건인데, 이것은 '-으러'의 첫 구성요소인 '-을'의 의미 때문이라고 할 수 있다.

어말어미로 '-었-'만이 결합 가능하다는 특징이 있는 것으로 알려졌지만 다음의 경우에는 '-었-'의 결합에도 제약이 따른다.

    (1) 가. 영수는 소설책을 {읽다가, *읽었다가} 잠이 들었다.
        나. 철수는 밥을 급히 {먹다가, *먹었다가} 얹혔다.

  (1가, 나)에서 '-었-'의 결합이 불가능한 이유를 명시적으로 설명하기는 힘들다. 이와 관련하여 한동완(1992:108)에서는 선행절 서술어의 결과가 후행절에 관여할 수 있으면 '-었-'의 통합이 가능하지만, 관여할 수 없으면 '-었-'이 통합할 수 없다고 하면서 다음의 예문을 제시하였다.

    (2) 가. 철수가 그 책을 읽다가 (읽던 도중에) 영희를 만났다.
        나. *철수가 그 책을 읽었다가 영희를 만났다.
        다. 철수는 그 책을 몰래 읽었다가 (읽은 까닭에) 선생님께 야단맞았다.
        라. 철수가 그 책을 읽었다가 (읽은 그 책을) 영희에게 돌려주었다.
        마. 철수가 그곳에 갔다가(간 그곳에서) 영희를 만났다.

  (2가)와 같이 '도중에'라는 의미를 얻어낼 수 있으면 '-다가'는 가능하지만 (2나)와 같이 선행절 동작의 결과물이 후행절 동작과 무관하면 '-었-'의 통합이 불가능하다고 하였다. 반면에 (2다, 라, 마)에서 '-었-'의 통합이 가능한 것은 괄호 안에 있는 결과물의 상정이 가능하기 때문이라고 하였다. 이는 '-었-'의 통합 여부를 선행절 동사의 결과물이 후행절에 관여할 수 있는지의 여부에 달려 있다고 본 것이다. 이와 관련하여 최동주(1994)는 접속문의 시제 해석의 원리를 설명하면서 '-었-'이 통합된 형식은 후행절 시점이 기준시가 되는 상대 시제의 해석을 받는다고 전제하고 '-었-'의 통합이 불가능한 '-다가'에 대해 '전환'의 의미 특성에 기인하는 것으로 추정하였다. 이것은 한동완(1992)과는 달리 '-었-'의 통합 여부를

'-다가'의 의미 특성에서 찾은 점에서 긍정적인 측면이 있다. 하지만 보다 엄밀하게 말하면 백낙천(2003가)에서도 언급하였듯이, '-다가'는 선행하는 내용을 끝맺는 '-다'와 선행하는 내용을 끝맺고 후행하는 내용을 이어주는 '-아'에 선행하는 내용을 끝맺지 않고 후행하는 내용으로 말을 이어주는 '-가'가 재구조화된 접속어미로서 전환·중단의 의미는 선행절과 후행절의 관계 의미에 의해 나타나는 것이다.6) 그러므로 '-다가'의 경우 '-었-'이 통합하게 되면 선행절의 지속적 동작이 사라지고 선행절의 서술어가 상태동사인 경우에는 '-었-'의 통합이 아무런 영향을 미치지 못한다는 것이다. 또한, 국어 접속문의 시제 해석은 접속어미의 의미 특성과 깊은 관련을 맺고 있으며, 이러한 의미 특성은 접속어미의 구성요소가 지니는 기본 의미에 근거하여 이루어질 수 있음을 반증하는 것이라고 하겠다.7)

사실, 국어의 시제 범주와 체계에 대한 문제 정립은 별도의 논의가 필요할 정도로 광범위한 문제를 함의하고 있다. 여기서는 논의의 편의를 위해, 국어 접속문의 시제 해석에 국한하여 대표적인 논의를 쟁점 위주로 살펴봄으로써 본고의 문제의식과 특징을 부각시키기로 한다.

권재일(1985)에서는 접속문의 시제 해석을 시제 어미의 결합 여부로 파악하여, 시제 어미가 결합되면 독립적인 시제 해석을 받고, 시제 어미가 결합되어 있지 않으면 의존적인 해석을 받는 것으로 기술하였다. 그리고 이러한 논의를 바탕으로 하되, 이보다 구체적인 언급을 시도한 논의가 한동완(1992)의 '통사적 형식화'이다.8) 한편, 최동주(1994)에서는 국어 접속문

---

6) 이 경우, '-었-'의 통합에 따른 한동완(1992:108)에서의 시간적 간극의 산출이나 최동주 (1994:65)에서의 시차 개재는 '-었-'의 의미가 과거가 아닌 완료의 의미임을 반증하는 예가 될 만하다.

7) 물론, 접속문의 시제 해석이 접속어미의 형태에 의해서만 결정되는 것은 아니다. 접속문의 시제 해석에는 선, 후행절 사태의 상황 의존 관계가 중요한 변수로 작용한다. 그렇지만 접속문의 시제 해석에 대한 형태론적 접근은 매우 유용한 방법론이다.

8) 한동완(1992)에서는 대등 접속문은 절대 시제 해석을 받고 종속 접속문은 상대 시제 해석

의 시제 해석에 대한 보다 설득력 있는 제안을 하고 있다. 즉, 국어 시제 체계를 시제 형태소 '-었-'의 유무를 근거로 접속문의 시제를 설명하고 있다. 이것은 최동주(1994)가 의도했건 그렇지 않건 간에 접속문을 시제구 (TP) 구조로 상정하는 데 암묵적 전제를 하고 있는 셈이다. 그러나 국어의 시제구(TP)를 '-었-'의 유무에 의한 것으로 보는 것은 국어 시제 형태소 의 목록과 각 시제 형태소의 통사 기능과 의미에 대한 합의가 있은 후에 나 가능한 일일 것이다.9) 사실 '-겠-'은 미래 표현 외에도 추측이나 의지 를 나타내기도 하며 심지어 과거의 표현에도 쓰이기도 하는데,10) 이를 근 거로 국어에 확실한 미래 시제 형태소가 없다는 주장도(이익섭·임홍빈, 1983:177) 제기되었다.11) 그러나 국어 시제 체계가 '과거:비과거'라고 하더

을 받으며 의미 기능에 따라 대등 접속 또는 종속 접속의 기능을 하는 접속어미들은 경우에 따라 절대 시제 또는 상대 시제 해석을 받는다고 하면서 다음과 같이 분류 목록을 제시하였다.

<상대 시제 해석을 받는 접속어미>
ㄱ. 시제 형태를 전혀 선접시키지 못하는 접속어미 : '-고서', '-고도', '-어서', '-지', '-도록', '-게', '-으러', '-려고'
ㄴ. 시제 형태를 선접시킬 수 있는 접속어미 : '-기에', '-다가', '-으면서', '-어야', '-거든', '-어도'
<절대 시제 해석을 받는 접속어미> : '-지만', '-다만', '-으나'
<절대 시제 및 상대 시제 해석을 받는 접속어미> : '-고', '-으며', '-거나', '-은데', '-으니'
그런데 한동완(1992)의 기대와는 달리 '통사적 형식화'의 실체인 성분 지휘가 시제 해석을 무표적으로 예측하는 데는 일정정도 한계가 있다. 즉, 접속어미에 대한 그의 이해 정도를 따른다고 하더라도 그가 절대 시제와 상대 시제를 함께 받는 것으로 제시한 '-고', '-으며', '-거나', '-은데', '-으니'가 어느 경우에 절대 시제의 해석을 받는 대등 접속어미로 기능하고 어느 경우에 상대 시제의 해석을 받는 종속 접속어미로 기능하는지를 과연 통사적 형식화에 의해 무표적으로 예측할 수 있겠느냐 하는 것이다.

9) 주지하다시피, Chomsky(1986)에서 INFL 범주를 IP라는 구 범주로 확대하였으며, Pollock(1989)에서 분절 IP 구조를 제시하여 이 안에 TP와 AgrP를 포함시켰다. 이러한 이론에 힙입어 국어의 다양한 선어말어미가 기능 범주에 해당하고 이들은 최대 투영을 갖는 핵으로 기능할 수 있는 이론적 근거에 마련되었다. 이들 논의에 따르면 대체로 TP에 '-었-'을 설정하고 있지만 국어 문법 논의 안에서는 여전히 국어의 시제 형태소로 '-는', '-었-', '-겠-'을 상정하고 있는 것이 일반적이다.(남기심·고영근(1993:152))

10) '-겠-'이 의지의 의미로 쓰일 때는 문장의 주체가 화자나 청자이고 미래적 사건일 경우이며, '-었-' 다음의 '-겠-'은 거의 추측의 의미로만 쓰인다.

라도 이때의 '-었-'의 의미가 과거라는 것을 적극적으로 보장해 주지는 않는다. 이러한 식의 주장을 이남순(1998)에서도 볼 수 있는데, 그는 시제 범주로 '-었-', 상 범주로 '-어 있-'과 '-고 있-'을 설정하였으나, 이러한 체계는 시제와 상의 범주를 통해 과거와 완료의 의미를 구분했다는 점에서는 문법 기술에 효율적일 수 있겠으나, '-었-'은 국어의 모든 동사에 결합될 수 있고 '-어 있-'과 '-고 있-'은 모든 동사에 결합될 수 없으므로[12] 결국 시제는 모든 동사에 존재하고 상은 일부의 동사에만 존재한다는 불균형의 문법 기술을 유추할 수도 있다는 점에서 재고의 여지가 있다. 그러므로 '-었-'이 '-아시/어시- > -앳/엣-'로의 통시적 변화 과정을 거친 것과 '-었-'의 결합 환경을 고려하면 '-었-'의 의미는 '과거'보다는 완결된 상태의 존재로 보는 것이 더 합리적인 이해일 것이다. 왜냐하면 시간에 대한 인간의 인식은 일정한 영역을 가지므로 과거보다는 완결이 더 우선적이고 본질적이라고 할 수 있다. 또한, 국어에 미래 시제를 유표적으로 처리하거나 '-느-'를 서법적인 요소로 파악하는 것이 타당할지라도 이것이 국어의 시제 요소로 '-었-'만이 존재하고, 이 '-었-'이 과거를 표현하는 필수적인 요소라는 것을 보장해 주지는 않는다.[13] '-었-'이 '-겠-'이나 '-거-', '-느-', '-더-' 등과 동일 서열이 아닌 것은 분명하지만 '-

---

11) 물론 필자도 '-겠-'이 미래 시제 형태소라는 데는 동의하지 않지만 '-겠-'이 미래적 사건과 관련되는 것만은 부인할 수 없다.

12) 현대국어의 '-어 있-'이 형용사와 타동사에 결합하기 어렵지만, 이것의 선대형인 '-어 잇-'은 중세국어에서 자동사, 타동사, 형용사에 결합할 수 있었다. 이러한 점을 의식하여 한동완(1992:39)에서는 '-었-'과 '-어 있-'을 이질적인 것으로 보았으며, 서태룡 (1987:144)에서는 이 둘을 동질적 관계에서 설명하고 있다.

13) 가령, 송철의(1995:860)에서도 언급된 바 있듯이, '잘생겼다', '글렀다', '썼다' 등에서 확인할 수 있는 '-었-'은 더 이상 박진호(1994)에서 제기한 통사적 요소도 아니며, 이때의 '-었-'은 단지 어간의 의미를 상태화시켜줄 뿐이다. 또한 '꼼짝말고 앉았어', '손 들고 섰어'와 같은 표현에서 '-았-'은 과거의 의미가 아닌 '-어 있-'의 의미로 설명해야 할 것이다.

었-'만이 상황의 시간적 위치에 관여하는 것은 아니다.[14) 가령, 미래의 상황에 '-겠-'이 쓰이지 않고 미래의 상황이라고 하더라도 예정되어 있는 확정적 상황이면 '-겠-'이 오히려 어색하다는 것을 근거로 '-겠-'의 본질적 의미가 미래가 아닌 추측이나 의지의 의미로서의 서법적 요소라고 한다면 동일한 논리로 '-었-'이 과거의 상황에 쓰이지 않을 수도 있으며, 또한 '-었-'이 순수하게 과거의 의미만을 지니지는 않는 경우에도 동일한 설명을 해야 할 것이다.

물론, 최동주(1994)의 논의는 대등 접속은 절대 시제에 따르고, 종속 접속은 상대 시제를 따른다는 기존의 논의를 수정, 보완하고 종속 접속어미 중에서 예외적인 것들에 대한 설명을 부연했다는 점에서 이전 논의에서 진일보하였다고 할 수 있다.[15) 특히, 최동주(1994)는 국어의 시제 범주로 '-었-'만을 대상으로 하는 이유로 '-겠-', '-느-', '-더-'가 고유한 기능을 수행하고 있음에도 불구하고 '-었-'과 대립하는 관계에 있지 않다는 것을 중요한 근거로 삼고 있다. 그러나 '-었-'이 '겠-', '-느-', '-더-'와 계열 관계를 형성하지 않는 것은 사실이지만, 그렇다고 이것이 '-었-'이 국어의 시제 범주에 해당하는 필요충분조건은 되지 못한다. 이러한 논리대로라면 '-었-+-었-'의 경우에 뒤의 '-었-'을 앞의 '-었-'과 상이한 범

---

14) Bybee(1985)에서는 문법 범주를 나타내는 형태소들이 용언 어간을 중심으로 일정한 결합의 순서를 보여 준다고 하였는데 국어에서는 서태룡(1987)에서도 언급한 바 있듯이, 선어말어미 전체를 놓고 보면 서열을 결정짓는 기준은 통사론적인 관계 의미를 갖는 것이 화용론적인 관계 의미를 나타내는 선어말어미에 선행하고, 화자에 관련된 의미를 나타내는 선어말어미가 청자에 관련된 의미를 나타내는 선어말어미에 선행한다고 할 수 있다. 이 문제가 중요한 이유는 국어 접속문의 시제 해석을 명시적으로 밝히기 위해서는 국어 시제 관련 선어말어미에 대한 통합 관계와 이를 지배하는 원리적 측면도 함께 고려되어야 하기 때문이다.

15) 그럼에도 최동주(1994)의 논의는 첫째, 접속어미에 대한 전통적인 분류인 대등 접속어미와 종속 접속어미를 전제로 하여 현상을 파악했을 뿐만 아니라, 접속어미들의 의미에 대해서 상당 부분 이 방면의 기존 연구에 의존하고 있다는 것과, 둘째 접속어미의 시제 제약 현상을 파악하기 위해 '-었-'만을 대상으로 삼았다는 점에서 한계를 갖는다.

주로 인정하는 문법의 비효율성을 초래하게 된다. '-었었-'이 대과거의 의미 또는 과거의 인식이 수반된 의미라는 지적은 결국 '-었었-'이 선행하는 '-었-'의 의미로부터 중복되어 그만큼 강조되기 때문이며, 현재로서는 '-겠-', '-느-', '-더-'가 상황의 시간적 위치에 따른 문법 범주로서의 시제 요소가 아니라는 최동주(1994:48)의 주장에 선뜻 동의하기 어렵다. 오히려 이 문제는 적어도 국어 선어말어미는 동일 서열인 '-거-', '-느-', '-더-'를 제외하고 나머지 선어말어미에 대해서는 계층적 구조를 이루는 것으로 보아야 하는 국어 선어말어미의 구조적 특이성과 관련하여 접근하는 것이 합리적인 이해일 것으로 보인다. 가령, 임홍빈(1987)에서 제시한 국어 선어말어미의 통사 구조를 계층 구조를 이루는 것으로 본 논의와 나아가 임홍빈(1997)에서 국어에 '교착소'의 개념을 설정하여 국어 어미의 내부 통사 구조가 계층 구조를 이룬다는 논의를 국어 어미의 내부 구조를 바라보는 기본적 토대로 삼을 필요가 있다.16)

이제, 국어 접속문의 시제 해석과 관련하여 집중적인 논의를 펼친 한동완(1992), 최동주(1994), 김정대(2004)의 논의를 비판적으로 살펴봄으로써 국어 접속문의 시제 해석을 위해서는 접속어미의 구성요소가 가지고 있는 형태론적 특성에 대한 고려가 있어야 한다는 본고의 주장으로 다시 돌아

---

16) 이와 달리, 서정목(1988)은 국어 어미의 내부 구조가 선형 구조를 이룬다고 주장하고 있다. 즉, 서정목(1988)이 국어 선어말어미의 통사 구조가 INFL적 지위를 차지한다고 전제하고 그 내부 구조를 선형 구조로 파악한 이유를 첫째, 선어말어미들 사이의 통합의 순서에 있어 어떠한 규칙이나 질서를 찾기가 힘들다는 것과 둘째, 특정 선어말어미에 대해서 통합상의 규칙이 존재하는 듯이 보이지만 그렇다고 그것이 계층적 위계가 있는 것은 아니라는 것을 제시하였다. 이러한 서정목(1988)의 논의는 일견 선어말어미의 선조적 교착성을 염두에 둔 형태론적 시각은 아닌가 하는 의구심을 갖게 하는데, 그렇다고 본다면 서정목(1988)에서 선어말어미는 형태론의 범주를 벗어나기 힘들 것 같다. 한편, 서정목(1993)에서는 자신이 제기했던 선형 구조에서 일보 후퇴하여 선어말어미의 통사 구조를 계층적으로 볼 가능성을 제시하였다. 그러나 국어의 선어말어미는 문장 단위가 아닌 담화 단위에까지 확대해서 해석할 수도 있다.

오면 다음과 같다.

가령, 다음의 예문을 통해 이 문제를 살펴보자.

> (3) 가. 철수는 밥을 먹고 갔다.
> 나. *철수는 밥을 먹었고 갔다.
> 다. 철수는 밥을 먹고 도서관에 갔다.
> 라. 철수는 밥을 먹었고 도서관에 갔다.

최동주(1994)의 의미 분류에 따르면 (3가, 나, 다, 라)의 '-고'는 계기적 나열로서 이른바 '-고2'가 될 것이다. 역시 (3나)와 같이 '-었-'의 통합은 부자연스럽다. (3가, 나)만 보면 접속 삭감으로도 설명될 수 없다. 그러나 동일한 계기적 나열의 (3다)에 대해서는 '-었-'의 통합이 허용되어 (3라)와 같이 쓰일 수 있다.[17] 특히 최동주(1994)는 기존의 상대 시제의 개념에 대한 재검토가 필요하다고 하면서 정작 수정된 상대 시제의 개념은 제시하지 않고 있다.

다음의 예문을 살펴보자.

> (4) 가. 농부는 밭을 갈고 아내는 씨를 뿌렸다.
> 나. 농부는 밭을 갈았고 아내는 씨를 뿌렸다.

접속문 (4가, 나)는 동일하게 선, 후행절의 사건을 '-고'에 의해 연결하고 있다. 문제의 핵심은 이 두 문장이 동일한 의미를 지니는가 하는 것이다. 동일한 의미를 지닌 문장이라고 판단한다는 것은 (4가)에서는 '-었-'

---

17) 일견 예문 (3라)는 어색한 문장으로 보일 수도 있다. 그러나 본고는 '-었-'과 '-고'가 지니는 상반된 의미 자질에도 불구하고 문제의 (3라)가 가능한 것으로 보이는 것은 선행절이 후행절에 대해 수식 구조이기 때문이라고 판단한다. 이와 같이 문제는 앞으로 논의를 달리 하여 구체적으로 언급해보고자 한다.

이 이른바 접속 삭감에 의해서 생략된 것으로 본다는 것이고, 상이한 의미를 지닌 문장이라고 판단한다는 것은 시간적 차이에 있어 (4가)는 두 사건을 동시적인 사건으로 볼 가능성이 있고, (4나)는 두 사건에 시간적인 차이가 있는 것으로 보거나 별개의 사건으로 볼 가능성이 있다는 것이다. 이렇듯 동시나 나열의 의미로 파악되는 근거는 순전히 '-었-'의 유무에 의해 결정되는 듯이 보이며, 정작 상대 시제냐 절대 시제냐 하는 문제는 이 두 문장의 의미 차이를 밝혀주는 데 크게 기여하지는 못하고 있다.

이러한 본고의 주장은 김정대(1999, 2004)에서도 확인된다. 특히 김정대(2004)에서는 (4가)는 화자가 선, 후행절의 사태를 비분리적으로 인식한 결과에 대한 표현이고 (4나)는 분리적으로 인식한 결과에 대한 표현이라고 하였다. (4가, 나)가 동일한 의미를 나타내지 않는다고 본 것이다. 나아가 김정대(2004)에서는 최동주(1994)에서 제기한 이른바 '접속 삭감'을 인정하지 않고 (4가)의 경우에는 애초부터 '-었-'이 개재하지 않은 것으로 보았다. 이러한 그의 주장은 (4가, 나)에 대한 통사 구조를 다음과 같이 형상화하였다.

    (5) 가. [TP [농부가 밭을 갈고 어부가 고기를 잡았다]
        나. [[[TP1 농부가 밭을 갈았고 [TP2 어부가 고기를 잡았다]다]

여기서 특별히 문제가 될 것은 TP의 지정어 자리에 주격이 할당된다고 할 때, (5가)에서 전체 시제구(TP)에서 '잡았-'이 '농부가'와 '어부가'에 두 번 주격을 배당하고 있다는 사실이다.[18] 이러한 동사의 방출 원리를 어기면서까지 (5가)의 구조를 상정한 것은 (4가)의 비분리성을 형상화하는 최

---

18) 물론 이 경우가 영어에서는 가능하다, 한국어의 경우 매개변인의 하나로 처리할 수도 있을 것이다.

적의 구조가 (5가)이기 때문이라는 것이다. 기실, 김정대(2004)에서의 '분리성'과 '비분리성'은 '-었-'의 재분석에 그 근거를 두고 있을 것이다. '-었-'이 '-어 있-'으로 분석될 수 있는 것은 '-었-'이 '-어시-'에 소급될 수 있기 때문이다. 그러한 '-었-'이 개재한 (4나)를 분리적으로 파악한 것이라면, 실제의 언어 현실은 '*갈아 있-'이 아닌 '갈고 있-'이라는 점이다.19)

반면에 (6나)에서 분리적 의미가 가능하다면 그것은 '가 있-' 때문일 것이다.

    (6) 가. 철수가 집에 가고 영희가 학원에 갔다.
        나. 철수가 집에 갔고 영희가 학원에 갔다.

즉, 상태동사에 '-어 있-'이 결합할 수 없고 동작동사 중에서 '-었-'의 결합으로 분리적으로 인식된다고 하더라도 그것이 그대로 '-어 있-'으로 가능한 것은 아니라는 사실이다. 그런 점에서 (5가, 나)는 이러한 모든 경우를 고려한 통사 구조는 아니라고 할 수 있다.

사실, 접속 삭감(conjinction reduction)은 심층의 등위 접속문이 접속 삭감 변형을 통해 표면으로 도출시키기 위해 제안된 것인데, 두 개 이상의 동일 요소 중에서 하나만 남기고 모두 삭감하는 것으로 대체로 동일한 어휘 형태소나 구적 성분에 대한 삭감이다. 그리고 여기에는 의미의 중의성 문제가 뒤따르기도 한다.

    (7) John is erudite and Mary is erudite.
       → John and Mary are erudite.
    (8) John proved new theorems and Mary proved new theorems.

---

19) 물론 현대국어에서는 '-어 있-'의 분포가 축소하여 이것의 대부분은 '-고 있-'이 담당하고 있다.

→ John and Mary proved new theorems.

(a) John and Mary proved new theorems together.

(b) Both John and Mary proved new theorems.

이러한 영어의 접속 삭감을 국어 대등 접속문에 적용한 최동주(1994)는 기저에서 '-었-'이 접속 삭감을 통해 표면에 실현되지 않는 것으로 보았다. 영어와 달리 국어의 경우 문법 형태소인 '-었-'을 접속 삭감의 대상으로 삼은 것은 차지하고라도, 접속어미 중에서 '-었-'의 결합이 처음부터 불가능한 '-어', '-어서', '-으러'-, '-으려고', '-고서', '-고자', '--느라고', '-느라니', '-느라면', '-은들', '-도록', '-을수록', '-자', '-자마자'나 처음부터 '-었-'이 구성요소로 참여한 '-았자'의 경우에는 원리의 적용에 난맥상을 초래한다. 이들 접속어미들이 '-었-'의 결합을 허용하지 않는 것은 대부분 이들 접속어미의 구성요소가 가지고 있는 의미 특성에 기인하기 때문이다.

그러므로 국어에서 접속문만을 담당하는 고유한 접속어미가 별도로 존재하지 않으며, 더욱이 대등 접속과 종속 접속을 정도성의 문제로 보고자 하는 본고에서는 기존의 국어 접속문의 통사적 형식화를 선뜻 수용하기 어려운 면이 있다. 또한 앞서 예문 (5가, 나)에서 언급하였듯이, 이론내적으로도 동사구내 주어 가설의 입장에서 보면 일반적으로 주격은 TP의 지정어 자리에 할당되는 것으로 알려졌는데, 그럴 경우 '-었-'의 결합이 처음부터 불가능한 일련의 접속어미의 경우에서 접속문의 선행절에 주격을 할당하는 것은 무엇인가 하는 것이다.

한편, 김정대(2004)의 접속문의 시제 구조 논의는 매우 흥미로움에도 우리가 확인할 수 있는 접속어미로 '-고' 외에 종속 접속문으로 제시한 '-는데'뿐이라는 것은 매우 유감스러운 일이다. 접속문의 시제 구조에 해당하는 것이라고 하지만 대등 접속어미로 '-고'만이 있고 종속 접속어미로 '-는데'만이 있는 것은 아니기 때문이다. 사실 김정대(2004)의 논의는 접속문의 시제 해석에 관심을 두었다기보다는 시제 형태소가 포함된 접속문의 통사 구조의 형상화에 있다고 보는 것이 더 정확할 것이다. 그의 논의를 바탕으로 한 통사 구조의 형상화는 다음과 같다.

(9) 가. [[TP [농부가 밭을 갈고 어부가 고기를 잡았다.]
　　나. [[[TP1 농부가 밭을 갈았고 [TP2 어부가 고기를 잡았]다.]
(10) 가. [[TP [철이가 학교에 가는데 돌이가 철이를 부리었다.]
　　나. [[[TP1 [철이가 학교에 개았는데 [TP2 [돌이가 철이를 부리었다.]

결국 김정대(2004)에서는 대등 접속문과 종속 접속문의 내부 통사 구조는 동일한 것으로 보고 다만 선, 후행절의 계층이 동일한가 그렇지 않은가의 차이만 있을 뿐이라는 것이다. 그러나 이 구조는 접속문의 선행절과 후행절이 갖는 독립적인 관계나 의존적인 관계를 적절하게 수용하고 있지는 못하고 있다. 또한 과연 선, 후행절의 계층이 동일한 접속문이 가능할 수 있겠는가 하는 점이다.

또 다른 차원에서 접속문의 시제 해석과 관련한 문제를 살펴보자. 가령, '-는데'는 이미 한동완(1992)에서 대립의 의미일 경우는 절대 시제의 해석을 받고 상황 제시의 의미일 경우에는 상대 시제의 해석을 받는다고 한 바 있다.

(11) 가. 철수는 그제 참고서를 {샀는데/*사는데} 영수는 어제야 그 참고서를 샀다.
　　나. 철수가 어제 {공부하는데/*공부했는데} (바로 그 때) 영수가 시끄럽게 굴었다.

그러나 최동주(1994)에서는 상화 제시의 '-는데'가 상대 시제의 해석을 보이지 않고 절대 시제의 해석을 받는 경우가 있다고 하면서 다음의 예문을 제시하고 있다.

> (12) 가. 내가 직접 확인했는데, 철수는 갔어.
>   나. 비가 그렇게 쏟아졌는데 걔들이 출발했을까?
>   다. 어제는 집에서 공부했는데 애들이 얼마나 떠들던지 미치겠더라구.

즉, 상황 제시하는 포괄적 의미로는 파악되지 않는 '-는데'의 의미 기능이 있다는 것이다. 즉 (12가)는 정보의 출처, (12나)는 청자로 하여금 추론을 이끌어 내도록 하기 위함, (12다)는 화제의 제시라는 점에서 담화상의 기능이 다르다는 것이다. 이러한 최동주(1994)의 논의가 가지는 타당성을 검증하기에 앞서 정작 우리가 고민해야 할 것은 이렇듯 접속어미가 보여 주는 다양한 관계 의미에 따른 시제 해석과 나아가 이들을 통사 구조로 형상화한다는 것이 과연 국어 문법에 어느 정도 효용적 가치가 있느냐는 것이다. 이 문제와 관련하여 앞서 김정대(2004)에서 제시한 국어 접속문의 시제 구조가 야심찬 것임에도 불구하고 '-고', '-는데'라는 극히 일부 접속어미만을 대상으로 하고 있다는 점 외에도 접속어미의 다양한 결합 양상과 접속어미가 보여 주는 다양한 관계 의미에 따라 일일이 통사 표상을 달리 해 주어야 한다는 문법의 비효율성이라는 부담을 어떠한 식으로든지 해결해야 하는 문제는 여전히 남는다.

본고는 상대 시제냐 절대 시제냐 하는 것이 접속문의 의미 해석, 나아가 대등 접속과 종속 접속과 관련해서 절실한 문제는 아니라고 생각한다. 상대 시제의 개념에 대해 원칙적인 동의를 전제로 한다고 하더라도 최동주(1994)와 달리 앞에서 제시한 예문 (3다)와 (4가)가 상대 시제의 해석을 받지 않는다고 말할 분명한 이유는 없다. 한동완(1992:139-147)에서도 공간 나열은 대등 접속으로 절대 시제 해석을 받고, 순차 나열(계기 나열)은 종속 접속으로 상대 시제 해석을 받는다고 하였는데, 접속문에 대한 시각에 있어서는 원칙적으로 두 논의는 별다른 차이가 없다. 그보다 근본적인 질문은 '-고'를 '-고1'과 '-고2'로 나누는 것이 과연 정당한 것이며, 이른바 계기적 나열의 '-고2'가 어째서 '-었-'의 결합에 제약을 보이는가를 설명하는 것이 선결되어야 할 것이다.

먼저 '-고'는 접속의 기능을 보이는 고유의 어미라는 것을 상기할 필요가 있다. 나아가 선행절의 내용이 먼저 이루어지고 후행절의 내용이 이루어지기를 기대하는 것이 접속의 일반 원칙이라는 것도 기억할 필요가 있다. 그렇기 때문에 계기적 나열의 '-고'에 '-었-' 뿐만 아니라 여타의 시제 관련 선어말어미가 결합할 수 없는 것이다.

또한 최동주(1994)에서는 나열의 의미인 '-으며1'을 대등 접속어미로, 동시의 의미인 '-으며2'를 종속 접속어미로 분류하고 '-으며2'가 동시의 의미를 가질 경우 '-었-'이 통합되지 않으며 역시 상대 시제로 볼 수 없다고 하면서 시제 해석의 예외적인 것으로 처리하였다.

> (13) 가. 철수는 밥을 먹으며 라디오를 들었다.
> 　　나. 철수는 밥을 먹었으며 라디오를 들었다.
> 　　다. 철수는 밥을 먹었으며 라디오를 듣는다.

최동주(1994)의 논리대로 하면 (13가)의 '-으며2'는 동시의 의미이므로 종속 접속어미이고 (13다)는 나열의 의미이므로 대등 접속어미라고 해야 할 것이다. 그러나 사실은 그렇지 않다. 더욱이 (13나)에서 '-으며2'가 동시의 의미인데, 이것이 이른바 대등 접속문의 일반적인 현상인 접속 삭감에 의하여 선행절에 '-었-'이 결합하지 않은 것이라고 할 수도 없다. 왜냐하면 최동주(1994)에 의하면 (13가)의 '-으며2'가 종속 접속어미라는 논리에도 모순이 생기기 때문이다. 그러므로 '-었-'의 결합이 동시의 의미를 가질 수 있는 것은 상대 시제로서 선행절과 후행절의 시제를 같은 것으로 파악하기 때문이며, 나아가 '-었-'의 결합 여부에 따라 (13가)처럼 동시의 의미로 (13다)처럼 나열의 의미로도 이해된다고 하는 편이 좋을 것이다. 이렇듯 접속어미가 시제 선어말어미의 통합 여부에 따라 시제 해석이 달리 이루어질 수도 있으므로 접속문의 시제 해석을 위해서는 접속어미의 형태론적 특징에 대한 고려가 선행되어야 할 것이다.

4. 맺음말

그동안 국어 문법에서 시제 논의는 다양하게 이루어졌지만, 그에 비해 국어 접속문에 대한 시제 논의는 상대적으로 관심이 덜한 편이라고 할 수 있다. 그 이유는 첫째, 국어 접속문이 과연 대등 접속문과 종속 접속문으로 구분될 수 있는가, 둘째, 국어 접속문의 시제 해석을 위해서는 국어 접속어미가 가지고 있는 다양한 구성요소에 대한 이해가 필요하다는 것, 셋째로 국어 접속어미가 다양한 의미 기능을 가지고 있다는 것에 기인한다. 그런데 엄밀한 의미에서 대등 접속과 종속 접속을 구분 짓는 것이 이론내적으로는 어느 정도 가능할지 모르지만 실제에 있어서 접속어미를 대등 접속과 종속 접속으로 나누고 이들이 별개의 구조를 가지는 것으로 보고 이 둘의 차이점을 논의한다는 것은 지난한 일이다. 실제에 있어 대등 접속과 종속 접속은 정도성의 문제로 귀결된다. 더욱이 어떠한 접속문을 절대 시제로 볼 것인지 아니면 상대 시제로 볼 것인지 하는 문제보다 선행되어야 할 것은 접속어미의 구성요소에 대한 형태론적인 근거를 밝히고 국어의 접속문이 대등 접속문과 종속 접속문으로 확연히 구분될 수 있는

가 하는 문제에 접근하는 일이다. 나아가 '-었-'을 포함한 국어 시제 체계에 대한 합리적 방안이 마련되어야 국어 접속문의 시제 해석에 대한 결론도 도출될 수 있다. 또한, 국어 접속어미는 대부분 다양한 구성요소들이 재구조화된 통합형 접속어미이기 때문에 이들 구성요소들의 형태, 의미론적 특징에 대한 전반적인 이해가 우선해야 한다. 이러한 문제의식 속에서 국어 접속문의 시제 해석을 개별 접속어미의 형태론적 특성을 고려하여 설명하고 이에 대한 국어 접속문의 시제 해석 원리를 제시해야 할 것이다. 또한 국어 접속문의 유형과 특징을 더욱 정밀화하고 이를 바탕으로 개별 접속어미의 시제 관련 선어말어미가 구성요소로 통합된 접속어미들이 접속문의 시제 해석에 미치는 영향 관계를 체계적으로 설명할 때 국어 접속문의 시제 해석과 나아가 국어 접속문의 통사 구조도 명시적으로 설명될 수 있을 것이다.

참고문헌

고영근(2004), 『한국어의 시제, 서법, 동작상』, 태학사.

권재일(1985), 『국어의 복합문 구성 연구』, 집문당.

김영희(1988), 「등의 접속문의 통사 특성」, 『한글』 201·202호 합병호, 한글학회, 83-117면.

김영희(1991), 「종속 접속문의 통사적 양상」, 들메 서재극 박사 환갑 기념논문집.

김정대(1999), 「한국어 접속문에서의 시제구 구조」, 『언어학』 24호, 한국언어학회, 75-107면.

김정대(2004), 「한국어 접속문의 구조」, 『국어국문학』 138호, 국어국문학회, 121-152면.

남기심·고영근(1993), 『표준국어문법론(개정판)』, 탑출판사.

문숙영(2005), 『한국어 시제 범주 연구』, 서울대학교 박사학위 논문.

박진호(1994), 「통사적 결합 관계와 논항구조」, 『국어연구』 123호, 국어연구회.

백낙천(2003가), 『국어의 통합형 접속어미』, 도서출판 월인.

백낙천(2003나), 「'-자'를 포함한 접속어미의 형태론적 해석」, 『국어교육』 112호, 한국국어교육연구학회, 247-271면.

서정목(1988), 「한국어 청자 대우 등급의 형태론적 해석(Ⅰ)」, 『국어학』 17, 국어학회, 97-151면.

서정목(1993), 「한국어의 구절 구조와 엑스-바 이론」, 『언어』 18-2호, 한국언어학회, 97-151면.

서태룡(1987), 『국어 활용어미의 형태와 의미』, 서울대학교 박사학위 논문, 1-259면.

서태룡(1999), <국어 형태론에 기초한 통사론을 위하여>, 『국어학』 35, 국어학회, 251-285면.

송철의(1995), 「'-었-'과 형태론」, 『남풍현 선생 회갑 기념 논총』, 태학사, 847-863면.

유현경(1986), 「접속문의 통사적 특질 연구」, 연세대학교 석사학위 논문.

이관규(1999), 「대등문, 종속문, 부사절 구문의 변별 특성」, 『선청어문』 27집, 서울대학교 국어교육과, 753-780면.

이남순(1998), 『시제, 상, 서법』, 도서출판 월인.

이은경(1996), 『국어의 연결어미 연구』, 서울대학교 박사학위 논문, 1-261면.

이익섭(1978), 「상대시제에 대하여」, 『관악어문연구』 3집, 서울대학교 국문과, 367-376면.

이익섭·임홍빈(1983), 『국어문법론』, 학연사.

이익섭(2003), 『국어 부사절의 성립』, 태학사.

이필영(1994), 「대등절과 종속절에 대하여」, 『선청어문』 22집, 서울대학교 국어교육과, 644-669면.

임홍빈(1987), 『국어의 재귀사 연구』, 신구문화사.

임홍빈(1997), 「국어 굴절의 원리적 성격과 재구조화」, 『관악어문연구』 22집, 서울대학교 국문과, 93-163면.

최동주(1994), 「국어 접속문에서의 시제현상」, 『국어학』 24, 국어학회, 45-86면.

한동완(1992), 『국어의 시제 연구』, 서강대학교 박사학위 논문.

한동완(1999), 「국어의 시제 범주와 상 범주의 교차 현상」, 『서강인문논총』 12, 인문과학연구원.

Bybee, J.L.(1985), 『Morphology : A Study of the Relation between Meaning and Form』, John Benjamins Publishing Company.(이성하·구현정 옮김(2000), 『형태론』, 한국문화사).

Chomsky, N.(1986), 『Barriers』, MIT Press.

Comrie, B.(1976), 『Aspect』, Cambridge University Press.(이철수·박덕유 공역(1998) 『동사 상의 이해』, 한신문화사).

Comrie, B.(1985), 『Tense』, Cambridge University Press.

Foley, W.A. & Van Valin JR, R.D.(1984), 『Functional Syntax and Universal Grammar』, Combridge University Press.

Haimann, J. & Thompson, S.(1984),『Clause combining in grammar and discourse』, Amsterdam:John Benjamins.

Klein, W.(1994), 『Time in Language』, London and New York.(신수송 역(2001), 『언어와 시간』, 역락출판사).

Pollock, J.Y.(1989), 「Verb Movement, Universal Grammar, and the Structure of IP」, 『Linguistic Inquiry』 20.

제2부

접속어미의 형태론과 통사론

제1장 보조동사 구성 접속어미의 형태와 의미

'-고서', '-어서', '-으면서', '-고자'

1. 머리말

본고는 다양한 구성요소의 통합으로 이루어진 접속어미의 형태와 의미의 관계를 규명하는 것을 목적으로 한다. 그중에서 본고가 관심을 갖는 것은 '-고서', '-어서', '-으면서', '-고자'이다. 통시적 변화까지를 고려하면 이들 접속어미는 보조동사에 마지막 구성요소로 어말어미 '-어'가 통합된 동사구 구성이 재구조화되어 형성된 통합형 접속어미이다. 즉, 어말어미와 보조동사의 통사론적 구성이 긴밀해지면서 이들 사이의 단어 경계가 소멸된 결과 하나의 접속어미로 재구조화된 것이다.1) 동사구 구성이라고 한 것은 이들을 형태 분석하여 구성요소를 확인할 수 있다는 점을 부각시키기 위한 것과 또한, 이들 접속어미의 후행 요소인 '-서'나 '-자'

---

1) 그렇다고 어말어미와 보조동사 구성이 모두 통합형 접속어미를 형성하는 것은 아니다. 엄정호(1990)에서 특정화한 이른바 SEA(sentence ending auxiliary)구문은 단어 경계가 그대로 유지되므로 통합형의 조건이 되지 못하는 통사론적 구성이다.

가 잉여적인 요소가 아님을 전제로 하는 것이다.

본고에서 살필 접속어미들이 동사구 구성 통합형 접속어미라는 사실이 인식되지 못했던 것은 문제의 보조동사인 '시-'와 '지-'가 공시태에서 쉽게 발견되지 않기 때문으로서, 통시적인 연구를 통해 확인되는 보조동사 '시-'는 존재동사 '잇/이시-'의 직접적 소급형으로 '있다'와 관련하여 의미를 확인할 수 있다. 한편, '지-'는 일부 방언형에만 남아 있을 뿐인데, 보조동사 '지-'는 '싶다'와 관련하여 의미를 확인할 수 있다.2)

본고는 이와 같은 사실을 논의의 출발점으로 삼아 통합형 접속어미 '-고서', '-어서', '-으면서', '-고자'의 형태론적 특징과 의미를 살펴볼 것이다.

2. 통합형 접속어미 '-고서'

'-고서'는 어말어미 '-고'와 보조동사 어간 '시-'와 어말어미 '-어'의 통합형 '-서'의 구성인 [-고+[시-+-어]]가 재구조화되어 형성된 접속어미로서 '-고서'가 동사구 구성의 접속어미라는 것은 후행 요소인 '-서'에 기인한다. '-서'는 보조동사 '시-'와 '-어'의 통합형인 '-셔'가 단모음화하여 재구조화된 것으로 이러한 분석 태도가 갖는 장점은 다음과 같다.

첫째, 문제의 '-서'를 잉여적인 요소로 보지 않으므로 '-서'의 의미를 온전히 복원시킬 수 있다. '-서'의 존재를 잉여적인 것으로 보는 논의의 일각에서는 '-서'의 분석조차도 무의미한 것으로 간주하지만 이때의 '-

---

2) 중세국어에 보이는 다음의 자료는 '지-'의 의미를 파악하는 데에 도움을 준다.
  (ㄱ) 제 주기고져 ᄒᆞ며 사ᄅᆞᆯ고져 호몰 드르라 <내훈 3:20>
  (ㄴ) 나고져 식브며 阿難일 브리신대 오샤ᅀᅡ 내 나리이다 <월곡 상 기 132>
  언해문 '고져 ᄒᆞ며', '나고져 식브녀'에 대응되는 한문 원문이 '欲'인 것으로 보아 '소망', '의도'의 의미는 '-고져'의 '지-'에 있다고 보는 것이 타당할 것이다.

서'가 독립적인 형태소로서의 의미를 가지고 있다면 '-서'는 결코 잉여적인 요소일 수 없으며, 오히려 이것을 적극적으로 뒷받침해 주는 논리적 근거가 '-서'의 분석이다.3)

고영근(1975)에서는 '-고'를 '-고서'의 줄어진 형식으로 볼 수 있는 근거로 '-서'의 첨가 여부가 문의를 조금도 바꾸지 못한다는 데에 둔 바 있다. 다음의 예문은 고영근(1975)의 주장이 일견 타당함을 보여 준다.

(1) 가. 철수는 밥을 먹고 학교에 갔다.
    나. 철수는 밥을 먹고서 학교에 갔다.

(1가, 나)와 같이 선행절과 후행절의 시간적 선·후 관계가 뚜렷한 계기적인 경우에서 '-고'는 '-고서'와 의미의 변별성을 찾기 힘들며, 선행절과 후행절의 사건이 인과 관계로 긴밀함을 유지하는 경우에는 더욱 그러하다.

(2) 가. 영희는 아이스크림을 먹고 배탈이 났다.
    나. 영희는 아이스크림을 먹고서 배탈이 났다.

또한 (2가, 나)에서 '-고'와 '-고서'는 상호 대체될 수 있을 정도로 '-서'의 첨가 여부가 전체 문의에 영향을 미치지 못하는 것으로 볼 수도 있으나 그렇다고 '-고서'의 '-서'를 잉여적인 요소로 간주하여 (2가, 나)를 동

---

3) 임홍빈(1975)에서는 '-서'에 대해 무의미하거나 잉여적인 문법 요소가 아니라 그 자체로서 독자적인 의미 특징을 가지는 형태소라고 하여 '-서'를 중세국어의 '시다'(有)에서 온 후치사임을 전제로 그 의미를 문제의 대상에 대한 존재의 정립을 요구하는 의미 분절소라고 규명하였으며, 안명철(1985)에서는 '-서'의 의미를 어떤 사건이나 사태가 일어나는 주어진 범위 또는 배경으로 본 것 등은 '-서'가 형태소로서의 자격이 있음을 인정하는 논의이다. 한편, 서태룡(1987:197)에서는 '-서'를 보조동사 어간 '시-'와 어말어미 '-어'가 통합한 '-서'가 단모음화하여 재구조화된 것이라 하여 '-서'에 대해 기본적으로 동일한 인식을 보여 주고 있다.

의적인 것이라고 할 수는 없다. 왜냐하면 '-서'가 갖는 의미로 인해 (2가)와 달리 (2나)는 선행절과 후행절의 계기성이 두드러지기 때문이다.

둘째, '-고서'의 소급형인 '-고셔'와의 관계는 '-서'가 동사구 구성이었다는 사실을 인정할 때 보다 선명하게 드러난다. 즉, '-고셔'는 '-서'가 동사 어간 '시-'와 '-어'의 동사구 구성인 '-셔'가 '-서'로 단모음화를 거쳐 재구조화된 이후에 '-고'와 통합되어 재구조화된 것으로 보인다. 문제의 '-서'는 '시다'의 활용형이 문법화한 것으로 문법화 초기 단계에서는 동사 활용형과의 연관성을 보이다가 현대국어에 와서는 보조사로서의 기능으로 굳어져 전제된 존재인 선행 요소를 연결하는 의미를 갖게 된다.

'-고서'는 '-서'가 갖는 의미인 전제된 존재의 연결이라는 의미만큼 '-고'와 차이를 보이며, '-고서'가 시제 선어말어미 '-었-', '-겠-'과 통합할 수 없는 이유도 '-서'가 갖는 존재의 연결과 '-었-', '-겠-'의 구성요소인 '있-'과 의미상 상충되기 때문이다.[4] 그러므로 '-서'는 고유한 의미를 지닌 것으로 더 이상 잉여적인 요소가 아니며, '-고'와 '-고서'의 의미와 통합상의 차이는 '-서'의 유무에 의한 것이고 공통점은 공유하는 '-고' 때문이다. 그러므로 이때의 '-서'를 무의미하거나 잉여적인 요소로 간주할 수는 없다.

한편, '-고서'는 (3나)와 같이 선행절과 후행절 주어가 비동일주어이거나, (4나), (5나)와 같이 서술어가 상태동사일 경우에는 어색하거나 전혀 쓰이지 못한다.

(3) 가. 이번 시험에 철수는 떨어지고 영희는 합격했다.

---

[4] 그런데 이러한 설명은 '-어서'와 달리 '-고서'는 '-겠-'과의 통합에서도 제약을 보이는 것에 대한 합리적인 이유로는 부족하다. 필자의 현재 생각으로는 '-어서'와 달리 '-고서'는 선·후행절의 필연적 관련성이 상대적으로 미약하고 계기의 의미를 갖기 때문인 것으로 보인다.

　　나. *이번 시험에 철수는 떨어지고서 영희는 합격했다.
　(4) 가. 가을 하늘은 높고 푸르다.
　　나. *가을 하늘은 높고서 푸르다.
　(5) 가. 하늘은 높고 말은 살찐다.
　　나. *하늘은 높고서 말은 살찐다.

　또한 선어말어미의 통합에 있어서도 다음의 (6가, 나)에서 보는 바와 같이 '-고'와 달리 '-고서'는 시제 선어말어미 '-었-', '-겠-'의 통합에 제약이 따른다. 이는 '-서'가 갖는 존재의 연결이라는 의미가 시간적으로 선행성을 가지기 때문이다.

　(6) 가. 철수는 집을 떠나{-었-, -겠-}고 고시원으로 들어갔다.
　　나. 철수는 영희를 보{*-었-, *-겠-}고서 고향으로 떠났다.

　그리고 '-어'에 의해 선행절의 시간적 선행성이 확보되므로 선행절이 완결된 다음에 후행절이 연결될 만큼의 시간적 간극이 생겨 (6나)와 같이 '-고서'에는 '-었-', '-겠-'의 통합이 불가능한 것이다.
　그런데 '-고서'는 보조사의 통합에서 제약을 보이지 않는다.

　(7) 가. 영수는 윤주를 보고서{-만, -도, -야, -은} 호의적인 감정을 가졌다.
　　나. 철수는 밥을 다 먹고서{-만, -도, -야, -은} 학교에 갔다.

　이것은 일견 '-고서'의 마지막 구성요소인 '-어'가 부사형어미일 가능성을 시사한다. 왜냐하면 선행하는 성분절이나 용언을 지배영역으로 하는 부사형어미 '-어'와 달리, 접속어미, 종결어미의 '-어'에는 보조사의 통합이 불가능하기 때문이다. 이때의 '-어'가 부사형어미와 동일한 통합상의 특징을 보인다는 사실에 주목하면서 이 문제를 관찰하면 의외로 해답은

쉽게 나오는 듯하다. 앞서 밝혔듯이 '-서'는 동사 '시다'의 활용형이 문법
화하여 현대국어에서 보조사의 기능을 갖고, 이때의 '-어'는 부사형어미
로서 선행 용언을 지배영역으로 한다.5) 이 흔적이 남아 보조사의 통합에
제약을 보이지 않는 것으로 보인다. 그렇다고 문제가 완전히 해결된 것은
아니다. '-서'와 달리 '-고서'는 여전히 선행절 전체를 지배영역으로 하고
있기 때문이다. '-고서'는 '계기', '연결', '시간'의 의미를 지니는 것으로
기술되었다. 그러나 '-고서'는 '-고'와 별개의 접속어미이므로 같은 계기
의 의미를 지니는 것이라 하더라도 서술어가 상태동사일 경우에 '-고서'
는 어색하거나 전혀 쓰이지 못한다. 이러한 점을 고려해 볼 때 '-고서'가
계기적인 의미를 갖는 것은 '-서'의 의미에서 비롯된 것이라고 할 수 있
다. 다만, '-고서'는 '-고'의 의미 때문에 선행절과 후행절의 독립성이 강
하고 계기적 관계 또한 '-어서'와 달리 필연적이지 않아서 '-어서'와 달
리 '-고서'는 인과의 의미가 강하게 나타나지 않는다.

(8) 가. 상한 음식을 먹고서 배탈이 났다.
    나. 상한 음식을 먹어서 배탈이 났다.

(8가)에서 '-고서'는 (8나)의 '-어서'에 비해 선행절과 후행절의 의미론
적 관련성이 적어 보인다. 그러나 (8가)의 '-고서'가 인과의 의미를 지니
지 않는다고 할 수는 없다. '-고서'에서 인과의 의미를 포착하지 못했던
이유 중에는 '-고'의 의미에 이끌린 감이 없지 않다. 이것은 결국 '-어'와
'-고'의 의미 차이에서 비롯되는 것으로 '-어'는 선행절에 끝맺은 내용과

---

5) 중세국어에 보이는 다음의 예문은 문제의 '-서'가 조사 다음에 통합되어 아직 용언의 활
  용형으로서 문법화 되어 가는 과정에 있는 것으로 보인다.
  (ㄱ) 잇는 소니 비 타 忠州로셔 오나놀 <두초 7:19>
  (ㄴ) 그저귀 波波國에서 부텨 滅度ᄒᆞ시다 듣고 사병 뫼화 <석상 23:52>

후행절에 이어진 내용 사이에 의미론적 관련성이 있어야 하지만 '-고'에
는 그러한 의미론적 관련성이 없기 때문에 '-고서'는 '-어서'와 필연적
관계에서 차이가 있는 것이다.[6] 그렇다고 하더라도 인과의 의미는 계기의
의미를 바탕으로 해석될 수 있는데, 이 경우에 '-서'가 결정적인 역할을
한다.

결국 '-고서'가 항상 선행절이 먼저 이루어지고 후행절이 이루어지는
계기의 의미를 갖는 것은 전제된 존재의 연결이라는 '-서'의 의미에 의한
것이며, '-고'의 의미에 의해 선행절의 내용이 끝맺지 않고 후행절을 이어
주기 때문에 선행절과 후행절이 의미상 긴밀하지 않은 경우에도 계기적
으로 이어줄 수 있다.

3. 통합형 접속어미 '-어서'

'-어서'는 어말어미 '-어'와 보조동사 어간 '시-'와 어말어미 '-어'의
통합형 '-서'의 구성인 [-어+[시-+-어]]가 재구조화되어 형성된 접속어
미로서 '-어서'가 동사구 구성의 접속어미라는 것은 후행 요소인 '-서'에
기인한다. '-서'는 보조동사 '시-'와 '-어'의 통합으로 이루어진 것으로
이때의 '시-'는 존재동사 '잇/이시-'의 직접적 소급형이다.

서정수(1971), 고영근(1975)에서는 '-어'와 '-어서'가 완전히 일치한다고
보고 이때의 '-서'를 잉여적인 요소로 간주한 바 있다. 그러나 '-어'와 '-어
서'가 어느 경우에나 동일한 의미를 나타내면서 대체가 가능한 것은 아니
다. 특히, 보조동사 구성에서는 '-서'의 개입이 불가능한데, 이것은 그만

---

6) 이 문제와 관련하여 이시형(1991)에서는 방벽의 개념을 도입하여 '-어'는 [-방벽]의 의미
   자질을 갖고 '-고'는 [+방벽]의 의미 자질을 갖는 것으로 구별하고 있다.

큼 '-서'가 무의미한 존재가 아니라는 것을 말해 준다. (9나)와 달리 '-서'
의 개입이 가능한 (10나)는 접속문 구성이므로 이때의 '버렸다'는 보조동
사가 아닌 일반 동사이다.

  (9) 가. 철수는 고향을 떠나 버렸다.
      나. *철수는 고향을 떠나서 버렸다.
  (10) 가. 철수는 소주를 마셔 버렸다.
      나. 철수는 소주를 마셔서 버렸다.

  한편, 접속문 구성에서 '-어'와 '-어서'는 대체되어도 무방할 정도로 차
이를 느낄 수 없다. 그렇다고 이때의 '-서'를 단순히 잉여적인 성질을 갖
는 것으로 볼 수만은 없다.7)

  (11) 가. 철수는 공원에 가{-어, -어서} 영희와 놀았다.
      나. 철수는 배가 아프{-어, -어서} 병원에 갔다.
      다. 원숭이가 까불{-어, -어서} 나무에서 떨어졌다.

  (11가)의 '-어서'가 '-어'보다 계기의 의미가 두드러지고, (11나, 다)의
'-어서'가 '-어'보다 인과의 의미가 두드러진 것으로 파악되는데, 이는 '-서'
의 영향으로 이해된다. 물론 이때의 '-서'는 전제된 존재로서의 선행 요소
를 요구하는 의미를 갖는다.
  한편, '-어'와 '-어서'는 보조사의 통합에서 차이를 보여 '-어서'는 보
조사의 통합에 제약이 없으나 '-어'는 그렇지 않은데, 이는 전형적인 접속
어미의 통합상의 특징과 일치한다.

_____

7) 이에 대해 임홍빈(1975)에서는 '-어' 뒤에 휴지로써 의미 분절이 행해지고, 화용론적인
   상황에서 문제의 대상이 정립될 때에 한해서 '-어'와 '-어서'는 동의적일 수 있으며, 이
   때의 '-어'는 '-서'를 전제로 한다고 하였다.

(12) 가. 철수는 목이 말라{*-만, -도, -야, *-은} 물을 마셨다.
　　　나. 철수는 목이 말라서{-만, -도, -야, -은} 물을 마셨다.
　　　다. 너는 목이 말라{*-만, -도, -야, *-은} 물을 마셔라
　　　라. 너는 목이 말라서{-만, -도, -야, -은} 물을 마셔라.

다만, (12가, 다)의 '-어도', '-어야'가 가능한 것은 이것이 통합형 접속어미이기 때문이므로 근본적으로 '-어'와 '-어서'는 보조사의 통합에서 뚜렷한 차이를 보이고 있다고 할 수 있다.

한편, '-어'와 '-어서'는 시제 선어말어미와의 통합에서도 차이가 있다.

(13) 가. 나는 몸이 안 좋{*-었-, *-겠-}어 휴직을 할 생각이다.
　　　나. 나는 몸이 안 좋{*-었-, -겠-}어서 휴직을 할 생각이다.

(13가)에서 '-어'와 '-어서'가 '-었-'의 통합에 제약을 보이는 이유는 '-었-'의 구성요소에 기인하는 것이지만 '-어'와 달리 '-어서'는 '-겠-'과의 통합에서 제약을 보이지 않는다. 그것은 계기의 의미를 갖는 '-고서'가 '-겠-'과의 통합에도 제약을 갖는 것에 비해 (13나)의 '-어서'는 인과의 의미를 갖기 때문이다. '-어서'가 계기의 의미일 때와 달리 인과의 의미일 때 '-겠-'과의 통합이 가능한 이유는 '-겠-'에 의해 미지각 상태인 선행절이 전제될 수 있기 때문이다.[8] '-어서'의 의미를 '-어'와 대비해 볼 때 '-서'는 '시다'의 활용형이 문법화한 것으로 '-서'가 갖는 존재를 전제

---

8) 채연강(1985:46), 최재희(1991:105), 범금희(1998:13) 등에서는 '-어서'가 시제 선어말어미 '-겠-'과도 결합하지 못하는 것으로 기술하고 있으나 본고는 가능하다고 본다. 서태룡(1987:202)에서는 '-겠-'의 구성요소가 갖는 의미에서 가능인 상태의 존재를 나타내는 선행절이 후행절과 인과 관계를 이룰 수 있기 때문에 '-어서'가 '-겠-'과 통합이 가능하다고 하였다. 이 문제와 관련하여 익명의 심사자께서는 '-어서'가 '-겠-'과 통합하는 것이 비문이라고 지적을 해 주셨는데, 필자의 생각으로는 문법성과 관련한 문제라기보다는 수용성과 관련한 문제인 것으로 보인다.

한다는 의미만큼 '-어'와 차이를 보이며, '-어서'가 시제 선어말어미 '-었-'
과 통합할 수 없는 이유도 '-서'가 갖는 전제된 존재의 연결이라는 의미
와 '-었-'의 구성요소인 '있-'의 의미가 동일하게 존재의 의미를 갖기 때
문이다.

'-어서'는 '-서'가 갖는 전제된 존재의 연결이라는 의미만큼 '-어'와
차이를 보여 인과의 의미 외에도 계기의 의미까지 가질 수 있는데, 인과
의 의미는 '-어'에 의해 끝맺은 선행절과 이어진 후행절 사이가 의미상
긴밀한 데서 오는 것이며, 계기의 의미는 '-서'의 의미에 의해 현저히 드
러난다. 더욱이 '-어서'가 갖는 인과의 의미는 계기의 의미를 바탕으로 해
석될 수 있는데, 이 경우에 '-서'가 결정적인 역할을 한다.

(14) 가. 철수는 도서관에 가서 책을 빌렸다.
　　　나. 태풍이 불어서 피해가 더 컸다.

(14가)는 '계기'의 의미가 더 두드러지고, (14나)는 '인과'의 의미가 두드
러지는데, (14나)에서의 인과의 의미는 계기적으로 연결된 선행절과 후행
절의 내용이 필연적인 데서 발생하는 의미이다. 더욱이 '-어서'가 계기의
의미일 경우에는 (15가, 나)와 같이 후행절에 명령형, 청유형이 올 수 있으
나, 인과의 의미일 경우에는 (15다, 라)와 같이 후행절에 명령형, 청유형이
올 수 없다.

(15) 가. 어린애들은 다른 데에 가서 놀아라.
　　　나. 이번 주말에 도서관에 가서 공부하자.
　　　다. 너는 비가 많이 오{*-어서, -으니} 밖에 나가지 말아라.
　　　라. 우리는 기분이 좋{*-어서, -으니} 노래를 부르자.

인과의 '-어서'가 명령형과 청유형에 제약이 생기는 것은 엄밀한 의미에서 계기성의 의미를 강하게 나타내는 경우로서 (15다, 라)와 같이 '-어서'가 동시성의 의미를 강하게 나타내는 경우에는 '-어서'에 의해 완결된 선행절이 명령형과 청유형인 후행절에 대해 동시적 인과의 의미를 가질 수 없기 때문에 제약이 일어나는 것이다.9) 이 경우에 '-어서' 대신에 '-으니'를 대체하면 가능해지는데 그 이유는 '-어서'의 '-서'와 달리 '-으니'는 시간적 간격이 생기지 않아 동시적 인과의 의미를 나타낼 수 있기 때문이다.

'-어서'는 선행절과 후행절의 내용이 긴밀한 연관성이 있는 것을 계기적으로 연결한다는 점에서 단순히 계기적으로 연결하는 '-고서'와는 차이가 있다. '-어서'가 갖는 긴밀한 연관성은 선행절과 후행절이 동일주어일 경우에 더욱 분명히 드러나는 것이 사실이지만 그렇다고 '-어서'가 반드시 동일주어 조건을 요구한다고 할 수는 없다.10)

> (16) 가. 철수가 학교에 가서 친구를 만났다.
>   나. 아버지께서 방에서 담배를 피셔서 어머니는 방을 나갔다.

(16가)와 같이 선행절과 후행절이 동일주어이면 계기의 의미가 더욱 드러나는 것으로 보인다. 그러나 (16나)와 같이 비동일주어이더라도 문법적으로 가능하므로 동일주어 조건이 필수 조건이라고까지 할 수는 없을 것이다.

한편, '-어서'는 '계기', '이유', '원인'의 의미를 지니는 것으로 기술되

---

9) 남기심·루코프(1983)에서는 '-어서'가 '원인 밝힘'의 의미이고 '-으니까'가 '따짐'의 논리적 의미를 나타낸다고 하면서 명령형과 청유형은 진리치가 없기 때문에 '-어서'가 쓰이지 못한다고 하였다.

10) 전혜영(1989:58)에서는 '-어서'는 반드시 동일주어 조건을 요구한다고 하면서 이것으로 인해 계기의 특별한 성격을 반영한다고 하였다.

었다. 그러나 이유나 원인의 의미는 선행절을 끝맺고 후행절을 이어주는 '-어'의 의미로 설명되며, 계기의 의미는 전제된 존재의 연결이라는 '-서'의 의미에 의해 두드러지게 나타난다.

4. 통합형 접속어미 '-으면서'

'-으면서'는 접속어미 '-으며'에 동사구 구성의 '-서'가 통합된 [[-음+[이-+-어]ㄴ]+[시-+-어]]가 재구조화되어 형성된 접속어미로서 '-으면서'가 동사구 구성의 접속어미라는 것은 후행 요소인 '-서'에 기인한다. '-으면서'의 의미는 '-으며'와의 관계 속에서 찾는 것이 정당하더라도 '-으면서'와 '-으며'가 쉽게 대체될 수 있을 정도로 의미가 동일한 것은 아니다.

고영근(1975)에서는 '-으면서'를 '-으며'와 '-ㄴ서'로 분석하면서 '-ㄴ서'의 첨가 여부가 문의를 근본적으로 바꾸지 못한다고 한 것으로 보아, '-ㄴ서'를 잉여적인 것으로 간주한 듯하다.

다음의 (17가, 나)는 고영근(1975)의 주장이 일견 타당함을 보여 준다.

> (17) 가. 노래 부르면서 간다.
>   나. 노래 부르며 간다.

그러나 '-으며'와 '-으면서'가 항상 상호 대체가 가능한 것은 아니며, 상호 대체가 가능하더라도 동질적인 의미를 갖는다고 볼 수 없는 경우가 있다.

> (18) 가. 철수는 국어를 잘 하{-으며, *-으면서} 영희는 수학을 잘 한다.
>   나. 영희는 얼굴이 예쁘{-으며, -으면서} 마음도 곱다.

(18가)는 '-으면서'로의 대체가 불가능한 반면에, (18나)는 상호 대체는 가능하지만 그 의미까지 동질적이라고 볼 수는 없다.11) 이러한 현상을 통해 확인할 수 있는 것은 나열의 의미일 경우에는 '-으면서'가 '-으며'와 대체될 수 없다는 것이다.

한편, '-으며'와 '-으면서'의 상관관계와 관련하여 문제가 되는 것은 '-으면서'의 형태 분석과 관련하여 간과할 수 없는 'ㄴ'의 존재이다. 이 'ㄴ'이 음운론적인 요인에 의해 삽입된 것이라면 'ㄴ'은 형태소가 아닌 분절음적인 존재이므로 '-으면서'는 '-으며'와 관련되겠지만, 'ㄴ'이 통합적 구조상 보조사일 수밖에 없으면 '-으면서'는 '-으며'와 관련되기보다는 '-으면'과 관련된다고 보아야 한다. 그러나 (18나)와 같이 '-으면서'가 '-으며'와 대체될 수는 있어도 '-으면'과의 대체는 쉽지 않다는 점에서 본고는 '-으면서'를 '-으며'와 관련지어 이 둘의 의미 관계를 설명했던 것이다. 그러므로 문제의 'ㄴ'이 적어도 보조사가 아닌 것은 분명하다. 그런데 '-으며'와 '-으면서'의 의미론적 상관관계와 관련하여 서태룡(1987:205~208)에서는 '-으면서'가 진행중일 때는 '-으며'와 대체 가능하지만 나열일 때는 불가능하다고 하였다.12)

(19) 가. 철수는 노래를 부르{-으면서, -으며} 걸어갔다.
    나. 철수는 책을 보{*-으면서, -으며} 영희는 음악을 듣는다.

(19가)와 달리 (19나)에서 '-으면서'가 불가능한 이유는 선행절과 후행

---

11) 이에 대해 윤평현(1994)에서는 '-으며'는 두 명제의 순서에 대하여 화자가 비관여적인데 반하여, '-으면서'는 두 명제의 인식 과정에 순서가 있기 때문에 명제의 배열 순서에 대하여 화자가 관여적이라고 하였다. 이러한 설명이 가능하다면 이것은 전제된 존재의 연결이라는 '-서'의 의미에 기인하는 것이다.

12) '-으면서'가 '동시', '지속', '나열'의 용법을 가질 수 있는 것은 '-으면서'의 형태 분석에서 확인되는 '-음'의 지속의 의미와 '-어'의 연결의 의미 때문으로 설명할 수 있다.

절 주어가 비동일주어이고 선행절과 후행절 사건이 단순히 나열의 용법을 갖기 때문이라고 할 수 있다.

한편, 일반적으로 접속어미가 양보적 조건의 의미를 갖는 것은 그 구성 요소로 보조사가 통합된 경우인데, '-으면서'가 특별한 경우에 양보적 조건의 의미를 나타낸다는 것은 '-으면서'에 보조사의 통합을 상정하게 한다. 이때 상정할 수 있는 보조사는 '-도'이다.

> (20) 가. 철수는 자기가 허물이 있으면서(도) 남의 허물을 탓하기 좋아한다.
> 나. 철수는 시험에 떨어졌으면서(도) 겉으로는 태연한 척 한다.

(20가, 나)는 '-으면서도'의 '-도'가 생략된 것으로 이해된다. 그러므로 '-으면서'가 양보적 조건의 의미를 나타내는 경우는 '-으면서도'에서 '-도'가 생략된 경우이므로 단순한 조건의 '-으면'과의 대체는 어색하거나 곤란할 수밖에 없다. 이것은 '-으면서'의 형태론적 구조와 관련하여 시사하는 바가 크다. 즉, '-으면서'와 '-으면'이 서로 대체되어도 동의적 관계를 유지할 수 있다면 '-으면서'는 '-으면'에 '-서'가 결합한 것이고 이때의 양보적 조건의 의미는 보조사 '-은'에 의한 것이라고 할 수 있겠으나, (20가, 나)의 경우에서 보는 것처럼 '-으면서'가 '-으면'으로 대체되기는 어려워 보이므로 '-으면서'는 '-으면'보다는 '-으며'와 의미론적으로 더 밀접한 관련이 있다는 사실을 확인할 수 있다. 그러므로 '-으면서'는 일차적으로 '-으며'와 '-ㄴ서'로 분석하는 것이 합리적이며, 이때의 'ㄴ'이 보조사가 아닌 것은 거듭 확인된 셈이다.

그렇다면 'ㄴ'의 정체는 과연 무엇인가? 먼저 'ㄴ'의 존재와 관련해서 김흥수(1978)에서는 '-느-'와의 관련성과 음운론적인 요인이라는 두 가지 가능성을 조심스럽게 언급하였으며, 서태룡(1987)에서는 음운론적인 가능성과 후치사의 가능성을 다 열어놓고 최종적인 판단을 유보한 바 있다. 그러나 본고는 '-으면서'가 '-으며'와의 의미론적 관련성 외에도 '-으면서'의 'ㄴ'이 보조사라면 어말어미와 동사의 어간에 보조사가 개입되는 특이한 구조를 인정해야 하는 구조적인 문제도 발생하므로 이때의 'ㄴ'을 보조사로 볼 수는 없다고 생각한다. 특히 'ㄴ'의 존재와 관련하여 주목할 것은 중세국어에 드물기는 하지만 '-으며'에 '-셔'가 결합한 '-으며셔'가 나타난다는 사실이다.

(21) 가. 수머 살며셔 어버시를 효양ᄒ더니 <번역소학 8:2>
　　나. 놀이ᄒ며셔 거즛 여러 소리로 브르되 <노걸대언해 하:49>
　　다. ᄌ셔근 ᄌ라 올히 혼인ᄒ쟈 닉년히 혼인ᄒ쟈 ᄒ며셔 <청주 간찰 142>
　　라. 노리ᄒ면셔 거즛 여러 소리로 브르되 <중간노걸대 하:51>
　　마. 번과 향을 잡고 나무아미타불 ᄒ명셔 닐오디 <염불보권문(동화 사본) 18ㄱ>

(21가, 나, 다)의 '-으며셔'는 18세기에 이르면 (21라, 마)와 같이 '-으면서'와 '-으명셔로 나타나다가 현대국어의 '-으면서'로 정착된다. 그렇게 본다면 '-으면서'는 '-으며'에 '-서'가 통합한 것이고 이때의 'ㄴ'은 음운론적인 요인에 의해 삽입된 것이라 할 만하다. 특히 동일한 형태론적 구성인 '-어서'에서는 *'-언서'로 나타나지 않는 것은 문제의 'ㄴ'이 음운론적인 요인에 의해 '-으며'와 '-서' 사이에 삽입된 것이라 할 만하다.[13]

---

13) 한편, 현대국어 경상방언에서 형태소 내부에서 구개음 앞에서의 'ㄴ' 첨가 현상이나(깐 치, 곤치다 등), 음절말에서 /n/과 /ŋ/의 중화 등도 문제의 'ㄴ'을 음운론적 요인에 의한 것으로 보는 데에 방증 자료가 될 것으로 보이는데, 보다 설득력 있는 설명은 다음으로 미룰 수밖에 없다. 사정이 그렇다 하더라도 'ㄴ'을 '-ᄂᆞ-'와 관련하여 해석하는 것은 '-으면서'의 의미와의 상관관계를 염두에 둘 경우에 고려해 볼 수는 있어도 구조적으로 타당성을 인정받기는 힘들 것으로 보인다.

지금까지 살펴본 바와 같이 '-으면서'는 중세국어와 근대국어에 나타나는 '-으며셔'와 '-으몃셔'의 직접적인 소급형이라고 할 수 있으며, 현대국어의 '-으면서'는 '-으면'보다는 '-으며'와 의미론적 관련성이 더 있음을 확인하였다. 그러나 '-으며'와 '-으면서'가 항상 대체 가능한 것은 아니며, 이 둘의 차이는 결국 '-ㄴ셔'의 유무에 의한 것이며, 이때의 'ㄴ'은 음운론적인 요인에 의해 삽입된 것이지만 '-셔'는 고유한 의미를 지니는 형태소로 더 이상 잉여적인 요소가 아니다.

'-으면서'는 '동시'의 의미를 갖는 것으로 기술되었다. 동시의 의미는 선행절의 내용이 지속되면서 후행절의 내용이 겹쳐 일어나는 것이다. 그러나 같은 동시의 의미라고 하더라도 '-으면서'는 '-으며'와 달리 전제된 존재의 연결을 나타내는 '-셔'에 의해 선행절 내용의 지속이 유지된다. 그리고 이것은 결정적으로 반복 구성에서 '-으면서'와 '-으며'의 동시성에서 차이가 드러난다.

> (22) 가. 네가 오{*-으면서, -으며} 말{*-으면서, -으며} 해도 난 상관하
>   지 않겠다.
>   나. 철수는 오{-으면서, -으며} 가{-으면서, -으며) 그 집에 들렀다.

(22가, 나)의 반복 구성은 대립되는 두 행위가 동시에 일어날 수 없기 때문에 필연적으로 시간적 차이가 발생할 수밖에 없다. 그러므로 (22가)에서 '-으면서'가 불가능한 것과 (22나)의 경우 '-으면서'가 가능하더라도 '-으며'와 비교해 볼 때, 동시의 의미를 적극적으로 드러내지 못하는 것은 결국 '-으면서'가 '-으며'에 비해 동시의 의미를 강하게 지니고 있다는 것이 되는데, 그 이유는 '-음'에 의해 지속된 선행절의 내용을 끝맺고 후행절의 내용을 이어주는 '-어' 다음에 전제된 존재의 연결을 나타내는 '-셔'가 연결되었기 때문이라고 할 수 있다.

한편, '-으면서'가 '대립'의 의미를 갖는 것으로 파악한 논의도 있는데,14) '-으면서'의 기본 의미가 아니라는 점에서 수긍하기 어렵고, (23가, 나, 다)의 '-으면서'는 대립의 의미보다 양보적 조건의 의미를 갖는 것으로 이해하는 것이 합리적이다.

(23) 가. 철수는 수영을 못하면서(도) 혜엄을 치겠다고 한다.
나. 영수는 힘들어 하면서(도) 쉬지 않고 일한다.
다. 영희는 상대방을 좋아하면서(도) 내색을 하지 않는다.

그런데 일반적으로 양보적 조건의 의미를 갖는 접속어미는 보조사가 통합된 예들인데, '-으면서'의 경우에 보조사의 존재를 확인할 수는 없다. 그러나 의미적으로는 선행절의 내용에 대해 후행절은 기대 부정의 의미를 나타내고 있다. 이 경우에 보조사 '-도'가 실현되면 보다 분명한 양보적 조건이 될 수 있다. 이 사실은 전술하였듯이, 양보적 조건이 'ㄴ'에 의한 것이 아니며 더군다나 'ㄴ'이 보조사가 아님을 증명할 수 있는 근거가 될 수 있다.

결국, '-으면서'는 '-음'에 의해 지속되는 선행절의 내용이 '이-'에 의해 서술되고 이러한 선행절의 내용을 끝맺고 후행절의 내용을 이어주는 '-어' 다음에 전제된 존재의 연결을 나타내는 '-서'에 의해 선행절 내용의 지속이 분명히 유지되기 때문에 동시의 의미를 가질 수 있는 것이다.

---

14) 전혜영(1989:47)에서는 '-으면서'가 대립의 의미를 갖는 경우를 기대가 부정된 데서 오는 화용적인 의미로 파악했으며, 이은경(1990:26)에서는 의미상 대립되는 서술어가 오면 대립의 의미를 갖게 된다고 하였다.

5. 통합형 접속어미 '-고자'

'-고자'는 어말어미 '-고'와 보조동사 어간 '지-'와 어말어미 '-아'의 통합형 '-자'의 구성인 [-고+[지-+-아]]가 재구조화되어 형성된 접속어미로서 '-고자'가 동사구 구성의 접속어미라는 것은 후행 요소인 '-자'에 기인한다. '-고자'의 의미가 분석된 구성요소의 의미를 근거로 설명될 수 있으므로 '-고자'는 분석 가능하다. 본고는 '-고자'의 후행 요소인 '-자'를 보조동사 '지-'와 '-아'의 통합으로 이루어진 것으로 보며, 이때의 '지-'는 소망, 의도의 의미를 지닌 것으로 현대국어에도 방언형에 그 존재가 남아 있다.15) '-고자'가 의도의 의미를 보이는 것은 이 '지-'의 영향 때문이다.

'-고자'는 시제 선어말어미가 통합될 수 없다는 특징이 있다. 그 이유는 선행절이 후행절의 시제를 기준으로 항상 후시적이기 때문이다.

  (24) 가. 철수는 책을 사{*-었-, *-겠-, *-거-, *-느-, *-더-}고자 서점에
       갔다.
      나. 영희는 밥을 먹{*-었-, *-겠-, *-거-, *-느-, *-더-}고자 식당에
       갈 것이다.

---

15) '-고자'에서 분석되는 '지-'를 선어말어미로 보는 논의도 있다. 중세국어 명령형 '-고
   라'와의 계열 관계를 고려하는 것이 근거가 된다. 이유기(1995)에서는 '-고자'를 보조동
   사의 동사구 구성이 아닌 선어말어미 '-지-'로 기술해야 하는 근거로 다음의 예문을 증
   거로 제시하고 있다.
   (ㄱ) 나고져 식브녀 阿難일 브리신대 오샤아 내 나리이다 <월곡:132>
   (ㄴ) 안즉 놀애매 춤과롤 ᄀ르치고져 식브니라 <번소6:7>
   (ㄷ) 흥덕은 모나 말오져 싣븐 거시라 <번소8:1>
   (ㄹ) 주고라쟈 식베라 <순천 언간:68>
   즉, 이유기(1995)는 '-고져'와 유사한 의미의 보조동사 '식브-'가 연속해서 나타나는 것
   으로 보아 '지-'가 보조동사일 가능성이 없다고 하였는데, 이를 보조동사 '지-'의 재구
   조화가 먼저 일어나 보조동사 '식브-'와 연속할 수 있는 것으로 이해하고자 한다. 실제
   로 고려 중기 석독 구결에 '-ㅁ� ㅄ/古只齊'가 문증된다.

'-고자'는 선행절 주어의 자질이 [+유정성]이어야 한다는 조건 외에 행동주로 [+인간성]이 추가로 필요하다. 이것은 동일한 의도, 목적의 접속어미 '-으러'와 유사하며, '-으려고'와는 변별되는 특징이다.

> (25) 가. 철수가 결혼을 하{-고자, *-으러, -으려고} 맞선을 보았다.
> 나. 국화꽃이 피{*-고자, *-으러, -으려고} 밤새 소쩍새가 울었다.

(25가)와 달리 (25나)에서 '-고자'는 불가능하지만 '-으려고'는 가능하다. 그렇다고 '-으려고'의 구성요소에 의도나 목적의 의미를 나타내는 요소가 있는 것은 아니며, 오히려 '-으려고'는 예정, 가능의 의미를 본질적인 의미로 갖고 있다.

한편, '-고자'는 후행절의 서법으로 명령형과 청유형이 올 수 없다. 그 이유는 '-고자'가 동사구 구성이라는 것과 관계가 있다. 즉, 구성요소인 보조동사 '지-'는 소망이나 의도의 의미를 나타내며, 명령형과 청유형은 기본적으로 청자의 행동을 요구하는 공통점을 갖고 있다. 그러므로 화자가 청자의 희망이나 소망을 곧바로 청자에게 행동으로 요구할 수 없기 때문에 '-고자'의 후행절이 명령형과 청유형에 제약이 생기는 것이다. 그런데 '-고자'가 '하다'에 내포될 경우에는 후행절의 서법에 명령형과 청유형이 가능하다. 그 이유는 청자에게 행동을 요구하기 위해서는 화자의 판단이 전제되어야 가능한데, '하다'에 의해 화자의 판단이 보장되므로 후행절에 청자의 행동을 요구하는 명령형과 청유형이 올 수 있다.

> (26) 가. *너는 물놀이를 하고자 수영장에 가라.
> 나. *우리는 더위를 식히고자 공원에 나가자.
> (27) 가. 너는 물놀이를 하고자 하니 수영장에 가라.
> 나. 우리는 더위를 식히고자 하니 공원에 나가자.

'-고자'는 주체의 의도나 목적의 의미를 가장 적극적으로 가지고 있는데, 그 근거는 보조동사 '싶-'과 거의 같은 의미를 지닌 '지-'가 구성요소로 재구조화되어 있기 때문이다.16) 의도나 목적의 의미를 적극적으로 가지고 있다는 언급은 다시 말해, '-고자'가 '-으러'나 '-으려고'에 비해 통합상의 제약이 크다는 것을 의미한다. '-고자'가 제한된 범위 내에서만 사용되다 보니 구어에서의 사용 빈도가 점점 줄어 들어가는 이유도 이와 무관하지 않다. 이은경(1999)에서 구어체 텍스트 자료를 대상으로 접속어미의 사용 빈도수를 조사하고 이를 바탕으로 접속어미의 의미 기능을 밝히면서 '-고자'와 관련하여 흥미로운 결과를 보여 주고 있는데, 구어체에서 사용 빈도가 높은 접속어미는 '-으러'>'-으려고' 순서로 조사되고 있어 아예 '-고자'는 순위에도 올라있지 않으며, 반면에 문어체 텍스트의 사용 빈도가 높은 접속어미는 '-으려고'>'-으러'>'-고자'의 순서로 조사되었다. 즉, 조사된 자료에 의하더라도 '-고자'는 문어체 자료에서만 사용되는 접속어미라는 것을 확인할 수 있다. 이 결과는 본고가 '-고자'의 제약과 관련하여 설명한 것을 뒷받침해 줄 수 있는 실증적 근거를 제공하고 있는 셈이다.

결국, '-고자'가 주체의 의도나 목적의 의미를 적극적으로 드러낼 수 있는 것은 선행 요소를 끝맺지 않고 후행 요소를 이어주는 '-고' 다음에 보조동사 '싶-'과 거의 같은 의미인 주체의 소망, 의도를 나타내는 내는 '지-'와17) 이러한 선행절의 내용을 끝맺고 후행절의 내용을 이어주는 '-아'

---

16) 최재희(1991:144)에서도 같은 의미 범주로 분류되는 '-으러', '-으려고'에 비해 '-고자'가 강한 의도 관계를 나타낸다고 기술한 바 있다.

17) 익명의 심사자께서는 '보고지고 보고지고' 같은 표현에서 문제의 '지-'가 '싶-'보다 희망의 의미를 더 강하게 나타낼 가능성이 있다고 지적했다. 그러나 현재의 필자의 직관으로는 분명한 판단을 내리기 어렵다. 다만, 중세국어 '-고지라', '-고져' 등에서 확인할 수 있는 '지-'의 의미와 이 '-고져' 다음에 '식브-'가 연속해서 출현할 수 있는 것으로 보아 유사한 의미의 중복 표현으로 인한 의미의 강조 정도로 이해할 수 있을 듯하다.

가 재구조화된 '-자'가 통합되었기 때문이라고 설명할 수 있다.

6. 맺음말

지금까지 본고는 동사구 구성 통합형 접속어미 '-고서', '-어서', '-으면서', '-고자'의 형태론적 특징과 의미를 살펴보았다.

본고의 논의를 통해 '-고서', '-어서', '-으면서', '-고자'는 어말어미와 보조동사의 통사론적 구성이 재구조화되어 형성된 통합형 접속어미임을 확인할 수 있었으며, 구성요소를 분석하여 설명함으로써 개별 접속어미의 특징이 보다 명시적으로 설명될 수 있었다. 가령, '-고서', '-어서', '-으면서'에서 '-서'의 존재 이유와 '-고자'가 주체의 의도나 목적을 적극적으로 드러내는 이유는 보조동사 '싶-'과 거의 같은 의미를 지닌 '지-'가 구성요소로 재구조화되었기 때문이다. 특히, '-으면서'의 'ㄴ'에 대해 적극적인 논거를 제시하기도 하였다.

그러나 동사구 구성 통합형 접속어미의 의미를 구성요소가 가지고 있는 기본 의미에 근거하여 설명하다 보니 개별 접속어미들이 보여 주는 다양한 용법들과 같은 의미 범주로 분류되는 접속어미의 상호 관련성을 천착하는 데에까지는 미치지 못했다. 다만 본고의 논의를 통해 국어 통합형 접속어미가 형태 분석과 관련하여 국어 활용어미, 나아가 국어 문법 전반과 관련을 맺고 있음을 확인할 수 있었으며, 앞으로 이러한 방법론에 대한 인식의 공감이 이루어지기를 기대해 본다.

참고문헌

고영근(1975), 「현대국어의 어말어미에 대한 구조적 연구」, 『응용언어학』 7-1, 73-99면.

권재일(1985), 『국어 복합문 구성 연구』, 집문당.

김흥수(1978), 「동시구문의 양상」, 『국어학』 7, 국어학회, 91-116면.

남기심·루코프(1983), 「논리적 형식으로서의 '-니까' 구문과 '-어서' 구문」, 고영근·남기심 공편. 『국어의 통사·의미론』, 탑출판사.

백낙천(2000), 『국어 통합형 접속어미의 형태 분석과 의미 연구』, 동국대학교 박사학위 논문.

범금희(1998), 「국어 연결어미의 동일주어제약과 동일화제 제약 연구」, 영남대학교 석사학위 논문.

서정수(1971), 「국어의 용언어미 {-어(서)}」, 『한글학회 50돌 기념 논문집』.

서태룡(1987), 『국어 활용어미의 형태와 의미』, 서울대학교 박사학위논문, 1-259면.

안명철(1985), 「보조조사 '-서'의 의미」, 『국어학』 14, 국어학회, 478-506면.

엄정호(1990), 『종결어미와 보조동사의 통합구문에 대한 연구』, 성균관대학교 박사학위 논문.

윤평현(1994), 「접속어미 '-며'와 '-면서'에 대한 고찰」, 『도수희 선생 회갑 기념 논문집』.

이시형(1991), 『한국어 연결어미 '-어'와 '-고'에 관한 연구』, 서강대학교 박사학위 논문.

이유기(1995), 「선어말어미 '-지-'의 통합관계」, 『동악어문논집』 30집, 동악어문학회.

이은경(1990), 「국어의 접속어미 연구」, 국어연구 97호, 국어연구회.

이은경(1996), 『국어의 연결어미 연구』, 서울대학교 박사학위 논문, 1-261면.

이은경(1999), 「구어체 텍스트에서의 한국어 연결어미의 기능」, 『국어학』 34, 국어학회, 167-198면.

임홍빈(1975), 「부정법 {-어}와 상태 진술의 {-고}」, 『국민대 논문집』 8.

전혜영(1989), 『현대 한국어 접속어미의 화용론적 연구』, 이화여대 박사학위 논문.

채연강(1985), 『현대 한국어 연결어미에 대한 연구』, 성균관대학교 박사학위 논문.

최재희(1991), 『국어 접속문 구성에 관한 연구』, 탑출판사, 1-229면.

최현배(1937/1971), 『우리말본』, 정음사, 1-892면.

홍윤표(1984), 「현대국어의 후치사 {가지고}」, 『동양학』 14, 단국대 동양학연구소.

Ramstedt, G.J.(1939), 『A Koream Grammar』, Helsinki.

제2장 '-자'를 포함한 접속어미의 형태론적 해석

1. 머리말

국어에는 접속문만을 담당하는 고유한 접속어미가 별도로 존재하지는 않으며, '-어', '-지', '-고' 등 일부의 어미를 제외하면 국어의 접속어미는 종결어미, 명사형어미, 관형사형어미, 선어말어미, 조사, 의존명사, 보조동사 등 다양한 구성요소들이 통합되어 재구조화된 통합형어미이다.[1] 그리고 이들 중에서 국어 접속어미의 형태에 주목하게 되면 일견 동일한 형태를 포함하고 있는 일군의 접속어미를 목격할 수 있다. 본고에서 논의하려고 하는 '-자', '-자마자', '-았자', '-고자' 등의 접속어미들도 이러한 관심 영역에 포함될 수 있을 것이다. 그런데 형태의 유사성 내지는 동일성에 관심을 갖되 분석된 형태의 기본 의미에 근거하지 않다 보면 이해하기 어려운 결과가 나올 수 있다. 그런 점에서 '-자', '-자마자'에 공통되는 '-자'의 범주와 '-았자'의 마지막 구성요소인 '-자'의 분석 가능성이 그리 분명해 보이지 않는다는 것은 우리가 해명해야 할 과제로 남는다.

---

[1] 백낙천(2000)은 이러한 점을 논의의 출발점으로 하여 이들을 통합형 접속어미로 명명하고 형태론적 관계와 의미론적 관계를 규명하였다.

본고의 목적은 국어 접속어미 중에서 '-자'가 공통적으로 포함되어 있는 '-자', '-자마자', '-았자', '-고자'의 형태론적 구성과 의미 기능을 살핌으로써 '-자'의 범주를 확인하고 아울러 '-자'의 분석 가능성을 제시하고자 한다. 또한 본고의 논의를 통해 '-자'와 '-자마자'의 의미 관계를 보다 명시적으로 설명함으로써 일부 논의에서 '-자마자'의 '마자'를 잉여적인 요소로 보는 것에 문제가 있음을 아울러 지적할 것이다.

2. 접속어미 '-자'와 '-자마자'

지금까지 접속어미 '-자'의 통합상의 특징과 의미 기능을 밝힌 논의는 있었으나 '-자'의 형태와 범주에 대한 논의가 본격적으로 이루어진 적은 없는 듯하다. 접속어미 '-자'가 다른 범주와 관련성이 없고 더 이상의 형태 분석이 불가능한 단일형이라고 한다면, '-자'는 '-어', '-지', '-고'와 함께 접속문만을 담당하는 단일형 접속어미로 보아 무방할 것이며, 국어가 표제말 언어라는 점에 주목하면 '-자마자'는 마지막 구성요소로 어미 '-자'가 통합된 접속어미로 분류할 수 있을 것이다. 그러나 사정은 그리 간단하지 않아 보인다. 부분적으로 '-자', '-자마자'의 상호 대체 가능성의 검증 방법으로 의미 기능은 최재희(1991), 이정택(1995) 등의 논의에서 어느 정도 밝혀진 것도 사실이지만, 구성요소의 형태를 통해 살피고, 나아가 각각의 구성요소가 지니는 기본의미에 근거하여 규명한 것은 아니라는 점에서 밝혀야 할 부분은 남아 있다. '-자', '-자마자'를 다룬 논의들에서 주장된 내용을 유추해 보면 '-자'를 단일형으로 보는 데 암묵적인 전제가 있는 듯하다. 그러나 '-자'의 범주를 확인하기 위한 본격적인 논의는 아니므로 또 다른 가능성은 여전히 열려 있는 셈이다.

제2장 '-자'를 포함한 접속어미의 형태론적 해석 **113**

통시적 고찰은 잠시 미루고, 접속어미 '-자'의 통합적 특징 중에서 몇 가지는 청유형어미 '-자'와 유사한 특징을 공유하고 있음을 확인할 수 있다.2) 첫째, 접속어미 중에는 구성요소가 가지고 있는 의미에 의해 선행절과 후행절의 시간적 선·후 관계가 결정되어 있는 접속어미들이 있는데,3) 접속어미 '-자'도 그중에 하나로서 시제 선어말어미의 통합을 허용하지 않는다는 특징이 청유형어미 '-자'와 일치한다.4)

(1) 가. 학생 주임 선생님께서 들어오시{*-었-, *-겠-}자 교실은 조용해졌다.
　　나. 새해에는 보다 힘차게 살{*-었-, *-겠-}자.

물론, 청유형어미는 문장 종결 형식의 특성상 시제 선어말어미의 통합을 허용하지 않는데, 그렇다고 해서 이러한 사실이 접속어미 '-자'와 청유형어미 '-자'가 동일한 형태소라는 것을 직접적으로 보장해 줄 수는 없을 것이다. 그러나 청유형이라는 것이 청자의 행위를 요구한다는 점에서 명령형과 관련이 있으며, 화자도 함께 참여한다는 점에서 이른바 약속형과도 관계한다는 문장종결법상의 특수한 위상을 고려할 때, 더욱이 명령형

---

2) 서로 다른 범주의 동일성 여부와 관련하여 서정목(1989)에서는 발화 종결 위치라는 제한된 전제가 따르기는 하지만 방언에 보이는 여러 이형태를 고려하여 반말체 종결어미 '-지'와 접속어미 '-지'를 동일한 형태소로 간주했으며, 서태룡(1989)에서는 '-지'의 경우 통사론적 기능의 차이에 의해 부사형어미, 종결어미, 접속어미로 통사 범주가 구별되는 듯하지만 기본의미가 같은 동일한 형태소라고 하였다.

3) 이러한 접속어미에는 '-어', '-으러', '-으려고', '-고서', '-고자', '-게', '-느리고', '-느라니', '-느리면', '-더라니', '-든지', '-은들', '-도록', '-을수록', '-자', '-자마자' 등이 있다.

4) 접속문의 시제 해석을 논의하면서 접속어미 '-자'가 시제 선어말어미가 통합될 수 없는 것은 선, 후행절의 선·후 관계가 이미 정해졌기 때문이라고 하면서, 구체적으로 한동완(1991)에서는 '-자'는 선행절이 반드시 확정적 상황임을 요구하기 때문이라고 하였으며, 최동주(1994)에서는 '-자'는 발화시 이후의 상황에서는 쓰일 수 없다고 하였다. 한편, 장윤희(1998)에서는 청유형어미 '-자'가 동사 어간과만 통합하는 이유에 대해 청유형어미는 화자가 청자에게 화자와 청자의 공동 행위를 요구하기 때문이라고 하였다.

과 청유형은 과거에 일어났거나 지금 일어나고 있는 사건에 대한 문장 종결 형식이 아니라 앞으로 일어날 사건에 대해 화자와 청자가 참여하는 방식을 문법 범주로 실현한 것이라는 점에서 (1나)의 예문이 시사하는 바는 적지 않다.5)

둘째, 접속어미 '-자'는 대체로 동작동사에 통합되는데, 이는 청유형어미 '-자'가 상태동사와 통합할 수 없는 사정과 유사하다.

> (2) 가. 엄마가 소리지르자 아이는 울기 시작했다.
> 나. *기분이 슬프자 금방 눈물이 흘렀다.
> 다. 인생을 포기하지 말고 열심히 살자.
> 라. *우리 새해에는 마음 씀씀이가 넓자.

그런데 최재희(1991), 이정택(1995)에서는 접속어미 '-자'가 상태동사에도 통합될 수 있다고 하면서 다음의 예문을 제시하였다.

> (3) 가. 강물이 너무 깊자 우리는 물에 들어가지 않았다.
>   <최재희(1991:179) 예문 273>
> 나. 방이 너무 좁자 마누라가 싫다고 하더군.
>   <이정택(1995:73) 예문 3-1>
> 다. 경사가 지나치게 가파르자 아이들은 등산을 포기했다.
>   <이정택(1995:74) 예문 3-2>

그런데 (3가, 나, 다)에서 '-자'가 상태동사와의 통합이 가능한 것은 이들이 상태를 형용화한 것이라기보다는 상태의 변화에 초점이 있기 때문인 것으로 보인다. 그리고 이런 경우 접속어미 '-자'는 계기적 연결의 의

---

5) 이것은 후술하겠지만, 청유형어미 '-자'가 화자의 소망과 관련된 요소 '-지-'와 청자를 위한 요소 '-아'로 분석될 수 있음을 의미한다.

미를 확연히 드러내지 않고 상태의 확인 정도의 의미를 갖는다. 그리고 다음의 예문을 살펴보면 접속어미 '-자'가 상태동사와의 통합이 불가능하거나 상당히 어색한 것으로 여겨진다.

(4) 가. *영수는 기분이 좋자 콧노래를 불렀다.
    나. *날씨가 춥자 거리에 인적이 드물다.

그런데 접속어미 '-자'와 청유형어미 '-자'가 통합상에서 몇 가지 특징을 공유한다고 하더라도 이에 근거하여 접속어미 '-자'가 청유형어미 '-자'와 모종의 관련성이 있다고 주장하기에는 성급한 일면이 있다. 이러한 몇 가지 특징을 제외하고 나면, 오히려 청유형어미 '-자'와 접속어미 '-자'는 관련성이 희박하다. 특히, 청유형어미 '-자'의 형성과 접속어미 '-자'의 형성이 다르다는 것이 이를 방증한다. 즉, 청유형어미 '-져' > '-쟈'는 중세국어 'ᄒᆞ라체' 어미가 '-아'로 통일되는 것에서 유추된 것이며, '-쟈' > '-자'의 변화는 17세기의 단모음화에 의한 결과이다. 그리고 이때의 청유형어미 '-자'는 선어말어미 '-지-'와 어미 '-아'의 통합형으로 분석이 가능하다. 왜냐하면 청자의 참여를 요구한다는 청유형의 본래적 성격과 청유형어미 '-자'가 해라체에만 나타난다는 경험적 사실에 근거하면 화자를 위한 구성요소와 청자를 위한 구성요소가 필요한데, 이때 '-지-'는 화자의 소망과 관련된 요소이고, '-아'는 청자를 위한 요소이다. 이와 같은 사실은 '-자'의 분석에 대한 본고의 견해에 결정적으로 기여한다.[6]

---

6) 본고의 주장과 다른 입장에 있는 장윤희(1998:106)에서는 '-져'에서 '지'를 별개의 형태소로 분석할 수 없고 이 전체를 하나의 형태소로 분석해야 한다고 주장한다. 물론 장윤희(1998:106)에서 논증한 바 있듯이, '-져'에서 '지'의 분석이 가능하다면 다른 선어말어미 '-ᄂᆞ-', '-더-' 등과 계열 관계를 이루지 못한다는 지적은 문제의 '지'를 선어말어미로 보기 어렵게 만든다. 그러나 청유형어미 '-자'가 해라체에만 나타난다는 사실을 통해 해라체 문장 종결 형식에서 공통적으로 분석되는 '-아'의 존재와 청유형이라는 것이 청

한편, 장윤희(1998:86)에서는 많지 않은 용례이지만 향가나 석독 구결에 보이는 '-齊'나 '-ㅎ'가 청유형어미를 위한 표기로 볼 수 있음을 지적하였다. 이는 국어 문법사의 연속성 차원에서 중세국어에 청유형어미가 있었다면 그 이전 시대에도 있었을 것이라고 보는 데서 연유한다. 그러나 현대국어의 청유형어미 '-자'가 해라체에만 나타나고 중세국어의 '-져'가 'ᄒ라체'라는 점을 고려하면 과연 고대국어의 청유형어미라고 하는 '-齊'나 석독 구결의 '-ㅎ'도 이와 같은 상대높임의 등급을 나타내는가 하는 점이다.7)

반면에 접속어미 '-쟈'는 16세기 문헌에 나타나기 시작하여 17세기 이후 '-쟈'로 변화한 것으로 보이는데, '-져'의 형태로는 문헌에 나타나지 않는 것으로 보인다. 여기서 우리는 16·17세기 공시태에서 청유형어미와 접속어미가 동일한 형태인 '-쟈', 또는 '-쟈'로 나타난다는 사실에 착안하여 문헌을 살펴볼 수 있으며, 이러한 문헌의 비교를 통해 이들이 서로 상이한 범주적 위상을 가지고 있음을 확인할 수 있다.8) 더욱이 현대국

자를 포함한 1인칭 복수 주어를 요구한다는 점에서 '-자'의 분석은 충분한 근거가 있다. 한편, 또 하나의 가능성으로 청유형어미 '-자'의 기원을 중세국어 내포문 종결어미 '-고져'에서 찾을 수도 있는데, 이럴 경우 '지-'는 보조동사일 가능성마저도 있다.

7) 관련되는 문헌의 예를 제시하면 다음과 같다.
   (ㄱ) 皃史年數就音隨支行齊 <모죽지랑가 4행>
   (ㄴ) 九世盡良禮爲白齊 <보현십원가 중 예경제불가 8행>
   (ㄷ) 正七 出家ㅎᄀ 時ᄼ十ㅣ 當願衆生 佛 出家ㅎ ㅇᄀ ᄅ十 同ㅎ ᄉ一切ㄴ 救護ㅎ ㅌ효 <화엄 14, 3:13>
   (ㄱ)에서 '齊'는 원망의 의미 정도로는 가능하지만 김완진(1980:61)에서 지적한 대로 주어를 '皃史'(죽지랑)라고 한다면 청유형어미로 해석할 수는 없을 것이다. (ㄴ)을 '九世 내내 절하고 싶다' 정도로 이해한다면 이때의 '齊'도 청유형어미로 보기는 곤란하다. (ㄷ)은 '출가하자 함에 같이 하여' 정도로 이해한다면 'ㅎ'를 청유형어미로 해석할 여지는 있겠으나, 이때의 'ㅎ'가 해라체의 상대 높임은 아닌 것으로 보인다.
8) 'ᄒ라체' 청유형어미가 쓰인 예와 접속어미로 쓰인 예를 보이면 다음과 같다.
   (ㄱ) 우리 그저 뎌긔 드러 자고 가쟈 <노언 상:9ㄴ>
   (ㄴ) 婚姻ᄒ쟈 期約ᄒ얏더니 <속삼강 열:2>
   (ㄷ) 말 디쟈 鶴을 투고 九空의 올나가니 <관동별곡>

어의 청유형어미 '-자'가 해라체에만 나타날 뿐, 그 외 하게체, 하오체, 합
쇼체에는 나타나지 않는다는 사실은 중세국어 ㅎ라체에 쓰이는 '-져'가
현대국어 청유형어미 '-자'의 직접적 소급형이란 점에서 그 답을 찾을 수
있을 것이다. 즉, 현대국어의 청유형어미 '-자'의 분석은 이것의 직접적
소급형인 중세국어의 청유형어미 '-져'와의 문법사의 연속성 차원에서 접
근할 필요가 있다. 결국 청유형어미 '-자'는 '청유형'의 본질적인 의미와
중세국어 문헌에 나타나는 예를 통해 볼 때, '-자' 자체의 의미에 의한 것
이라기보다는 분석되는 '-지-'가 화자의 소망을 나타내고 '-아'가 청자의
행동을 이어주기 때문이다.9)

그렇다면 접속어미 '-자'는 단일형인가 아니면 통합형인가? 현재로서는
접속어미가 '-자'가 청유형어미 '-자'와는 다른 별개의 어미이며, 분석의
가능성조차도 없는 것으로 보아 단일형으로 볼 수밖에 없으나 이는 잠정
적이므로 또 다른 해석의 가능성은 열어 두기로 한다. 이때의 접속어
미 '-자'는 선행절과 후행절을 계기적으로 연결해 주는 의미를 갖는다.

한편, 접속어미를 다룬 논의에서 '-자'와 '-자마자'는 양자의 차이점보
다는 공통점에 주목하여 대부분의 논의가 이루어졌다. 그러나 '-자'와 '-자
마자'가 언제나 대체가 가능할 정도로 동일한 의미를 갖는 것은 아니다.
이 문제와 관련하여 고영근(1975:76)에서는 '마자'의 첨가 여부가 문의에
영향을 미치지 않는다고 하면서 '-자'와 '-자마자'가 의미의 변화가 없다
고 하였다. 다음의 예문은 고영근(1975)의 주장이 일견 타당함을 보여 준다.

(ㄱ, ㄴ)에서 '-쟈'는 청유형어미고 (ㄷ)의 '-쟈'는 접속어미로 쓰인 것이다.
9) 일반적으로 청유형은 주어로 화자와 청자를 함께 요구하지만, 경우에 따라 1인칭 주어
'나'가 화자 자신이 되어 쓰이면서도 청유형이 가능하다. 이런 경우에는 화자의 소망을
표현하며, 이런 표현이 가능한 것은 결국 분석되는 '-지-'의 의미 때문이라고 할 수 있다.
  (ㄱ) 내 너드려 당부ㅎ쟈 <박통 中:12ㄱ>
  (ㄴ) 나도 이번 시합에 참여하자.

(5) 가. 까마귀가 날자 배가 떨어졌다.

나. 까마귀가 날자마자 배가 떨어졌다.

그러나 모든 경우에 '-자'와 '-자마자'가 대체되는 것은 아니다.

첫째, 선행절 서술어가 계사 '이다'일 경우에는 '-자'와 '-자마자'는 대체될 수 없다.

(6) 가. 철수는 시인이자 평론가이다.

나. *철수는 시인이자마자 평론가이다.

더욱이 이 경우에는 선, 후행절이 동일주어이어야 한다는 조건이 있다. 선행 요소를 지정하는 의미를 가지는 '이다'는 동일주어 조건에 의해 동시성의 의미를 보장받을 수 있지만 비동일주어일 경우에는 '이다'에 의해 지정된 선행 요소가 개별적인 것으로 인식된다.

둘째, 선, 후행절 사이에 시간적 간격의 차이가 있는 경우에는 '-자'와 '-자마자'는 대체될 수 없다.

(7) 가. 철수가 서울역에 도착하자 한참 후에 기차가 떠났다.

나. *철수가 서울역에 도착하자마자 한참 후에 기차가 떠났다.

(7가, 나)의 차이는 '-자'는 시간적 간격을 나타내는 부사어 '한참 후에'를 허용하는데 반해, '-자마자'는 그렇지 않다는 데에 있다. '마자'가 단순한 잉여적인 요소라고 한다면 '마자'의 유무에 따른 차이가 있어서는 안 될 것이다. 그런데 (7가, 나)는 차이를 보이며, 이러한 이유는 '마자'가 갖는 의미에 기인한다고 할 수 있다.[10]

---

10) 서태룡(1987:216)에서는 '-자마자'가 선행절이 이루어지고 중지되는 것이 거의 동시에

셋째, '-자'는 선행절이 이루어진 다음에 후행절이 이루어지기 때문에 생기는 시간적 간격으로 인하여 후행절에는 일어나지 않은 사건이나 행동이 올 수 없다. 그러나 '-자마자'는 그러한 제약이 없다. 곧 선행절의 내용이 '-자'에 의해 계기적 관계를 갖지만 중지의 의미를 갖는 '마자'에 의해 선행절의 내용이 중지되므로 동시성의 의미를 가질 수 있게 되어 결과적으로 시간적 간격이 사라지게 된다.

(8) 가. 철수가 공항에 도착하{*-자, -자마자} 환영 인파가 몰려올 것이다.
　　 나. 까마귀가 날{*-자, -자마자} 배가 떨어지겠다.

(8가, 나)에서 '-자'가 불가능한 이유는 '-자'가 선행절이 이루어진 다음에 후행절이 이루어지기 때문에 생기는 시간적 간격으로 인하여 후행절은 이미 이루어진 과거이거나 이루어지고 있는 진행의 상태가 나타나는 것이 자연스러운데, (8가, 나) '-자'의 후행절은 앞으로 일어날 일에 대한 미래나 예정을 나타내기 때문에 제약이 생긴 것이다. 반면에 '-자마자'는 '마자'에 의해 그러한 시간적 간격이 사라지기 때문에 후행절이 미래나 예정을 나타내어도 가능하게 된다. 그러므로 (8 가, 나)에서 '-자'의 후행절을 다음과 같이 바꾸면 자연스럽게 된다.

(9) 가. 철수가 공항에 도착하자 환영 인파가 몰려오{-었-, -고 있-}다.
　　 나. 까마귀가 날자 배가 떨어지{-었-, -고 있-}다.

넷째, '-자'와 '-자마자'의 변별은 후행절의 서법에서도 뚜렷한 차이가

이루어지는 이유는 구성요소인 '말-'이 갖는 의미, 즉 선행절 사건이나 행동이 중지되는 것을 나타내기 때문에 '-자마자'는 '-자'가 가질 수 있는 시간적 간격을 없애게 된다고 하였다.

보이는데, 이것 역시 '-자'와 '-자마자'가 동일한 의미를 지니는 관계에 있는 것이 아님을 보여 주는 증거라고 할 만하다.

(10) 가. 너는 집에 도착하{*-자, -자마자} 손을 씻어라.
　　　나. 집에 도착하{*-자, -자마자} 손을 씻자.

(10가, 나)에서 '-자'는 후행절에 명령형이나 청유형이 올 수 없는 반면에 '-자마자'는 '마자'의 의미에 의해 시간적 간격이 사라지기 때문에 후행절에 명령형이나 청유형이 올 수 있다.11) 본고는 '-자마자'의 후행절에 명령형과 청유형이 올 수 있는 이유를 부정어 '말다'의 특징에서 연유한 것으로 이해하고자 한다. 즉, 일반적으로 부정어 '않다', '못하다'는 그 자체가 활용의 한 형식으로 평서형과 의문형으로 나타낼 수 있지만 '말다'는 그렇지를 못하다. 또한, 부정어 '말다'는 서술어가 '바라다', '기대하다', '원하다' 등의 동사가 서술어로 쓰일 경우에 평서형과 의문형도 가능할 수 있다는 것을 제외하면 대체로 명령형과 청유형에만 쓰이는 특징을 갖고 있다.12) 더욱이, 명령형과 청유형이 동작동사와 상태동사를 구분하는 유효한 판별 기준의 하나라는 점을 상기한다면 해답은 더욱 자명해질

---

11) 이에 대해 최재희(1991:182)에서는 '-자'가 지닌 '확정성'의 의미 때문으로 보았으며, 이정택(1995:90)에서는 '-자'의 의미 속성인 '필연성 없음'의 의미 때문이라고 하여 '-자'의 의미에 대한 상반된 견해를 제시하였다. 그러나 확정성'이나 '필연성 없음'은 '-자'의 기본 의미가 아니다. '-자'는 선행 서술과 후행 서술을 계기적으로 연결하는 의미를 지니는 형태소로 선행 서술이 이루어진 다음에 후행 서술이 즉시 이루어지는 상황에 쓰인다.

12) 물론 '말다'가 대체로 명령형과 청유형에 쓰이는 것은 이른바 '말다' 부정문의 경우이며, '-자마자' 외에도 '말다'가 반복 구성에 나타나는 '좋다(가) 말다(가), 가다(가) 말다(가)'와 같이 '안+선행 동사 어간', 대립하는 어휘의 대체가 가능한 통사적 구성이나 의미의 강조로 흔히 쓰이는 '좋다마다, 가다마다'처럼 '말다'가 재구조화된 경우에는 평서형과 의문형에도 나타날 수 있다. 이른바 부정법(否定法)에서 논의된 적이 드문 이러한 재구조화된 '말다'의 특성에 대한 자세한 논의는 후고로 미룬다.

수 있다. 즉, '-자마자'는 동작동사의 통합만 가능하며 후행절에 명령형과 청유형이 올 수 있다는 사실은 '마자'의 특성에 기인한다고 할 수 있다. 그리고 이러한 논리의 연장선에서 '-자마자'의 선행절이 동작동사이어야 한다는 제약은 부정어 '말다'가 서술어로 상태동사인 경우에 제약이 따른 다는 사실과 같은 맥락에서 이해할 수 있다. 이러한 해석은 최재희 (1991:179)에서 예문을 통해 제시한 바 있는 '-자마자'가 서술어로 [+동작 성]의 자질을 요구한다는 현상에 대한 기술에 설명력을 보완해 줄 수 있다.

> (11) 가. 강물이 너무 깊{-자, *-자마자} 우리는 물에 들어가지 않았다.
> 나. 새로 온 선생님이 예상대로 얼굴이 예쁘{-자, *-자마자} 우리는
> 모두 환호하였다.

그러나 본고는 앞서 살핀 예문 (3가, 나, 다)의 '-자'가 서술어로 [-동작 성]의 자질을 요구한다는 진술은 얼마간 보완될 필요가 있다고 본다. 즉, 이것이 (11가, 나)에 대한 현상을 기술하기 위한 것으로서 무리가 없다고 하더라도,[13] (12가, 나)의 경우처럼 '-자'가 서술어로 [+동작성]인 경우에 도 가능하므로 '-자'와 '-자마자'를 [동작성] 자질의 유무로 변별한다는 것은 유효한 기준이 되기는 어렵다.

> (12) 가. 까마귀가 날{-자, -자마자} 배가 떨어졌다.
> 나. 선생님께서 혼을 내{-자, -자마자} 영희는 울기 시작했다.

지금까지 살펴본 네 가지의 특징은 '-자'와 '-자마자'가 통합상에 차이 가 있으므로 이때의 '마자'를 잉여적인 요소로 간주하기 어렵게 만드는

---

13) 그러나 '-자'와 통합한 상태동사는 상태의 변화에 초점이 놓여 있으며, 더욱이 이때의 '-자'는 계기적 연결의 의미보다는 상태의 확인 정도의 의미를 지니는 것으로 보인다.

증거들인 셈이다. 문제의 핵심은 '마자'이다. 본고는 '-자마자'의 형태론적 구성이 범상하지 않음에 주목하고자 한다. 그리고 이러한 문제의식이 '-자'와 '-자마자'의 관계를 푸는 실마리라고 생각한다.

대체로 '말다'는 두 가지의 양상을 보인다. 첫째는 '-지' 다음의 '말다'로 이때에는 '부정(否定)'의 의미로 쓰이고 '-고(야)' 다음의 '말다'는 '종결'의 의미로 쓰인다. 이들은 모두 선행하는 어미로 '-지'나 '-고'를 필요로 하는 이른바 보조용언 구성이다.[14] 두 번째는 부정법(否定法) 논의에서 적극적으로 논의된 적이 드물기는 했지만 반복 구성에 나타나는 '말다'인데, 이때의 '말다'는 선행 동사나 선행절 전체를 부정하거나 중지하는 의미를 갖는다. 문제의 '마자'는 반복 구성에 나타나는 '말다'의 활용형이다. 이와 같이 '말다'에 의해 반복 구성을 보이는 예들 중에서 '-자마자'만이 통합형 접속어미의 예로 남게 된다. 이 '-자마자'는 19세기에 비로소 모습을 나타내고 있는데,[15] 이 '-자마자'에 대해 기존의 논의에서는 중세국어 '-ㄴ다마다'와 연관을 지어 설명하곤 하였다.

문헌을 통해서 확인되는 '-ㄴ다마다'는 선행절과 후행절의 동작을 연속해서 연결해 주는 기능을 하는 것으로 이해된다.

(13) 가. 처딘 므른 처딘다마다 어러 <금삼 2:17>
나. 부톄 說法ᄒ신다마다 能히 놀애로 브르ᅀᆞᆸᄂᆞ니라 <월석 1:15>
다. 뮈다마다 法에 어긔면 <금삼 2:17>

이러한 인식은 기존 논의에서 대부분 공통적으로 드러나는데, 이숭녕

---

14) '말다' 부정은 '아니하다', '못하다'가 명령형과 청유형에 쓰이지 못하는 것에 대한 보충법적인 성격이 강한데, 의미에 있어서도 '아니하다'가 단순 부정 '못하다'가 능력 부정인데 반해 '말다'는 금지의 의미가 강하다.

15) '-자마자'가 문헌에 보이는 이른 시기의 문헌으로 김유범(2001)에서는 '보자마자 見然勿然' <국한회어 坤>을 예로 들고 있다.

(1961:253)에서는 '-ㄴ다마다'를 현대국어의 '-자마자'와 같은 의미를 지니는 것이라고 언급하면서 '-ㄴ다마다'를 복합어미로 간주한 것이 특이하다. 나아가, 안병희·이광호(1990:255)에서는 '-ㄴ다마다'와 현대국어의 '-자마자'가 형태에서는 차이를 보이지만 '-마다'와 '마자'가 동사 '말-'(勿)의 활용형에서 온 것이라 하여 이들의 관련성을 언급하였다. 그리고 이러한 '-ㄴ다마다'와 '-자마자'의 모종의 깊은 관련성은 오랫동안 묵시적 합의였던 듯하다. 그런데 최근 김유범(2001)에서는 기존에 암묵적으로 인정해 온 '-자마자'와 '-ㄴ다마다'의 관련성에 어떠한 객관적인 근거가 없이 주장된 것임을 문헌을 통해 구체적으로 비판하면서 새로운 해석을 제시해 주목을 끈다. 그의 논의에 따르면 '-ㄴ다마다'는 오히려 '-할 때마다' 정도로 이해하는 것이 온당하다는 것이다. 김유범(2001)의 논의는 '-ㄴ다마다'에 대한 형태론적 정체를 밝혔다는 점에서 본고에 시사하는 바가 적지 않다. 즉, '-ㄴ다마다'와 '-자마자'에 일정한 거리를 두게 만든 점, 즉 '마다' 또한 '말다'의 활용형으로 보아 조사 '-마다'와 '마자'의 관계가 투명하지 않다는 점을 밝힘으로써 본고가 '-자마자'에 대해 보다 객관적인 시각을 갖게 하는 데 도움을 주고 있다.[16]

앞서 언급하였듯이, 본고는 '마자'가 동사 '말다'(勿)의 활용형이라는 근거를 이와 유사한 반복 구성의 유형에서 찾고자 한다. 국어 활용어미 중에는 '말-'이 후행하는 일군의 형태들이 있다. 즉, '오고 말고, 오나 마나, 오니, 마니, 오며, 말며, 오다가 말다가, 오든 말든, 오거나 말거나, 오거니

---

16) 한편, 이정택(1995:87)에서는 '-자마자'의 경우 'ㄹ'의 탈락이 합리적으로 설명되지 않는다고 하였는데, '마자'를 '말다'의 활용형이라고 할 때 '말자>마자'로의 변화는 어간말 'ㄹ'이 후행하는 'ㅈ' 앞에서 'ㄹ'의 탈락을 경험하는 것은 중세국어 이래로 상당히 보편적인 현상으로서 'ㅈ' 앞의 'ㄹ' 탈락 현상은 활용과 합성어에서 쉽게 그 예를 찾을 수 있다.

(ㄱ) 正月ㅅ 나릿므른 아으 어져 녹져 ᄒᆞ논ᄃᆡ <악학궤범, 動動>

(ㄴ) 바늘+질→바느질, 쌀+젼→싸젼

말거니, 오락 말락' 등으로 이들은 접속어미의 중첩과 후행 어휘 요소인 '말-'에 선행하는 어휘 요소를 부정하는 일정한 형태론적 형식을 취하는 반복 구성이다. 이때의 '말-'은 선행하는 동사의 어간만을 부정한다.

그런데 '-자마자'는 이들과 통합 방식에 있어서는 서로 차이를 보인다. 서태룡(1987:213)의 논의에 따라 이것을 '안+선행 동사 어간', '대립하는 어휘의 대체 가능성' 여부를 통해 구분하면 다음과 같다.

> (14) 가. 오락 말락　　*오락 안오락　　오락가락
> 　　　나. 오든 말든　　　오든 안가든　　오든 가든
> 　　　다. 오자마자　　　*오자 안가자　　*오자 가자

(14가)에서 반복 구성의 '오락 말락'은 재구조화된 복합어로만 가능하고, (14나)의 반복 구성 '오든 말든'은 '안+선행 동사 어간'이나 '대립하는 어휘의 대체 가능성'의 방법이 모두 가능한 것으로 보아 재구조화되지 않은 통사적 구성이라고 할 수 있다. (14다)의 반복 구성 '오자마자'는 이 두 가지 방법이 전부 가능하지 않은데, 이것은 구성요소간의 통합 관계가 긴밀해져 하나의 형태론적 단위로 재구조화되었기 때문이라고 할 수 있다. 이때 '-자마자'에서의 '마자'가 부정하는 것은 선행절 전체인데, 엄밀하게는 선행절의 사태를 중지하는 의미를 갖는다. 결국 '말-'에 의해 재구조화된 통합형 접속어미는 '-자마자'만 남는 셈이며, '말자>마자'로의 변화는 재구조화에 의한 것이다. 이때 '마자'의 '-자'는 계기적 연결의 접속어미이다. 즉, '-자마자'는 계기적 연결의 '-자'가 첫 구성요소와 마지막 구성요소로 참여하고, 중지의 의미를 갖는 '말다'에 의해 동시성의 의미를 갖게 된다.

3. 접속어미 '-았자'

'-았자'는 그 형태론적 구성이 매우 특이하다. 이런 이유 때문에 접속어미 목록에서 '-았자'를 제시하는 경우는 매우 드문 실정이며 접속어미로 기능할 때에는 '-았-'과 함께 쓰여 출현하는데,[17] 이때의 '-았-'은 선어말어미 외에 달리 볼 수가 없다. 그리고 이때의 '-았-'은 과거의 의미가 아닌 '-았-'의 또 다른 의미 기능인 완료의 의미를 보인다.[18] 그로 인하여 '-았자'의 선행절은 이미 이루어진 완료적 상황을 나타낸다. 그런데 국어 접속어미에서 '-았-'이 통합형의 구성요소로 참여하는 다른 예를 찾을 수 없다는 것이 문제로 남는다. 물론, 마지막 구성요소로 조사 '-을'이 통합된 '-은들'이 통합 구조상 '-었-', '-겠-' 등이 통합하지 못하고 '-았/었더-'의 계기적 통합만이 가능하여 '-았/었던들'로 실현되기는 하지만 '-은들'로도 쓰이는 데 반해, 문제의 '-았자'에서 '-았-'은 계기적으로 통합된 것이 아니며, 또한 '-았-'이 통합되지 않고서는 전혀 쓰일 수 없으므로 '-았/었던들'의 형태론적 구성과 평행적으로 비교할 수는 없다.[19]

더욱이 '-았자'는 '-았-'의 이형태 '-었-'이 통합된 '-었자'의 예도 기대할 수 있는데, 그럴 경우 '-었자'는 '-어 보았자'와 일정한 거리를 둔다. 즉, '-았자'가 실제로 사용될 경우에는 많은 경우 '-어 보았자'의 형식으로 쓰인다는 점을 고려하면, 과연 '-었자'가 실재하는지에 대해 의문을 제

17) '-았자'를 다룬 논의로는 서정섭(1991), 이정택(1995) 정도이며, '-았자'가 <금성판 국어대사전>(1991)에서는 사전 표제어로 등재조차 되지 않았다가 <연세 한국어사전>(1998)이나 <표준국어대사전>(1999)에 와서 표제어로 실렸다.
18) '-았-'이 완료의 의미로 이해되는 것으로 '우리는 이제 학교 다 갔다.', '너는 내일 선생님한테 죽었다.' 등을 들 수 있다.
19) 백낙천(2000:168)에서는 '-은들'이 결정·완료로 인지된 선행절이 '드'에 의해 정해진 상태로 유지되어 동격 구성을 이룬 선행절이 조사 '-을'의 예정·가능의 의미에 의해 실현되지 않을 일로 가정하는 의미를 나타낸다고 하였다.

기하지 않을 수 없다.

우선 최근에 간행된 국어사전을 통해 몇 가지를 확인해 보자.

<표준국어대사전>
뜻풀이 : '앞말이 나타내는 행동이나 상태가 이루어지더라도'의 뜻을 나
        타내는 어미, 대체로 뒤에는 부정적인 내용이 이어진다.
표제어 : '-았자', '-였자'
예문 : 아무리 골라 보았자 그게 그것이다.
      그렇게 해 봤자 소용없어.
      집안 일은 아무리 열심히 하였자 티도 나지 않는다.

<연세 한국어사전>
뜻풀이 : 연결어미, 앞의 일을 한다고 하더라도, 가정한 것이 결국에는
        아무 소용이 없음을 나타냄.
표제어 : '-았자'[20]
예문 : 투정을 해 보았자 그걸 받아 줄 사람도 없는 형편이다.
      기껏했자 여비서 시켜 차 한 잔을 따르게 하고는 자기 볼일만 보
      았다.

<표준국어대사전>에서는 다른 어미에 대해서 '종결 어미', '연결 어미'
라는 범주를 부여한 것과 달리 '-았자'의 범주에 대해 어미라고만 하여
다소 포괄적인 기술 태도를 보여 주고 있으며, <연세 한국어사전>에서는
'-았자'를 연결 어미로 간주하고 있다.

문제는 '-았자'가 '-어 보았자' 구성에서 기인했다고는 해도 이때의 '-어
보-'는 보조동사 구성이라는 점에서 '-어 보았자'를 하나의 문법 형태소

---

20) <연세 한국어사전>에서는 '-았자'만 표제어로 등재하고 '-었자', '-였자'는 표제어로
   등재하지 않고 대신에 '-았댔자', '-었댔자', '-였댔자'를 표제어로 등재하였다. 그러나
   '-았댔자','-었댔자, '-였댔자'는 각각 '-(았, 었, 였)다고 해 보았자'가 융합된 이른바 환
   원적 융합형으로서 결국 남는 것은 '-았자'인 셈이다.

로 볼 수는 없다는 것이다. 이 또한 '-았자'가 접속어미 목록에서 제외되
곤 했던 이유 중의 하나일 것이다. 그런데 본고가 일차적인 관심을 갖는
것은 '-았자'의 마지막 구성요소인 '-자'에 있는데, '-았자'에서 외형적으
로 확인되는 '-자'에 대해서는 보다 신중한 접근이 필요하다.

  우선 '-았자'의 범주와 관련한 논의부터 살펴보자. 최근 김종록(2002)에
서는 종결어미가 통합된 접속어미의 사전 표제어 선정과 관련한 논의를
제시하면서, '-았자'와 '-자'는 표제어를 달리해야 한다고 주장하였다.21)
그러나 '-았자'에 대해서 본래 선어말어미 '-았-'과 접속어미 '-자'가 통
합되었던 것이 문법화되어 새로운 접속어미로 변화된 것이라고 한 점은
쉽게 수긍하기 어렵다. 이것은 이정택(1995:93)에서 '-았자'가 공시적으로
는 더 이상 분석할 수 없지만 기원적으로는 '-았-'과 '-자'의 결합으로
이루어진 접속어미라고 지적한 사실과 결국 동일한 주장을 하고 있는 셈
이다.

  본고는 '-았자'의 의미에 대해 사전에서 동일하게 지적하고 있듯이, 후
행절에 부정적인 결과가 이어진다는 사실에 주목하고자 한다. 이것은 형
태 분석에 있어서 '-았자'는 '-자'와 그리 명료한 관계에 있지 않다는 것
을 짐작하게 한다. 통합형 접속어미의 구성요소는 재구조화 이후에도 본
래의 의미를 그대로 가지고 있다는 사실을 염두에 둔다면 '-았자'와 접속
어미 '-자'의 관계는 그리 투명해 보이지 않는다. 왜냐하면, 이정택(1995),

---

21) 김종록(2002)에서는 <연세 한국어사전>에서 '-었자'가 표제어로 되어 있지 않고 오히
  려 '-었댔자'가 표제어로 등재되어 있는 점이 특이하다고 하면서 '-었댔자'는 '-었-다
  #하-었-자'로부터 만들어졌다고 하였다. 그러나 필자의 직관으로는 '하였자'가 실제로
  쓰일 수 있는가 하는 점이 의심스럽다. <표준국어대사전>에도 '하였자'를 사용 가능한
  것으로 보아 '-였자'를 표제어로 등재하기는 했지만 본고는 '-였자'의 실제 사용 가능
  성에 대해서도 회의를 갖는다. 이 점과 관련하여 <연세 한국어사전>에서 '-았자'를 대
  표 형태로 삼아 표제어에 등재하면서 '참고 정보'에서 '-었자', '-였자' 등은 쓰이지 않
  는다고 한 것은 본고의 직관과 일치한다. 한편, 실제 쓰임에 있어서는 '-었댔자'보다는
  '-었다고 해 보았자'로 더 빈번하게 쓰인다.

김종록(2002)의 주장대로라면 접속어미 '-았자'의 후행절에 기대 부정을 나타내는 이유를 적절하게 설명할 수 없기 때문이다.

일반적으로 보조사는 강조의 의미를 공통적으로 갖고 있는데, 강조의 의미는 보조사에 선행하는 요소를 선택함으로써 실현되고 선택과 동시에 선택에서 배제된 대립하는 요소를 전제하게 된다. 한편, 접속어미의 후행절에 기대 부정의 내용이 이어지기 위해서는 보조사의 통합이 필요한데, 기대 부정은 양보적 조건이며 '-다만', '-지만', '-으련만', '-어도', '-을지라도', '-어야', '-으면' 등이 공통적으로 양보적 조건의 의미를 나타낼 수 있는 것은 이들 접속어미에 보조사가 통합되어 있기 때문이다. 그런 점에서 김종록(2002:14)에서 '-았자'의 '-자'를 접속어미 '-자'와 동일시한 것은 이른바 문자의 환영(graphic illusion)에 이끌린 것이라 할 수 있다. 이제 남은 과제는 '-았자'에 숨어있는 보조사를 복원시키는 일이다. 그런데 마지막 구성요소로 보조사가 통합된 접속어미의 의미를 고려하고 형태소의 통합에서 나타나는 음운론적 현상들을 감안한다면 '-았자'에서 보조사 '-야'를 분석해 낼 수 있다. 결국 마지막 구성요소로 보조사 '-야'의 복원이 가능하다는 본고의 논리에 의하면 '-았자'는 '-았-'과 어미 '-지'와 보조사 '-야'가 통합된 접속어미인 셈이다.22)

한편, '-았자'는 '-어 보았자'로 나타나는 것이 보다 자연스러운 것이 사실이다. 이때의 '-어 보-'는 보조동사 구성으로 보는 것이 좋다. 이른바 보조동사의 두드러진 특징으로 거론되는 대용 가능성, 선행 동사의 활용성, 문법성 등의 기준을 적용해 볼 때, (15가, 나)에서 살펴볼 수 있듯이, '-어 보았자'의 '보-'는 이른바 '시행'의 의미를 지니는 보조동사임이 비

---

22) 마지막 구성요소 보조사 '-야'의 분석과 관련해서는 보다 구체적인 검토가 이루어져야 할 것이다. '-았자'의 형성과 관련한 통시적 문제와 형태론적 구성에 대한 보다 면밀한 논의는 앞으로의 과제로 남긴다.

교적 분명히 드러난다. 또한, (16가)와 같이 '-어 보았자'의 형식을 취한
것은 자연스러운데, (16나)는 '-어 보았자'의 형식을 취하지 않아 비문이다.

    (15) 가. 네가 뛰어 보았자(봤자) 벼룩이지.
        나. 네가 그래 보았자(봤자) 벼룩이지.
    (16) 가. 발버둥쳐 보았자 부처님 손바닥이다.
        나. *발버둥쳤자 부처님 손바닥이다.

    한편, 이정택(1995:93)는 문제의 '-았자'를 별개의 접속어미로 보고 이
접속어미를 '선행절과 부정적인 결과(당초의 기대에 대한)를 나타내는 후행
절이 접속됨'을 보이는 것으로 파악하였다. 이러한 관찰은 매우 정직한
것이다. 그럼에도 불구하고 '-았자'가 선행절과 후행절의 관계 속에서 양
보적 조건의 의미를 나타내는 이유를 설명하는 데까지 이르지는 못했다.
다소 유보적인 태도를 보이기는 했지만 '-았자'를 '-았-'과 '-자'로 분석
하는 한, '-았자'의 본질을 제대로 파악하기는 어렵다. 전술하였듯이, '-았
자'가 양보적 조건을 나타낼 수 있는 것은 보조사 '-야' 때문이다. 이러한
주장을 근거로 할 때, 마지막 구성요소로 보조사 '-야'가 통합된 접속어미
로는 '-어야'를 더 들 수 있다. 일반적으로 '-어야'는 필수적 조건의 의미
를 지니는 것으로 알려졌다. 그러나 '-어야'는 후행절에 부정어가 나타나
면 선행절의 조건이 이루어져도 후행절의 결과는 기대가 어긋나는 양보
적 조건의 의미를 나타낸다. 그 이유는 마지막 구성요소인 '-야'에 의해
선택에서 제외된 내용이 배제된 상황에서 선택된 내용이 당연성에 의해
선택될 경우에는 화자의 주관적 의지가 부정적으로 나타날 수 있기 때문
이다.

    (17) 가. 네가 아무리 뛰어야 부처님 손바닥을 벗어날 수 없다.

　　나. 버스 떠난 뒤에 손들어야 소용이 없다.
　(18) 가. 네가 아무리 뛰어봤자 부처님 손바닥 벗어날 수 없다.
　　나. 버스 떠난 뒤에 손들어봤자 소용이 없다.

　(17가, 나)에서 '-어야'의 이러한 특성은 (18가, 나)의 '-았자'에서도 동일하게 확인되는 특성으로서, (18 가)는 결국 '네가 아무리 뛰어보나 안 뛰어 보나 부처님 손바닥을 벗어날 수 없다'는 것이며, (18나)도 역시 '버스 떠난 뒤에 손들어보나 안 들어보나 소용이 없다'는 의미를 나타낸다. (17가, 나)와 (18가, 나)가 보여 주는 의미 상관성에 근거하여 우리는 '-았자'에 마지막 구성요소로 숨어 있는 보조사 '-야'의 존재를 확인하고자 한다.23)

　결국 '-았자'는 완료적 의미의 '-았-'과 선행절을 긍정하여 끝맺고 후행절을 이어주는 어미 '-지'와 선택에서 제외된 대립하는 내용을 전제하고, 선택된 내용이 필연적이고 당연한 선택의 의미를 지니는 보조사 '-야'가 재구조화된 접속어미이다.

---

23) 그러나 '-았자'가 마지막 구성요소로 '-야'가 통합된 접속어미라고 하더라도 여전히 해명해야 할 문제는 남아 있다. 즉, '-았자'의 '-자'의 분석을 근거로 '-지'와 보조사 '-야'가 통합한 예를 문헌을 통해 검증할 수 있는가 하는 점이다. '-았자'가 문헌에 나타나기 시작한 것이 비교적 최근에 와서 이루어졌다는 점을 감안하면 석연하지 않은 부분이다. '-았자'가 문헌에 출현한 시기를 현재로서는 확인하기 어렵다. 몇몇 속담 사전에서 '-았자'의 용례를 찾을 수는 있지만, 그 외 출현 시기와 관련한 어떠한 정보도 얻을 수가 없다. 이기문(1980)에서는 표제어로 '뛰어야 벼룩'을 싣고 뜻풀이에서는 '도망쳐 보았자 별 수 없다는 말'이라 하고 있으며, 소설 지문에서 '뛰어 보았자 손바닥, 뛰어봤자 벼룩'<김주영, 객주>, '뛰어봐야 부처님 손바닥'<유익서, 예성강>, '뛰어야 벼룩이요'<정비석, 소설 김삿갓> 같은 용례를 추가로 확인할 수 있다. 이상의 용례에서 확인할 수 있는 분명한 사실은 '-어야'와 '-았자'가 서로 동일한 의미를 가지고 있다는 직관의 인식이다. 이러한 인식이 '-았자'의 마지막 구성요소로 '-야'를 분석할 수 있는 본고의 주장에 설득력을 보태주는 것만은 비교적 분명한 듯하다.

4. 접속어미 '-고자'

이른바 의도나 목적의 의미 기능을 지니는 것으로 알려진 '-고자'는 '-으러'나 '-으려고'와 함께 그 문법적 특징이 비교 검토된 바 있다.[24] 그런데 '-고자'의 형태에 주목하면 앞서 논의했던 접속어미들에 비해 마지막 구성요소인 '-자'의 범주가 비교적 쉽게 확인된다.

'-고자'가 소망이나 의도의 의미를 나타낼 수 있는 것은 마지막 구성요소인 '-자'를 보조동사 '지-'와 어미 '-아'의 통합형으로 볼 때 가능해진다.[25] 더욱이 이때 분석되는 '지-'는 소망이나 의도의 의미를 지니는데, 현대국어의 방언형 '-고저'에서도 그 존재를 확인할 수 있다. '-고자'가 의도의 의미를 지니는 것은 바로 이 '지-' 때문이다.

이러한 사정을 고려할 때, 우리는 유사한 의미를 지니지만 주로 동작의 목적을 나타내는 '-으러'나 같은 의도나 소망을 나타낸다고 하지만 '-으려고'가 선행절 주어의 자질이 [-인간성]도 가능한데 비해, '-고자'는 선행절 주어로 [+인간성]이 추가로 필요한 이유가 '지-'에 있음을 알 수 있다.

> (19) 가. 철수는 영희를 만나{*-으러, -으려고, -고자} 덕수궁에서 1시간
> 이나 기다렸다.
> 　　나. 국화꽃이 피{*-으러, -으려고, *-고자} 밤새 소쩍새가 울었다.

(19가)에서 '-으러'가 불가능한 것은 후행절 동사가 이동동사가 아니기 때문이며, (19나)에서 '-고자'가 불가능한 것은 '-고자'는 선행절의 주어

---

24) 대표적인 연구에는 서태룡(1982), 김종록(1984), 손세모돌(1997) 등이 있다. 그런데 '-으러'나 '-으려고'가 의도나 목적의 의미를 나타내는 것은 선행절의 행동주가 주체적인 행위를 할 수 있는 경우라는 매우 제한적인 환경에서 가능하다.

25) 백낙천(2001:165)에서는 '-고자'의 형태론적 구성을 논의하면서 '-고자'의 후행 요소인 '-자'를 보조동사 '지-'와 어미 '-아'의 통합으로 이루어진 접속어미임을 제시하였다.

로 [+유정성] 외에 행동주로 [+인간성]이 추가로 필요하기 때문이다. '-고자'가 주체의 의도나 목적의 의미를 가장 적극적으로 나타내는 이유도 여기에 있다. 즉, '싶다'와 거의 같은 의미를 지닌다고 여겨지는 '지-'가 어휘적 의미를 가지고 있기 때문이다. 그리고 이러한 이유로 '-으러', '-으려고'에 비해 상대적으로 통합상의 제약이 심하며, 결국 제한된 범위에서 형식적, 문어적 성격을 강하게 띠게 된 점과 무관하지 않다.

현대국어의 '-고자'는 15세기에 '-고져' 또는 '-고쟈'의 형태로 나타나는데, 'ᄒᆞ다' 내포문의 종결형에서 생산적으로 쓰였다.

(20) 가. 그딋 ᄯᆞ롤 맛고져 ᄒᆞ더이다 <석상 6:15>
나. 어셔 셩불코져 ᄒᆞ더니ᄂᆞᆫ <월석 21:52>
다. 내 요ᄉᆞᅀᅵ 도로 가고쟈 ᄒᆞ니 <번노 하:71>
라. ᄆᆞᄋᆞᆷ과 ᄠᅳᆮ과 즐기시던 것과 ᄒᆞ고쟈 ᄒᆞ시던 것슬 ᄆᆞᄋᆞᆷ애 닛디 아니ᄒᆞ시니 <소언 2:27>

(20가, 나, 다, 라)에서 보는 바와 같이 현대국어 접속어미 '-고자'가 통시적으로 '-고져'>'-고쟈'의 변화를 거쳐 오늘에 이른 이유는 근대국어 들어와 '-어'계 어미가 '-아'계 어미로 통일되는 변화와 이후 단모음화를 거친 결과 때문이다. 이 '-고져'는 중세국어에서 '願ᄒᆞ다', '請ᄒᆞ다', 'ᄇᆞ라다', '빌다', 'ᄉᆞ랑ᄒᆞ다', 'ᄒᆞ다' 등을 상위문의 동사로 하는 내포문의 종결어미로 자주 쓰였는데, 이것이 15세기 이후 접속어미로 기능을 확대하게 된다.

물론, '-고자'에서 분석되는 '지-'와 중세국어에서 화자와 청자를 모두 고려하면서 청자에게 참여를 요구하는 명령형어미 '-고라', '-고려'와의 계열 관계를 고려하면 '-고자'에서 분석되는 '지-'를 선어말어미로 볼 가능성도 열려 있다. 그러나 본고는 '-고라', '-고려'에서 분석되는 '-고-'

를 선어말어미로 간주한다. 또한, 과연 '-고져'와 유사한 의미를 지니는 보조동사 '식브-'가 연속해서 나타나는 다음의 예문에 대해 '지-'가 보조동사일 가능성이 없다는 증거로 삼을 수 있을 것인지에 대해서 본고는 견해를 달리 한다.

(21) 가. 나고져 식브녀 아난일 브리신대 오샤ᅀᅡ 내 나리이다 <월곡:132>
나. 안즉 놀애매 춤과를 ᄀᆞᄅᆞ치고져 식브니라 <번소 6:7>
다. 힝뎍은 모나 프러디디 말오져 싣븐 거시라 <번소 8:1>
라. 내 안히 셜오나마나 제 죽고라쟈 식베라 <순천 언간:68>

(21가, 나, 다, 라)에서 볼 수 있듯이, 문법화 과정에서 보조동사 '지-'의 재구조화가 먼저 일어났다고 한다면 보조동사 '식브(싣브)-'와 연속될 수 있는 충분한 개연성이 있다. 본고는 그러한 증거의 하나로 고려 중기 석독 구결에 보이는 '-口八彐'에 주목하고자 한다.

(22) 菩薩ㄱ 勤七 大悲行乚 修氵尒 願入ㄱ 一切乚 度刂口八彐 ノ尸厶 果
𢀳尸 不ソ尸丁 ノ尸 無刂 ソ氵ナ矛罒 <화엄 14:9>

장윤희(1998:86)에서도 그 가능성을 제시하였듯이, (22)의 '度刂口八彐'를 '건지고자' 정도로 해석이 가능하다면 보조동사 '지-'의 재구조화가 상당히 이른 시기에 일어난 것으로 볼 수 있으며, 그렇게 본다면 보조동사 '지-'가 '식브(싣브)-'와 연속하여 출현할 수 있어 문제의 실마리가 풀릴 수 있다고 생각한다.

요컨대, '-고자'는 선행 요소를 끝맺지 않고 후행 요소를 이어주는 '-고' 다음에 주체의 의도나 목적을 나타내는 '지-'와 이러한 선행절의 내용을 끝맺고 후행절의 내용을 이어주는 '-아'가 재구조화된 '-자'가 재구조화된 접속어미이다.

5. 맺음말

본고는 국어 접속어미를 활용어미 전체 차원에서 살필 때에 비로소 국
어 접속어미의 실체를 제대로 파악할 수 있다는 믿음에서 출발하였다. 그
중에서도 본고는 '-자'를 포함한 일군의 접속어미와 관련한 저간의 오해
를 풀려고 하였다. 그러나 어느 것 하나 만족스러운 결론을 이끌어 내지
는 못한 듯하다. 국어사 자료에 기반을 둔 역사적 연구를 통해 본고의 논
의가 보다 구체화 될 수 있기를 기대해 본다. 한편, 지금까지 논의한 결과
를 요약하여 결론으로 대신하면 다음과 같다.

첫째, 접속어미 '-자'는 현재로서는 통합형일 가능성을 찾기 어려웠다.
다만, 부수적으로 '-자마자'와의 비교 분석을 통해 이 둘의 의미 차이를
확인하였으며, '-자마자'의 '마자'는 고유한 의미를 지니는 형태소로 더
이상 잉여적인 요소가 아니며, '-자'와 '-자마자'는 형태론적 구성을 달리
하는 별개의 독립적인 접속어미이다. '-자마자'는 마지막 구성요소로 어
미가 통합된 접속어미로서 이때의 '-자'는 단일형이다.

둘째, '-았자'의 '-자'는 어미 '-지'와 보조사 '-야'의 통합형으로 '-았
자'는 마지막 구성요소로 보조사가 통합된 접속어미이다.

셋째, '-고자'의 '-자'는 보조동사 '지-'와 어미 '-아'가 재구조화된 통
합형 접속어미로서 '-고자'는 마지막 구성요소로 어미가 통합된 접속어미
이다.

참고문헌

고영근(1975), 「현대국어의 어말어미에 대한 구조적 연구」, 『응용언어학』 7-1, 73-99면.

국립국어연구원 편(1999), 『표준국어대사전』, 두산동아.

김민수 외 공편(1991), 『금성판 국어대사전』, 금성출판사.

김완진(1980), 『향가해독법연구』, 서울대학교출판부.

김유범(2001), 「시간성 의존명사 '다'를 찾아서」, 『형태론』 3-2, 209-229면.

김종록(1984), 「접속어미 {-러,-려(고),-고자,-도록}에 관한 연구」, 경북대학교 석사학위 논문.

김종록(2002), 「종결어미 통합형 접속어미의 사전 표제어 분석」, 『어문학』 75, 한국어문학회, 1-19면.

백낙천(2000), 『국어 통합형 접속어미의 형태 분석과 의미 연구』, 동국대학교 박사학위 논문.

백낙천(2001), 「동사구 구성 통합형 접속어미의 형태론적 해석」, 『한국어학』 13, 한국어학회, 151-169면.

백낙천(2003), 『국어의 통합형 접속어미』, 도서출판 월인, 1-300면.

서정목(1989), 「반말체 형태 '-지'의 형태소 확인」, 『이혜숙 교수 정년 기념 논문집』.

서정섭(1991), 『국어 양보문 연구』, 한신문화사, 1-194면.

서태룡(1982), 「국어의 의도·목적형에 대하여」, 『관악어문논집』 7, 서울대학교 국문과, 143-173면.

서태룡(1985), 「정동사어미의 형태론」, 『진단학보』 60호, 진단학회, 159-192면.

서태룡(1987), 「국어 활용어미의 형태와 의미」, 서울대학교 박사학위 논문, 1-259면.

서태룡(1989), 「국어 활용어미의 체계화 방법」, 『애산학보』 8집, 애산학회, 85-110면.

손세모돌(1997), 「연결어미 '-고자'와 '-려고'에 대하여」, 『한말연구』 3호, 한말연구학회, 91-110면.

안병희·이광호(1990), 『중세국어문법론』, 학연사.

양주동(1965), 『증정 고가연구』, 일조각.

연세대학교 언어정보개발연구원 편(1998), 『연세 한국어사전』, 두산동아.

이기문(1980), 『속담사전』, 일조각.

이숭녕(1961), 『중세국어문법』, 을유문화사.

이유기(1995), 「선어말어미 '-지-'의 통합관계」, 『동악어문논집』 30집, 동악어문학회.

이은경(1996), 『국어의 연결 어미 연구』, 서울대학교 박사학위 논문, 1-261면.

이정택(1995), 「접속어미 '-자, -자마자, -았자'의 의미와 문법」, 『애산학보』 17집, 애산학회, 71-97면.

이현희(1995), 「'-아져'와 '-良結'」, 『국어사와 차자표기』, 태학사, 411-428면.

장윤희(1998), 『중세국어 종결어미에 대한 통시적 연구』, 서울대학교 박사학위 논문.

최동주(1994), 「국어 접속문에서의 시제 현상」, 『국어학』 24, 국어학회, 45-86면.

최재희(1991), 『국어 접속문 구성에 관한 연구』, 탑출판사, 1-229면.

최현배(1937/1971), 『우리말본』, 정음사, 1-892면.

한동완(1992), 『국어의 시제 연구』, 서강대학교 박사학위 논문.

허 웅(1975), 『우리옛말본』, 샘문화사.

제3장 '-든지', '-은지', '-을지'의 형태론적 구성과 의미

1. 머리말

접속어미 논의에서 '-든지'는 선택의 의미를 지니는 '-거나'와 함께 비교·검토되어 통합적 특징과 의미 기능이 어느 정도 밝혀진 것이 사실이다. 그러나 이들 논의는 형태에 주목하여 구성요소가 갖고 있는 기본 의미에 근거한 논의는 아니었다. 더욱이 접속어미의 형태에 주목하면 이와 유사한 형태론적 구성을 보이는 '-은지', '-을지'를 목격할 수 있으며, 이들 접속어미의 마지막 구성요소인 '-지'의 범주에 주목한 논의는 그리 많지 않다. 사실, 접속어미 논의에서 '-은지', '-을지'에 대해서는 활발한 논의가 이루어지지 못한 듯하다. 특히, '-은지', '-을지'는 그 범주조차도 명시적으로 제시되지 못하여 '-은지'에 대해서는 접속어미와 종결어미라는 두 가지 통사 범주로 분류했으며, <금성판 국어대사전>에서 '-을지'에 대해서 접속어미로 분류하였다가 <표준국어대사전>에 와서 '-을지'에 대해 종결어미의 통사 범주를 부여해 주었다. 이러한 사정은 <연세한국

어사전>에서도 마찬가지이다. 일반적으로 국어학에서 모음 '으'가 있는 것을 기본형으로 설정하는 것과 달리 '-ㄴ지', '-ㄹ지'를 '대표 형태'로 설정하면서, '-ㄴ지', '-ㄹ지'에 대해 연결어미의 범주를 부여하였으며, '종결어미처럼 쓰임'이라는 다소 모호한 표현으로 범주를 부여하고 있다. 더욱이 의미 기능과 관련해서는 사전에서 공통적으로 '-은지'에 대해서는 막연한 의문이나 감탄을 나타낸다고 뜻풀이하고 있으며, '-을지'에 대해서는 추측이나 의심을 나타낸다고 하였다. 그러나 이러한 뜻풀이는 후행하는 동사나 절의 의미에 기인하는 것이지 '-은지', '-을지' 자체의 의미로 보기는 곤란하다.

> (1) 가. 멋쩍은지 얼굴을 붉힌다.
> 　　나. 아, 얼마나 좋은지.
> 　　다. 그 친구가 내 말을 들을지 모르겠다.
> 　　라. 내일 날씨가 좋을지 모르겠네.

　(1가, 나, 다, 라)의 예문은 <금성판 국어대사전>에 제시된 예문으로서 막연한 의문이나 감탄 또는 추측이나 의심이 '-은지', '-을지' 자체의 의미는 아니다. 또한 '-든지'가 선택의 의미를 지닌다는 의미도 좀 더 정교하게 규정할 필요가 있다.

　본고는 '-든지', '-은지', '-을지'의 마지막 구성요소로 공통적인 '-지'의 범주가 동일하지 않은 이유를 첫째, '-든지'의 '-지'는 생략이 가능한데 '-은지', '-을지'의 '-지'는 생략이 불가능하며, 둘째, '-은지', '-을지'와 달리 '-든지'는 동격 구성을 이루지 못한다는 것에 근거하여 설명할 것이다. 아울러 이를 통해 '-지'의 분석 가능성을 검토하고, 이들 접속어미의 형태론적 구성과 의미 특성도 살펴볼 것이다.

2. 본문

2.1. '-지'의 의미

기존의 의미 기능 위주의 접속어미 연구에서 '-든지'는 선택의 의미를 지는 것으로 분류하면서 주로 '-거나'와 비교·검토되었다. 이들 연구를 통해 밝혀진 사실들은 '-거나'와 '-든지'의 의미 상관성을 공고히 하는 데 기여한 것이 사실이다.[1] 그러나 기존의 접속어미 연구에서 '-은지', '-을지'를 다룬 논의는 매우 드물다. 이는 '-은지', '-을지'가 대부분 의문이나 의심을 나타내는 종결어미나 내포문의 종결어미로 쓰이는 것에만 주목한 결과였다. 접속어미의 의미 기능을 위주로 논의한다면 '-든지'와 '-은지', '-을지'를 한자리에서 논의한다는 것이 설득력을 갖기는 매우 어려울 것이다. 그러나 형태론에 기초한 통사론 연구라는 관점에 있는 본고에서는 통합형 접속어미 중에 마지막 구성요소로 '-지'가 통합된 접속어미인 '-든지', '-은지', '-을지'에 주목하면서, 이들 접속어미에서 확인되는 문제의 '-지'가 갖고 있는 범주가 무엇인가를 살펴보고자 한다.

먼저 '-든지'는 선행절과 후행절이 양립할 수 없는 이접 구성에서 선택적 조건의 의미를 나타내는 것이 일반적이지만,[2] '-든지~-든지'의 반복 구성에서 뒤의 '-든지'는 후행절에 기대 부정의 내용이 연결되어 양보적 조건의 의미를 나타낸다. 선택적 조건이든 양보적 조건이든 '-든지'의 이

---

1) 최재희(1991)에서는 '-거나'의 의미를 '지정 선택'이라고 하고 '-든지'의 의미를 '개방 선택'이라고 한 바 있으며, 백낙천(2003)에서는 '-거나'가 양립할 수 없는 동사구의 이접 구성에 쓰이는 이유를 '-거-'의 의미가 미지각인 만큼 서술어의 선택 가능성이 개방될 수 있기 때문으로 설명하였다.

2) '-든지'를 선택의 의미를 지니는 이접 구문의 대등 접속어미로 분류하기도 하나 어느 경우에나 이접적 선택을 나타내는 것은 아니며, 더욱이 화자에게 선택되는 내용에서 심리적으로 선호하는 쪽의 내용이 선행하거나 초점이 놓일 수 있으므로 일방적으로 대등 접속어미로 보는 데는 무리가 있다.

러한 사실을 통해 우리는 '-든지'의 구성요소인 '-ㄴ'이 보조사일 가능성
을 추론해 볼 수 있다. 왜냐하면 조사가 통합된 접속어미가 양보적 조건
의 의미를 갖는 것은 보조사의 의미가 선행절에 의해 선택된 내용이 후행
절에 대한 대립을 전제하기 때문이다. '-ㄴ'이 보조사라면 '-든지'의 구성
요소로 분석 가능한 '드(드)'는 구조적으로 체언적인 요소(명사)일 것이다.

> (2) 가. 서르 보논 든 恭敬ᄒ야 <내훈 1:77>
> 나. 願훈 든 佛子ㅣ 내 懺悔롤 바드샤 <석상 24:18>

가령, (2가, 나)에서 '든'을 '것은' 정도로 이해할 수 있으며, 더욱이 '든'
이 관형사형어미에 후행한다는 분포상의 특징은 문제의 '든'이 의존명사
'드'와 조사 'ㄴ'으로의 분석을 가능하게 만든다. 그리고 이러한 이해에
근거한 '든'의 분석은 나아가 '든'이 명사구 보문 구성으로서 명사형어미
와 조사 '-ㄴ'이 통합되어 나타날 수 있음을 관련 언해문의 대비를 통해
확인할 수 있다.

> (3) 가. 摯롤 자바 뻐 서로 보논 든 恭敬ᄒ야 有別호물 볼기개니라(執摯ᄒ
> 야 以相見은 敬章別也ㅣ니라) <내훈 1:77>
> 나. 摯롤 잡아 뻐 서르 봄은 공경ᄒ야 굴희윰을 볼킴이니(執摯以相見
> 은 敬章別也ㅣ니) <소언 2:49>

(3가, 나)는 정재영(1996)에서도 언급한 바와 같이 같은 원문에 대해 <내
훈>에서는 '보논 든'이 <소학언해>에서는 '봄은'으로 나타나, 명사형어
미 '-ㅁ'에 조사 '-은'이 통합된 구성을 확인할 수 있으며, 이는 '든'의 분
석에 유력한 근거가 될 수 있다.

그렇다면 마지막 구성요소인 '-지'의 범주는 무엇일까? 본고는 '-지'에

대한 해석의 가능성을 두 가지 측면에서 접근해 보고자 한다. 하나는 '-지'를 어말어미로 보는 것이고, 다른 하나는 역사적으로 의존명사 'ㄷ'의 분석이 가능한 것으로 보는 것이다. 그런데 의존명사 'ㄷ'로 간주하면 후술할 '-은지', '-을지'의 마지막 구성요소 '-지'가 의존명사 'ㄷ'에 의한 동격 구성을 이루는 것과 달리 '-든지'는 동격 구성을 이루지 못할 뿐만 아니라 하나의 통합체에서 의존명사 'ㄷ'가 중첩되는 형태론적 구성을 띠게 된다. 그렇다면 남은 가능성은 '-지'를 어말어미로 보는 것이다. 특히, '-든지'의 '-지'는 이접 구성이나 반복 구성에서 생략이 가능하여 '-든'으로 나타날 수 있는데, 이러한 사실은 동일하게 어말어미의 생략을 경험하는 '-거나', '-듯이'와 비교된다.

문제는 반복 구성에서 '-든지'의 경우는 생략이고 '-거나'의 경우는 축약이라는 차이이다. 그러나 '-거나'도 마지막 구성요소인 어말어미 '-아'의 생략이 일어나면서 계기적으로 '-건'으로 축약이 되는 것이므로 결국 어말어미의 생략이라는 점에서는 동일한 현상을 보여 준다.[3]

    (4) 가. 너는 지금 당장 일을 하{-든지, -든} 공부를 해라.
        나. 비가 오{-거나, -건} 말{-거나, -건} 내일 등산은 강행한다.
        다. 윤주는 행실 하나를 보면 알 수 있{-듯이, -듯} 나무랄 데가 없는
           아이이다.

---

3) 서태룡(1987:175)에서는 '-든'이 '-든지'의 축약형이라고 할 수 없는 이유로 '-든지'가 내포문을 종결하는 기능을 보이는 것과 달리 '-든'은 내포문을 종결하는 기능을 보이지 않기 때문이라고 하면서 다음의 예문을 들었다.
   (ㄱ) 철수가 가{*-든, -든지} 오{*-든은, -든지는} 우리에게 아무 관계도 없다.
   (ㄴ) 철수가 좋{*-든, -든지} 싫{*-든에, -든지에} 따라서 네 견해를 결정해라.
   그러나 위의 예문이 순수히 '-든'과 '-든지'의 대체 여부라고 보기 곤란한 것은 조사나 부사가 생략된 다음의 경우에는 대체가 가능하다고 판단되기 때문이다.
   (ㄷ) 철수가 가{-든, -든지} 오{-든, -든지} 우리에게 아무 관계도 없다.
   (ㄹ) 철수가 좋{-든, -든지} 싫{-든, -든지} 네 견해를 결정해라.

물론 '-건'으로의 축약은 '날씨가 개건 가거라'에서 보는 바와 같이 '-거든'에서도 마찬가지로 나타날 수 있으나 '-거나', '-거든'은 다른 접속어미이므로 이 경우 별도의 설명이 필요할 것이다.4) 그리고 '-듯이'의 마지막 구성요소 '-이'가 생략될 수 있는 것은 상태 유지라는 서로 비슷한 의미를 갖는 '-듯'과 '-이'의 통합으로 인한 생략이다. 결국, '-든지'의 마지막 구성요소 '-지'는 선행 서술을 긍정하여 끝맺고 후행 서술을 이어주는 의미를 갖는 어말어미로 분석할 수 있다. 그런데 '-지'로 구개음화된 것은 17세기부터이며, 15세기에는 '-디'의 형태로 나타나지만 '-든지'(또는 '-던지')가 문헌에 나타난 것은 (5가, 나, 다, 라)에서 보듯이 19세기 초로서 '-디>-지'의 변화가 일어난 이후이므로 '*-든디'가 아닌 '-든지'의 형태로만 나타나게 되는 것이다.

> (5) 가. 이상ᄒᆞ실샤 영묘겨오셔 아모 일이든지 억견으로 무슨 말숨이시고 무르시면 <한중록>
> 나. 모도 나갓더니 드러와 프러 알외엿든지 화식이 쥬이 침식ᄒᆞ니 <한중록>
> 다. 이를 홀로 거짓이나 하든지 낫뜻이라 할 만한 것이라. <국어:87>
> 라. 무릇 무어슬 지지랴 하던지 반ᄃᆞ시 기름을 몬져 쓰리되 <죠양반서:3ㄴ>

한편, '-은지'에서 '-은'이 관형사형어미인 것은 공시적인 형태 분석에서도 확인이 가능하다. 문제는 과연 '-지'에서 역사적으로 의존명사 'ᄃᆞ'가 분석 가능하고, 분석 가능하다면 'ᄃᆞ' 다음의 '-이'가 무엇인가 하는

---

4) 그런데 '-건'에 대해서 <표준국어대사전>에서는 별도의 표제어로 등재하였으나 <금성판 국어대사전>에서는 하나의 표제어에서 함께 다루어 마치 다의어의 처리 방식을 보여주고 있으며, <연세한국어사전>에서는 '-건'을 '-거나'의 준말 하나로만 기술하여 '-거든'이 '-건'으로도 쓰일 수 있음을 간과하고 있다.

제3장 '-든지', '-은지', '-을지'의 형태론적 구성과 의미 **143**

것이다. 이 분석의 문제는 '-을지'에도 동일하게 적용된다.

먼저 '-지'에서 의존명사 '든'의 흔적을 찾고자 하는 시도는 '-지'의 역사적 소급형인 '-디'에서부터 시작한다. 고영근(1987)에서는 중세국어에 나타나는 '-디'를 주어성 의존명사와 부사성 의존명사로 나누어 이들의 통사적 양상이 다르다는 것을 밝혔다. 주어성 의존명사 '-디'는 '오라다(ㅅ)'와 같은 형용사가 후행하는 이른바 시간 경과 구문에서 확인할 수 있는데, (6가, 나)에서의 '-디'가 의존명사 '든'와 주격 조사 '-이'로 분석이 가능하다고 하였다. 반면에, (6다, 라)에서 '알다', '모르다'가 후행하는 경우의 '디'는 목적어로만 기능하므로 '든'와 '-이'로 분석할 수 없는 부사성 의존명사라고 하였다.

(6) 가. 그제로 오신 디 순지 오라디 몯거시든 <법언 5:119>
　　나. 李生을 보디 몯ᄒᆞᆯ 디 오라니 <두언 21:42>
　　다. 이 相公이 軍인 디 아노니 <두언 7:25>
　　라. 현맛 劫을 디난 디 모르리로소니 <월석 14:9>

고영근(1987)의 '-디'에 대한 논의는 중세국어 '-은디'의 성격이 그리 간단하지 않음을 시사한 점에서 주목할 필요가 있는데, 크게 보아 문제의 '-디'를 의존명사로 간주하면서 이에 대한 통합적인 특징을 형태론적인 관점에서 파악하고 있다.

한편, '-은지'에 대한 고민의 일단은 서태룡(1987)에서도 찾아볼 수 있다. 서태룡(1987:237)의 논의는 문제의 '-은지'가 아닌 '-은지라'에 대한 언급이기는 하지만 이때의 '-지'를 명사적 요소로 파악한 것은 '-은'이 관형사형어미이고 후행 요소로 통합될 수 있는 '-라'가 '-이라'와 같은 것으로 보아 이때의 '-지'는 선행 서술을 동격 구성으로 반복하면서 정해진 상태로 바꾸는데, 이때의 '-지'를 선행 서술을 긍정하는 의미를 더하게 되는 명사적 요소로 간주한 것이다. 그런데 서태룡(1998)에서는 통합형어미의 경우 어말어미와 어말어미의 통합이 가능하며 '-은지'가 내포문어미와 종결어미의 분포와 기능도 보이기 때문에 '-지'를 종결어미로 분석할 수 있음을 제기하기도 하였다.

또한, 이현희(1994:473)에서는 인지구문을 설명하면서 (7가, 나)에서 '-은디'를 '혼가 알-(모루-)'로 파악하면 어말어미가 되고 반면에 '혼둘 알-(모루-)' 또는 '혼줄 알-(모루-)'로 파악하면 명사구 보문의 구조체가 되어 '-은'을 명사구 보문의 보문자로 '디'를 보문명사(의존명사)로 볼 가능성이 있다고 하면서 두 가지 가능성을 모두 열어 놓으면서도 어말어미로 보는 견해를 지지하고 있다.

> (7) 가. 내의 게을우미 이 眞聖인디 아느니라 <두초 10:5>
>   나. 나는 뉘 正흔디 뉘 갓근디 아디 몯ᄒ노이다 <능언 2:12>

이상의 논의를 귀납하면 '-은디'를 보는 시각은 선택의 문제로 귀결되는 듯하다. 즉, '-은지'가 중세국어에서 이미 통사론적 구성이 형태론적 구성으로 긴밀해지는 이른바 문법화의 과정을 밟고 있으며, '-은지'를 보는 시각은 그러한 인식의 직관이 반영된 결과인 듯하다. 우리는 이러한 관점에서 '-은지'에 대한 깊이 있는 논의를 시도한 정재영(1996)에서 어떠한 실마리를 찾아볼 수 있을 것 같다.

'-은지'가 통시적 변화를 입어 형성된 접속어미라는 점에서 '-은지'의 단계적 변화를 충실하게 기술한 정재영(1996)에서는 문헌 자료를 통해 '-은디'가 통시적으로 변화한 모습을 살피고 있다. 즉, '-은지'와 관련하여 시간경과구문에 나타나는 '-ㄴ 디'는 명사구 보문 구성의 통사적 구성을 그대로 간직하고 있는 '통합구조체'이고 인지구문에 나타나는 '-ㄴ지'는 하나의 어미로 굳어진 '통합형어미'라는 것이다.

구체적으로, 정재영(1996:67)에서는 '-은디'가 명사구 보문 구성의 단계를 거쳐 통사적 구성인 통합구조체가 되면 시간 경과 구문으로 해석된다고 하면서 이들은 동일하게 [[[-ㄴ, 리]#디]+ㅣ] 구성이지만 문법화가 진행된 정도에 의해서 구분될 뿐이며, 엄밀한 의미에서 단어 경계가 소멸하지 않은 단계로서의 '-은 디'라고 하였으며, 시간 경과 구문의 통합구조체에서는 '*-을 디'가 나타나지 않는 것으로 보았다. 나아가, 정재영(1996)에서는 통시적으로 문제의 '지'를 '디'에 주격 조사 '-ㅣ'가 통합되어 [[-은#디]+ㅣ]의 명사구 보문 구성을 이루는 것으로 해석된다고 하면서 (8 가, 나, 다)의 예문을 제시하였다. 또한 (8 라, 마)에서 '-ㄴ디'는 통사적으로 주어 자리에 나타나며 '오라디(久)'나 시간성 명사구가 후행하는 시간 경과 구문이다.

> (8) 가. 菩提 證혼 ᄆᆞᅀᆞ미 和合ᄋᆞ로 니디 아니혼 디 붉도다 <능엄 2:100>
> 나. 아졸ᄒᆞ야 모ᄅᆞᆫ 디 어린 아희 ᄀᆞᆮ도다 <남명 하:30>
> 다. 無明이 實로 體 잇ᄂᆞᆫ 디 아니라 <월석 2:22>
> 라. 그 제로 오신디 순ᄌᆡ 오라디 몯거시든 <법언5:119>
> 마. 妻眷 ᄃᆞ외얀디 三年이 몯 차 이셔 <석상 6:4>

한편, 정재영(1996:252)에서는 의존명사 '디'가 문법화한 구성인 [[-은#디]+(조사)] 구성의 통합형어미와 다른 것으로 파악하였다. 가장 큰 이유는 '알다', '모르다'와 같은 타동사 구성에서 '-은디'의 '-ㅣ'를 주격조사로 볼 수는 없기 때문이라는 것이다. 그러면서 통합형어미 '-은디'에서 '디'를 잠정적으로 '디'의 역사적 이형태로 보고 있다. 정재영(1996)에서 통합형어미 '-은디'에서 '디'를 주격조사가 통합된 것이 아닌 의존명사로 본 것은 주격조사 '-이'가 통합된 다른 예가 없기 때문이라고 하였는데,

구조적 관계를 고려하면 오히려 '-은지'를 마지막 구성요소로 조사 '-이' 가 통합된 예로 볼 수도 있다.

그러나 정재영(1996)에서는 '알다', '모르다'가 후행하는 경우의 '-은디' 는 단어 및 형태소 경계가 소멸한 통합형어미로서 이때의 '-디'는 '드'와 '-이'가 통합한 것이 아니라 '디' 자체를 '드'의 역사적 이형태로 보고 새 로운 의존명사 '디'를 설정하고 있다. 그의 논리대로 통합형어미 '-은디' 의 이전 단계로 명사구 보문 구성 [[[-은#디]+∅]가 설정 가능하다면, 결 국 명사구 보문 구성 '-은 디'는 '드'와 '-이'의 통합형으로서의 '디'와 '드'의 역사적 이형태로서의 '디'가 미분화된 것을 말하게 된다. 다만 후 행하는 동사가 '오다(久)'인 경우에는 전자의 구성이고 후행하는 동사가 '알다', '모르다'인 경우에는 후자의 구성이라는 예측이 구조적으로 가능 할 뿐이다. 물론, 정재영(1996)의 논의에서 '역사적'이라는 것이 '-은지'의 복잡한 양상에 대한 어떤 직관을 간접적으로 표현한 것임을 짐작할 수 있 다 하더라도 근본적으로 '디'와 '드'가 상보적 분포를 보이지 않을 뿐만 아니라 문제의 '디'를 '드'의 이형태로 본다면 어말어미 '-지'의 직접적 소급형으로서의 '-디'와의 관계가 더욱 미궁에 빠진다는 점에서 쉽게 수 긍하기 어렵다.5)

이상의 논의에서 확인할 수 있는 것은 '-은지'가 역사적으로 매우 복잡 한 구조적 양상을 보이고 있다는 것이고, 기존의 연구도 이를 인식한 직 관을 가지고 있었다는 사실이다. 이제까지의 논의를 바탕으로 '-은지'에 대한 본고의 입장을 밝혀 이 문제와 관련한 복잡한 양상을 정리하기로 한다.

지금까지 살펴본 '-은지'의 '-지'에 대한 여러 입장들은 어말어미설과 의존명사설로 압축된다. 그리고 '-지'는 이 두 가지 가능성을 모두 가지고

---

5) 이러한 방법의 문제점은 계사 '이-'의 통시적 고찰을 시도한 김정아(2001)에서도 언급하 고 있다.

있다고 보는 것이 합리적일지도 모른다. 그런 점에서 '-지'의 형태 분석과
관련한 우리의 인식은 '기원적'이라는 제한된 수식을 전제로 할 수밖에
없다. 그럼에도 불구하고 '-지'의 의존명사설이 유력한 근거를 갖는 것은
구조적인 지지를 받기 때문이다. 사실이 그렇다고 하더라도 '-지'의 역사
적 소급형인 '-디'를 정재영(1996)의 논의대로 의존명사 자체로 보는 것은
아니다. 문제의 '-지'는 의존명사 'ᄃ'와 조사 '-이'의 통합형이다. 그러므
로 '-은지'에 대한 형태론적인 이해는 이와 구조적으로 평행되는 '-을지'
와 마찬가지이며, '-은지', '-을지'는 마지막 구성요소로 조사 '-이'가 통
합된 접속어미로 이해된다.6) 이제 논점을 달리 하여 이들 접속어미의 문
법적 특성을 살펴보자.

2.2. 형태론적 구성과 의미 해석

2.2.1. '-든지'

일반적으로 '-든지'는 선택의 의미를 나타내는 접속어미로 알려졌다.
그러나 많은 경우 '-든지'를 선택의 접속어미로 이해한 것은 '-거나'의
의미 기능에 견인된 가능성이 크다. 그러므로 이 경우 선택의 의미는 보
다 엄밀하게 구별될 필요가 있다. (9가)에서 '-거나'는 양립할 수 없는 동
사구의 이접 구성에 쓰여 선택적 조건의 의미를 나타내지만, (9나)의 반복

---

6) 백낙천(2003)에서는 어미의 통합형 접속어미와 조사의 통합형 접속어미를 다루면서 마지
막 구성요소 '-지'를 확인할 수 있는 '-은지', '-을지'의 '-지'에 대한 해석을 유보하면
서 조사 '-이'의 통합형 접속어미를 상정하지 않은 것을 규칙이나 체계상으로는 가능하
나 실재하지 않는 이른바 우연한 공백(accidental gap)이나 규칙이나 체계상으로 불가능하
고 실재하지 않는 체계내의 빈칸(systematic gap)의 문제로 간주한 바 있다. 이제 '-은지',
'-을지'에 대한 형태론적 해석을 통해 이 부분에 대한 빈자리가 채워질 수 있을 것으로
보인다.

구성에서 뒤의 '-거나'는 후행절에 기대 부정이 오게 되어 양보적 조건의 의미를 갖는다. 또한, (9다)에서 '-든지'는 양보적 조건의 의미를 나타내며, (9라)의 반복 구성에서 '-든지'는 선택적 조건의 의미를 나타내지만 뒤의 '-든지'는 양보적 조건의 의미를 가질 수 있다.

(9) 가. 이번 학회 장소는 서울이거나 부산이 될 예정이다.
　　 나. 사람은 돈이 있거나 없거나 (상관없이) 행복할 수 있다.
　　 다. 어디에 있든지 너를 잊지 않을 것이다.
　　 라. 지금부터 공부를 하든지 놀든지 해라.

한편, (9다, 라)에서 '-든지'는 '-지'의 생략이 가능한 것으로 보이며, 이 경우에 '-든지'는 '-은'의 의미에 의해 양보적 조건의 의미를 나타낼 수가 있다.

(10) 가. 어디에 있{-든지, -든} 너를 잊지 않을 것이다.
　　 나. 지금부터 공부를 하{-든지, -든} 놀{-든지, -든} 해라.

한편, '-든지'가 반복 구성에 쓰일 경우에는 (10가, 나)에서처럼 '하다'에 내포되는 구성이 된다.

(11) 가. 도서관에 가{-든지, -든} 친구 집에 가{-든지, -든} 해라.
　　 나. 여기에 남{-든지, -든} 떠나 가{-든지, -든} 해라.

반복 구성에서의 '-든지'는 선택적 조건의 의미를 보인다. 문제는 '-든지'를 구성요소의 의미로 설명할 수 있는가 하는 것이다. '-든지'에 의해 선택되는 선행절은 후행절에 대해 조건의 의미를 갖는다. '-든지'가 조건의 의미를 나타낼 수 있는 것은 선택에서 제외된 대립하는 내용을 확실히

전제하고 선택된 내용이 일반적인 선택의 의미를 나타내는 보조사 '-은'
에 의한 것이며, '-든지'가 대립하는 두 동사가 반복되는 반복 구성의 '-든
지'는 양보적 조건의 의미까지도 나타낼 수 있다. 더욱이 구성요소로 '-든'
이 확인되는 '-거든'과 비교해 보면 '-든지'가 '-거든'에 비해 구체적인
서술 내용에 대한 선택적 조건임이 분명히 드러난다.

(12) 가. 네가 나를 좋아하{-든지, *-거든} 싫어하{-든지, *-거든} 상관없다.
　　　 나. 네가 남{-든지, *-거든} 떠나{-든지, *-거든} 상관하지 않겠다.

(12가, 나)에서 '-든지'는 가능하나 '-거든'은 불가능한데 그 이유는 '-거-'
의 의미로 화자가 지각하지 않은 내용을 선택하거나 심지어 그것을 조건
으로 할 수 없기 때문이다. 그런데 이 경우 엄밀한 의미에서 선택적 조건
은 선행하는 '-든지'에 의한 것이고 후행하는 '-든지'는 후행절의 내용에
영향을 미칠 수 없다는 점에서 양보적 조건의 의미에 가깝다. 특히, 대립
하는 두 용언을 반복함으로써 선택의 의미를 나타내는 '-든지'가 부정어
'말다'와 함께 쓰이는 (13가, 나)의 경우에는 후행하는 '-든지'가 양보적
조건의 의미가 두드러짐을 확인할 수 있으며, 그리고 이 경우와 같이 대
립하는 두 용언의 선택이 후행절의 내용과 무관할 경우에는 '-거든'과 대
체될 수 있다.

(13) 가. 날씨가 좋{-든지 말든지, -거든} 소풍을 가자.
　　　 나. 수업이 끝나{-든지 말든지, -거든} 나가 놀아라.

(13가, 나)에서 '-든지 말든지'는 선행절에 화자의 의지적 행위가 전제
된 상태에서 그것과 관계없이 소풍을 가겠다는 것이다. 그리고 이 경우에
'-거든'이 가능한 이유는 '-거든'이 화자의 사유와 관련하여 화자의 행위

를 전제로 하기 때문이다.

결국, '-든지'가 조건의 의미를 나타낼 수 있는 것은 선택에서 제외된 대립하는 내용을 확실히 전제하고 선택된 내용이 일반적인 선택의 의미를 나타내는 보조사 '-은'에 의한 것이며 '-든지'가 접속어미로 기능할 수 있는 것은 마지막 구성요소 '-지'가 선행 서술을 화자가 긍정하여 끝맺고 후행 서술을 이어주는 의미를 가지고 있기 때문이다. 한편, '-든지'가 대립하는 두 동사가 반복될 경우에는 후행하는 '-든지'는 양보적 조건의 의미까지도 나타낼 수 있다.

2.2.2. '-은지', '-을지'

'-은지'는 크게 세 가지의 통사적 기능을 보여 준다. 그 동안 '-은지'에 대한 연구는 이 세 가지 기능 중에 어느 하나를 대상으로 하여 이루어진 듯하다. 첫째는 '-은지'를 명사구 보문의 관점에서 살핀 것이며, 둘째는 접속어미의 관점에서 살핀 것이고, 셋째는 의문의 종결어미라는 관점에서 살핀 것이다.

> (14) 가. 나는 지난 밤 영수가 무엇을 한지 알고 있다.
> 나. 비가 오는지 사람들이 우산을 쓰고 다닌다.
> 다. 밤새 비가 왔는지?

(14가)는 '-은지'가 명사구 보문을 구성하는 내포문 어미로 기능하는 것이고 (14나)는 '-은지'가 접속어미로 기능하는 것이고 (14다)는 의문의 종결어미로 기능하는 경우이다. (14가, 나)에서의 '-지'와 (14다)에서의 '-지'는 서로 다른 형태론적 구성임에는 틀림없다. (14가)에서의 '-은지'는 주절의 동사 '알고 있다'에 내포되어 내포절의 종결어미로 기능하고 있으며,

(14나)에서의 '-은지'는 후행절에 대한 부동사어미의 기능을 하고 있다. (14다)는 담화를 고려하면 후행하는 대답으로 청자의 반응이 연결될 수 있기는 하지만 여기서의 '-은지'는 반말의 종결어미로 기능한다.

한편, '-은지'는 반복 구성에 쓰이기도 한다.

> (15) 가. 철수는 내가 시험에 합격했는지 불합격했는지 이미 알고 있다.
>   나. 영희는 기분이 좋은지 나쁜지 모를 묘한 웃음만을 지었다.

그런데 '-은지' 다음에 후행 요소로 인지동사가 올 경우에는 '-지'의 형태론적 구성이 어말어미가 아닌 것으로 보인다.

> (16) 가. 나는 영수가 어제 밤에 무엇을 한지를 알고 있다.
>   나. 철수는 윤주의 얼굴이 예쁜지를 물었다.
> (17) 가. 나는 영수가 어제 밤에 무엇을 한 것을 알고 있다.
>   나. 철수는 윤주의 얼굴이 예쁜 것을 물었다.

(16가, 나)에서 '-은지' 다음에 '알다', '묻다' 등의 동사가 후행할 경우에 '-은지' 다음에 조사 '-를'이 통합될 수 있다. '-지' 앞에 관형사형어미가 선행하고 조사가 후행할 수 있는 것으로 보아 전형적인 명사의 분포 환경을 보이고 있는 것이다. (16가, 나)는 구조적으로 (17가, 나)와 평행적이다. 그런데 이렇게 파악하는 것이 현대적 직관에 맞는다고 하더라도 형태 분석의 입장에서는 또 다른 문제가 야기된다. 즉, (16가, 나)와 (17가, 나)의 비교는 문제의 '-지'가 의존명사라는 것을 증거하는 것에는 어느 정도 기여할 수 있지만 상위문의 서술어에 목적어 성분이 된다는 점을 고려하면 앞서 언급한 고영근(1987)에서의 '부사성 의존명사' 논의와 크게 다를 것이 없으며, 그렇게 본다면 조사 '-이'의 분석 가능성을 어떻게 처리

할 것인가 하는 문제이다. 즉, 공시적 현상에 대한 통시적 형태 분석이 문제로 남는다는 점이다. 본고는 앞서 언급하였듯이, '-은지' 다음에 '알다', '묻다' 등의 동사가 후행할 경우에 문제의 '-지'를 어말어미가 아닌 의존명사로 간주한다. '-은지'가 명사절을 취할 수 있는 것은 이와 같은 이유 때문이다. 이때 '-지'는 기원적으로 의존명사 'ᄃ'와 조사 '-이'의 통합형이다.

한편, '-은지라'는 '-은지' 다음에 어미 '-라'가 통합된 접속어미이다. '-지'를 동격의 명사적 요소로 본다면 '-라'는 '이라'와 같은 것으로 보아 명사적 요소 다음에 계사 '이-'의 통합을 구조적으로 상정할 수 있으며,[7) 이때의 '-라'는 '-을'과 '-아'로 재분석되는 어미이다.

'-은지라'가 접속어미의 기능을 수행할 수 있는 것은 후행 서술을 이어주는 '-아'의 의미 때문이다. 또한, '-은지라'가 이유나 근거의 의미를 나타낼 수 있는 데에는 마지막 구성요소인 '-아'의 의미가 결정적인 역할을 하기 때문이다.

> (18) 가. 가진 것이 적은지라 고생이 많았다.
> 　　　나. 마침 눈이 오는지라 여행을 포기했다.

결국, (18가, 나)에서 '-은지라'는 '-은'에 의해 결정·완료로 인지한 선행절의 내용을 '지'에 의해 긍정적으로 인정하고 그것을 근거로 하여 후행절을 이어주는 '-아'의 의미 때문에 이유나 근거의 의미를 나타낼 수 있는 것이다.

한편, '-을지'의 형태론적 이해는 앞서 살핀 '-은지'와 구조적으로 평행적이다. 지금부터는 '-을지'의 문법적 특징을 살펴보는데, '-을지'가 나타

---

7) 서태룡(1987:237)에서 이러한 분석 태도를 보이고 있다.

나는 일반적인 구문은 다음과 같다.

(19) 가. 네가 언제 커서 결혼을 할지 모르겠다.
　　 나. 내일은 또 얼마나 날씨가 맑을지 오늘 밤 하늘에 별이 유난히 밝다.

(19가)는 '-을지'가 명사구 보문을 구성하는 내포문 어미로 기능하는 것이고 (18 나)는 '-을지'가 접속어미로 기능한다. 또한, '-을지'는 반복 구성에 쓰이기도 한다.

(20) 가. 이 옷이 나에게 어울릴지 안 어울릴지 모르겠다.
　　 나. 내일 날씨가 맑을지 흐릴지 모르겠다.

한편, '-을지라'는 '-을지' 다음에 어미 '-라'가 통합된 접속어미이다. 이때의 '지'를 동격의 명사적 요소로 볼 경우 '-라'는 '이라'와 같은 것으로 보아 명사적 요소 다음에 계사 '이-'의 통합을 구조적으로 상정할 수 있다. '-을지라'가 접속어미의 기능을 수행할 수 있는 것은 후행 서술을 이어주는 '-아'의 의미 때문이다. 또한, '-을지라'가 이유나 근거의 의미를 나타낼 수 있는 것도 마지막 구성요소인 '-아'가 선행절의 내용을 끝맺고 후행절의 내용을 이어주는 의미를 가지고 있기 때문이다.

(21) 가. 인생행로에는 고난이 많을지라 단단히 각오해야 한다.
　　 나. 이번 주말에 태풍이 올지라 미리 대비를 해야 한다.

결국, (21가, 나)에서 '-을지라'가 '-을'에 의해 예정·가능으로 인지된 선행절의 내용을 '지'에 의해 긍정적으로 인정하고 그것을 근거로 하여 후행절을 이어주는 '-아'의 의미 때문에 이유나 근거의 의미를 나타낼 수 있는 것이다.

한편, '-을지라'가 종결어미의 기능을 보여 '마땅히 그러할 것이라'는 의미를 나타내는 경우가 있다.

> (22) 가. 참으로 인생 행로에는 고난이 많을지라.
>   나. 한 낮에 찌는 더위는 나의 시련일지라.

(22가, 나)처럼 '-을지라'가 종결어미의 기능을 보이는 것은 담화 상황을 고려하면 청자의 반응을 기다리는 것으로 볼 수도 있으므로 그럴 경우 '-을지라'를 굳이 종결어미로 기술할 필요는 없게 된다.[8]

3. 맺음말

본고는 국어 통사론 논의가 형태론에 기초하여 이루어질 때 보다 명시적인 설명이 이루어질 수 있다는 전제에서 출발하였다. 그중에서도 마지막 구성요소로 '-지'를 갖고 있는 접속어미의 형태론적 구성과 의미를 살펴보았다. 접속어미의 통시적 변화까지도 고려한 역사적 연구에 대한 면밀한 고증을 통해 본고의 논의가 보다 구체화될 수 있기를 기대해 본다. 한편, 지금까지 논의한 결과를 요약하여 결론으로 대신하면 다음과 같다.

첫째, '-든지'가 조건의 의미를 나타낼 수 있는 것은 선택에서 제외된 대립하는 내용을 확실히 전제하고 선택된 내용이 일반적인 선택의 의미를 나타내는 보조사 '-은'에 의한 것이며 '-든지'가 접속어미로 기능할

---

8) <금성판 국어대사전>(1991), <연세 한국어사전>(1998), <표준국어대사전>(1999)에서는 공통적으로 '-은지라'는 접속어미로 기술하면서도 '-을지라'에 대해서는 '마땅히 그렇게 할 것이니라'의 뜻을 나타내는 종결어미로 기술하여 '-을지라'가 접속어미로도 쓰이는 경우를 포함하지 않고 있다.

수 있는 것은 마지막 구성요소 '-지'가 선행 서술을 화자가 긍정하여 끝
맺고 후행 서술을 이어주는 의미를 가지고 있기 때문이다.

둘째, '-은지', '-을지'에서 마지막 구성요소 '지'는 역사적으로 의존명
사 '亽'와 조사 '-이'의 통합형으로서 '-은지', '-을지'는 마지막 구성요소
로 조사 '-이'가 통합된 접속어미로 이해된다.

참고문헌

고영근(1987), 『표준 중세국어 문법론』, 탑출판사.

국립국어연구원 편(1999), 『표준국어대사전』, 두산동아.

김민수 외 공편(1991), 『금성판 국어대사전』, 금성출판사.

김정아(2001), 「'이-'의 문법적 특성에 대한 통시적 고찰」, 『국어학』 37, 국어학회, 309-336면.

백낙천(2003), 『국어의 통합형 접속어미』, 도서출판 월인.

서태룡(1987), 『국어 활용어미의 형태와 의미』, 서울대학교 박사학위 논문.

서태룡(1998), 「접속어미의 형태」, 『이익섭 선생 회갑 기념 논총』, 태학사, 435-463면.

연세대학교 언어정보개발연구원 편(1998), 『연세 한국어사전』, 두산동아.

윤평현(2005), 『현대국어 접속어미 연구』, 도서출판 박이정.

이현희(1994), 『중세국어 구문연구』, 신구문화사.

장윤희(1998), 『중세국어 종결어미에 대한 통시적 연구』, 서울대학교 박사학위 논문.

정재영(1996), 『의존명사 'ᄃ'의 문법화』, 국어학총서 23, 태학사.

최재희(1991), 『국어 접속문 구성에 관한 연구』, 탑출판사.

Bybee, J.L.(1985), 『Morphology : A Study of the Relation between Meaning and Form』, John Benjamins Publishing Company.

Hopper, P.J. & E.C. Traugott(1993), 『Grammaticalization』, Cambridge University Press.

제4장 '-다가'와 '-에다가', '-으로다가', '-어다가'의 상관관계

1. 머리말

본고는 접속어미 '-다가의 의미와 통사적 특징을 파악하는 데 있다. 아울러 접속어미 '-다가'는 '-에다가', '-으로다가', '-어다가'의 '다가'와 의미가 변별됨을 형태에 근거하여 설명하고자 한다. 그런데 지금까지 '-다가'에 대한 개별적인 연구들은 주로 그 어원과 관련하여 '-에다가', '-으로다가', '-어다가'의 '다가'와 동일한 것으로 설명하였다. 그러나 본격적인 논의가 진행되면서 '-다가'는 어말어미의 통합이 재구조화된 접속어미이며, '-에다가', '-으로다가', '-어다가'의 '다가'는 동사 '다그다'의 활용형의 의미가 약화된 일종의 문법화를 겪은 것으로 양자에는 아무런 의미적 연관성이 없는 것임이 밝혀질 것이다. 그런 의미에서 본고는 서태룡(1990)과 기본적으로 동일한 입장이다.

본고는 2장에서 통합형 접속어미의 개념과 접속어미 '-다가'를 형태에 근거하여 의미를 규명하고 아울러 통사적 특징을 살피고, 3장에서는 '-에다가, -으로다가, -어다가'의 의미와 특징을 살펴볼 것이다.

2. 접속어미 '-다가'

접속어미 '-다가'는 향가 자료의 해독1) 과정에서 그 형태가 보인 이래
로 중세국어 이후 지금까지 형태와 의미가 변하지 않고 사용되고 있다.

> (1) 가. 두 히 돋다가 세 히 도드면 <월석 1:48>
>   나. 훍부텨를 밍ᄀᆞ라 두고 三年을 供養ᄒᆞᅌᆞ다가 居喪 ᄒᆞ마 ᄆᆞᄎᆞᆯ 저긔
>   <원각 하 3-1:76>
>   다. 우믈 가온ᄃᆡ 믿훍이 다케 둠갓다가 正日ㅅ 초ᄒᆞᄅᆞᆺ날 새배 내여
>   <간벽-만송:9ㄴ>
>   라. 나지어든 갓다가 바미어든 오ᄂᆞᆫ 거셔 <박통 상:40>
>   마. 日本 됴흔 술을 자시다가 이 술의 취ᄒᆞ실가 <첩신 7:16>
>   바. 션왕이 ᄌᆞ경이 ᄂᆞᆺ셔 종국을 위한 근심이 듕ᄒᆞ시다가 임인의 문
>   효을 어드셔 처움으로 경힝ᄒᆞ더니 <한중록 6:514>

---

1) <처용가> 2행 "夜入伊遊行如可"에 대해 양주동(1965:400)에서 "밤 드리 노니다가"로 해
독하였으며 이후의 해독에서도 이견이 없는 부분이다. 특히 이 부분을 설명하면서 无涯
는 다음과 같이 설명하고 있다.
"그런데 이 「다가」에서 「가」를 除去하여도 意味가 同一한 것을 보면 「다가」의 本體는 「다」
요 「다」의 語源的 本質은 「다가」가 「더가」로 轉함을 보아 時相助動詞 「다, 더」임을 알 것
이다. 곧 「더니, 더라」의 本形 「다니, 다라」와 同一한 者이다."
그런데 여기서 '-다가'의 '-다'를 선어말어미 '-더-'와 동일한 것으로 본 것은 수긍하기
어렵다. '-다'는 소위 [과거 확인]를 나타내는 '-더-'와 분포 환경이 다르다. 그럼에도 불
구하고 동사 어간 뒤에 결합한 '-다가'와 부사형어미 뒤에 결합한 '-다가'의 의미를 구분
하고 있는 것은 주목할 만한 일이다. '-다가'의 용례가 보이는 또다른 것으로 <원왕생
가> 4행 "惱叱古音多可支白遣賜立"이 있다. 이는 양주동(1965:509)에서 "닛곰다가 솗고샤
셔"로 해독한 것에 말미암은 것으로, 이에 대해 김완진(1980/1993:114)에서는 '惱叱古音'
아래 붙은 협주 '鄕言云報言也'의 존재를 중시하여 '惱叱古音'을 동사가 아니 전성명사로
보고, '多可支'를 '함족'으로 釋讀 풀이하였다.

이들 중세국어, 근대국어 문헌에서 보는 바와 같이 '-다가'는 동사 어간과 직접 결합하며, 선어말어미로 '-습-', '-으시-', '-엇-'과 결합하고 있음을 알 수 있다. 이것은 현대국어에서도 동일한 결합 양상을 보인다.[2]

현대국어에서 '-다가'는 선어말어미로 '-으시-', '-었-'과 결합이 가능하며, 중세국어 '-습-'에 해당하는 현대국어 '-으옵-'과도 결합이 가능하지만, 잘 쓰이지는 않고 있다. 이것은 중세국어의 '-습-'은 (2가)에서 보는 바와 같이 선어말어미의 결합 순서가 동사 어간 바로 다음이었는데, 현대국어에서는 '-으옵-'의 결합 순서가 동사 어간과 어느 정도 멀어지게 되면서 결합이 어색하게 됐기 때문이다. 이러한 선어말어미의 결합 순서에 변동이 생긴 이유는 이것의 의미에 변화가 생겼기 때문이다.[3] 즉, '-습-'은 중세국어 당시에는 문장의 객체와 호응하는 통사론적인 의미와 관련하는 선어말어미였다가 현대국어에서는 화자의 겸양을 나타내는 화용론적인 의미와 관련하는 선어말어미로 변했다.[4]

(2) 가. 중세국어 선어말어미의 서열
[[[[[[[ᄒ-ㅣ-습-ㅣ-더/거-ㅣ-으시-ㅣ-ᄂ-ㅣ-오-ㅣ-ᄂ으이-ㅣ-대
나. 현대국어 선어말어미의 서열
[[[[[[[하-ㅣ-으시-ㅣ-었-ㅣ-겠-ㅣ-으옵-ㅣ-ᄂ으이]-대

---

2) 접속어미 '-다가'가 동사 어간과 직접 결합한다는 것은 우리에게 시사하는 바가 크다. 만약에 접속어미 '-다가'가 동사 '다그다'에서 기원한 것이라고 한다면 우리는 동사 어간과 동사 어간이 직접 결합한 예외적인 구성을 인정해야 하는 부담이 생긴다. 복합동사의 구성에서 '동사 어간+동사 어간'이라는 이른바 비통사적 복합동사 구성(빌먹다, 굶주리다, 돌보다[糞], 나가다[出] 등)은 선, 후행 동사의 결합이 제한적이라는 특징이 있는데, 접속어미 '-다가'는 동작동사 뿐만 아니라 상태동사까지도 결합이 가능하다는 면에서 비통사적 복합동사는 아니다. 그러므로 접속어미 '-다가'는 동사 어간과의 결합이라는 측면에서 볼 때도 동사 '다그다'와는 무관한 것이다.

3) 그러나 여기에 대해서는 선어말어미의 의미의 변화가 선어말어미의 서열의 변화를 가져왔다는 가능성과 반대로 선어말어미의 서열의 변화가 선어말어미의 의미의 변화를 초래했다는 가능성이 있을 수 있다. 이에 대해서는 좀 더 규명해 볼 문제이다.

4) 선어말어미의 서열을 결정하는 기준과 관련한 내용은 서태룡(1988가:153)을 참조할 수 있다.

한편, 우리는 '-다가'가 [중단], [전환]의 의미를 지닌 접속어미라는 데에
주목하고자 한다. 이것은 동사 '다그다'의 의미인 [근접]과는 아무런 의미
적 연관성이 없음을 말해 주는 것이다. '-다가'가 [중단], [전환]의 의미를
갖기 위해서는 서태룡(1990)에서도 밝혔듯이, 이것이 어말어미와 어말어미
의 결합이 재구조화된 통합형 접속어미이어야 한다. 접속어미 '-다가'가
어말어미와 어말어미의 결합으로 이루어진 통합형 접속어미라는 것은 이
들 사이의 통사론적 경계가 소멸하여 공시적인 형태 분석의 방법으로 그
구성요소를 확인할 수 없는 재구조화가 되었다는 것을 말한다.5) 이렇게
재구조화된 접속어미는 재분석의 방법으로 구성요소들의 모습을 파악할
수 있다. 일반적으로 문법화는 형태의 변화, 의미의 변화, 통사 구조의 변
화를 수반한다.6) 이 중 통합형 접속어미는 구성요소들 사이의 문법적 경
계의 소멸로 인해 구성요소들이 긴밀하게 되어 통사 구조의 변화를 겪어
문법화된 것이라고 할 수 있다.7)

　그럼, 접속어미 '-다가'를 재분석을 통해 구성요소의 기본 의미를 확인
하고, 확인된 형태에 근거하여 의미를 추론하며, 아울러 통사적 특징도 살
펴보기로 하자. 이와 관련하여 서태룡(1990)은 '-으니까'의 마지막 구성요

5) 여기서 말하는 공시론적인 형태 분석의 방법은 계열 관계와 통합 관계에 의한 분석 방법
　을 말한다. 이 방법은 한 형태의 체계내의 구조적인 모습을 객관적으로 보여 줄 수는 있
　지만 통시적 변화를 거친 통합형 접속어미의 형태 분석에는 한계를 지니고 있다.
6) 이태영(1988:16)은 문법화를 일정한 의미를 가지고 쓰이던 실질 형태소가 다른 형태소의
　뒤에 연결되어 선행하는 형태소의 영향하에 들어 갈 때, 그로 인하여 본래의 어휘 의미
　가 약화되거나 소실되어 의존 형태소로 변하는 현상이라고 정의하였다. 그에 의하면 문
　법화는 실질 형태소인 실사가 형식 형태소인 허사로 바뀌는 것으로만 이해된다. 그러나
　실제에 있어서는 형식 형태소라고 할 수 있는 어미의 통합에 의해서도 문법화는 이루어
　진다. 통합형어미가 그 대표적인 예라고 할 수 있다.
7) 정재영(1996:43)에서는 통합형어미를 통사적 구성이 특정한 환경에서 인접한 통사적 구
　성요소간의 통합 관계의 긴밀성 등으로 인하여 통합구조체로 인식되고, 이 통합구조체에
　서 존재했던 단어 및 형태소 경계가 소멸함으로써 하나의 어미로 굳어진 것으로, 통시적
　으로 문법화의 과정을 거쳐 생성된 어미로 정의하고 있다.

소인 '-가'와 '-다가'의 '-가'가 동일한 형태소임을 설명하는 자리에서 '-다가'의 [중단], [전환]의 의미를 재분석된 형태를 근거로 설명하면서 '-다가'를 '-다 + -아 + -가'가 재구조화된 것으로 보았다.8) 즉, [중단]의 의미는 분석된 '-다'의 [완결]이라는 의미 때문이고, [전환]의 의미는 분석된 '-아'9)의 [연결]이라는 의미 때문이며, '-가'는 접속의 기능을 분명히 하기 위한 기능이라고 하였다. 그렇다면 여기서 확인할 것은 과연 '-다가'의 '-다'가 어말어미의 '-다'와 기능과 분포가 동일한 형태소인가 하는 것이다. 이와 관련하여 서태룡(1990:620)에서는 이들이 선어말어미와의 결합 관계에서 보이는 차이를 설명했는데, 이 중 문제가 되는 것만 옮겨 보면 다음과 같다.

(3)

	-느-	-도-	-으아-	-ㅅ-
어말어미 '-다'	○	○	○	○
'-다가'의 '-다'	×	×	×	×

이때, '-느-'는 어말어미 '-다'와도 직접 결합하지 않으며, 합쇼체 등급에서 [청자 존대]의 '-으이-'와 통합한 '-니-'의 형태로 결합하는 것이므로 그 차이를 설명하는 자리에서 제외시켜도 무방할 것 같다.

한편, 접속어미는 통사적으로 절과 절을 이어준다. 이때 선행절과 후행

---

8) 서태룡(1990)에서는 '-다가'는 선행 언어표현을 [완결]하는 '-다'와 선행 언어표현을 일시적으로 [완결]하고 후행 언어표현을 [연결]하는 '-어'와 선행 언어표현을 [미완결]하고 후행 언어표현을 [연결]하는 '-가'의 통합으로 이루어진 접속어미로 설명하고 있다.

9) 여기서 '-아'는 존재하나 보이지는 않는다. 그럼에도 불구하고 '-아'의 설정이 필요한 것은 '-다가' 뿐만 아니라 '-가'가 생략된 '-다'도 존재한다는 언어 현상 때문이다. 접속어미 '-다'가 접속의 기능을 수행하기 위해서는 '-아'의 존재가 필요한 것이다. 이 '-아'는 일종의 공형태소라고 할 수 있다.

절은 일차적으로 어말어미를 제외한 부분까지이며 이것이 더 큰 절을 구성하여 마지막으로 어말어미와 결합하여 접속문을 이룬다.

(4) [[[[[[어머니께서는 시장에 가시]다가] [∅ 친구분을 만나시]었]습니다].

접속문 구조와 관련해서는 보다 자세한 설명이 필요하며, 위의 구조도 더 많은 논의가 필요하지만, 여기서 논의하고자 하는 핵심을 설명하는 데는 충분할 것 같다. 즉, 접속어미는 형태론적으로는 선행절에 결합하며, 후행절에 있는 선어말어미나 어말어미는 전체 절과 관련한다. 그러므로 청자와 관련한 선어말어미인 '-으이-'와 '-ㅅ-'이 접속어미 '-다가'에 결합할 수 없는 것은 접속문 구조상 불필요한 것이지 불가능한 것은 아니다. 이제 남는 것은 '-도-'이다. 어말어미 '-다'와 통합하는 유일한 선어말어미 '-도-'10)가 접속어미 '-다가'의 '-다'와 통합할 수 없다는 것은 '-다가'의 '-다'와 어말어미 '-다'가 기능과 분포를 달리 하는 별개의 형태소임을 말하는 것은 아닐까? 이에 대해서는 다음의 두 가지 견해가 있을 수 있다. '-다가'의 '-다'와 어말어미 '-다'의 경우, 첫째는 결합 제약을 선어말어미 중심에서 보는 것이고, 둘째는 어말어미 중심에서 보는 것이다. 우리는 기본적으로 후자의 입장이다. 그러므로 선어말어미와의 분포와 제약이 다르다고 동일한 형태를 다른 형태소로 볼 수 없는 것이다.

(5) 가. 어제 철수는 밥을 많이 먹었어.
　　나. *어제 철수는 밥을 많이 먹었어서 배탈이 났다.

---

10) 서태룡(1988나)는 선어말어미 '-도-'의 의미를 선행 서술을 [완결]하려는 의도로 화자가 청자는 물론 지각시까지 초월하여 선행 서술을 [확인]하는 의미를 나타내는 것으로 보았다.

예를 들어, (5가)의 경우 어말어미의 '-어'는 선어말어미 '-었'-의 결합에 제약이 없으나, (5나)의 경우처럼 어말어미 '-어'의 형태가 재구조화된 접속어미 '-어서'는 선어말어미 '-었-'의 결합에 제약이 생기는데, 그렇다고 우리는 (5가, 나)의 '-어'를 다른 형태소라고 할 수는 없다. (5나)의 제약 현상은 '-었-'에 있는 '-어'와 '-어서'의 '-어', '-서'가 '시-+-어'라는 구조에서 오는 형태 중복 때문인 것이다.

이런 입장을 가지고 '-다가'의 경우를 생각해 보면, 선어말어미 '-도-'가 접속어미 '-다가'에 결합하지 않는 이유를 찾을 수 있다. 즉, '-도-'는 후행 서술의 연결 가능성을 배제하고 화자가 선행 서술을 확인하는 의미이므로 후행절의 연결이 전제되는 접속문의 선행절에서는 쓰일 수 없는 것이다. '-도-'가 접속어미 '-다가'와의 결합에는 제약을 보이는 반면에 어말어미 '-다' 앞에서는 결합이 가능한 이유가 여기에 있는 것이다. 더욱이 어말어미 '-다'의 이형태인 '-라'가 중세국어 문헌에서 지정사나 '-으리' 다음에 '-라가'로 나타나고 있다. 또한 특이한 경우이지만 '-가'가 생략된 '-라'가 나타나기도 하는데, 이것은 '-다가'의 '-가'의 생략과 일치하는 현상이다.

(6) 가. 眞實로 日月威光의 能히 비취요미 아니라가 勝智 여러 볼고매 미처사 <법화 3:104>
    나. 네 得혼 거슨 聲聞의 慧眼이라가 이제 니르러사 <금강 73>
    다. 世尊이 … 호오사 볼 구피라 펼 쓰싀예 忉利天에 가샤 <월석 21:4>
    라. 잢간 안즈라 느는 가마괴는 두서 삿기를 더브렛고 <두언 7:1>

(6가, 나, 다, 라)의 예문은 접속어미 '-다가'의 '-다'가 어말어미임을 나타내는 방증 자료로서 제시될 수 있는 것으로, 이로써 우리는 접속어미

'-다가'의 '-다'가 어말어미 '-다'와 동일한 형태소임을 알 수 있다. 결국 우리는 서태룡(1990)에서 설명한 바와 같이 '-다가'가 갖는 [전환]과 [중단] 의 의미를 분석된 형태가 갖는 의미를 토대로 설명할 수 있다.

다음으로 '-다가'와 '-다'의 관계를 생각해 보자. 실제 이 둘은 수의적 인 교체가 가능할 정도로 의미가 같다. 다만 이 둘은 동일한 환경에서 상 보적 분포를 보이고 있지 않으므로 이형태라고는 할 수 없다. 이때의 '-가' 를 수의적이고 잉여적인 것으로 보는 논의의 근거가 여기에 있다.[11] 그러 나 '-으니까'의 '-가'만큼 '-다가'에서는 '-가'의 차이가 선명하게 드러나 지 않는다는 것과 그렇다고 '-가'를 잉여적으로 보는 것과는 별개의 문제 이다. 왜냐하면 '-으니까'에서의 '-가'와 '-다가'의 '-가'는 선행 요소로 [청자의 확인]을 나타내는 '-ㅅ-'이 있느냐, 없느냐의 중요한 차이가 있기 때문이다.(서태룡, 1990:614) 그렇다고 이 둘이 모든 환경에서 수의적인 교체 가 가능한 것은 아니다. 형태론적으로는 보조사와의 결합에서 분명한 차 이가 있으며, 화용론적으로도 미묘한 차이를 느낄 수 있다. 이것은 '-가' 의 유무에 있는 것으로, 이로써 우리는 '-다가'와 '-다'의 관계에서 '-가' 가 수의적 요소가 아님을 알 수 있다.

(7) 가. 철수는 책을 읽다가{-만, -도, -야, -은} 딴 생각을 하곤 한다.
　　나. 철수는 책을 읽다*{-만, -도, -야, -은} 딴 생각을 하곤 한다.
(8) 가. 철수는 보{?-다가, -다} 못해 영희의 뺨을 때렸다.
　　나. 오래 살{?-다가, -다} 보니 별꼴 다 보는구나.

(8가, 나)에서의 '-다가'는 문법성의 문제가 아닌 수용성의 문제일 수

---

11) 우리는 이러한 고민의 일단을 강기진(1987)에서 엿볼 수 있다. 강기진(1987)은 '-다가'의 '-가'가 과정성(progress)의 의미도 내포하고 있음을 내비치면서도 결국 '-다가'가 '-다' 와 교체가 가능하다는 면에서 '-가'를 선택적이고, 잉여적인 요소로 결론하고 있다.

있지만, 이렇듯 관용적 표현에서 '-다가'보다 '-다'가 선호되는 것은 분명한 사실이다.

이제 접속어미 '-다가'의 통사적 특징에 대해 살펴보자. 접속어미 '-다가'는 선, 후행절 서술어가 다를 경우에는 선, 후행절 주어는 동일주어이어야 하고, 선, 후행절 서술어가 같을 경우에는 선, 후행절 주어는 비동일주어이어야 한다는 통사적 특징이 있다.

> (9) 가. 철수는 학교에 가다가 영희를 만났다.
> 나. *철수는 학교에 가다가 영수가 영희를 만났다.
> 다. 어제는 철수가 지각을 하다가 오늘은 영수가 지각을 했다.
> 라. *어제는 철수가 지각을 하다가 오늘은 철수가 지각을 했다.

(9나, 라)가 비문이 되는 이유는 동일주어 조건이나 동일 서술어 조건 중 어느 하나도 만족시키지 못했기 때문이다.

또한 '-다가'는 시제 어미로 '-었-'만이 결합 가능하다는 특징이 있다.

> (10) 가. 철수는 학교에 갔다가 영희를 만났다.
> 나. 철수는 학교에 가*{-겠-, -더-, -으리-}다가 영희를 만났다.

그러나 다음의 경우에는 '-었-'의 결합에도 제약이 따른다.

> (11) 가. *영수는 소설책을 읽었다가 잠이 들었다.
> 나. *철수는 밥을 급히 먹었다가 얹혔다.
> 다. 영수는 소설책을 읽다가 잠이 들었다.
> 라. 철수는 밥을 급히 먹다가 얹혔다.

(11가, 나)에서 '-었-'의 결합이 불가능한 이유를 명시적으로 설명하기

는 힘들다. 한동완(1991:108)에서는 선행절 서술어의 결과물이 후행절에 관여할 수 있으면 '-었-'의 결합이 가능하지만, 관여할 수 없으면 '-었-'이 결합할 수 없다고 하면서 다음의 예문을 제시하였다.

> (12) 가. 철수가 그 책을 읽다가 영희를 만났다.
> 나. *철수가 그 책을 읽었다가 영희를 만났다.
> 다. 철수가 그 책을 읽었다가 영희에게 돌려 주었다. (한동완 (1991:108)의 예문(21))

(12나)에서 '-었-'의 결합이 불가능한 것은 선행 동작의 결과물이 후행 동작과 무관하기 때문이라는 것이다. 이는 '-었-'의 결합 여부를 선, 후행절 서술어의 의미 관계에서 찾은 것이라고 볼 수 있다. 한편 최동주(1994)는 접속문의 시제 해석의 원리를 설명하는 자리에서 '-었-'이 통합된 형식은 후행절 시점이 기준시가 되는 상대 시제의 해석을 받는다고 하였다. 나아가 '-었-'의 통합이 불가능한 경우를 '-다가' 접속어미가 가지는 [전환]의 의미 특성에 기인하는 것으로 추정하였다. 이는 한동완(1991)과는 달리 '-었-'의 결합 여부를 '-다가'의 의미 특성에서 찾은 것이다. 그러나 이에 대해서는 접속어미 전반을 시제 체계 안에서 살펴볼 때 보다 명시적 설명이 가능할 것 같다.

다음으로는 접속어미 '-다가'의 의미에 대해서 살펴보자. 이에 대해 우리는 '-다가'의 의미를 '다그다'의 활용형과 관련한 논의에 대해 비판적인 입장이다. 접속어미 '-다가'는 최현배(1937/1994)에서 중단형의 접속어미로 기술되었으며, 이후의 논의에서 [중단]과 [전환]의 의미를 가지는 것으로 기술되었다.12) 사실 [전환]과 [중단]는 선행절 상황에 초점을 두면 [중

---

12) 성낙수(1976)은 '-다가'의 의미를 [부가성], [우연성]으로, 김문웅(1982)는 [동시 병렬], [인과]의 의미로 파악하였다. 그러나 어휘 형태소가 아닌 문법 형태소가 다의적인 의미를

단의 의미가 강하고, 후행절 상황에 초점을 두면 [전환]의 의미가 강하다. 다음의 예문을 살펴보자.

> (13) 가. 그는 소설을 읽{-다가, -다} 시를 읽는다.
> 나. 나는 강이 좋{-다가, -다} 산이 좋아졌다.
> 다. 그는 시인이{-다가, -다} 소설가가 되었다.

(13가, 나, 다)는 선행절 상황에 초점을 두면 [중단]의 의미로, 반면에 후행절 상황에 초점을 두면 [전환]의 의미로 해석된다.

그렇다면 [중단], [전환]의 의미를 '-다가'의 형태 분석과 분석된 형태가 갖는 의미를 바탕으로 설명해보자. 서태룡(1990:622)에서는 [중단]의 의미는 분석된 '-다'의 [완결]이 접속문의 위치에서는 [중단]으로 해석되기 때문이고, [전환]의 의미는 분석된, 그러나 표기상으로는 실현되지 않는, '-아'의 [연결]이라는 의미 때문이라고 하였다. 결국, '-다가'이든 '-다'이든 이미 그 속에 [중단]과 [전환]의 의미를 갖고 있는 것이다. 전혀 이질적인 의미일 것 같은 [중단]과 [전환]의 의미가 선, 후행절의 관계 의미에 의해 동전의 양면과도 같은 의미임을 분석된 형태의 의미를 통해서 알 수 있는 것이다.

3. '다그다'의 문법화 '-에다가', '-으로다가', '-어다가'

본고는 앞에서 '-다가'는 통합형 접속어미로서 그 의미는 [전환], [중단]

보인다고 하기는 어려운 일이다. 이의 해결을 위해서 필요한 것이 형태 분석과 분석된 형태의 기본 의미를 통해 '-다가'의 의미를 밝히는 것이다. 사실 위의 의미들은 선, 후행절 내용에 의한 관계 의미이지 '-다가' 자체의 의미는 아니다.

임을 확인하였다. 그러나 이 부분에 대한 개별 연구들의 대부분은 이들에 공통적으로 나타나는 '다가'의 형태에 지나치게 주목한 결과 성급하게 의미의 관련성을 결론 내린 느낌이다. 그리하여 '-다가'와 '-에다가', '-으로다가', '-어다가'에 나타나는 '다가'를 동사 '다그다'의 활용형이 문법화한 것으로 보았다. 그러나 접속어미 '-다가'와 '-에다가', '-으로다가', '-어다가'의 '다가'13)는 의미적 연관성이 전혀 없는 것으로, 이들이 동일한 형태를 보이는 것은 표기상의 일치일 뿐이며, 이들은 의미가 다른 만큼 다른 문법적 과정을 겪은 것이다.

'-에다가', '-으로다가', '-어다가'는 어원과 관련해서 많은 논의가 있었으나 아직도 확실한 결론이 내려지지 않은 느낌이다. 원래 '다가'는 중국어 원문을 언해하는 과정에서 나온 것으로 대체로 중국어 '把'나 '將'에 일치한다.14)

> (14) 가. 다ᄅᆞᆫ 사ᄅᆞ미 우리를다가 므슴 사ᄅᆞᆷ몰 사마 보리오 (別人將咱們
> 做甚麼人看) <번노상 5:ㄴ>
> 나. 今世醫人이 날로다가 경계롤 삼디 아니하면 (今世醫人 不把我爲戒)
> <오륜전 2, 41:ㄴ>
> 다. 取燈에다가 불을 혀 안을 향ᄒᆞ여 비최여 (把取燈點上火往裏照)
> <박통신 2, 41ㄱ>

한편, 이태영(1988)은 '다가'의 문법화 원인을 격 지배 변동에서 찾고 있

---

13) '-에다가, -으로다가, -어다가' 등을 총칭할 경우에는 편의상 '다가'로 표기하기로 한다.
14) 이에 대한 자세한 내용은 이태영(1988:27~33)을 참조할 수 있다. 한편, 남풍현(1971)은 국어에 미친 중국어의 문법적 영향의 한 유형으로서 'ᄒᆞ다가'를 고찰하면서 16세기 이후로 'ᄒᆞ다가'의 형태론적 불완전성과 그 문법적 배경이 한문에 직접적으로 연결된 것으로 인해 소멸되었다고 보고, 이것을 동사 어간 'ᄒᆞ-'와 접속어미 '-다가'로 형태 분석하였다. 한편, 'ᄒᆞ다가'는 선행하는 동사와 분리되어 문두에 나타났다가 16세기 이후로는 의미가 유사한 '만일'에 의해 대체되었다.

다. 즉, 목적어를 지배했던 동사 '닥다'의 부동사형 '다가'가 '-을다가' >
'-로다가' > '-에다가'로 변한 후 후치사가 된다고 하였다. 그러나 공시
태에서 '-으로다가', '-에다가'가 공존한다는 점에서 우리는 문법화의 일
반적 과정인 일반동사의 후치사화[15]를 받아들이기로 한다.

이제, '다가'가 나타나는 예문을 살펴보자.

> (15) 가. 나는 우산을 학교에다가 두고 집에 왔다.
> 나. 숯불로다가 고기를 구웠다.
> 다. 철수는 새를 잡아다가 새장 속에 넣었다.

(15가, 나)는 부사격 조사 '-에', '-으로'에 '다가'가 결합한 것이며, (15
다)는 부사형어미 '-어'에 '다가'가 결합한 것이다. '-에다가', '-으로다
가', '-어다가'의 '다가'는 동사 '다그다'[16]의 활용형이 문법화하여 부사격
조사 '-에', '-으로'나 부사형어미 '-어'와 결합한다. 이것은 '다가'가 [근
접]의 의미를 갖는 것과 관계가 있다. 실제로 '-에다가', '-으로다가', '-어
다가'의 '다가'는 [전환], [중단]의 의미와는 거리가 멀다. 더욱이 '-에다
가', '-으로다가', '-어다가'에서는 '-가' 뿐만 아니라 '다가' 전체가 생략
될 수 있다는 점에서 접속어미 '-다가'와 다르다.

---

15) 여기서 후치사란 용어는 조사와 어미를 함께 이르는 것으로 사용한다. '-에다가, -으로
다가'의 '다가'는 선행 요소가 격조사임을 고려하면 이것의 문법 범주가 어미가 아닌 조
사라 할 수 있으나, '-어다가'의 '다가'는 보조동사가 어미화한 것으로 보는 편이 좋을
듯하여, 통칭하여 후치사라는 용어를 쓰는 것이다.
16) <금성판 국어대사전>에는 '다그다'에 대해 다음과 같이 풀이하면서 다음의 예문을 제
시하고 있다.
　　다그다: (타) ① (물건 따위를) 어떤 방향으로 가까이 옮기다. (의자를 창가에 다가 놓다.)
　　　　　　② (시간이나 날짜를) 앞당기다. (공사 완료 날짜를 다그다.)
　　　　　　③ (어떤 일을) 서두르다. (그들은 약간의 안도감을 느끼고 걸음을 다그었다.)

(16) 가. 책을 책상 위에(다가) 놓고 가거라.
　　 나. 소금으로(다가) 간을 맞추다.
　　 다. 선생님은 철수를 불러(다가) 혼을 내주었다.

(16가, 나, 다)에서 '다가' 자체가 생략될 수 있다는 것은 이들이 후치사화 한 것임을 말해 준다. 실제로 후치사는 문법적 기능보다는 의미적인 기능이 두드러지고, 분포에 있어서도 활용형 다음에 또한 격조사 다음에도 연결되는데, 여기서 '다가'는 加意的인 기능만 갖고 있다. 그런데 여기서 주목할 것은 (16다)의 예문이다. 실제로 (16다)의 '-어다가'는 의미적으로 '-어 가지고'나 '-어서'와 의미상의 차이가 없다.

(17) 가. 선생님은 철수를 불러다가 혼을 내주었다.
　　 나. 선생님은 철수를 불러 가지고 혼을 내주었다.
　　 다. 선생님은 철수를 불러서 혼을 내주었다.

이들의 의미적 관계에 대해서는 일찍이 홍윤표(1984:11)에서 논의된 바 있다. 그는 문법화한 '-가지고'가 '-어서', '-어다가'와 의미론적 유사성이 있음을 밝힌 자리에서, '-어다가'는 선행 동작이 완전히 단절되지 않고 선행 동작이 이루어진 상태에서 후행 동작이 일어날 수 있을 때에 쓰인다고 하면서 다음의 예문을 제시하였다.

(18) 가. *벼를 심어다가 수확을 했다.
　　 나. 벼를 심어서 수확을 했다.
　　 다. 벼를 꺾어다가 병에 꽂았다.

(18가)가 비문이 되는 것은 벼를 '심는' 동작이 일단 끝나고 '수확하는' 다른 동작으로 전환되었기 때문에 비문이라는 것이다. 그러나 아래의 예

문과 같이 시간 부사어가 개입하여 선, 후행절의 사건에 시간적 간격이 생기면 정문이 된다.

(19) 봄에 벼를 심어다가 가을에 수확을 했다.

즉, 벼를 심고 수확을 하는 것은 일정한 시간이 걸려야 하는 일이기 때문에 시간 부사어가 개입한 예문 (19)는 정문이 되고, 반면에 (18다)는 벼를 꺾어다가 병에 꽂는 것은 일정한 시간의 간격을 필요로 하지 않는 일이기 때문에 정문이 되는 것이다. 문장의 부가적 성분인 시간 부사어의 개입 유무에 의해 비문이 된다는 것은 (18가)가 문법성의 문제가 아닌 수용성의 문제임을 말하는 것이다.

요컨대, 우리는 '다가'의 문법적 범주를 후치사로 본 셈이다. 그런데 문법적 범주와 관련하여 우리의 입장과 사뭇 다른 견해로 김문웅(1982)가 있다. 그는 '다가'가 나타나는 문법적 범주를 어말어미, 후치사, 접미사로 보고 이들이 각각 별도의 어원을 갖는 것으로 설명하였다. 동사 어간에 직접 결합하는 '-다가'는 어말어미로서 어떤 자립 형식이 문법화 과정을 통해 이루어진 것이 아니고 원래부터 문법적 기능을 담당했던 것이고, 부사격 조사 다음이나 '-어' 다음의 '다가'는 타동사 '닥-'의 활용형 '닥아'가 문법화 하여 후치사가 된 것으로 보았다. 특히, 그의 논의에서 특이한 것은 접미사 '-아다-'의 설정이다.

(20) 가. 도서관에 가서 자료를 찾아다 본다.
　　　나. 탄약물을 주워다 신고한다.
　　　다. 장미를 마당에 옮겨다 심었다.
(21) 가. 멀리 북녘을 바라다 본다.
　　　나. 나의 지나온 과거를 돌아다 본다.

　　다. 현미경으로 세포를 들여다 본다.

　(20가, 나, 다)는 '-어다가'에서 '-가'가 생략된 것으로 복문 구조이므로 두 동사구 사이에 부사구가 개입할 수 있다고 하였다.

　　(22) 가. 도서관에 가서 자료를 찾다 열심히 본다.
　　　　나. 탄약물을 주워다 파출소에 신고한다.
　　　　다. 장미를 마당에 옮겨다 정성스레 심었다.

　그러나 (21가, 나, 다)의 '-어다'는 '-가'가 생략된 것이 아니며, 부사구가 개입할 수도 없다고 하였다.

　　(23) 가. *멀리 북녘을 바라다 하염없이 본다.
　　　　나. *나의 지나온 과거를 돌아다 곰곰이 본다.
　　　　다. *현미경으로 세포를 들여다 자세히 본다.

　그러면서 (20가, 나, 다)의 '-어다'와 (21가, 나, 다)의 '-어다'는 구조가 다른 것이라고 결론하고 있다. 예컨대 (21 가, 나, 다)의 '-어다'는 중세국어 당시 접미사로 기능했던 '-받-' > '-밭-' > '-왇-' > '-아다-'의 변천을 거친 것으로 그 후행 동사로 오직 '보-' 하나뿐이라고 하였다. 그러나 (21가, 나, 다) 역시 '-어다가'에서 '-가'가 생략된 것으로 간주해도 문법성에 차이가 없다.

　　(24) 가. 멀리 북녘을 바라다가 본다.
　　　　나. 나의 지나온 과거를 돌아다가 본다.
　　　　다. 현미경으로 세포를 들여다가 본다.

그럼으로 본고는 김문웅(1982)에서 설정한 접미사 '-어다'는 인정하지 않기로 한다. 최근 이남순(1996)은 '-다가'와 '-어다가'가 동사 '다그다'에서 발달한 것이 분명하다면 서로 의미가 다를 수가 없다고 하면서, '-다가'가 [중단], [전환]의 의미로 해석되는 것은 '-어'가 없기 때문이고 [유지]의 의미로 해석되는 것은 '-어'가 있기 때문이라고 하였다. 그래서 '-다가'가 연결되면 선행절의 사건은 미완료된 채로 후행절의 사건과 연결되므로 선행절의 사건이 [중단]되고 후행절의 사건으로 [전환]되며, '-어다가'가 연결되면 선행절의 사건이 완료된 채로 후행절의 사건과 연결되므로 후행절의 사건이 선행절의 사건을 유지하거나 선행절 사건의 결과를 후행절이 보유한다고 하였다. 결국, 그는 '-다가'와 '-어다가'의 의미 차이를 [완료]를 나타내는 '-어'의 유무에서 비롯된다고 하면서 다음의 예문을 제시하였다.

    (25) 가. 노루를 잡다가 언덕에서 굴러 다쳤다.
          나. 노루를 잡아다가 우리 속에 가두었다.

과연 그의 논리대로 (25가)의 '-다가'가 [중단]의 의미를 보이는 것은 [완료]의 '-어'가 없기 때문이고, (25나)의 '-어다가'가 [유지]의 의미를 보이는 것은 [완료]의 '-어'가 있기 때문일까? 우리는 그렇지 않다고 생각한다. 위 예문의 의미 차이는 선, 후행절 서술어의 의미 관계에서 야기된 것이다. '-어'가 모든 환경에서 [완료]의 의미를 변함없이 유지하지 않는 한, '-어'를 [완료]의 의미라고 단정할 수는 없을 것이다. 예를 들어 '먹어 가다', '들어오다', '나아지다' 등에서 '-어'가 [완료]의 의미를 지닌다고 볼 수는 없다. 더욱이 다음의 '-어다가'의 경우 '-어'에 [완료]의 의미가 있다고 보기는 어렵다.

(26) 철수는 도서관에서 공부하려다가 그냥 집에 왔다.

위의 예문은 철수가 도서관에서 공부한 것이 완료된 행위가 아닌 미완료된 행위이고 오히려 완료된 행위는 철수가 그냥 집에 온 사건이다. 즉, '-었-'에 의해 행위가 완료된 것임을 알 수 있다. 우리는 현대국어에서 [완료]의 의미를 지니는 형태소로 '-었-'[17])을 인정하고자 한다. 더욱이 전술하였듯이, '-다가'와 '-어다가'는 기원을 달리 하는 것으로 의미적 연관성이 없는 별개의 것이다. 결국 이남순(1996)의 논의는 접속어미 '-다가'와 '-에다가', '-으로다가', '-어다가'를 동사 '다그다'의 부사형이 발달하여 성립한 것으로 보고 있다는 점에서 종전의 논의와 크게 다르지 않다. 또한 '-다가'의 의미가 [중단]으로 '-어다가'의 의미가 [유지]로 해석되는 것은 [완료]의 의미를 지니는 '-어'의 유무에서 비롯된다는 논의에도 전적으로 수긍하기 어렵다.

4. 맺음말

본고는 기존의 '다가'에 대한 논의를 비판적으로 살펴보고 통합형 접속어미 '-다가'와 '-에다가', '-으로다가', '-어다가'는 어원이 다른 것이며, 의미 또한 다른 것임을 설명하였다. 즉 접속어미 '-다가'는 '-다'+'-아'+'-가'가 재구조화된 통합형 접속어미로서 그 의미도 동사 '다그다'와 무관하며, [중단]이나 [전환]의 의미를 분석된 형태의 의미에 의해 설명할 수 있음을 확인하였다. 아울러 몇 가지 통합상의 특징도 살펴보았다.

요컨대, '-에다가', '-으로다가', '-어다가'의 '다가'는 부사격 조사나

---

17) '-었-'은 통시적으로 '-어 있-' 구성이 경계가 소멸하면서 선어말어미로 문법화된 것이다.

부사형어미에 동사 '다그다'의 활용형이 문법화한 것으로 그 의미는 '다그다'가 갖는 [근접]의 의미이다. 이로써 접속어미 '-다가'와 '-에다가', '-으로다가', '-어다가'의 '다가'는 기원을 달리 하는 것이며, 서로의 의미적 연관성이 전혀 없는 것임을 확인하였다.

참고문헌

강기진(1987), 「국어 접속어미 '-(았)다가'의 연구」, 『한실 이상보 박사 회갑기념 논총』, 630-650면.

김문웅(1982), 「'-다가'류의 문법적 범주」, 『한글』 176호, 한글학회, 149-178면.

김영희(1975), 「'닥-아서'에서 '다가'까지」, 『연세어문학』 6집, 연세대 국문과, 83-107면.

김완진(1980/1993), 『향가해독법연구』, 서울대학교출판부.

남풍현(1971), 「'ㅎ다가'攷」, 『어학연구』 7-1호, 서울대 어학연구소, 11-22면.

서태룡(1988가), 『국어 활용어미의 형태와 의미』, 국어학총서 13, 탑출판사.

서태룡(1988나), 「국어 선어말어미의 통합형에 대한 재분석」, 『성심어문논집』 11집, 1-43면.

서태룡(1990), 「'-으니까와 '-다가'의 {-가}」, 『기곡 강신항선생 화갑기념논문집』, 태학사, 609-627면.

성낙수(1976), 「접속사 「다가」에 대하여」, 『연세어문학』 7·8 합집, 연세대 국문과, 171-183면.

양주동(1965), 『증정 고가연구』, 일조각.

이남순(1996), 「'다가'攷」, 『이기문교수 정년퇴임 기념논총』, 신구문화사, 455-477면.

이태영(1988), 『국어 동사의 문법화 연구』, 한신문화사.

정재영(1996), 『의존명사 'ᄃ'의 문법화』, 국어학총서 23, 태학사.

최동주(1994), 「국어 접속문에서의 시제현상」, 『국어학』 24집, 국어학회, 45-86면.

최현배(1937/1994), 『우리말본』, 정음문화사.

한동완(1991), 『국어의 시제 연구』, 서강대학교 박사학위 논문.

홍윤표(1975), 「주격어미 「-가」에 대하여」, 『국어학』 3집, 국어학회, 65-91면.

홍윤표(1984), 「현대국어의 후치사 {가지고}」, 『동양학』 14집, 단국대 동양학연구소, 25-40면.

제5장 특이한 구성요소를 포함한 접속어미의 형태론적 해석

'-도록', '-을수록', '-락'

1. 머리말

국어의 접속어미 중에는 더 이상의 분석이 불가능한 단일형 접속어미 '-어', '-지', '-고' 등도 있으나 대부분의 접속어미는 둘 이상의 구성요소들이 재구조화된 통합형 접속어미들이다. 통합형 접속어미에는 종결어미, 명사형어미, 관형사형어미, 선어말어미, 조사, 의존명사, 보조동사 등이 구성요소로 참여하고 있으며, 이러한 구성요소들을 분석하여 설명하면 개별 접속어미들의 특징이 보다 명시적으로 설명될 수 있다. 백낙천(2003가)에서는 접속어미 목록 선정에서 기존의 논의가 갖고 있는 문제점을 국어사전의 표제어 선정에 있어 명시적인 기준이 제시되지 못했다는 것으로 파악하여 국어 접속어미를 기본형과 이형태 문제, 동음어와 다의어 문제, 단일형과 통합형 문제를 목록 선정의 기준으로 하되, 국어가 마지막 구성요소가 핵인 언어라는 점에 주목하여 마지막 구성요소로 어미와 조사가 통합된 접속어미로 나누어 국어 접속어미의 전반을 다루었다. 그러나 재구조화되지 않은 통사론적 구성이나 어미구조체 등에 해당하는 몇 가지 접속어미는 논외로 하였다. 그런데 이 중 '-도록', '-을수록', '-락' 등은 마지막 구성요소가 조사나 어미가 아니라는 점에서 별도로 논의할 필요가 있다.

본고가 일차적인 관심 대상으로 삼고 있는 접속어미와 관련하여 서태룡(1998)은 접속어미의 목록을 마지막 구성요소의 형태를 기준으로 분류하면서 '의존명사 및 기타 다른 구성요소'라는 이름으로 별도 항목을 설정하고 여기에 '-은바', '은즉', '-을망정', '-을지언정', '-되', '-듯', '-도록', '-을수록', '-으락', '-자', '-자마자'를 포함시켰다. 이 중에서 '-은바', '-은즉', '-을망정', '-을지언정', '-되', '-듯'은 의존명사 또는 명사적 요소가 포함된 것으로 분류하였는데, 특히 이 중에서 '-을망정', '-을지언정'의 형태론적 구성과 의미는 15세기에 나타나는 '-을만뎡', '-을션뎡', '-을쑨뎡', '-을디언뎡' 등과 함께 이들의 통시적 과정을 좀 더 논의할 필요가 있다.[1] '-자'와 '-자마자'도 접속어미의 일반적 논의의 수준에서는 형태론적으로 별다른 이견이 없는 것으로 간주하지만 백낙천(2003나)에서는 '-았자'까지를 포함하여 이들의 형태론적 특징을 살펴본 바 있다. 한편, '-도록', '-을수록', '-락'[2] 등은 마지막 구성요소가 조사나 어미, 의존명사가 아닌 'ㄱ'을 공유하고 있다는 점에서 적어도 함께 논의하여 이들의 형태론적 동질성과 차별성을 규명할 필요가 있다. 이에 본고는 '-도록', '-을

---

1) 박용찬(2008)에서는 중세국어를 대상으로 하고는 있지만 본고가 관심을 가지고 있는 이들 접속어미를 포함하여 몇 개의 접속어미를 '기타' 부류로 묶어 형태·통사론적 특징과 의미 기능을 살폈는데, 이들 접속어미들이 특이한 구성요소를 포함하고 있음을 분석적 입장에서 접근했다는 점에서 백낙천(2003가)와 기본적 인식을 함께 하고 있다고 할 수 있다. 한편, 역사적 자료를 바탕으로 한 '-을망정', '-을지언정'에 대한 형태론적 분석과 의미 해석은 후고에서 이루어질 것이다.

2) 논의를 통해 밝혀지겠지만 '-락'은 분포 양상을 고려할 때, '-락'과 '-으락'으로 각각 별개의 표제어로 삼아야 할 것이다. 여기서는 이 둘을 총칭하여 편의상 '-락'으로 표기한다.

수록', '-락'의 형태론적 구성과 그 의미를 살펴보는 것을 목적으로 한다.

2. 형태론적 구성

국어의 역사적 연구에서 첨사의[3] 존재와 관련하여 이기문(1998:175, 184)에서는 강세의 'ㄱ', 'ㅇ', 반복의 'ㅁ'을 언급하면서 'ㄱ'에 대해서는 이것이 조격조사 '-로', 부동사 어미 '-아'나 , '-고' 등에 자주 연결되었다고 하여 그 분포까지도 제시하였다.(죽곡 주그며 나곡 나(死死生生, <능언 4:30>, 일록 後에 <월석 2:13>, 어딘 버든 녜록 서르 사괴노라 <두언 20:44>, 공부롤 ᄒ얀 ᄆ ᄉ몰 뼈 <몽산 4>) 물론 이기문(1998)에서는 본고가 관심의 대상으로 삼고 있는 접속어미와 관련하여 '-ᄃ록', '-을ᄉ록', '-락'에 대해서는 이들을 첨사와 관련하여 어떠한 시사점을 구체적으로 언급하고 있지는 않다. 그런데 본고는 'ㄱ'이 조사 '-로'에 결합할 수 있다는 분포 양상에 주목하고자 한다. 이러한 관심의 연장선에서 '-도록', '-을수록', '-락' 등에 주목하게 되면 이들은 형태론적 범주에 이견이 있을 수 있지만, '-도록'과 '-을수록'은 조사 '-로'가 재구조화된 접속어미이며, 이들은 '-락'과 함께 형태론적으로 마지막 구성요소로 첨사 'ㄱ'을 공유하고 있다는 특징도 공유한다. 특히, '-도록'과 '-을수록'은 형태론적으로 뿐만 아니라 의미론적으로도 깊은 관련성이 있는데도 최현배(1971)에서 '-도록'은 '미침꼴(도급형)', '-을수록'은 '더보탬꼴(익심형)'로 분류된 이후로 '-도록'과 '-을수록'을 각

---

3) 첨사라는 용어는 언어의 역사성을 고려한 용어로 흔히 후치사라는 용어와 혼용되기도 한다. 그러나 후치사는 인구어의 전치사(preposition)에 대비되는 것으로 국어에서는 대체로 실사의 허사화라는 문법화 과정을 거친 것들이 이에 속한다. 반면에 첨사는 1음소 내지는 1음절인 형태를 띠고 있는데, 이를 고려하여 본고에서는 후치사라는 용어 대신에 첨사라는 용어를 쓰기로 한다.

각 이상태(1988)에서는 시간과 조건의 의미로 최재희(1991)에서는 결과와 비례로 김종록(1993)에서는 결과와 조건 등 서로 다른 의미 범주로 분류되었다. 오히려 <이조어 사전>에 '-도록'의 소급형인 '-드록'을 현대국어의 '-을수록'과 의미적으로 관련지어 풀이하고 있어 '-도록'과 '-을수록'의 관련성을 시사하고 있다. 이들 접속어미의 역사적 변천 과정을 고려한 리의도(1991)에서는 접속법의 하위 범주로 '비례법'을 설정하여 중세국어 '-디옷', '-드록', '-(으)ㄹ스록', '-디록'의 통시적 변천 과정을 살피면서 이 중 '-드록'과 '-(으)ㄹ스록'을 현대국어 '-도록'과 '-을수록'의 직접적 소급형이라고 하였다. 또한 석주연(2006)에서는 '-도록'이 근대국어에 이르기까지 '-을수록'이 가지고 있는 의미도 공유하면서 '-도록' 자체의 기능 부담량이 커지고, 뿐만 아니라 '-을수록'의 사용 빈도가 커지면서 '-도록'의 의미 기능이 축소된 것임을 통시적 변화 양상을 통해 살피고 있다. 결국 석주연(2006)에서는 명시적으로 드러나고 있지 않지만 현대국어에서 '-도록'과 '-을수록'이 별개의 접속어미임을 전제로 하되, 그러한 차이가 일어난 이유를 통시적으로 살펴보았다는 점에서 나름의 의의가 있겠으나 이들 구성요소의 기본의미에 근거한 논의는 아니라는 점에서 추가적인 논의는 여전히 남아 있는 셈이다. 이들 접속어미의 형태론적 특징에 주목한다면 '-도록'과 '-을수록'의 관련성은 공유하고 있는 '-록'에 의한 것이고, 차이점은 '-록'에 선행하는 구성요소가 갖는 의미 특성으로 설명할 수 있다.

분석적 입장에서 보자면, '-도록'은 '-도'와 '-록'이 재구조화되어 형성된 접속어미로 간주할 수 있다. '-도록'이 동사 어간에만 결합한다는 통합상의 특징으로 볼 때, '-도'가 중세국어 의존명사 '드'에 소급될 가능성은 현재로서는 희박해 보인다. 국어에서 명사가 동사 어간에 직접 결합한다는 것이 과연 구조적으로 가능한가 하는 문제가 제기된다. 물론 이기문

(1998:157)에서 동사 어간과 명사 합성의 예로 중세국어 '뷧돌'을 제시하면서 그 결합의 가능성을 제시하기는 했으며, 이익섭·채완(1999:71)에서도 용언 어간에 명사가 직접 결합한 예 중에서 동사 어간에 결합한 예로 제시한 것이 현대국어 '접칼, 덮밥, 접바둑' 정도에 그친다는 것은 여전히 국어에서 동사 어간에 명사가 직접 결합하는 경우는 그리 생산적이지 않다는 것을 의미할 것이다. 사실이 그렇더라도 '-도'의 존재가 무엇인지는 여전히 의문인데, 동사 어간의 일부가 화석화된 가능성이 있으나 형태론적 구조의 문제가 남아 있다. 가령, 서태룡(1997:683)에서는 '-도록'에 대한 구결로 '-ㄴ 드로'(隱等以, ㄱㅅᆢ)를 제시하고, 이를 근거로 관형사형어미에 후행하는 '드'를 명사적 요소로 간주하였는데, 그러나 '-ㄴ 드로'가 '그런 이유로' 정도로 이해되는 한 '-도록'의 선대형으로 보기는 어렵다. 15세기에 '-ㄴ드로'는 '이런드로', '그런드로' 등으로 나타날 뿐이다.[4] 그런데 '-도'의 존재에 비하면 '-록'은 형태론적 구성이 비교적 분명해 보인다. '-록'은 부사격 조사 '-로'와 강세 첨사 'ㄱ'으로 분석되어 끝이나 목표에 도달하기 위한 과정의 의미를 보여 주는데, 이는 최현배(1971)에서 '-도록'을 '미침꼴(도급형)'으로 파악한 것에 대한 형태론적 근거가 된다.[5] 그리고 '-도록'이 접속어미의 기능을 보이는 것은 부사격 조사 '-로'에 기인한다.

한편, '-을수록'은 '*-은수록', '*-는수록'이 불가능하여 '-을'의 분석이 구조적으로 불가능한 것으로 볼 수도 있다. 그러나 '-을수록' 다음에 조사 '-에'가 통합할 수 있다는 사실에 근거하여 '수록'을 명사적 요소로

---

4) 한편, 백낙천(2003가)에서 언급한 대로 현대국어 접속어미에서 의존명사 '드'의 존재를 확인할 수 있는 '-은데', '-은들' 등이 관형사형어미 '-은'과 통합되어 재구조화되었다고 한다면 이때의 '-도'가 명사적 요소일 가능성을 완전히 부인하기도 힘들 듯한데, 이 문제에 대하여 현재로서는 확신할 수 없다.

5) 서태룡(1993:249)에서는 어미를 이루는 음소와 의미의 관계를 단일어미를 대상으로 하여 동일 음소를 공유하는 어미들이 의미에서는 어떠한 공통점이 있는가를 살피면서 그중 음소 /ㄱ/를 '끝이나 목표점'에 완전히 도달하기에는 '모자람'이 있는 것으로 파악한 바 있다.

본다면 '-을'은 구조적으로 관형사형어미일 가능성만 남는다. 특히, 의존명사 'ㅅ'가 관형사형어미 '-을'에만 통합한다는 사실을 고려하면 '수록'은 하나의 단위는 아닐 것이다. 서태룡(1987:227)에서는 형태론적 구조의 문제로 '수록' 자체를 하나의 단위로 간주하였다가 서태룡(1997)에서 의존명사 'ㅅ'와 조사 '-로'와 'ㄱ'으로의 분석 가능성을 시사한 바 있는데, '-을수록'의 의미가 일정한 방향이나 목표에 점점 더해감을 나타내는 의미임을 감안하면 '-로'의 존재 또한 생각해 볼 수 있다. 조사 '-로'는 수단, 도구, 지향, 이유나 원인 등 다양한 용법을 가지는 것으로 알려졌다. 물론 이러한 '-로'의 의미 기능을 통합하여 [+선택적]이라는 기본 의미를 부여한 논의도 있고(임홍빈, 1974), '수단'으로 보거나(이광호, 1985), 이동의 지향점이나 경로를 나타내는 것으로 파악한 논의도(정주리, 1999) 있다. 이들의 논의를 종합하면 '-로'는 선행 명사구를 선택하고 서술어의 의미를 한정하는 의미라고 할 수 있다. '-을수록'이 접속어미의 기능을 보이는 것은 조사 '-로'에 기인하므로 '수록'은 그 자체가 명사적 요소라고 하기보다는 의존명사와 조사의 구성이 재구조화된 것으로 이해하는 것이 보다 합리적이다.

'-락'은 '-도록', '-을수록'처럼 구성요소로 조사 '-로'가 통합된 접속어미와는 직접적인 관련은 없지만 '-도록'과 '-을수록'에서 확인되는 첨사 'ㄱ'과 관련하여 몇 가지 특징을 살펴볼 수 있다. 첨사 'ㄱ'의 존재와 관련해서 허웅(1975:607)에서는 '-락'이 '-라'로도 쓰였는데, '-락'은 '-라'보다 더 흔히 쓰였으며 강세형인 듯하다고 언급하였으며, 서태룡(1998)에서는 '-락'에서 첨사 'ㄱ'의 분석 가능성을 시사하기도 하였다. 또한, 최근 박용찬(2008)에서는 중세국어 접속어미와 보조사의 통합형의 목록을 제시하고 이들의 문법적 특징을 논의하면서 보조사 'ㄱ'의 통합형 중에서 중세국어 '-락'을 언급하였는데, 이때의 'ㄱ'의 의미를 새로운 동작의 '시작'이라는 의미를 좀 더 명시적으로 나타내는 것으로 파악한 바 있다.6) 이러한 분석의 입장에서 살핀 논의를 제외한다면 '-락'에 대해서 지금까지 활용어미 전체를 대상으로 하는 논의에서 깊이 있게 다루어진 바가 없었다. 다만 몇몇의 논의에서 의미 기능의 차원에서 부분적으로 언급되었는데, 최현배(1937/1971)은 이음법의 하나인 '되풀이형(반복형)'으로, 허웅(1975)에서는 '전환법'으로, 권재일(1985)에서는 중첩 구성의 내포어미로 분류, 기술되었을 뿐이다. 김진수(1994)에서는 '-락'이 보여 주는 의미 특성에 대해서 자세히 살피고 있지만 형태론적인 특징에 대해서까지 충분한 설명이 이루어지지는 못했다.7) 한편, 김영선·권경희(2001)에서는 '-락'에 대한 연구가 이루어졌으나 주로 통사적 특징에 주목하여 주제화나 분열문 현상 검증 방법을 통해 '-락'이 동사구 내포문의 구조를 갖는다는 점을 비교적 자세하게 논증하였다. 그런데 본고에서 관심을 갖고 있는 '-락'의 형태론적 구성에 대한 적절한 이해는 서태룡(1987)에서 동사구 구성의 통합형 접속어미를 다루는 논의에서 '-락'을 반복 구성 '말-'의 통합형에서 다른 활용어미와 비교, 설명하면서 이루어졌다.8) 즉, 서태룡(1987:213-216)에서는 반복 구성 {말-}의 통합형 중에도 통합 방식에 있어

---

6) 박용찬(2008)에서 'ㄱ' 통합형으로 제시한 중세국어 접속어미는 '-곡', '-억-', '-락', '-다각' 등이다.

7) 중세국어에서 '-락'은 단독으로도 쓰였는데, 아래 예문 (ㄱ,ㄴ)에서처럼 '復'의 언해인 '쏘', '도로'가 대립하는 어휘의 사이에 나타나기도 하고, (ㄷ,ㄹ)에서처럼 중간에 게재하는 어휘 없이 대립한 어휘의 반복으로 나타나기도 하였다.
    (ㄱ) 누비예 ᄀᆞᆯᇧ 구루믈 거더 가락 쏘 오락 ᄒᆞᄂᆞ니 <남명 상:3>
    (ㄴ) 쉽소리를 드르락 쏘 긋ᄂᆞ니 <두초 7:23>
    (ㄷ) ᄒᆞ롯 內예 八萬四千 디위를 주그락 살락 ᄒᆞᄂᆞ니라 <월석 1:29>
    (ㄹ) 펴락 쥐락 호몰 네 보ᄂᆞ니 <능언 1:108>

8) 이들을 이른바 반복 구성 또는 중첩 구성의 어미라고 하는 이유는 동일한 어미가 {말-}을 사이에 두고 반복 내지는 중첩되기 때문이다. 선행 동사 어간을 부정하는 {말-}의 통합으로 이루어진 것으로는 다음이 있다.
    하다가 말다가   하는지 마는지   하니 마니   하거나 말거나   하거나 말거나
    하고 말고   하나 마나   할 듯 말 듯   하자 말자   할락 말락

서로 차이를 보이며, 이것을 '안+선행 동사 어간', 대립하는 어휘의 대체 가능성 여부를 통해 구분하였다. 이를 정리하여 표로 보이면 다음과 같다.

반복 구성	'안+선행 동사 어 간'의 대체 가능성	대립하는 어휘의 대체 가능성	통합 방식
오락 말락	*오락 안오락	오락가락	재구조화된 내포어미 재구조화된 복합어
가든 말든	가든 안가든	가든 말든	재구조화되지 않은 통사적 구성
가자말자	*가자 안가자	*가자 오자	재구조화된 통합형 접속어미

'-락'은 '하다' 내포문의 반복 구성으로만 쓰일 뿐 접속어미로는 쓰이지 않는 것으로 보인다. 그러나 '-락'이 재구조화된 활용어미라는 점과, 특히 지금까지 형태에 근거한 의미론적 논의가 제대로 이루어지지 못했다는 점에서 검토할 필요는 있다.

'-락'은 재구조화되는 과정에서 두 가지의 기능을 갖는 것으로 파악하였다. 하나는 내포어미이고 다른 하나는 반복 복합어를 형성하는 부사화 접미사로(채완, 1987:63) 보는 것이다. 내포어미의 '-락'은 선행 요소가 항상 동작동사의 관형사형으로만 나타나며, 예정의 의미를 나타낸다.[9] 반면, 복합어 형성 접미사로 쓰이는 '-락'은 서로 대립하는 의미를 갖는 동사 어간을 연결하며, 일정한 범위 내에서 동작이나 상태가 반복되는 의미를 나타낸다.

이렇게 본다면, 재구조화된 내포어미 '-락'과 재구조화된 복합어 '-락'

---

9) 김진수(1994)에서 '-락'의 의미를 '못미침'이라고 한 바 있는데, '말-'이 갖는 부정의 의미에 집착한 의미 기술인 것 같다.

은 서로 다른 형태론적 구성일 가능성마저 있다. 이러한 논리가 타당하다 면 전자는 표제어가 '-을락'이고 후자는 '-락'이 표제어가 되어야 할 것이 다. 그렇다면 재구조화된 내포어미 '-락'이 선행 요소가 항상 동작동사의 관형사형으로만 나타난다는 기술은 '-을락'을 표제어로 삼는 한 동사의 어 간에만 통합하는 것으로 수정되어야 할 것이다. 또 이렇게 간주할 때 재구 조화된 내포어미인 '-을락'의 예정의 의미가 적절하게 설명될 수 있다.

3. 의미 분석

기존의 연구에서 '-도록'은 '-게'와 비교되어 논의되었는데, 윤평현 (2005)에서는 '-도록'을 결과 관계 접속어미로 분류하면서 이에 대한 의미 기능을 정도, 목적으로 파악하였다. 그 외, 서정수(1988)에서는 '-도록'이 '하다' 또는 '만들다'와 어울릴 때 사동의 의미를 지니며, 이럴 경우 '-게' 와 대체가 가능하다고 하였다. 그런데 접속어미 '-도록'은 선행 요소인 동 사 어간의 의미 속성에 상당 부분 미치고 있음을 나타내는 의미를 나타내 는 이유를 구성요소가 지니는 기본 의미로 설명이 가능하게 된다. 기존의 접속어미 논의에서 '-도록'의 의미를 '미침꼴(도급형)'로 파악한 것은 이러 한 의미를 반영한 것이며, 결과의 의미로 파악한 것은 후행절과의 관계를 고려한 것으로 선행절 사건이 이루어질 때까지 후행절 사건이 계속되기 때문 이다.

'-도록'이 시제 관련 선어말어미와의 결합을 허용하지 않는 것은, 후행 절이 선행절보다 앞선 사건임을 요구하며 선행절과 후행절의 시간적 선·후 관계가 이미 결정되어 있기 때문이다.

(1) 가. 철수는 윤주가 숙제를 할 수 있{-었-, *-겠-, *-거-, *-느-, *-더-}
　　　도록 도와주었다.
　　나. 엄마는 아이가 방안에서 뛰어 다니{*-었-, *-겠-, *-거-, *-느-,
　　　*-더-}도록 내버려 두었다.

또한, '-도록'은 보조사의 결합에 있어 큰 제약을 보이지 않는다. 특히
행위의 미침을 갖는 보조사 '-까지'와의 결합이 자연스러운 것은 '-도록'
의 의미가 도달이라는 것과 관련된다.

(2) 가. 제가 입학시험에 합격하도록{-만, ?-도, ?-야, -은} 지도해 주십시오.
　　나. 윤주는 밤이 늦도록까지 공부를 하였다.
　　다. 철수는 날이 새도록까지 술을 마셨다.

그런데 '-도록까지'의 예는 마치 중세국어에서 '-ᄃᆞ록'에 조사 '-애'가
결합한 것과 큰 차이가 없다. (3가, 나, 다)는 각각 '죽도록까지', '저물도
록까지', '맞도록까지'로 보아도 무방하다.10) '-도록'에 '-까지'가 결합할
수 있는 것은 '-도록'이 결과 또는 도급의 용법을 보여 주는 것에 대한 의
미론적 근거를 준다.

---

10) 다른 경우지만, '-도록'이 접사 또는 보조사로 쓰이는 경우가 있다. 다음의 언간 자료에
　　보이는 '그더도록', '이더도록'과 '그토록', '이토록'은 형태음운론적으로 매우 투명한 관
　　계에 있다고 하기는 어렵다. '그더토록', '이더토록'이 언간에서만 확인된다는 자료의 제
　　한이 있기는 하지만 '그더토록', '이더토록'이 문증되지 않는 상태에서 '그토록', '이토
　　록'과 연관짓는 것은 적어도 '그더도록'과 '이더도록'이 '그러ᄒᆞ도록'와 '이러ᄒᆞ도록'의
　　축약형이라는 것이 형태론적으로 전제되어야 하는데 이들 관계는 좀더 검토되어야 할
　　것이다. 한편으로는 '이더, 그더' 내지는 '이리, 그리'에 '도록'이 직접 결합된 것일 가능
　　성도 배제할 수 없는데, 그럴 경우에는 부사에 직접 결합한 '도록'이나 '이', '그'에 결합
　　하는 '토록'은 보조사로 볼 수 있을 것이다.
　　(ㄱ) 찰방이 그더도록 귀코 빈손 일가 <청주간찰 4>
　　(ㄴ) 그더도록 몯 닛ᄌᆞ와 ᄒᆞ압시다가 가오디 ᄒᆞᆫ 줏 말숨을 몯 듯줍고 <현풍간찰 128>
　　(ㄷ) 제 ᄌᆞ시근 므슴 지조ᄒᆞ곰 좀 귀ᄒᆞᆫ 이리 잇관더 이더도록 토심되거뇨 <청주간찰
　　　　66>
　　(ㄹ) 길히 하 머오매 이더도록 긔별 몯 듣ᄌᆞ와 민망ᄒᆞ오니 <현풍간찰 129>

(3) 가. 나랏 百姓둘히 죽드로개 조차 둔녀 供養호며 <석상 19:22ㄱ>

　　나. 새드록 져므드로개 ㅈㅊ비 業을 짓느니 <영가 상41ㄴ>

　　다. 나눈 비브르며 더우며 편안호야 그 히 몃도로개 시름이 업느니라

　　　　<경민 중12ㄱ>

한편, 기존 연구에서 '-도록'을 '결과'의 의미를 지니는 것으로 기술하기도 하였는데, 결과라는 것은 원인에 해당하는 내용을 필요로 한다는 점에서 자칫 인과의 의미를 지니는 접속어미 '-으니까', '-어서'와 의미 범주상의 혼동을 줄 수 있다. 그러나 '-으니까', '-어서'는 선행절이 원인이 되고, 그로 인해 후행절이 필연적으로 결과의 의미를 나타내는 반면에 '-도록'은 선행절과 후행절에 필연적인 인과성은 없고 선행절의 내용이 도달하고 후행절에 그에 대한 조건이 연결된다. 다음 예문을 살펴보자.

(4) 가. 철수는 강의실에 일찍 도착하도록 무척 서둘렀다.

　　나. 어머니는 손이 마르도록 열심히 기도하였다.

　　다. 윤아는 영수와 밤이 새도록 이야기를 나누었다.

(4가, 나, 다)에서 선행절은 후행절보다 후시적인 사건으로 인해 결과의 의미를 갖지만 (5가, 나, 다)에서처럼 '-으니까', '-어서'로 대치하여 비교해 보면 '-도록'이 '-으니까', '-어서'에 비해 결과에 대한 직접성이 없는 것으로 보인다.

(5) 가. 철수는 무척 서두르{-으니까, -어서} 강의실에 일찍 도착하였다.

　　나. 어머니는 열심히 기도하(-으니까, -어서} 손이 말랐다.

　　다. 윤아는 영수와 이야기를 나누{-으니까, -어서} 밤이 샜다.

이은정(1983)에서는 '-도록'의 의미 양상을 다의적으로 파악하여 도급

양태, 정도 양태, 행위 규정, 동작 양태, 성상 양태 등으로 의미 유형을 분류하고 있다. 그러나 이것은 '-도록'에 결합된 동사의 의미 자질과 주어의 자질에 의한 것이지 '-도록' 자체의 의미가 다의적인 것은 아닌 것이다.

'-도록'은 선, 후행절의 주어가 유정성에 관계없이 모두 가능하지만, (6가, 나, 다)에서 보는 바와 같이 주어로 비한정어 '누구', '아무', '무엇' 등과는 결합될 수 없다. 그러나 의문문의 경우에서는 (6라)에서처럼 주어가 비한정어임에도 '-도록'의 결합이 가능해진다.11)

> (6) 가. *누가 공부하도록 조용히 해라.
> 나. *아무가 밤이 깊도록 놀았다.
> 다. *무엇이 먹을 수 있도록 요리해 주겠다.
> 라. 누가 가도록 결정되엇노? (서정목(1987:358) 예문)

그러나 문제는 (6가, 나, 다)에서 주어인 비한정어에 '-어도'가 결합되는 경우이다. '-어도'는 선행절에 '아무리, 비롯, 기껏, 설령' 등의 부사어나 '누구, 무엇, 아무'12)와 같은 비한정어가 결합되면 양보적 조건의 의미

---

11) 물론 서정목(1987)은 접속어미 '-도록'의 주어 제약을 설명하기 위한 것은 아니었고, 선행절의 비한정어가 의문사가 되어 설명 의문의 문말 어미인 '-노'가 선택된 것이라는 [+WH] 자질 일치 현상을 보인 것이다. 즉 비한정어가 문두에서 초점을 받으면 의문사가 되어 [+WH] 자질을 갖게 되는데, 선행절에 [+WH] 의문 어미가 없기 때문에 절 경계를 넘어 후행절에 '-노'가 나타날 것을 요구한다는 것이다.

12) 구체적인 통사적 논의에서는 '누구, 무엇'과 '아무'는 구분지어야 할 것이다. '누구, 무엇'은 의문사의 기능을 하지만, '아무'는 부정사의 기능을 하기 때문이다. 서정목(1987)에서는 의문사가 갖추어야 할 조건으로 '미정사 + 초점'으로 보고, '아무'는 초점을 받을 수 없는 위치에 있기 때문에 의문사가 될 수 없다고 하였다. 그러나 '아무'가 선택이나 양보의 접속어미와 결합하면, 이 미정사가 초점이 부여되는 것을 저지하는 방벽(barrier)의 구실을 하기 때문에 [-WH]의 '-나'가 선택된다고 보았다. 왜냐하면 미정사에 초점이 부여되면 설명 의문이 되며 의문사가 되어 [+WH]의 자질을 갖기 때문이다. 그러나 양보 접속어미는 상대적 방벽의 구실을 하는데, 통사론적으로 (7가, 나, 다)의 문법성을 Chomsky(1986)에 의거해 본다면, 영어에서 wh-구가 이동 뒤에 COMP에 첨가되는 것이 아니라 CP의 지정어(SPEC:specifier)자리로 가고 비한정어도 초점을 받기 위해 CP의

가 더욱 선명해지며, 이러한 양보적 조건의 '-어도'가 선행절 주어로 쓰이는 비한정어에 결합되면 문법적인 문장이 된다. 이것은 '-어도'에 전제된 대립을 추가적으로 선택하는 의미를 지니고 있는 보조사 '-도'가 통합되어 있기 때문이다.

(7) 가. 누구라도 공부하도록 뒷받침을 해 주겠다.
　　나. 아무라도 오도록 해.
　　다. 무엇이라도 먹을 수 있도록 요리해 주겠다.

또한, '-도록'은 선, 후행절 주어가 동일주어 여부에 따라 부정어 '아니하다, 못하다, 말다'와의 결합에 차이가 있다.

(8) 가. 나는 앞으로 술에 취하지 {아니하-, *못하-, 말-}도록 하겠다.
　　나. 제가 앞으로 술에 취하지 {아니하-, 못하-, 말-}도록 선생님께서
　　　　잘 지도해 주십시오.

(8가)는 선, 후행절 주어가 동일주어로서, 이런 경우 부정어 '못하다'는 결합이 불가능하다. 그 이유는 화자 자신의 기대에 못 미치는 것을 표현하는 부정어 '못하다'는 화자가 약속된 행위를 할 것을 의도하는 부정에 쓰일 수 없기 때문이다. 그러나 선, 후행절 주어가 비동일주어일 경우에는 결합이 가능하다. 또한 '-도록'이 '어근+하다'와 결합될 때는 음운론적 요인에 의해 '-토록'으로 축약된다. 그러나 이것은 모든 '하다'와의 결합에서 일괄적으로 보이는 것은 아닌데, 단순히 어근의 의미 자질에 의한 것이라고 보기에는 규칙성을 발견할 수 없다.[13]

지정어 자리인 문두에 오게 되어 결국 비문이 될 것이지만, 초점 부여의 방벽 구실을 하는 '-어도'의 결합에 의해 비한정어가 [−WH]의 자질을 갖게 됨으로써 가능하다고 설명할 수 있다.

(9) 가. 우리의 사랑은 영원하도록 변함이 없을 것이다.

나. 누구라도 공부하도록 뒷받침을 해 주겠다.

다. 우리의 사랑은 영원토록 변함이 없을 것이다.

라. *누구라도 공부토록 뒷받침을 해 주겠다.

한편, 기존의 연구에서 '-을수록'은 더보탬꼴, 강화, 비례의 의미를 갖는 것으로 파악되었는데, '-을수록'은 선행절 내용의 증감이 조건이 되어 후행절에 그 내용이 비례적으로 영향을 미치게 된다. 이때 호응할 수 있는 접속어미로는 '-으면'만이 가능하며, '-거든', '-어야'와는 결합이 불가능한데, 그 이유는, '-을수록'에 이끌린 선행 동사의 의미 속성이 '-을'에 의해 예정, 가능한 상태로 미치게 하기 위해서 필요한 지속의 의미가 '-으면'의 첫 구성요소로 분석되는 '-음'의 의미에 의해 포착되는 데 반해,14) 가상적 조건이나 필수적 조건의 '-거든', '-어야'에는 이러한 지속의 의미를 접속어미의 구성요소에서 확인할 수 없기 때문으로 이해된다.

(10) 가. 국어학 공부는 하면 할수록 더욱 흥미가 난다.

나. 매는 먼저 맞으면 맞을수록 덜 아프다.

다. *바다는 겨울에 가거든 갈수록 더욱 좋다.

라. *공부를 잘 해야 할수록 칭찬을 듣는다.

'-을수록'은 관형사형어미 '-을'이 재구조화되어 있기 때문에 시제 관련 선어말어미와의 결합에 있어 제약이 있어 '-었-'과의 결합만이 가능할

---

13) 서정수(1975)에서 보인 '하-'의 선행 요소의 분류에 의거하면 '-도록'의 '-토록'으로의 축약은 대체로 고유어 어근보다는 한자어 어근에서, 비분리성 어근보다는 분리성 어근에서, 상태성 어근보다는 동작성 어근에서 두드러지게 나타난다. 이렇게 볼 때 이 현상은 실현된 결과로서는 음운론적 요인이지만 현상 내부에서는 어근의 의미 자질과 형태 자질이 복합되어 있다.

14) '-으면'이 [[-음+[이-+-어]]+-은]이 재구조화되어 형성된 접속어미라는 견해는 백낙천(2003가)에서 자세히 설명하였다.

뿐 '-겠-', '-거-', '-느-', '-더-'와는 의미론적으로 상충되기 때문에 결합이 불가능하다.

(11) 가. 너를 사랑할수록 마음은 더욱 괴롭구나.
　　　나. 시험 공부를 열심히 했을수록 시험 결과는 더욱 좋았을 것이다.
　　　다. 윤주가 동생을 때리{*-겠, *-거-, *-느-, *-더-}을수록 동생은
　　　　　 더 크게 울었다.

또한, '-을수록'은 보조사의 결합에도 제약이 따르며, 부정어 '아니하다, '못하다'와는 결합이 가능하지만, '말다'와는 결합이 불가능하다.

(12) 가. 사람은 만날수록{*-만, *-도, *-야, *-은} 정이 들게 마련이다.
　　　나. 밤이 깊을수록{*-만, *-도, *-야, *-은} 별은 더욱 반짝인다.
　　　다. 부정 선거를 아니할수록 정치 발전이 앞당겨진다.
　　　라. 공부를 못할수록 점점 흥미를 잃어 간다.
　　　마. *떠들지 말수록 수업 집중이 잘된다.

한편, 재구조화된 복합어의 표제어는 '-락'으로서 동작이나 상태가 반복되는 의미를 갖는다. 이러한 본고의 설명은 국어사전의 기술과도 부합하는 면이 있다. <금성판 국어대사전>(1991)에서는 '-락'과 '-을락'을 달리 표제어로 삼고 있는데, '-락'은 두 동작이나 상태가 번갈아 되풀이됨을 나타낸다고 하였으며, '-을락'에 대해서는 거의 할 듯한 모양을 나타내며 '-을락 말락'의 형식으로만 쓰인다고 기술하고 있다. <표준국어대사전>(1999)에서도 '-락'과 '-을락'에 대해 상이하게 기술하기는 마찬가지여서 '-락'에서는 '오락가락', '오르락내리락', '엎치락뒤치락', '쥐락펴락', '푸르락누르락', '들락날락' 등을 예로 제시하고, '-을락'에서는 '붙을락 말락', '넘을락 말락'을 예로 제시하였다. 즉, '-락'은 서로 상반되는 어휘의 대립의

반복 구성으로서 이미 형태론적 단위로 굳어졌다고 볼 수 있고, '-을락'은 '말다'와 어울려 통사론적 단위를 이룬다는 뚜렷한 특징을 보여 준다. 이와 관련하여, 서태룡(1998)에서는 '-락'과 '-을락'을 따로 구별하고 있지 않았는데, 그 의미를 앞 표현의 한계에 도달과 관련되는 뜻을 나타내는 것으로 본 것은 결국 '-을락'의 의미 기능으로 한정할 수 있다.

다음의 예문은 '-을락'이 재구조화된 내포어미로 기능하는 경우이다.

(13) 가. 하루종일 비가 올락 말락 한다.
　　　나. 홍수로 집이 물에 잠길락 말락 한다.

(13가, 나)에서 '-을락'이 예정의 의미를 나타낼 수 있는 것은 '-을'의 예정, 가능의 의미에 기인한다.

한편, (14가, 나)에서 재구조화된 복합어인 '-락'은 대립하는 의미를 갖는 동사가 연속하면서 동작이나 상태가 반복되는 의미를 나타낸다.

(14) 가. 철수는 밤새 엎치락뒤치락(*뒤치락엎치락) 했다.
　　　나. 영희는 얼굴이 붉으락푸르락(*푸르락붉으락) 했다.
　　　다. 며칠 밤을 새웠더니 정신이 오락가락(*가락오락) 한다.

(14가, 나, 다)에서 '엎치락뒤치락', '붉으락푸르락', '오락가락'은 구성 방식에서는 복합동사의 구성을 흡사하여 두 동사의 순서가 바뀌면 부자연스러워 보이며, 가령 '엎치락' 또는 '뒤치락' 중에서 어느 하나만 쓰여도 어색하다. 이것은 이들이 하나의 단어로 굳어져서 연속적 상태나 동작을 나타내는 형식임을 의미한다.

이상의 검증을 통해 볼 때, '-락'은 재구조화되는 과정에서 두 가지의 기능을 보여 주는 것으로 요약할 수 있다. 하나는 내포어미로서 선행 요소가 항상 동작동사의 관형사형으로만 나타난다는 점에서 표제어를 '-을락'으로 하여도 무방할 것으로 보인다. 이것이 예정의 의미를 가질 수 있는 것은 분석되는 '-을'의 의미에 기인한다. 다른 하나는 복합어에 쓰이는 '-락'으로 서로 대립하는 의미를 갖는 동사의 어간을 연결하며, 일정한 범위 내에서 동작이나 상태를 반복하는 의미를 나타낸다.

4. 맺음말

본고는 특이한 구성요소를 포함한 일련의 접속어미들에 대한 형태론적 구성과 의미 분석을 시도하기 위한 일환으로 이루어졌는데, 그중 '-도록', '-을수록', '-락'의 형태적 유사성에 착안하여 이들의 형태론적 특징을 고찰하였다. 이를 통해 첨사 'ㄱ'의 존재를 확인할 수 있었으며, '-도록'과 '-을수록'이 보여 주는 의미의 유사성을 구성요소의 의미를 통해 확인하였다. 또한 본고의 논의를 통해 '-락'이 보여 주는 두 가지 서로 다른 모습을 통해 재구조화된 내포어미 '-을락'과 재구조화된 복합어 '-락'의 존재를 밝혀 보았다. 그러나 이들 접속어미의 구성요소를 확인하는 과정에서 치밀한 검증 과정이 부족하였고 이들 접속어미의 특성을 보다 상세하게 설명하는 데까지 이르지 못하였다. 다만 본고는 접속어미에 대한 논의가 형태론에 기초한 통사론 연구가 이루어질 때 보다 명시적 설명이 가능할 수 있다는 것에 의의를 삼고자 한다.

참고문헌

권재일(1985), 『국어의 복합문 구성 연구』, 집문당.

김남길(1978), 「Tolok Sentential Complements in Korean」, 『한국언어학논문집』, Hornb eam Press.

김영선·권경희(2001), 『현대국어 복합문의 통사론』, 한국문화사.

김종록(1993), 『국어 접속문의 통사론적 연구』, 경북대학교 박사학위 논문.

김진수(1994), 「'-락-락'에 대하여(1)」, 『도수희 선생 회갑기념논문집』, 논총간행위원 회, 296-307면.

리의도(1991), 『우리말 이음씨끝의 통시적 연구』, 어문각.

박용찬(2008), 『중세국어 연결어미와 보조사의 통합형』, 국어학총서 62, 태학사.

백낙천(2003가), 『국어의 통합형 접속어미』, 도서출판 월인.

백낙천(2003나), 「'-자'를 포함한 접속어미의 형태론적 해석」, 『국어교육』 112호, 한국 국어교육연구학회, 247-271면.

서정목(1987), 『국어 의문문 연구』, 탑출판사.

서정수(1975), 『동사 "하-"의 문법』, 형설출판사.

서정수(1988), 「어미 '게'와 '도록'의 대비 연구」, 『말』 13, 연세대학교 한국어학당, 23 -52면.

서태룡(1987), 『활용어미의 형태와 의미』, 서울대학교 박사학위 논문.

서태룡(1993), 「국어 어미의 음소와 의미」, 『진단학보』 76호, 진단학회, 241-259면.

서태룡(1997), 「어말어미의 변화」, 『국어사연구』, 태학사, 545-699면.

서태룡(1998), 「접속어미의 형태」, 『문법 연구와 자료』, 태학사, 435-463면.

석주연(2006), 「'-도록'의 의미와 문법에 대한 통시적 고찰」, 『한국어의미학』 19호, 한 국어의미학회, 37-63면.

윤평현(2005), 『현대국어 접속어미 연구』, 도서출판 박이정.

이광호(1985), 「격조사 {로}의 기능 통합을 위한 시론」, 『선오당 김형기 선생 팔지 기 념논총』, 어문연구회, 115-145면.

이기문(1998), 『신정판 국어사개설』, 태학사.

이상태(1988), 『국어 접속어미 연구』, 계명대학교 박사학위 논문.

이은정(1983), 「{-도록}의 기능과 의미 유형 고찰」, 『한글』 181호, 한글학회, 39-57면.

이익섭·채완(1999), 『국어문법론강의』, 학연사.

임홍빈(1974), 「{로}와 선택의 양태화」, 『어학연구』 10-2호, 서울대학교 어학연구소, 143-159면.

정주리(1999), 「조사의 의미기술을 위한 시론」, 『국어의 격과 조사』, 도서출판 월인, 841-866면.

채　완(1987), 『국어 어순의 연구』, 국어학총서 10, 탑출판사.

최재희(1991), 『국어 접속문 구성에 관한 연구』, 탑출판사.

최현배(1937/1971), 『우리말본』, 정음사.

허　웅(1975), 『우리옛말본』, 샘문화사.

Chomsky, N(1986), 『Barriers』, The MIT Press.

제6장 구성요소 조사의 범주와 의미

1. 머리말

현행 학교 문법에서 국어의 조사는 단어 또는 어절에 붙어 그 말의 다른 말과의 통사적, 의미적 관계를 표시하거나 어떤 뜻을 더해주는 문법 형태소로 기술하고 있으며, 조사의 갈래로는 격을 실현하는 격조사,[1] 명사구들을 연결하는 접속조사, 특별한 의미적 관계를 나타내는 보조사로 나누고 있다. 그리고 국어의 조사가 어미에 비해 선행 성분과의 분리성이 상대적으로 두드러진다는 점에 주목하여 단어로 인정하고 있다.

그러나 조사의 지위는 여전히 불안정하다. 지금까지 학교 문법에서는 조사가 음운론적 자립성이 없음에도 조사를 단어로 인정하고 있다. 그런데 대부분의 독립 단어가 둘 이상 결합되면 띄어 쓰는 것을 원칙으로 하는 데 반하여 조사는 독립 단어로 인정하였으면서도 어미처럼 선행 성분에 붙여 쓰는 관행을 따른다. 이러한 모순된 상황을 설명하기 위해 문법 교과서에서는 띄어쓰기 문제와 관련해서는 별도로 '어절'이라는 단위를

---

[1] 논의에 따라 학문 문법에서는 격조사를 문법격조사(주격조사, 목적격조사, 관형격조사)와 의미격조사(부사격조사 : 처소, 지향, 도구, 동반 등)로 나누기도 한다.

설정하고 있지만 이는 자연스러운 문법 기술이라고 할 수는 없다.[2] 기실 조사의 자립성 여부에 그다지 의심을 품지 않았던 이유는 조사가 가지고 있는 분리성에 강하게 이끌리기도 했겠지만, 조사가 자립성이 강한 체언 뒤에 붙는다는 사실도 이유 중에 하나였을 것이다. 그러나 이러한 부분적인 사실을 제외하면 조사는 오히려 이른바 품사 통용의 문제에서 그 존립 자체가 불투명하다는 것이 확연히 드러난다.[3] 더욱이 국어 조사의 분포와 기능을 고려해 보면 국어의 조사 분류와 체계에 대한 점검과 새로운 이해가 필요하다.

본고의 목적은 국어의 격조사와 보조사의 분류가 그리 명확하지 않다는 점에 주목하여 국어 조사의 범주적 위상을 검토해 보고, 그중에서 통합형 접속어미의 마지막 구성요소로 분석되는 조사를 중심으로 이들 조사의 의미가 공통적으로 선택에서 제외된 내용을 전제한다는 의미를 기본적으로 가지고 있음을 설명하고자 한다.

2. 국어 조사의 범주

국어의 조사는 자립성을 가진 선행 성분에 결합되어 다른 성분과의 통사론적인 기능을 나타내거나 의미를 더해 주는 특징이 있다. 국어의 조사

---

[2] 한글맞춤법 총칙 제2항에서 문장의 각 단어는 띄어 씀을 원칙으로 한다고 하면서, 41항에서는 조사는 그 앞말에 붙여 쓴다고 규정하고 있어 실제로는 어절을 띄어쓰기의 단위로 인정하고 있는데, 이때의 어절은 띄어쓰기의 단위로서의 의의만 있을 뿐 문법 단위로서는 불필요한 개념이다. 오히려 조사를 단어로 인정하지 않으면 어절이라는 용어를 쓰지 않고도 서양의 'word'에 대당하는 것으로 단어의 개념을 일치시킬 수 있다.

[3] 가령, 명사와 조사의 통용을 보이는 '만큼, 대로, 뿐, 밖에, 대로' 등은 동일한 의미임에도 불구하고 선행하는 요소가 관형사형어미냐 체언이냐에 따라 각각 명사와 조사로 분류되고 있으며, '들, 쯤, 씩, 끼리' 등은 접미사와 조사의 품사 통용 문제와 관련된다.

는 일반적으로 격 기능과 분포를 기준으로 격조사와 보조사로 구별되지
만 그러한 분류에 의거하여 별다른 의심 없이 격조사로 인정받고 있는 '-이',
'-을'[4]조차 보조사가 갖는 일반적 특징을 공유하고 있다는 사실은 격 기
능과 분포적 특징이 격조사와 보조사를 구별하는 절대적 기준이 아님을
보여 주는 것이라 할 만하다. 그런 점에서 국어의 조사를 격조사와 보조
사로 구분한 것은 조사의 특징을 고려한 분류 방법으로서의 의의를 갖기
는 하지만 이는 아주 소박한 개념에 근거한 분류에 지나지 않는다. 아직
까지 격의 개념과 범주 설정에 대한 상이한 견해들이 제기되고 있으며 보
조사의 목록조차 확정되지 않은 상태이다.[5]

국어의 조사가 인구어 명사의 곡용어미와 개념적으로는 유사하지만 인
구어 명사의 곡용어미가 생략되거나 중첩되어 나타날 수 없다는 점에서
국어의 조사와는 분명한 차이가 있으며, 국어의 격을 체언 상당어(명사구)
가 문장 안에서 서술어와의 문법적 관계에서 갖는 자격이라고 할 때에 국
어의 격은 결국 조사에 의해서 형태론적으로 실현된다고 할 수 있다.[6] 그
러나 국어에서는 격 실현이 조사뿐만 아니라 국어 문장 구조의 전형성에
비추어 볼 때 어순에 의해서도 실현될 수 있으며, 어순에 의해서 격이 실
현된 자리에 나타난 조사는 의미·화용론적 성격을 강하게 갖는다. 그런
점에서 생성 문법에 입각한 구조격이라는 것이 국어의 격 문제와 관련해
서는 적극적인 의미를 드러내지 못한다고 할 수 있는데, 이는 앞서 말한
국어의 주격, 목적격 등이 통합 관계 내지는 어순에 의해 격의 실현을 예

---

4) 본고에서는 특별한 경우가 아니라면 '-이'와 '-가'는 '-이'를 대표 형태로 간주하고 '-을'
과 '-를'은 '-을'을 대표 형태로 간주하여 표기한다.
5) 국어 조사의 목록을 확정하는 것은 표제어 등재 원칙에 따라 그 목록 수가 매우 유동적
이다. 현대국어에서 단순 조사만 가려도 100개 이상이며 여기에 복합 조사의 수를 모두
합친다면 그 수는 수백 개에 이를 것이다.
6) 이러한 격의 개념에 따른다고 하더라도 국어의 관형격조사 '-의'나 공동격조사에 포함되
는 접속의 '-와/-과'는 체언과 체언의 관계를 나타낼 뿐이다.

측할 수 있다는 경험적 사실에 근거한다. 이것은 여타의 부사격 조사와도 구별되는 특징이기도 하다. 더욱이 격이 조사에 의해서만 실현되는 것은 아니고, 주격, 관형격, 목적격 등은 문장 성분들의 통합 관계에 의해서도 구조적인 해석이 가능하다는 이른바 '부정격(不定格)'[7]이라고 불리는 격조사의 비실현 현상은 전통적인 격 개념에 비추어 볼 때 특이한 경우에 속한다.

한편, 보조사의 특징으로 거론되는 특징들이 격조사와 확연히 구별되는 보조사만의 특징은 아니며, 특히 격조사가 격표지의 기능만을 담당하는 것이 아니라는 사실에 주목하면 격조사와 보조사의 구분은 무의미하기까지 한다. 더욱이 음운론적 단위, 지배 영역의 문제, 조사 중첩의 문제 등은 격조사와 보조사에서 공통적으로 발견되는 특징이다. 격조사가 체언뿐만 아니라 용언 뒤에도 통합하면서 격표지 기능 외에 의미론적인 기능도 보여 주므로 이 경우까지를 고려하면 격조사와 보조사의 엄격한 구분은 더욱 미궁에 빠진다.

더욱이, 최근에 통사론 논의에 힘입어 핵과 비핵의 문제가 조사 범주에까지 확대되어 논의되고 있는데, 이들 논의에서 격조사는 핵이고 보조사는 비핵이므로 격조사구의 상정은 가능하나 보조사구의 상정은 불가하다는 견해까지 제기되었다. 가령, 격조사는 통사 단위이고 통사핵으로 기능한다고 보는 시각은 임동훈(1991), 박진호(1994) 등에서 찾아볼 수 있는데,

---

7) '부정격'의 개념은 안병희(1966)에서 이루어진 것으로 통합 관계에 의해 명사구에 서술어가 통합되면 주격, 체언에 통합되면 관형격, 타동사에 통합되면 목적격이 표시된다고 하였으며, 이렇듯 격조사 없이도 실현될 수 있는 주격, 관형격, 목적격을 '부정격(case indefinitus)'이라고 불렀다. 이러한 부정격의 개념은 이남순(1988)에서 심화·확대되었는데, 격조사의 비실현 현상을 단순한 생략 현상의 하나로 파악한 것이 아니라 격조사의 비실현 현상에 대한 합리적인 해석을 제시했다는 점에서 의의가 있다. 한편, 이남순(1988)에서는 주격, 목적격, 관형격 등의 비실현으로서의 '부정격' 현상과 처격, 조격, 공동격 등의 비실현으로서의 '격표지 생략'을 구별하고 있다.

국어에서 격조사는 명사구의 자격을 형태론적으로 실현한 것에 다름 아니라는 점에서 엄밀한 의미에서 핵일 수는 없다고 보는 것이 본고의 기본적인 견해이다. 왜냐하면 국어의 명사구는 조사가 통합되지 않아도 문장 내에서 주어, 목적어, 관형어 등의 성분 자격을 충분히 가질 수 있기 때문이다. 그런 점에서 임홍빈(1987)에서 언급한 대로 명사구는 본질적으로 격조사를 일부로 가지고 있다고 보는 것이 합리적인 관찰이다. 이와 관련하여 최동주(1997)에서는 통사적 핵이 될 수 있는 조사를 '후치사'라 하여 별도의 범주로 보아 특수조사 목록 중에서 명사구의 통사범주를 부사어의 통사범주로 바꾸는 조사를 통사적 핵으로서의 '후치사'로 간주하였다. 그러나 후치사와 특수조사를 통사적 기능에 의해 나눌 수가 있는지 의문이며, 그가 다루고 있는 한정된 대상만 놓고 보면 대부분이 문법화와 관련된 것이므로 의미의 문제가 함께 고려되어야 할 것으로 보인다.8) 결국 격조사가 핵이냐 비핵이냐 하는 문제는 격조사에 해당하는 예들이 명사구에만 통합되지 않는다는 사실과 동일한 형식의 조사들이 다양한 의미 기능을 보여 준다는 점과 무관하지 않다.

한편, 격조사와 보조사의 차이점보다는 유사점에 주목하되, 격조사로 알려진 '-이', '-을'에 한정하여 살펴보면 흥미로운 사실을 목격할 수 있다. 더욱이, 학교 문법에서는 '-이'와 '-가'를 이형태로 간주하고 이 중에서 '-이'를 대표 형태로 간주하여 표기하고 있다. 그러나 '-이'와 '-가'가 과연 음운론적 이형태 관계인지에 대해서는 다른 설명이 필요할 것으로 보인다. 가령, 현행 국어사전에서 '-이'와 '-가'의 뜻풀이에는 차이가 있는데, 특히 '-가'에 대해서 '강조'(금성판 국어대사전), '화용의 양상'(연세한국

---

8) 한편, 한정한(2003)에서도 격조사는 핵이 아니라 부가어임을 논증한 바 있으며, 목정수 (2003)에서는 국어 조사의 새로운 틀을 제시하면서 기존의 격조사와 보조사 중에서 '-가', '-를', '-도', '-는'을 담화적 기능 표지의 하나인 '한정사(관사)'로 설정할 것을 주장하기도 하였다.

어사전), '지정 강조'(표준국어대사전) 등의 보조사로서의 기능을 강조하고 있음이 특이하다. 이 문제는 조사의 문법적 지위와 관련하여 격조사와 보조사는 확연히 구분되는 범주적 특징을 갖는 것이 아님을 시사한다.[9]

더욱이, 조사의 분포와 통합적 특징에서 논의할 수 있는 것은 격조사가 체언 외에도 용언의 활용형과 부사어 다음에도 통합될 수 있는 것을 어떻게 설명할 것인가 하는 문제이다.

(1) 가. 그대 앞에만 서면 말문이 열리지가 않는다.
　　나. 도대체가 학생으로서의 기본이 안 되어 있다.
　　다. 영희는 며칠째 먹지를 못했다.
　　라. 저 선수는 부상을 입어 빨리를 못 뛴다.

(1가, 나)의 '열리지가', '도대체가'에 쓰인 '-가'는 체언에 통합한 것이 아니라 각각 용언 '-지' 다음과 부사어에 통합된 것이므로 주격조사라고 단정할 수 없는 예이다. 의미면에서도 이때의 '-가'는 화자의 주관이나 태도와 관련된다. 이렇듯 '-가'가 격 기능을 하지 못하는 환경에 나타나는 경우에는 '지정 강조'의 의미를 강하게 드러내고 있다. 또한 (1다, 라)의 '먹지를', '빨리를'에 쓰인 '-를' 또한 목적격조사라고 쉽게 단정할 수는 없는 예이다. 이 경우에서도 '-를'은 격 기능을 하지 못하고 선행 요소를 확실히 강조하는 의미를 나타내고 있다.

한편, '-이', '-을'이 보조사의 기능을 보이는 근거는 조사와의 통합적 특징에서도 확인된다. 가령, '-은', '-도'는 조사 '-에', '-으로'와 계기적인 통합이 가능하지만, '-이', '-을'과는 계기적인 통합이 불가능하다.

---

[9] 본고에서는 격조사와 보조사를 구분하지 않는 기본적인 태도를 포괄적으로 적용할 경우에는 '조사'라는 용어를 사용하지만 논의의 필요에 따라서 보조사라는 일반적인 용어도 함께 사용하기로 한다.

(2) 가. 윤주가(*-는)(*-도) 공부를 잘 한다.

나. 영수가 축구를(*-은)(*-도) 좋아한다.

다. 요즘 병원에(-는)(-도) 감기 환자가 많다.

라. 윤주는 오락실로(-는)(-도) 가지 않는다.

물론, (2가, 나, 다, 라)의 현상은 김영희(1974:306)에서 언급한 바와 같이 '-은', '-도'와 '-이', '-을'이 동일 자연 부류를 형성한다는 주장에는 동의하지만 결정적으로 '-이', '-을'에 어떠한 의미 특성이 있는 것인지에 대해서 최종적인 판단을 유보한 부분에 대해서는 보완적 설명이 필요할 것으로 보인다. 즉, 적어도 (2가, 나)에서 '-가', '-를'이 '-는', '-도'와 계기적인 통합이 불가능한 이유에는 '-가', '-를'에 어떤 의미가 있으며, 그 의미가 '-는', '-도'의 의미와 동질적일 것임을 암시한다.

본고는 동질성의 유력한 증거로 '주제화' 현상을 거론하고자 한다. 즉, 임홍빈(1972), 이광호(1988)에서 제기된 '-이', '-을' '주제화'가 '-은', '-도'의 출현 환경과 일치한다는 점이다.[10]

(3) 가. 그녀의 마음이 착하다.

나. 그녀{-가, -는, -도} 마음이 착하다.

(4) 가. 이 영화는 불후의 명작이다.

나. 이 영화는 불후{*-가, *-는, *-도} 명작이다.

'-이' 주제화로 파악되는 (3나)에서 '-가'는 '-는', '-도'와 대체가 가능하지만 '속격의 주제화'가 불가능한 (4나)에서 '-가'는 '-는', '-도'와의 대

---

10) 임홍빈(1972)에서는 이때의 주제화된 '-을'의 의미 특성을 '비대조적 대립'으로 파악하였으며, 나아가 임홍빈(1987)에서는 통사적으로 배당되는 목적격조사 '-을'을 제외한 여타의 '-을'을 구조적으로 파악될 수 없는 것으로 어휘적 의미를 갖는다고 하였다. 한편, 선우용(1994)에서도 '-이', '-을'과 '-은', '-도'가 공유하는 특징 중의 하나로 '주제화' 현상을 거론하고 있다.

체 또한 불가능하다. 이러한 현상은 '-을'의 경우에서도 확인된다. 즉, (5
나)에서 '-를'은 이른바 '-을' 주제화로 이해되는 것으로 '-는', '-도'와
대체가 가능하지만 '-을' 주제화가 불가능한 (6나)에서 '-을'은 '-은', '-
도'의 대체가 불가능하다.

> (5) 가. 철수가 윤주의 손을 잡았다.
>   　나. 철수가 윤주{-를, -는, -도} 손을 잡았다.
> (6) 가. 영수가 서점의 책을 훔쳤다.
>   　나. 영수가 서점{*-을, *-은, *-도} 책을 훔쳤다.

　이상 살펴본 것은 '-이', '-을'이 격표지의 기능만으로는 설명될 수 없
다는 것을 보여 주는 적극적인 증거라고 할 수 있다. 문제는 '-이', '-을'
에 나타나는 이러한 경험적 증거가 과연 격조사의 범주 자체를 부인하는
것으로까지 볼 수 있는 것인가 하는 점이다. 본고는 격조사와 보조사의
전면적 동일성을 주장하기 위해서는 더 많은 경험적 증거가 필요할 것으
로 보인다. 가령, '-이'와 '-을'이 격조사로만 단정할 수 없다는 것은 의
미·화용론적인 차원에서의 문제이지 통사론적인 차원에서는 여전히 '-이'
는 문장의 주어 성분과 관련되고 '-을'은 문장의 목적어 성분과 관련된다
는 사실이다. 하지만 적어도 (3나, 4나), (5나, 6나)가 보여 주는 현상은 본
고의 주장이 무리한 것이 아님을 시사하는 것으로는 충분하다고 본다. 즉,
'-이', '-을'에서 문법적 기능 외에도 어휘적 기능까지 포착된다면 '-이',
'-을'은 더 이상 격조사라고 단정할 수는 없을 것이다. 사정이 이렇다면
국어 조사의 하위 체계는 분류 이상의 의미를 갖지 못할 뿐더러, 국어의
격조사와 보조사는 확연히 구분되는 것으로 간주하기보다는 하나의 조사
로 분류하는 것이 합리적일 것이다.11)
　한편, 백낙천(2003)에서 언급하였듯이,12) 조사의 통합형 접속어미가 기

본적으로 조건의 의미를 지니는 것은 마지막 구성요소로 통합된 조사의 의미에 기인하는 것으로 설명할 수 있다. 이때의 조건이란 넓은 의미의 조건으로서 조사의 의미 특징에 따라 단순 조건, 양보적 조건, 필수적 조건, 대립적 조건, 선택적 조건 등을 포괄한다. 한편, 조사의 통합형 접속어미들이 양보적 조건의 의미를 지니기도 하는 것은 선행절과 후행절의 의미 관계에서 비롯된다. 물론, 조사가 통합된 접속어미의 마지막 구성요소인 조사를 분석할 수는 있어도 이들은 재구조화된 것이므로 다른 조사로 대체될 수 있는 어미구조체와는 구별된다. 어미구조체로서 조사의 지배영역은 선행 요소에 한정되는 데 비해 통합형 접속어미에서 분석된 조사의 지배영역은 선행절 전체를 지배영역으로 하기 때문이다.

(7) 가. 옛날에는 고향 시냇물이 [[더럽지]{-만, -도, -야, -은}] 않았다.
　　나. [[선수들은 경기를 열심히 했지]만] 결승전에 오르지 못했다.

---

11) 이 문제와 관련하여 익명의 심사위원께서는 분포를 고려한 국어 조사의 하위 부류에 대한 전반적인 특징이 고려되어야 할 것을 지적하였다. 기본적으로 본고도 같은 입장이다. 가령, 국어 조사의 하위 부류에 논의의 초점을 둔다면 '-만'과 '-도', '-은'은 결합상에 차이를 보이는 것이 사실이며, '-에', '-으로'에는 또 다른 부류상의 이질성이 있다. 다만, 본고의 목적이 국어 조사의 하위 부류에 있지는 않으며, 개별 조사가 갖고 있는 이질적 특성에 대한 보다 면밀한 논의는 앞으로의 과제로 남긴다.

12) 백낙천(2003가)에서는 마지막 구성요소를 중심으로 조사의 통합형 접속어미를 다음과 같이 분류한 바 있다.
　　'-만'의 통합형: '-다만', '-지만', '-으련만', '-건만', '-더니만'
　　'-도'의 통합형: '-어도', '-을지라도', '-더라도'
　　'-야'의 통합형: '-어야', '-았자'
　　'-은'의 통합형: '-으면', '-거든', '-느라면', '-더라면'
　　'-을'의 통합형: '-은들', '-거늘'
　　'-에'의 통합형: '-은데', '-으매', '-기에'
　　'-으로'의 통합형: '-으므로', '-기로'
　　이 중 '-았자'에서 마지막 구성요소로 '-야'의 분석을 주장한 것은 '-았자'가 양보적 조건을 갖는 의미에서 실마리를 풀었던 것으로 이에 대한 자세한 설명은 백낙천(2003나)를 참조할 수 있다.

(7가)에서 조사의 지배영역은 선행 동사구 '더럽지'에만 한정될 뿐만 아니라 다른 조사와의 대체가 가능한 어미구조체이다. 그러나 (7나)에서 '-만'은 선행절 전체를 지배영역으로 하면서 '-지만'이 재구조화된 것이므로 다른 조사의 대체가 불가능하다.

일반적으로 보조사는 강조의 의미를 공통적으로 갖고 있는데, 강조의 의미는 보조사에 선행하는 요소를 선택함으로써 실현되고 선택과 동시에 선택에서 배제된 대립하는 요소를 전제한다. 이러한 공통적 의미 관계에서 '-만'은 '유일한 선택'의 의미를 '-도'는 '추가적인 선택'의 의미를 '-야'는 '필연적이고 당연한 선택'의 의미를 나타내며 '-은'은 선택에서 제외된 대립하는 요소를 확실히 전제하는 의미를 나타내고 '-을'은 선택에서 제외된 대립하는 내용을 전제하고 그 대립이 불확실하므로 선택된 내용이 오히려 확실하다는 의미를 갖고 있다. 특히, 조사 통합형 접속어미의 선행절이 후행절에 대해 양보적 조건의 기능을 나타낼 수 있는 것은 마지막 구성요소인 조사의 의미에 기인한다. 즉, 선행절에 의해 선택된 내용이 후행절에 대한 대립을 전제하기 때문에 가능한 것이다. 그리고 이러한 의미는 '-만', '-도', '-야', '-은' 외에도 일반적으로 격조사로 알려진 '-을', '-에', '-으로'에서도 공통적으로 확인되는 사실이다.

지금까지 본고에서 언급한 내용들이 충분한 타당성을 가질 수 있다면 이제 논의를 달리하여 국어의 조사, 그중에서도 통합형 접속어미의 마지막 구성요소에서 확인되는 조사인 '-만', '-도', '-야', '-은', '-을', '-에', '-으로'를 중심으로 이들이 공통적으로 선택에서 배제된 대립하는 요소를 전제하고 조사에 통합되는 선행 요소를 선택하는 의미를 갖는다는 사실을 확인해 보자.13)

---

13) 물론, 모든 조사가 선택에서 배제된 대립하는 요소를 전제하고 조사에 통합되는 선행 요소를 선택하는 의미를 갖는 것에 대한 귀납적 결론은 조사의 목록 확정에서부터 논의

3. 국어 조사의 의미

3.1. 조사 '-만'의 의미

조사 '-만'은 '-마는'과의 형태적 유사성과 관련하여 이들이 단순한 이
형태 관계인지의 여부를 확인할 필요가 있다. 일찍이 최현배(1971)에서 '-마
는'을 '문장 접속조사'로 규정하면서 '-만'과 상호 교체될 수 있음을 시사
하였고, 고영근(1975), 권재일(1985) 등에서는 '-마는'의 문법 범주를 '문장
종결보조사'로 보았다.14) '-마는'은 중세국어 '-마른'에 소급되고 종결어
미에 통합되어 보조사의 기능을 갖는 것으로 보이며, 중세국어에서 '-만'
은 관형사형어미나 명사 다음에 후행하여 나타났다.

> (8) 가. 쏘 므스글 求ᄒ야 몯 得ᄒ며 므스글 ᄒ고져 ᄒ야 몯 일우리오마른
>   後主 뙤셔 닐오디 <내훈 3:52>
> 나. 福德이 分明ᄒ며 果와 因괘 어듭디 아니ᄒ도다마른 能히 四句偈를
>   펴면 알퓌셔 더으미 萬培훈 功이리라 <금삼 2:72>
> 다. 다몬 쓸 만ᄒ야도 이 사ᄅ미 命終ᄒ야 당다이 忉利天上애 나리니
>   <석상 21:57>
> 라. 이 施主ㅣ 오직 衆生의게 一切 즐거본 것만 주어도 功德이 그지 업
>   스리어늘 <월석 17:48>

(8가, 나)에서 '-마른'은 각각 종결어미 '-오'와 '-다' 다음에 통합되어
나타나고 있으며, (8다, 라)에서 '-만'은 분포상으로 명사적 기능을 보여
주고 있다.

를 시작해야 할 것이다. 그런 점에서 본고의 논의는 제한적이라는 한계를 갖고 있음이
사실이다.
14) 그런데 '문장 종결보조사'라는 용어는 '마는'의 본래의 기능과는 달리 문장을 종결시키
는 기능을 하는 것으로 오해될 소지가 있어 부적절한 용어이다.

그런데 중세국어에서는 '-만'과 '-마룬'이 통합에 있어 차이를 보이는데, '-만'은 의존명사 내지는 보조사의 기능을 보이는데 반해, '-마룬'은 허웅(1975)의 지적대로 접속조사의 기능을 보이고 있으며,15) 의미에 있어서도 '-만'은 단독의 의미인데 반해 '-마룬'은 양보의 의미로 해석된다. 이후 '-만'은 보조사로서의 범주를 확보하게 되면서 '-마룬'의 의미인 양보의 의미로까지 확대된다.

한편, 현대국어에서도 '-만'과 '-마는'이 보이는 분포상의 차이는 설명이 필요할 것으로 보인다.

> (9) 가. 윤주는 수박{-만, -만은, *-마는} 좋아한다.
> 나. 윤아{-만, -만은, *-마는} 학교에 안 갔다.
> 다. 성의는 감사합니다{-만, -마는} 사양하겠습니다.

즉, (9가, 나)와 같이 명사구 다음에 '-마는'은 가능하지 않지만 '-만은'은 가능해 보인다. 그런데 (9가, 나)에서 '-만'과 '-만은'이 가능하더라도 의미에는 차이가 있다. 즉, '수박만', '윤아만'일 경우에는 다른 것은 배제된 상태에서 유일하게 '수박', '윤아'가 선택된 것으로 보이지만 '윤아만은'일 경우에는 유일하게 선택된 '윤아만'을 한 번 더 확실하게 선택하는 것으로 보인다. 결국, 이때의 '-만은'은 '-만'과 '-은'의 통합으로 이해된다. 그러나 (9다)와 같이 종결어미에 통합될 경우에는 '-만'과 '-마는'이 대체될 수 있다. 그렇다고 (9다)의 '-마는'이 (9가, 나)의 '-만은'처럼 유일하게 선택된 내용을 확실하게 선택하는 것으로 보이지는 않는다. 그러므로 이 경우의 '-마는'은 '-만'과 '-은'의 통합형으로 볼 수는 없을 것이다. 이와 관련하여 이필영(1993:173)에서는 이때의 '-만'은 대조의 의미를 나타

---

15) 허웅(1975:365)에서는 '-마룬'에 대해 "하나의 완결된 월에 붙어서, 두 월을 연결해 주기도 하고, 별다른 뜻 없이 마디를 연결해 주는 마디 연결 토씨"라 하였다.

내고 그것에 다시 대조의 '-은'이 통합된 것으로 보아 '-은'을 잉여적인 요소로 간주했는데, 이에 대해 본고는 견해를 달리 한다. 보조사는 강조의 의미를 공통적으로 갖고 있는데, 강조의 의미는 보조사에 선행하는 요소를 선택함으로써 실현되고 선택과 동시에 선택에서 배제된 대립하는 요소를 전제한다. 그러므로 이필영(1993)에서 이 경우의 '-만'의 의미를 대조라고 한 것은 보조사의 공통적 특성에 불과하므로 이것을 이유로 '-은'을 잉여적인 요소로 볼 수는 없는 문제이다. 그렇다면 이러한 분포와 의미 기능의 차이는 어디에서 기인하는가? 역사적으로 '-만'은 중세국어 '-만'이 '-마론'의 의미 일부까지도 흡수한 것의 직접적인 후대형이고 '-마는'은 '-마론'의 후대형으로 보이며,16) (9가, 나, 다)에서 확인한 바와 같이 '-만'은 선택에서 제외된 내용을 전제하고 선택된 내용이 유일한 선택의 의미를 갖는다.

3.2. 조사 '-도'의 의미

조사 '-도'는 선택에서 제외된 내용을 전제하고 선택된 내용이 추가적인 선택의 의미를 갖는다.

> (10) 가. 윤주도 집에서 가까운 학원에 다닌다.
> 나. 영수는 그 배우를 만나도 보았다.
> 다. 오늘밤은 별이 유난히도 밝은 밤이다.

---

16) 허웅(1975:365)에서는 '-마론'이 <내훈>에서부터 '-마는'으로 바뀌기 시작한다고 하면서 다음의 예를 제시하였다.
  (ㄱ) 므스글 求ᄒ야 몯 得ᄒ며 므스글 ᄒ고져 ᄒ야 몯 일우리오마론 後主 ᄃ외셔 닐오디 <내훈 3:55~57>
  (ㄴ) 笑은 엇뎨 王의 得寵ᄒ요몰 ᄒ오ᅀᅡ코져 아니ᄒ리잇고마는 笑은 드로니 <내훈 2 상:20>

(10가)의 '윤주도'는 '윤주'를 제외한 다른 자매항이 존재하고 있음을 전제하면서 유치원에 다니는 사람으로 '윤주'가 추가적으로 선택되고 있음을 '-도'가 나타내고 있다. (10나)는 '만나'를 제외한 다른 자매항이 존재하고 있음을 전제하면서 '만나'가 추가적으로 선택되고 있음을 '-도'가 나타내고 있다. 그런데 (10다)와 관련하여 채완(1998)에서는 이때의 '-도'를 '역시'의 의미로 보지 않고 '강조'의 의미를 나타내는 것으로 보았으나, (10다) 또한 선택된 '유난히'가 아닌 대립하는 자매항으로 전제하고 있다는 점에서 '유난히'가 추가적으로 선택되고 있는 것이다. 더욱이 '강조'의 의미는 대립하는 내용을 전제하고 그것이 통합된 요소를 선택하는 보조사의 일반적인 특징에서 확인되는 것이므로 '-도'의 의미로만 특정화할 필요는 없을 것이다. (10 가, 나, 다)에서 확인한 바와 같이 '-도'는 선택에서 제외된 내용을 전제하고 선택된 내용이 추가적인 선택의 의미를 갖는다.

3.3. 조사 '-야'의 의미

조사 '-야'는 선택에서 제외된 대립하는 내용을 전제하고 선택된 내용이 필연적이고 당연한 선택의 의미를 갖는다.

　(11) 가. 윤주야 벌써 일어났지.
　　　 나. 이제야 숙제를 마치게 되었다.

(11가)의 '윤주야'는 '윤주'를 제외한 다른 자매항이 존재하고 있음을 전제하면서 벌써 일어난 사람으로 '윤주'가 선택된 것이 당연하다는 것을 '-야'가 나타내고 있다. (11나)는 '이제'를 제외한 다른 자매항이 존재하고 있음을 전제하면서 '이제'가 필수적이고 당연히 선택되고 있음을 '-야'가

나타내고 있다. 그런데 '-야'는 선택에서 제외된 내용이 배제된 상황에서 불가항력적으로 선택된 내용이 필수적이고 당연할 경우에는 화자의 부정적인 느낌을 줄 수 있다. 가령, 이익섭·임홍빈(1983)에서 제시한 예문에서 이러한 인식의 직관을 엿볼 수 있다.

(12) 가. 나야 무얼 알겠니?
나. 누가 너야 잡아 가겠니? (이익섭·임홍빈(1983:174), 예문 46)

(12가, 나)에 대해 이익섭·임홍빈(1983)에서는 '-야' 대신에 '-는'이 쓰이지 못하는 것으로만 제시한 것인데, 여기에서 '나'와 '너'는 대립을 전제한 자매항이 이미 배제된 상황에서 불가항력적으로 선택된 것이다. 이를 다음의 예문을 통해 좀 더 살펴보자.

(13) 가. 영수가 힘이야 남에게 뒤지지 않지.
나. 가만히 있으면 밉지야 않지.

즉 (13가, 나)에서 알 수 있듯이, (13다)의 '힘이야'는 영수가 가진 것 중에서 힘을 선택한 것이 당연하지만 '힘'을 제외한 다른 자매항이 배제된 상황에서 불가항력적으로 '힘'을 선택했기 때문에 화자의 불만이 나타나고 있다. (13나)의 '밉지야'도 미운 것 외에 다른 감정이 배제된 상황에서 불가항력적으로 선택된 것이므로 화자의 불만이 드러나고 있는 것이다. (11가, 나)에서 선택에서 제외된 대립하는 내용을 전제로 하거나 (12가, 나)와 (13가, 나)에서 선택에서 제외된 대립하는 자매항이 모두 배제된 상황이거나 관계없이 '-야'는 선택에서 제외된 대립하는 내용을 전제하고 선택된 내용이 필연적이고 당연한 선택의 의미를 갖는다.

3.4. 조사 '-은'의 의미

조사 '-은'은 선택에서 제외된 대립하는 내용을 확실히 전제하고 선택된 내용이 일반적인 선택의 의미를 갖는다.

> (14) 가. 윤주는 똑똑하고 착한 아이이다.
> 나. 영수가 책을 많이는 읽었다.
> 다. 그 신문 기사를 읽어는 보았다.

(14가, 나, 다)에서 '윤주는', '많이는', '읽어는'은 선택된 요소를 제외한 다른 자매항이 존재하고 있음을 전제하면서 단순히 선택하고 있다. 기존의 논의에서 '-은'이 '주제'나 '화제'의 의미를 나타내거나 '-은'이 어떤 새로운 이야기를 제시할 때 나타나기 어려운 점을 들어 '이미 알려진 정보(old information)'에 쓰인다고 한 것은 '-은'을 조사 '-이/가'와 비교하면서 얻은 결과라고 할 수 있다. 특히, '코끼리는 코가 길다'와 같은 이른바 이중주어문의 문두(文頭)에서 '-은'의 주제 표시 기능이 주격이 실현되는 위치와 같다는 점도 이러한 관찰의 결과일 것이다. 그러나 '-은'이 분포하는 더 많은 환경을 고려하면 '-은'은 단순한 선택을 나타내고 선택에서 제외된 대립하는 요소를 확실히 전제하는 의미를 갖는다.[17]

3.5. 조사 '-을'의 의미

조사 '-을'은 일반적으로 타동사의 목적어를 표시하는 기능을 지닌 것

---

17) 이러한 조사 '-은'의 의미는 동명사어미 '-은'의 의미인 '완료', '완결'의 의미와 관련성이 있다. 서태룡(1980)에서는 조사 '-은'과 동명사어미 '-은'이 전제되는 대립적 내용의 '확실성'이라는 의미를 공유하는 것으로 설명한 바 있다.

으로 알려졌으나 그 분포를 모두 고려하면 '-을'은 이른바 '대격 배당 원리'로만 설명될 수 없다.[18] 이러한 현상에 대한 논의는 주제화의 개념을 통해 설명한 임홍빈(1980), 이광호(1988)에서 찾아볼 수 있다. 특히, 이광호(1988)에서는 이른바 '비대격'의 '-을'이 비대조적 대립, 언급 대상성, 특정성 등의 의미를 갖는 것으로 설명하였는데, 적어도 '-을'이 '격조사'의 기능만을 담당하는 것이 아니라는 점에서 '-을'의 의미와 관련하여 시사하는 바가 크다. 본고는 이러한 논의의 핵심적인 내용을 수용하되 '-을'의 의미를 선택에서 제외된 대립하는 내용을 전제하고 그 대립이 불확실하므로 선택된 내용이 오히려 더 확실하다는 의미를 갖는 것으로 파악한다.[19]

> (15) 가. 영수가 이번에 대학을 간다.
>   나. 영희는 배탈이 나서 많이 먹지를 못했다.
>   다. 자네 부탁이나 알아를 보겠다.

(15가, 나, 다)에서 자동사 '가다'에 선행하는 '-를'과 부사형어미 '-지'나 '-고' 다음에 통합된 '-를'을 대격 조사라고 할 수는 없다. 이광호(1988)에서 지적한 것처럼 수량사에서의 '-을', '어근+하다'에서의 '-을', 처격조사에 통합하는 '-을' 등 더 많은 경우의 '-을'을 고려하면 대격 조사로서의 '-을'의 입지는 점점 좁아진다. 그렇다고 문제의 해결이 비대격 '-을'에 있는 것 같지는 않다. 왜냐하면 비대격 '-을'은 논리적으로 대격 '-을'의 개념을 전제로 '주제화'의 해석을 받는 것으로 간주되기 때문이다. 그

---

18) 그런데 김귀화(1988)에서는 모든 '-을'이 이동 변형에 의해 목적격을 구조적으로 배당받는 것으로 보고 이를 '초점화'의 개념으로 설명하고 있다.

19) 이러한 시각은 서태룡(1980)에서 동명사어미 '-을'과 조사 '-을'의 관련성을 설명하면서 이루어진 바가 있다. 한편, 왕문용(1983)에서는 '-을'의 보조사적 성격에 대해 '강조'의 의미를 부여하기도 하였다.

보다 '-을'의 의미는 동명사어미 '-을'과 깊은 관련성을 가지고 있으며 선택에서 제외된 내용을 전제하고 그 대립이 불확실하므로 선택된 내용이 확실한 선택의 의미를 갖는다. 가령, 백낙천(2003가)에서 논의한 바 있듯이, 접속어미 '-은들', '-거늘'의 마지막 구성요소로 '-을'이 분석 가능하다고 할 때, 이때의 '-을'을 대격 조사로만 간주한다면 합리적인 설명을 기대하기 어렵다. 왜냐하면 통합형 접속어미의 마지막 구성요소 '-을'에 선행하는 성분이 체언만이 아니며 후행하는 서술어로 타동사만 나타나는 것은 아니기 때문이다.[20]

3.6. 조사 '-에'의 의미

조사 '-에'는 장소, 지향의 공간적 의미를 나타내 주는 것뿐만 아니라 이유나 원인 등 다양한 용법을 나타내는 것으로 기술되었다.[21]

> (16) 가. 수많은 기록 문화 유산은 박물관에 전시되어 있다.
> 나. 이번 주말에 설악산에 가자.
> 다. 갑자기 닥친 폭우에 도로가 침수되었다.

(16가, 나, 다)에서 '박물관에', '설악산에', '폭우에'가 문장상 부사어의 위치에서 각각 장소, 지향, 이유나 원인을 나타낼 수 있다고 하더라도 '-에' 자체에 이런 다양한 의미가 있다고 보기는 어렵다. 오히려 이들은 후행하는 서술어 '있다', '가자', '침수되었다'와의 관계 의미에서 나온 것으로

---

20) 이홍식(2004)에서도 조사 '-을'을 격표지로 보지 않고 화자가 판단이나 기술의 대상으로 삼는 명제와 화자의 대상 관계를 표현하는 것으로 보고 '-을'을 보조사와 같은 기능을 보이는 것으로 파악한 바 있는데, '-을'에 대한 기본적 접근은 본고와 동일하다고 하겠다.
21) 물론 이 문제는 '-에'에만 국한되는 것은 아니며, 적어도 의미역만을 문제 삼는다면 국어의 조사는 특정한 의미역만을 담당하지 않는다고 보는 것이 합리적이다.

보는 것이 합리적일 것이다. (16가, 나, 다)에서 '-에'가 통합된 성분이 부
사어의 기능을 할 수 있는 것은 '-에'가 서술어의 의미를 한정시켜 주고
선행하는 명사구의 범위를 한정시켜주기 때문이다.22)

특히 '-에'는 명사형어미 '-음', '-기'에 통합되어 접속어미의 구성요소
로 기능하기도 한다. 물론 '-음', '-기'는 그 자체로 명사성을 본질로 하기
때문에 이것이 문장 내에서 일정한 성분의 자격을 갖추기 위해서는 '-에'
는 후술할 '-으로'와 함께 필요하다.23) 이때 '-으매', '-기에'가 이유나 원
인의 의미를 갖는 것은 '-에'에 의한 것이라고 할 수 있다. 한편, '-으매'
가 주로 문어체에 쓰이고 후대형인 '-기에'가 구어체에 주로 쓰이는 것은
명사형어미 '-기'의 기능 확대와 무관하지 않다.24)

3.7. 조사 '-으로'의 의미

국어의 조사 중 가장 다양한 용법을 가지는 것으로 알려진 '-으로'는
수단, 도구, 지향, 이유나 원인 등 다양한 용법을 나타내는 것으로 기술되
었다.

(17) 가. 도공이 흙으로 도자기를 굽는다.

---

22) 이남순(1983)에서도 '-에'는 동작이나 상태의 양식과 관련하여 동사의 내포를 한정하고
'-으로'는 동사의 외연을 한정하는 것으로 차이를 설명하면서 '-에'가 보이는 다양한
의미가 '-에' 자체의 의미는 아니라고 하였다.
23) 이 문제와 함께 익명의 심사위원께서는 '-에'와 '-으로'가 부사형어미에 결합할 수 없
다는 사실을 지적하면서 본고에서 언급하고 있는 여타의 조사와는 같은 차원에서 논의
되기 어렵다고 하였다. 결국, 이 문제도 조사의 하위 부류와 관련하여 별도의 논의에서
이루어져야 할 것으로 보인다.
24) 채완(1979)에서는 '-기'의 사용이 18세기에 급증하고 있음을 통계를 통해 보여 주고 있
다. 그러나 이러한 변화의 원인이 무엇인지에 대해서는 아직 명확하게 밝혀지지 못한
상태이다.

　　나. 그 노동자는 분신으로 자신의 억울함을 주장하였다.
　　다. 영수는 미국으로 출장을 갔다.
　　라. 영희는 심한 감기로 병원에 입원했다.

　특히, (17가, 나)에서 '-으로'는 '-을 가지고'의 의미와 추상적 관계에 있는 것으로 '-으로'의 가장 대표적인 용례에 해당한다. 그런데 (17가, 나, 다, 라)에서 '흙으로', '분신으로', '미국으로', '감기로'가 각각 도구, 수단, 지향, 이유나 원인을 나타낼 수 있다고 하더라도 '-으로' 자체에 이런 다양한 의미가 있다고 보기는 어렵다. 오히려 이들은 후행하는 서술어 '굽는다', '주장하였다', '갔다', '입원했다'와의 관계 의미에서 나온 것으로 보는 것이 타당하다. 이와 관련하여, 이광호(1985)에서는 '-으로'의 다양한 의미 기능은 선행하는 명사구의 의미 자질과 후행하는 동사구의 어휘 의미에 따라 다르게 인식되는 것으로 보고 '-으로'의 의미 기능을 통합하여 '수단'을 나타내는 의미로 파악하기도 했는데, (17가, 나, 다, 라)에서 '-으로'가 통합된 성분이 부사어의 기능을 하고 있다는 것에 주목한다면 이는 '-으로'가 서술어의 의미를 한정시켜 주기 때문이라고 할 수 있다.25)

　한편, '-으로'의 다양한 관계 의미에 주목한 임홍빈(1974)에서는 '-으로'가 [+선택적]이라는 의미 특성을 기본 의미로 갖는 것으로 본 것은 문제의 '-으로'가 '-에'와의 관계에서 보이는 미묘한 차이를 설명하는 데 유력한 증거로 작용한다. 가령, 다음의 예문에서 '-으로'와 '-에'가 이유나 원인의 의미로서 대체될 수 있다고 하더라도 미묘한 의미 차이를 가져오는 것은 '-으로'가 갖는 선택의 의미 자질로 설명이 가능하다.

　　(18) 가. 그는 자식 문제로 골머리를 앓았다.

_____

25) 한편, 정주리(1999)에서는 '-으로'의 다양한 의미들 사이의 관계를 인지 의미론적 관점에서 고찰하여 이동의 지향점이나 경로를 나타내는 것이 '-으로'의 기본 의미라고 하였다.

　　나. 그는 자식 문제에 골머리를 앓았다.

　(18가)에서 그가 골머리를 앓은 것은 여러 원인 중에 '자식 문제'라는 것이 선택적으로 작용한 경우인 반면에 (18나)에서는 그가 골머리를 앓은 것이 '자식 문제'에만 한정된 것으로 판단된다. 더욱이 김지은(1998)에서도 언급된 바 있듯이, 다음의 예문은 '-으로'가 서술어의 의미를 한정한다.

　(19) 가. 영수는 물질적으로 남부러울 것이 없을 정도로 부자이다.
　　　　나. 과학적으로 영화 매트릭스는 허점이 많다.

　(19가, 나)에서 '물질적으로', '과학적으로'는 후행하는 서술어 '부자이다', 많다'와 의미적으로 직접적인 관련이 없이 문장상에서 이동이 자유롭다는 점에서 독립적인 부사구로 쓰이고는 있지만 서술어의 의미를 한정하고 있는 것은 분명하다. 이러한 점에 비추어볼 때, (17가, 나, 다, 라)는 '흙', '분신', '미국', '감기'를 제외한 다른 자매항을 전제로 하면서 선택되고 있음을 '-으로'가 나타내고 있다고 할 수 있다. 특히, '-으로'는 명사형어미 '-음', '-기'에 통합되어 접속어미의 구성요소로 기능하기도 하는데, 이때 '-으므로', '-기로'가 이유나 원인의 의미를 갖는 것은 '-으로'에 의한 것이라고 할 수 있다. 더욱이 '-으므로'가 주로 문어체에 쓰이고 후대형인 '-기로'가 구어체에 주로 쓰이는 것은 명사형어미 '-기'의 기능 확대와 무관하지 않다.

4. 맺음말

지금까지 본고는 격조사와 보조사가 확연히 구분되는 범주가 아니며, 격조사가 갖고 있는 격 기능은 이들 조사가 갖고 있는 의미 기능의 하나로 이해할 수 있음을 전제로 하여 논의를 전개하였다. 특히, '-이', '-을'이 체언 외에도 용언의 활용형과 부사어 다음에도 통합할 수 있으며, 보조사로 알려진 '-은', '-도'와 계기적 통합이 불가능한 것이 이들이 가지고 있는 의미의 동질성에 기인한 것임을 주제화 현상을 통해 살펴보았다.

또한, 마지막 구성요소로 조사가 통합된 접속어미를 대상으로 국어 조사의 범주적 위상과 그 의미적 특징을 살펴보았다. 본고의 논의를 통해 확인된 조사 '-만', '-도', '-야', '-은', '-을', '-에', '-으로'는 동일하게 선택에서 제외된 내용을 전제한다는 공통적 의미를 공유하며 이것이 조건의 의미 기능을 나타낸다. 그리고 '-만'은 선택된 내용이 유일한 선택이며, '-도'는 추가적인 선택이며, '-야'는 필연적이고 당연한 선택이며, '-은'은 단순한 선택을 나타내고 선택에서 제외된 대립하는 요소를 확실히 전제하며, '-을'은 전제된 대립이 불확실함을 나타내며, '-에'와 '-으로'는 선택된 내용을 한정하는 의미를 갖는다.

그러나 본고는 국어의 조사가 어미와 더불어 화용론적 표지이며 담화의 핵으로 기능한다는 점을 적극적으로 드러내지는 못했다. 본고의 논의가 보다 설명력을 갖는다면 동일한 형태의 조사와 어미를 하나의 범주로 보는 통합적 접근에 대한 인식도 확대될 것이다. 국어 문법의 품사 분류 체계와도 관련되는 이에 대한 보다 심도 있는 논의는 앞으로의 과제로 남긴다.

참고문헌

고석주(2002), 「조사 '가'의 의미」, 『국어학』 40, 국어학회, 221-246면.

고영근(1975), 「현대국어의 어말어미에 대한 구조적 연구」, 『응용언어학』 7-1, 73-99면.

권재일(1985), 『국어의 복합문 구성 연구』, 집문당.

김귀화(1988), 「국어의 격 연구 -격중출문과 주어인상구문을 중심으로-」, 『한국어연구』 14호.

김영희(1974), 「한국어 조사류어의 연구 -분포와 기능을 중심으로-」, 『문법연구』 1집, 271-311면.

김지은(1998), 「조사 '-로'의 의미와 용법에 대한 연구」, 『국어학』 31, 국어학회, 361-393면.

남기심·고영근(1993), 『표준 국어 문법론(개정판)』, 탑출판사.

남윤진(1997), 『현대국어의 조사에 대한 계량언어학적 연구』, 서울대학교 박사학위 논문.

목정수(2003), 『한국어문법론』, 도서출판 월인.

박진호(1994), 「통사적 결합관계와 논항구조」, 『국어연구』 123, 국어연구회.

백낙천(2003가), 『국어의 통합형 접속어미』, 도서출판 월인.

백낙천(2003나), 「'-자'를 포함한 접속어미의 형태론적 해석」, 『국어교육』 112, 한국국어교육연구학회, 247-271면.

서태룡(1980), 「동명사와 후치사 {은} {을}의 기저의미」, 『진단학보』 50호, 진단학회, 97-120면.

서태룡(1982), 「국어의 조건과 주제」, 『성심여대 논문집』 13집, 성심여대, 21-37면.

서태룡(1987), 『국어 활용어미의 형태와 의미』, 서울대학교 박사학위 논문.

서태룡(2000), 「'-이'와 '-가'의 형태론」, 『동악어문논집』 36집, 동악어문학회, 19-42면.

서태룡(2006), 「국어 조사와 어미의 관련성」, 『국어학』 47, 국어학회, 65-89면.

선우용(1994), 「국어 조사 '이/가', '을/를'에 대한 연구 -그 특수조사적 성격을 중심으로-」 『국어연구』 124, 국어연구회.

안병희(1966), 「부정격의 정립을 위하여」, 『동아문화』 6, 서울대학교 동아문화연구소.

왕문용(1983), 「'-를'에 대하여」, 『국어교육』 46·47호, 한국국어교육연구회, 231-254면.

이광호(1985), 「격조사 {로}의 기능 통합을 위한 시론」, 『선오당 김형기 선생 팔지 기념논총』, 115-145면.

이광호(1988), 『국어 격조사 '을/를'의 연구』, 국어학 총서 12, 탑출판사.

이남순(1983), 「'에'와 '로'의 통사와 의미」, 『언어』 8-2, 한국언어학회, [이남순(1998), 137-168면에 재수록].

이남순(1988), 『국어의 부정격과 격표지 생략』, 탑출판사.

이익섭·임홍빈(1983), 『국어문법론』, 학연사.

이필영(1982), 「조사 '가/이'의 의미분석」, 『관악어문연구』 7집, 서울대학교 국어국문학과, 417-431면.

이필영(1993), 『국어의 인용구문 연구』, 탑출판사.

이홍식(2004), 「조사 '을'의 의미에 대하여」, 『한국어의미학』 15, 한국어의미학회, 303-327면.

임동훈(1991), 「현대국어 형식명사 연구」, 『국어연구』 103호, 국어연구회.

임동훈(2004), 「한국어 조사의 하위 부류와 결합 유형」, 『국어학』 43, 국어학회, 119-154면.

임홍빈(1972), 「국어 주제화 연구」, 『국어연구』 28호, 국어연구회.

임홍빈(1974), 「{로}와 선택의 양태화」, 『어학연구』 10-2호, 서울대학교 어학연구소, 143-159면.

임홍빈(1980), 「{을/를} 조사의 의미와 통사」, 『한국학논총』 2, 국민대학교, 91-130면.

임홍빈(1987), 『국어의 재귀사 연구』, 신구문화사.

정주리(1999), 「조사의 의미기술을 위한 시론」, 『국어의 격과 조사』, 도서출판 월인, 841-866면.

채 완(1979), 「명사화소 '-기'에 대하여」, 『국어학』 8, 국어학회, 95-135면.

채 완(1998), 「특수조사」, 『이익섭 선생 회갑 기념 논총』, 태학사, 115-138면.

최동주(1997), 「현대국어의 특수조사에 대한 통사적 고찰」, 『국어학』 30, 국어학회, 201-224면.

최현배(1937/1971), 『우리말본』, 정음사.

한정한(2003), 「격조사는 핵이 아니다」, 『한글』 260호, 한글학회, 151-184면.

허 웅(1975), 『우리옛말본』, 샘문화사.

Barry J. Blake(1994), 『Case』, Cambridge University Press, 고석주 옮김(1998), 『격』, 한신문화사.

Haiman, J.(1976), 「Conditionals are topics」, 『Language』 54-3, 564-589면.

제7장 조사 통합형 접속어미의 특징

1. 머리말

본고는 마지막 구성요소로 조사가 통합된 접속어미의 형태론적 구성과 의미 기능을 살피는 것을 목적으로 한다. 구체적으로 마지막 구성요소로 조사 '-만'이 통합된 접속어미인 '-다만', '-지만', '-으련만', '-건만', '-더니만', 조사 '-도'가 통합된 '-어도', '-더라도', '-을지라도', 조사 '-야'가 통합된 '-어야', 그리고 마지막으로 조사 '-은'이 통합된 '-으면', '-거든', '-느라면', '-더라면'의 형태와 의미 특징을 규명할 것이다. 그리고 이들 접속어미가 양보적 조건의 의미를 가질 수 있는 것은 분석되는 조사의 의미 특성에 기인하는 것이라 할 수 있다. 이때 양보적 조건은 선행절의 후행절에 대해 대립을 전제하는 의미를 지니며 전제된 대립은 물론이고 선행절을 양보하고도 후행절의 내용을 요구한다.[1] 이들 접속어미의 마지막 구성요소로 분석되는 조사는 그 형태와 관계없이 선행 요소를 선택하고

---

1) 물론 조사 통합형 접속어미는 기본적으로 조건의 의미를 갖는데, 이때의 조건이란 넓은 의미의 조건으로서 단순 조건, 필수적 조건, 대립적 조건, 선택적 조건, 양보적 조건 등을 포괄한다고 할 수 있다.

선택에서 제외된 요소를 대립하여 담화에 전제하는 의미를 기본적으로 갖는다.[2] 바로 이러한 이유로 조사 통합형 접속어미는 동일하게 양보적 조건의 의미를 갖게 되는데, 본고는 이러한 특징을 설명하고자 한다.

2. '-만' 통합형 접속어미

2.1. '-다만'

접속어미 '-다만'은 선어말어미와의 통합에서 종결어미 '-다'의 통합적 특징과 일치를 보이며, '-다만'이 선어말어미 '-더-'와 통합되는 경우에는 합쇼체 등급에서만 나타난다.

    (1) 가. 시험 접수는 했습디다만 정작 시험은 안 본 것 같습니다.
        나. 선물을 받으니 기쁩디다만 왠지 부담이 됩니다.
        다. 윤아는 예술가입디다만 왠지 예술과는 거리가 먼 것 같습니다.

이때에는 (1가, 나, 다)와 같이 '-디-'로 실현되는데, 합쇼체 등급에서만 가능한 '-디-'는 '-더-'와 청자 존대를 나타내는 '-으이-'가 통합된 것이다.[3] '-다만'은 선행절의 독립성이 강하게 인식되는데, 이것은 '-다'가 선

---

[2] 본고는 격조사와 보조사를 구분하지 않고 '조사'라는 용어를 쓰기로 한다. 사실, 격조사가 격표지의 기능만을 담당하지 않으며, 음운론적 단위, 지배영역의 문제, 조사 중첩의 현상 등에서 보이는 격조사와 보조사의 유사사성에 근거할 때 격조사와 보조사의 구분은 그리 분명하지 않다.
[3] 한편, 해라체 의문형어미로서의 '-디'는 '-더-'와 상태 유지를 나타내는 어말어미 '-이'에 수행 억양이 통합된 것으로 통합형에 있어서 이러한 음운 현상에 대한 이해는 가령, '-느-'에 '-으이-'가 통합된 '-니-'와 '-느-'에 어말어미 '-이'가 통합되어 해라체 의문형어미로 쓰이는 '-니'의 구별을 위해서도 필요하다.

행절을 단순히 끝맺는 확실성의 의미를 지녔기 때문이다. '-다만'의 '-만'
은 선행절의 내용을 유일하게 선택하고 선택에서 제외된 내용의 대립을
전제한다.

한편, 접속어미 논의에서 '-다만'을 다룬 논의와 관련하여 이익섭 · 임
홍빈(1983)에서는 '-다만'이 대립하는 선행절과 후행절을 연결하다는 점에
주목하여 대칭성의 기준으로 '-다만'을 대등 접속어미로 보았다. 그러나
대등 접속문이라는 것은 체계 내에서나 존재할 뿐 엄밀한 의미에서 선행
절과 후행절이 대등하게 연결되는 경우를 찾기는 어렵다.4) 더욱이 '-다
만'은 '-만'이 가지고 있는 의미 때문에 선행절과 후행절의 위치를 바꾸
었을 때 지배 영역이 달라지므로 이 경우에 완전한 동의 관계를 이룬다고
보기 어렵다.

    (2) 가. 윤주는 짜장면을 먹는다만 철수는 짬뽕을 먹는다.
        나. 윤주는 학원에 잘 다닌다만 영수는 학원에 잘 안 다닌다.
    (3) 가. 윤아는 슬펐다만 울지는 않았다.
        나. 영수는 학원에 다닌다만 공부는 안 한다.

(2가, 나)와 같이 선행절과 후행절이 비동일주어이고 '-만'에 의해 선행
절을 유일하게 선택하고, 선택에서 제외된 내용을 전제하는 경우에 후행
절은 전제된 대립의 내용이 이어질 수 있다. (2가, 나)를 대립의 의미로 파
악한 논의는 결국 '-만'의 의미에 의한 것으로 설명된다. 그런데 (3가, 나)
와 같이 '-다만'의 선행절과 후행절이 동일주어일 경우에는 '-만'이 선행
절 전체를 유일하게 선택하고 그에 대한 대립을 전제하지만 전제된 대립
으로서의 후행절이 선행절과 동일주어가 되어 대립 관계를 이루지 못하

---

4) 문장 확대 기제인 접속을 대등 접속과 종속 접속으로 나누는 것은 통사론적 문제라기보
   다는 선행절과 후행절이 맺고 있는 의미론적 문제라고 할 수 있다.

고 후행절은 선행절의 기대에 어긋나는 의미를 나타내고 있다. 결국, (3가, 나)의 '-다만'이 양보적 조건의 의미를 갖는 이유는 '-다만'의 '-만'이 선행절의 내용을 유일하게 선택하고 선택에서 제외된 내용을 전제하고 전제된 대립의 후행절이 선행절의 기대에 어긋나기 때문이다.

2.2. '-지만'

접속어미 '-지만'은 선어말어미 '-거-', '-느-', '-더'와 통합이 불가능한 것으로 알려졌으며, 마지막 구성요소 '-만'은 선행절을 유일하게 선택하고 선택에서 제외된 내용을 전제하기 때문에 후행절은 전제된 대립의 내용이 이어질 수 있다. (4가, 나)를 대립의 의미로 파악한 논의는 결국 '-만'의 의미에 의한 것으로 설명된다. 그런데 이 경우에는 선행절과 후행절의 동일주어 여부가 의미 해석에 변수로 작용하여 선행절과 후행절의 주어가 다르면 대립의 의미가 강하게 드러난다.

(4) 가. 윤주는 짜장면을 먹었지만 영희는 짬뽕을 먹었다.
　　나. 영수는 백화점에 안 다니지만 윤주는 백화점에 잘 다닌다.

한편, '-지만'은 대립하는 선행절과 후행절을 연결한다는 점에 주목하여 최재희(1991)에서는 대표적인 대등 접속어미로 분류하였으며, 이은경(1996)에서는 '-지만'이 일반적으로는 대칭성을 보이나 시간이 개입되는 경우에는 대칭성이 약화되는 것으로 파악했다. 즉, 대칭성의 기준을 '-지만'을 대등 접속어미로 보는 유력한 근거로 삼은 것이다. 그러나 '-지만'은 '-만'이 가지고 있는 의미 때문에 선행절과 후행절의 위치를 바꾸었을 때 지배 영역이 달라지므로 (4가, 나)와 (5가, 나)가 완전한 동의 관계를 이룬다고 보기 어렵다.

(5) 가. 영희는 라면을 먹었지만 윤주는 우동을 먹었다.
    나. 윤주는 백화점에 잘 다니지만 영수는 백화점에 안 다닌다.

그런데 (6가, 나)와 같이 '-지만'의 선행절과 후행절이 동일주어일 경우에는 '-만'이 선행절의 내용을 유일하게 선택하고 선택에서 제외된 내용을 전제하고 전제된 대립의 후행절이 선행절과 동일주어가 되어 대립 관계를 이루지 못한다.

(6) 가. 철수는 슬펐지만 울지는 않았다.
    나. 영수는 학교에 다니지만 공부는 안 한다.

'-지만'이 양보적 조건의 의미를 갖는 이유는 '-지만'의 '-만'이 선행절의 내용을 유일하게 선택하고 선택에서 제외된 내용을 전제하고 전제된 대립의 후행절이 선행절의 기대에 어긋나기 때문이다.

2.3. '-으련만'

'-으련만'은 '-으려-'⁵)에 어말어미 '-은'과 조사 '-만'이 통합된 접속어미이다. '-으련만'이 '-건만'과 상호 대체될 수 있는 이유는 '-어-'의 이형태인 '-거-'가 '-건만'에서도 확인되고 미정·미완료의 '-을'이 '-거-'와 범주는 다르지만 의미에 있어서 상관관계가 있기 때문이다. 물론, '-으련

---

5) 이때의 '-으려-'는 '-으려고'에서의 '-으려-'와 좀 다른 것 같다. '-으려니'와 '-거니', '-으련만'과 '-건만'의 대립의 짝을 고려할 때, '-으려고'는 대립의 짝으로 *'-거고'의 존재를 상정하기 어렵기 때문이다.

만'이 '-건만'에 비해 선행절의 내용이 가능이나 추측으로 강하게 인식되는 것은 첫 구성요소로 분석되는 '-을'의 의미에 기인한다.

(7) 가. 가을이 왔{-으련만, -건만} 더위가 식을 줄을 모른다.
　　나. 아버지께서는 부자이{-으련만, -건만} 자식에게는 인색하시다.

(7가, 나)에서 '-건만'은 '-거-'의 의미 때문에 청자는 지각하지 못한 채 화자가 지각한 선행절의 내용을 '-은'에 의해 결정, 완료로 인지하는 반면에, '-으련만'은 미정, 미완료의 '-을'이 '-은'에 직접 통합되어 있지 않아 그만큼 가능이나 추측의 의미가 '-건만'에 비해 현저하게 드러나는 것이다.

(8) 가. 철이 들만도 하련만 오히려 어린애가 되어 간다.
　　나. 바야흐로 졸업이련만 마음은 착잡하구나.

한편, (8가, 나)의 '-으련만'이 양보적 조건의 의미를 갖는 이유는 '-으련만'의 '-만'이 선행절 전체를 유일하게 선택하고 그에 대한 대립을 전제하지만 전제된 대립으로서의 후행절이 선행절과 동일주어가 되어 대립 관계를 이루지 못하고 후행절은 선행절의 기대에 어긋나는 의미를 나타내기 때문이다.

2.4. '-건만'

'-건만'은 '-거-'와 어말어미 '-은'과 조사 '-만'이 통합된 접속어미이다. 윤평현(1989)에서는 '-건만'이 선행절과 후행절 사이에 내용상 필연적인 관계가 있을 것을 요구한다고 하면서, 이러한 요구를 충족시키지 못하고 있는 (9나)를 비문이라고 한 바 있다.

(9) 가. 그가 돈이 많지만 나는 그를 부러워하지 않는다.
　　나. *그가 돈이 많건만 나는 그를 부러워하지 않는다.

즉, 윤평현(1989:87)에서는 그가 돈이 많고, 돈이 많은 그를 내가 마땅히 부러워해야 한다는 것은 일반적인 인식으로 합당치 않기 때문이라는 볼 수 있는데, (9나)가 비문이 되는 이유는 '-건만'이 필연적 관계와 관련하기 때문이라는 것이다. 물론, (9가, 나)가 의미의 차이를 보이고 있는 것은 사실이지만 엄밀한 의미에서 그 이유는 '-지'와 '-건'의 차이에 의한 것이며, '-건만'은 '-지만'처럼 선행절을 긍정하기보다는 청자는 지각하고 있지 않지만 화자의 지각은 가능한 것을 나타낸다는 의미의 차이 내에서 상호 대체가 가능하다는 점에서 (9나)를 비문이라고 보기는 어려울 것이다. '-건만'은 분석되는 '-은'에 의해 결정, 완료의 의미로 종결된 선행절이 '-만'에 의해 유일하게 선택되고, 선행절이 대립을 전제하므로 양보적 조건의 의미를 갖는다.

2.5. '-더니만'

'-더니만'은 '-으니'에 선어말어미 '-더-'가 앞에 통합한 '-더니'에 '-만'이 통합된 접속어미이다. '-더니만'이 양보적 조건의 의미를 갖는 이유는 '-더니만'의 '-만'이 선행절의 내용을 유일하게 선택하고 선택에서 제외된 내용을 전제하고 전제된 대립의 후행절이 선행절의 기대에 어긋나기 때문이다. 임홍빈(1982)에서는 의식의 단절을 나타내는 '-더-'가 청유형과 명령형에 나타나지 못하는 이유를 청유형, 명령형이 갖는 미래성이 '-더-'

가 갖는 과거성과 기본적으로 양립할 수 없기 때문이라고 하였으나 '-더-'
의 분석이 가능한 '-더니만'은 (10다, 라)의 경우처럼 청유형과 명령형에
제약이 없다.[6] 그 이유는 '-더니'가 '-다만', '-지만'의 '-다'와 '-지'와
같이 선행절 전체를 지배영역으로 하는 종결어미의 기능을 갖고 거기에
'-만'이 통합되었기 때문에 후행절 서법과 무관한 것으로 이해된다.

> (10) 가. 문이 열리더니만 바람이 불어 왔다.
>   나. 엊그저께 군 입대를 한 것 같더니만 벌써 말년 휴가 나왔니?
>   다. 여태껏 떠들더니만 이제는 조용히 하자.
>   라. 그렇게 까불더니만 앞으로는 조심해라.

한편, 임홍빈(1982)의 논리대로라면 (11가, 나)에서 후행절이 선행절에
대해 기대 부정의 결과인 것은 '-더-'가 갖는 의식의 단절이라는 의미로
설명되어야 할 것이다.

> (11) 가. 어제는 사랑한다고 하더니만 오늘은 싫다고 한다.
>   나. 중학교 때에는 착하더니만 고등학교 들어와서 말썽꾸러기가 되
>   었다.

그러나 후행절의 결과가 기대되는 결과를 나타내는 (12가, 나)의 경우까
지도 '-더-'의 의미를 의식의 단절이라고 할 수는 없을 듯하다.

> (12) 가. 철수는 그렇게 공부를 안 하더니만 결국 입시에 낙방했다.

---

6) 서태룡(1987:167)에서도 지적하고 있듯이, 문제의 '-더-'가 통합형의 구성요소에서는 의
   식의 단절이라는 의미를 적극적으로 드러내지 못한다. 가령, '-습디다', '-습디까', '-더
   니만', '-더라도', '-더라면' 등에서 확인되는 '-더-'의 의미는 회상이나 경험의 의미를
   지니는 것으로 파악된다. 따라서 '-더-'가 나타나는 모든 경우를 고려하면 '-더-'의 의미를
   '-거-', '-느-'와의 대립 관계 속에서 파악하여 과거지각으로 이해하는 것이 합리적이다.

　　　나. 날씨가 찌뿌듯하더니만 이내 비가 내렸다.

　'-더니만'이 양보적 조건의 의미를 갖는 이유는 마지막 구성요소인 '-만'
이 산행절의 내용을 유일하게 선택하고 선택에서 제외된 내용을 전제하
고 전제된 대립의 후행절이 선행절의 기대에 어긋나기 때문이다.

3. '-도' 통합형 접속어미

3.1. '-어도'

　'-어도'가 양보적 조건의 의미를 갖는 것은 조사 '-도'에 의해 선행절
의 내용이 추가로 선택되고, 선행절의 대립을 전제하기 때문이다. '-어도'
는 (13가, 나, 다)처럼 선행절에 '아무리', '비롯', '기껏', '설령' 등의 부사
어나 '누구', '무엇', '아무'와 같은 비한정어가 결합되면 양보적 조건의
의미가 더욱 선명해진다.

　　　(13) 가. 네가 아무리 변명을 늘어놓아도 용서를 받기는 어려울 것이다.
　　　　　　나. 비록 내가 체력이 부족해도 마라톤 완주는 꼭 할 것이다.
　　　　　　다. 누구를 상대해도 이번 경기에 패배하지 않을 것이다.

　전혜영(1989:94-95)에서도 지적한 바와 같이 '-어도'가 화자의 가치 판단
을 전제로 한 경우에는 조건의 의미를 나타내는 '-으면'과 대체될 수 있다.

　　　(14) 가. 사람은 너무 돈이 많아도{-으면} 걱정이 많은 법이다.
　　　　　　나. 지나치게 친절해도{-으면} 오해를 받는다.

(14가, 나)에서 후행절에는 화자의 추측이나 단정이 오기 때문에 과거를 나타내는 선어말어미가 올 수가 없다고 할 수 있다.

한편, '-어도'의 의미를 다루면서 대부분의 논의들이 '-어도'가 선, 후행절이 비동일주어이거나, 서술어가 의미상의 대립을 이룰 경우에는 대립의 의미를 지니는 대립 접속어미로, 서술어가 기대의 부정을 나타낼 경우에는 양보의 의미를 지니는 양보 접속어미라고 분류하기도 하였으나,[7] '-어도'는 '-어'에 의해 선행절이 종결되고 여기에 추가와 대립을 전제한 선택의 의미를 지니는 '-도'의 결합으로 선행절이 대립을 전제하는 양보적 조건의 의미를 나타낸다.

3.2. '-더라도'

'-더라도'는 일어날 가능성이 없거나 실현성이 없는 경우에 쓰이는데 그 이유는 구성요소인 '-더-' 다음에 미정의 '-을'이 통합되었기 때문이다. 이러한 해석의 가능성을 '-더라도'의 형태 분석을 통해 확인해 보면 다음과 같다.

첫 번째 분석 방법은 '-더-'에 '-아도'의 변이형 '-라도'가 직접 통합된 것으로 보는 것이다. 그러나 이 방법이 가능하려면 우선 접속어미 '-아도'의 통합적 특징을 확인해 보아야 하는데, '-아도'는 '-더-'에 통합된 예를 문헌에서 확인할 수 없으며 '-더-'와 계열 관계를 이루는 '-거-', '-느-', '-더-'에도 통합하지 않으므로 '-더-'와 '-아도'의 직접 통합 가능성은 배제된다.

두 번째 분석 방법은 이필영(1993)에서 확인할 수 있는 것으로 '-더라

---

7) 대표적인 논의로 윤평현(1989), 전혜영(1989) 등이 있다.

하어도'에서 융합된 형식으로 보는 것이다. 이필영(1993:170)에서는 '-더라도'를 비환원적 융합형으로 간주하고 '-더라#하어도' > '-더라-Ø아도' > '-더라도'의 형성 과정을 거치는 것으로 파악했다. 더욱이, 융합의 과정에서 해라체 종결어미 '-더라'처럼 주어의 인칭 제약을 반영하지 않는다는 것에 근거하여 '-더라도'에서 '-더-'의 의미와 '-더라'에서 '-더-'의 의미가 같지 않다고 하였다. 그러나 이필영(1993)의 논의가 갖고 있는 문제점은 과연 융합으로 인한 기능 변화가 있다고 해도 '-더라도'의 '-더-'와 과거 지각의 선어말어미 '-더-'가 근본적으로 다른 것인지 의문이며, 또한 인용 구문에서 거론되는 '-고'에 대한 문제를 어떠한 형식으로든 언급하지 않은 것을 문제점으로 지적할 수 있다. 즉, '-더라도'가 '-더라고 하어도'에서 융합된 것이 아닌 '-더라 하어도'에서 융합된 것으로 본 이유가 분명치 않다는 것이다.

세 번째 분석 방법은 '-더라'에 조사 '-도'가 통합된 것으로 보는 것으로 이익섭·임홍빈(1983), 서정섭(1991)에서 제기한 것이다. 그러나 이 방법은 '-더라도'는 '-아도'와 의미가 비교된다는 점과 '-더라니', '-더라면' 등과의 통합 구성 방법을 고려할 때 '-더라'에 '-도'가 직접 통합될 가능성은 희박하다.

네 번째 분석 방법은 '-더라'에 '-아도'가 통합된 것으로 보는 방법이다. 이 방법은 서태룡(1987:191)에서 제기한 것으로 위의 세 가지 방법보다 합리적인 설명력을 가지고 있다. 이 방법을 취하면서 우리가 해결해야 될 문제는 해라체 종결어미 '-더라'와 달리 '-더라도'는 주어의 인칭 제약을 반영하지 않는다는 것이다. 그러나 이 문제의 해답은 의외로 간단하다. 본래 '-더라'의 인칭 제약은 단문에서 적용되는 것이며 '-더라도'의 '-더라'는 단문이 아닌 접속문에 쓰이므로 아무런 관련이 없다는 것이다. 그러므로 이필영(1993)에서 융합으로 인한 기능의 변화를 상정할 필요가 없게 된다. 요컨대, '-더라도'는 '-더라'에 '-아도'가 통합된 것이 재구조화되어 형성된 통합형 접속어미로서 '-고 하-'가 생략된 것으로 보이는 어미구조체와는 구별된다.

한편, (15가, 나)에서 '-더라도'와 '-어도'가 모두 가능하다고 하더라도 '-어도'에 비해 '-더라도'가 쓰이면 확실성이 결여되어 있음을 알 수 있는데, 이것은 미정·미완료를 나타내는 '-을'의 의미 때문이다.

> (15) 가. 내가 떠나{-더라도, -어도} 용기를 잃지 말아야 한다.
> 나. 태산이 높다 하{-더라도, -어도} 하늘 아래이다.

'-더라도'가 양보적 조건의 의미를 갖는 이유는 '-더라도'의 '-도'가 선행절의 내용을 추가로 선택하고 선택에서 제외된 내용을 전제하고 전제된 대립의 후행절이 선행절의 기대에 어긋나기 때문이다.

3.3. '-을지라도'

'-을지라도'는 '-을지라'에 '-아도'가 통합된 접속어미이다. 이렇게 이해하는 것은 '-더라도'와 마찬가지로 '-더라니', '-더라면' 등과의 통합 구성 방법을 고려할 때, '-을지라'에 조사 '-도'가 직접 통합했다기보다는 '-을지라'에 '-아도'가 통합한 것으로 이해하는 것이 합리적이기 때문이다. '-을지라도'는 '*-은지라도', '*-는지라도'가 불가능하여 '-을'이 관형사형어미라는 증거가 계열 관계에 의해 쉽게 확인되지는 않지만 '-을지라도'의 의미가 선행절의 내용이 미정된 상태임을 나타내는 것으로 보아 '-을'의 분석이 가능하고 또한 선행절의 내용을 긍정적으로 인정하고 있다는 점에서 '지'의 의미와 일치를 보이는데, 관형사형어미 다음이라는 통합 구조를 고려하면 의존명사 '지'를 분석해 낼 수 있다.

(16가, 나, 다)에서 '-을지라도'가 양보적 조건의 의미를 갖는 이유는 '-을지라도'의 '-도'에 의해 선행절의 내용이 추가로 선택되고 선택에서 제외된 내용을 전제하며 전제된 대립의 후행절이 선행절의 기대에 어긋나기 때문이다.

> (16) 가. 이번 시험에 합격하지 못할지라도 나는 결코 실망하지 않을 것이다.
> 나. 그 일을 성공했을지라도 사람들한테 칭찬을 듣지는 못할 것이다.
> 다. 윤주는 마음에 근심이 있을지라도 전혀 내색하는 법이 없다.

다만, '-을지라도'의 선행절이 미정인 것은 '-을'의 의미 때문이며 구조적으로 분석되는 '지'의 의미로 인해 선행절을 긍정적으로 인정하는 의미를 추가로 갖는다.

4. '-야' 통합형 접속어미

4.1. '-어야'

'-어야'는 종결어미 '-어'와 조사 '-야'가 통합된 접속어미이다. '-야'는 대립을 전제하며 필수적 선택의 의미를 나타낸다. '-어야'는 화자의 성실성 조건 여부에 따라 다시 필수적 조건과 양보적 조건의 의미로 양분된다. 필수적 조건일 때는 조사 '-만', '-은'의 계기적 통합이 가능하지만 양보적 조건일 때는 '-만', '-은'의 통합이 불가능하다.8)

---

8) 서태룡(1987:128)에서는 이렇듯 '-어야'가 양보적 조건으로 해석되는 이유를 조사 '-야

'-어야'는 후행절에 명령형이나 청유형이 올 수 없다. 그 이유는 필수적인 조건을 전제로 청자에게 명령이나 청유의 행동을 요구할 수 없기 때문이다.9)

    (17) 가. *오늘 숙제를 끝내야 밖에 나가 놀아라
         나. *윤주가 도착해야 출발하자.

한편, 구현정(1989:78)에서는 서법과 관련하여 '-어야'를 개별 조건문과 일반 조건문으로 나누면서, (18가, 나)처럼 개별 조건문에서의 '-어야'는 청유형과 명령형에 제약이 없으며 조사 '-만'이 통합된다고 하였으며, (18 다, 라)처럼 일반 조건문에서는 청유형과 명령형에 제약이 있다고 하였다.

    (18) 가. 꼭 주인이 와야만 열쇠를 내 주어라.
         나. 흑자가 보장되어야만 그 가게를 인수합시다.
         다. *산에 가야 범을 잡자.
         라. *물이 깊어야 고기가 모여라.

따라서, '-어야'가 청유형과 명령형에 제약을 보이는 이유는 단지 수의적인 화용론상의 제약일 뿐이라고 단정짓고 있다.10)

한편, '-어야'는 후행절에 부정어가 나타나면 선행절의 조건이 이루어져도 후행절의 결과는 기대가 어긋나는 양보적 조건의 의미를 나타낸다. 이때는 조사 '-만', '-은'이 계기적으로 통합할 수 없다.

에 의한 선택이 불가항력에 의해 필연적인 것에 이르게 된 화자의 불만이 포함되기 때문이라고 하였다.

9) 이러한 설명은 서태룡(1987:127)에서 화자의 성실성 조건에 의거하여 이루어진 것으로 이후, 장윤희(1991), 최재희(1991) 등에서도 해석의 수용을 하고 있다.

10) 그런데 구현정(1989)에서 가져온 (18가, 나)는 필수적 조건으로 청유형과 명령형이 가능하지 않은 것을 가능한 것으로 잘못 판단한 것으로 보인다.

(19) 가. 아무리 공부해야*(-만) *(-은) 성적이 오르지 않는다.

　　나. 여러 번 봐야*(-만) *(-은) 무슨 뜻인지 모르겠다.

　　다. 버스 떠난 뒤에 손 흔들어야*(-만) *(-은) 소용이 없다.

(19가, 나, 다)에서 '-어야'는 '-어도'로 대체가 가능한데, 그렇다고 이것이 다른 조사의 대체가 가능한 어미구조체는 아니다. 왜냐하면 (19가, 나, 다)는 동사구 내포문이 아니기 때문이다. 이때의 '-어야'가 양보적 조건의 의미를 나타내는 이유는 '-야'의 의미 때문인데, '-야'가 선택에서 제외된 내용이 배제된 상황에서 선택된 내용이 당연성에 의해 선택될 경우에는 화자의 주관적 의지가 부정적으로 나타날 수 있으므로 '-어야'의 후행절은 선행절의 기대에 어긋나는 것이다.

5. '-은' 통합형 접속어미

5.1. '-으면'

'-으면'은 역사적으로 '-으며'에 '-은'이 통합되어 나타나는 용례가 먼저 보인다는 점에서 '-으며'에 조사 '-은'이 통합된 접속어미라고 할 수 있다. 그리고 '-으면'의 첫 구성요소로 '-음'이 분석될 수 있는데, '-음'이 후행절과의 관계 속에서 조건의 의미를 나타낸다는 사실에 근거하면 '-으면'과의 관련성이 쉽게 설명된다. 이 관련성은 '-으면'의 분석에 실마리를 제공할 수도 있다. 그렇다고 구어에서 '-으면'이 '-음'으로 쓰인다고 이 경우의 '-음'을 '-으면'의 축약형으로 단정할 수 없다. '-으면'이 축약하여 '-음'이 될 수 있는 음운론적 근거가 미약할 뿐만 아니라 이러한 현상이 다른 예에서는 발견되지 않는다. 더욱이 '-음'이 조건의 의미로도 쓰이는 것이 전국적인 분포를 보이고 있음을 감안한다면 특정 방언형이라고 하는 데에도 무리가 있다. 요컨대, '-음은'이 조건의 의미를 나타낼 수는 있어도 접속어미의 기능까지 보이는 것으로 설명할 수는 없다. '-으면'이 접속어미로 쓰이는 것은 선행 서술을 끝맺고 후행 서술을 이어주는 '-어'의 의미에 기인한다.

'-으면'이 조건을 나타내는 일반적인 접속어미인 것은 마지막 구성요소인 '-은'의 의미에 기인한다. 일반적으로 '-은'은 주제 표지의 조사로 알려졌는데, 엄밀한 의미에서 주제는 대립을 전제하며 전제된 대립이 조건의 기본적인 속성이며 이러한 의미를 무표적으로 갖고 있는 것이 '-은'이다. '-으면'의 마지막 구성요소인 '-은'은 선택에서 제외된 대립하는 내용을 확실히 전제하고 선택된 내용이 일반적인 선택의 의미를 갖는다.

정정덕(1986:56)에서는 '-으면'이 시간 조건 기능을 갖고 있기 때문에 후행절의 서술어가 [-상태성]의 동작동사가 와야 한다고 하면서 그렇지 않은 (20가, 나)를 어색하다고 하였다.

(20) 가. ?내가 한창 일에 열중하고 있으면 늘 친구가 슬프다.
　　　나. ?윤주가 한창 바쁘면 늘 괴롭다.
(21) 가. 눈이 오면 나는 늘 기쁘다.
　　　나. 어머니께서 앓아누워 계시면 나는 늘 슬펐다.

그러나 (21가, 나)처럼 후행절의 서술어가 상태동사임에도 자연스러운 문장이 있으므로 재고해야 할 것이다. 문제의 핵심은 후행절 서술어의 의미 자질에 있는 것이 아니라 주어에 있다는 것인데, '슬프다', '괴롭다' 등의 상태동사는 이른바 심리동사로서 주어로 1인칭을 요구하는 제약이 있다.

5.2. '-거든'

'-거든'은 '-거-'에 명사적 요소 '-ㄷ/드'와 '-은'이 통합된 '-든'이 재구
조화되어 형성된 접속어미로 이해된다. 접속어미를 통시적으로 접근하는
논의에서는 '-거든'의 형성에 대해 크게 두 가지의 견해를 제시한다. 박성
종(1996)에서는 '-거-'와 '-ㄹ든'이 통합하여 이루어진 '-걸든'에서 '-ㄹ'
이 탈락하여 '-거든'이 형성되었다고 보았으며, 남미정(1999), 이 용(2000)에
서는 '-ㄹ든'의 'ㄹ'이 탈락한 후에 '-거-'와 통합하여 '-거든'이 형성되
었다고 보았다. 크게 보아 이 두 가지 형성 가능성의 차이는 '-ㄹ'의 탈락
시점의 차이에 기인하기는 하나 '-거든'의 재구조화 과정을 고려하고 '-든'
이 단독으로 접속어미의 기능을 하는 점을 감안하면 '-ㄹ'의 탈락이 '-거-'
의 통합보다 먼저 일어난 것으로 보는 것이 타당하다.[11] '-거든'이 향가
에서부터 보이는 '-둔/든'에서부터 시작되었다는 사실은 '-둔/든'과의 의
미 비교를 통해서 확인할 수 있다.

현대국어에 '*-느든', '*-더든'이 존재하지 않지만 중세국어에는 '-더
든'의 예가 보이며,[12] '-든'과의 비교를 통해서도 '-거-'의 존재를 확인할
수 있으므로 '-거든'의 '-거-'는 분석 가능하다.[13] 더욱이 '-거-'가 확인

---

11) '-거든'의 형성과 관련한 역사적 연구에서는 '-거든'이 재구조화되기 이전의 '-ㄹ든'에
    서 '-ㄹ'에 대한 해석을 문제로 거론한다. '-ㄹ'에 대해서는 크게 두 가지의 해석이 양
    립하고 있다. 하나는 이승재(1995)에서 논의한 것으로 '-ㄹ'을 동명사의 기능을 상실하
    면서 나타나는 '통사적 파격'으로 간주하는 것이고, 다른 하나는 이 용(2000)에서 논의
    한 대로 '공형태' 개념으로 '-ㄹ'의 소멸 원인을 설명하는 것이다.
12) 자료에 나타난 예를 들어보면 다음과 같다.
    (ㄱ) 늡드려 니르디 아니ᄒᆞ더든 阿耨多羅三藐三菩提롤 ᄲᆞ리 得디 몯ᄒᆞ리러니라 <석상
        19:34>
    (ㄴ) 프른 묏브리옛 드리 萬一 업더든 머리 셴 사ᄅᆞᆷ롤 사ᄅᆞᆷ케 ᄒᆞ리랏다 <중간 두시
        12:2>
13) 만약에 '-거든'의 '-거-'를 분석하지 않는다면 우리는 중세국어의 '-거시나', '-거시든',
    '-거시늘' 등과 같은 예에서 '-시-'의 개입을 위해 예외적인 조치를 마련해야 할 것이
    다. 고영근(1981)에서 제기한 이른바 불연속형태라는 것이 그것인데, 이때의 '-거-'가

법일 가능성도 그리 있어 보이지 않는다. 고영근(1997)에서는 중세국어에 '*-든'이 나타나는 예가 없어 통합 관계를 만족시키지 못하므로 '-거-'가 분석될 수 없다고 하였는데, 중세국어에는 '-든'이 '-거-'와 통합하여 '-거든'으로 나타나므로 엄밀한 의미에서 '-든'이 문증되지 않는 것은 아니다. 고영근(1978)에서 제시한 음운론적 현현 방식에 의하더라도 '-거-'는 독립된 형태소로서의 자격을 갖는다. 문제는 '-든'의 구성이다. 이에 대한 견해는 크게 두 가지이다. 하나는 '-든'을 선어말어미 '-더-'의 이형태로서의 '-드-'와 '-은'의 통합으로 보는 것이고 다른 하나는 의존명사 '드'와 '-은'의 통합으로 보는 견해이다. 전자는 구현정(1989)에서 주장한 것으로 이와 같은 논리라면 중세국어에 보이는 '-더든'은 결국 '-더-'가 이중 통합된 이례적인 구성임을 인정해야 하는 부담이 생길 뿐만 아니라 공시적으로도 동일 계열인 '-거-'와 '-더-'의 상보적 분포 관계로 보아도 인정하기 어렵다. 반면에 후자는 '-든'이 관형사형어미 '-은', '-을' 다음에 연결될 수 있는 분포 환경을 고려할 때, '-든'에서 의존명사 '드'의 존재를 인식할 수 있다. 그러나 그러기 위해서는 몇 가지 해결할 문제가 있다. 첫째는 통합적 구조상 '드'에 직접 선행하는 요소로 관형사형어미를 발견할 수 없다는 것이고, 둘째는 국어 문법사 연구에서 의존명사 '드'와 조사 '-은'이 통합할 때는 '돈'으로만 나타난다는 사실과 관련된 것으로 이럴 경우 '-든'은 단일형으로 인식된다는 것이다. 서태룡(1997)에서 '-거든'에 대해 '드/드'를 분석하고 명사적 요소로 파악한 것은 이러한 고민을 반영한 것이다. 그러나 '-거든'의 마지막 구성요소가 조사인 것은 비교적 분명한 사

비타동사 표지에 불과하다는 논리는 '-거-'의 의미 규명과는 크게 관련되지 않는다. 크게 보아 자동사 아니면 타동사인 동사에 대해 이를 구별하기 위해 '-거-'와 '-어-'가 별도로 필요했다는 논리는 그대로 받아들이기 곤란하다. 오히려 '-거시든'의 예는 '-거-'의 분석에 유력한 근거가 된다. 장윤희(1991)에서는 이때의 '-거시든'을 재구조화가 완성되어감에 따라 나타나는 '과도적 형태'라고 하였다.

실인데, 현대국어에서 '-든'이 선택적 조건이나 양보적 조건의 의미를 갖는 것을 고려한다면 그것은 조사 '-은'에 기인하며, '-거든'의 의미가 가상적 조건인 것은 미지각을 나타내는 '-거-'의 의미에 기인한다.

'-거든'의 의미에 대해 장윤희(1991)에서는 명제 내용의 실현성에 있어서 어느 정도 '확신'을 지니고 제시하는 것이라고 했는데, 이는 '-거든'의 의미라기보다는 후행절까지를 고려한 함축적 의미에 근거한 것이라는 점에서 엄밀한 의미에서 '-거든'의 의미라고 말할 수는 없다. '-거든'이 가상적 조건의 의미를 나타내는 것은 청자의 미지각이라는 '-거-'의 의미에 근거하여 설명할 수 있다.

> (22) 가. *철수가 수석을 하거든 해가 서쪽에서 뜨더라.
> 나. *소풍날이 오거든 비가 온다.
> 다. 내일이 졸업이거든.
> 라. 그 친구를 만났거든.

한편, (22가, 나)의 '-거든'은 화자의 사유와 관련하여 화자의 행위를 전제로 하여 양보적 조건을 이루기 때문에 후행절이 화자와 무관한 내용의 서법일 경우에는 제약이 있지만,[14] (22다, 라)와 같이 후행절에 나타날 조건의 결과가 미리 전제될 경우에는 종결어미의 기능까지도 보일 수 있다. 이와 같이 청자의 반응을 고려하는 담화 상황에서 '-거든'은 접속어미와 종결어미로 구별할 필요가 없게 된다.

---

14) 이에 대해 최재희(1991:122)에서는 '-거든'이 행위 수행을 전제로 한 서법에만 쓰인다고 하였고, 이은경(1996:228)에서는 '-거든'이 화자의 의지적 서법을 나타내는 문장에만 쓰일 수 있다고 하였다.

5.3. '-느라면'

'-느라면'은 '-느라'에 '-으면'이 통합된 접속어미이다. 이렇게 이해하는 것은 '-느라니', '-느라고' 등과의 통합 구성 방법을 고려할 때, '-느라'에 '-으면'이 통합한 것으로 이해하는 것이 합리적이기 때문이다.

> (23) 가. 독서를 하느라면 고인들을 만날 수 있다.
> 나. 고향에 계신 어머니를 생각하느라면 눈물부터 난다.

(23가, 나)에서 선행절의 내용이 지속되면서 후행절에 대해 조건의 의미를 가질 수 있는 것은 '-느라면'의 구성요소인 현재 지각의 '-느-'가 범주는 달리 하되 '-음'과 긴밀한 관련성이 있을 뿐만 아니라 서태룡(1987:188)에서도 언급한 바 있듯이, 결정적으로 '-을'의 미정·미완료의 의미가 '-아'에 끝맺을 때까지 유지되면서 일정한 시간적 간격을 확보할 수 있기 때문이라고 설명할 수 있다. '-느라면'이 양보적 조건의 의미를 가질 수 있는 것은 '-은'이 선택에서 제외된 대립하는 내용을 확실히 전제하고 선택된 선행절의 내용이 일반적인 선택의 의미를 갖기 때문이다.

5.4. '-더라면'

'-더라면'은 '-더라'에 '-으면'이 통합된 접속어미이다. 이렇게 이해하는 것은 '-더라니', '-더라도' 등과의 통합 구성 방법을 고려할 때, '-더라'에 '-으면'이 통합한 것으로 이해하는 것이 합리적이기 때문이다. '-더라면'은 반드시 '-었-' 다음에만 통합하여 나타나는데, 그 이유에 대해 서태룡(1987:192)에서는 과거에 이루어지지 않은 선행절을 완결 상태로 존재한 것처럼 가정하기 위해서 '-었-'이 필요하기 때문으로 설명하고 있다.

'-더라면'은 과거에 일어난 선행절의 내용을 가능한 것으로 인지하고 이것이 후행절에 대한 단순한 조건을 의미한다.

> (24) 가. 철수가 소신 지원을 했더라면 합격을 했을 것이다.
> 　　　나. 아침에 일찍 서둘렀더라면 지각하지 않았을 것이다.

(24가, 나)에서 '-더라면'은 반드시 '-었-'이 통합되어 나타나므로 과거 지각인 선행절이 완료된 후 이것이 '-라'에 의해 가능한 것으로 인지되고 마지막 구성요소인 '-은'에 의해 후행절에 대해 단순한 조건의 의미를 갖는 것이다. 그러므로 '-더라면'이 양보적 조건의 의미를 갖게 되는 것은 마지막 구성요소인 '-은'이 선택에서 제외된 대립하는 내용을 확실히 전제하고 선택된 선행절의 내용이 일반적인 선택의 의미를 갖기 때문이다.

6. 맺음말

지금까지 본고는 조사 '-만', '-도', '-야', '-은'이 마지막 구성으로 통합된 접속어미의 형태론적 특징과 의미 기능을 살펴보았다. 접속어미를 구성하는 요소들의 형태론적 특징을 분석하여 설명하면 개별 접속어미의 특징이 보다 명시적으로 설명될 수 있다. 본고가 대상으로 삼은 접속어미들은 선행 요소를 선택하고 선택에서 제외된 요소를 대립하여 담화에 전제하는 의미를 기본적으로 갖는 조사가 마지막 구성요소로 재구조화되었다. 이들 접속어미가 동일하게 양보적 조건의 의미를 갖게 되는 이유는 여기에 있다고 할 수 있다. 그리고 마지막 구성요소 '-만'은 선택된 내용이 유일한 선택이며, '-도'는 추가적인 선택이며, '-야'는 필연적이고 당연한 선택이며, '-은'은 단순한 선택을 나타내고 선택에서 제외된 대립하는 요소를 확실히 전제하는데, 이러한 의미가 조사 통합형 접속어미의 의미 기능에 작용한다. 그러나 본고가 대상으로 삼은 개별 접속어미들이 보여 주는 다양한 용법과 이들 접속어미의 상호 관련성을 깊이 있게 다루지는 못했다.

참고문헌

고영근(1978), 「형태소의 분석한계」, 『언어학』 3, 고영근(1989)에 재수록.

고영근(1981), 『중세국어의 시상과 서법』, 탑출판사, 1-226면.

고영근(1989), 『국어 형태론 연구』, 서울대학교출판부, 1-682면.

고영근(1997), 『개정판 표준 중세국어 문법론』, 탑출판사, 1-421면.

구현정(1989), 『현대 국어의 조건월 연구』, 건국대 박사학위논문, 1-172면.

남미정(1999), 「접속어미 '-거든'의 통시적 연구」, 서강대 석사학위논문.

박성종(1996), 『조선초기 이두 자료와 그 국어학적 연구』, 서울대 박사학위논문, 1-353면.

백낙천(2003), 『국어의 통합형 접속어미』, 월인출판사, 1-300면.

백낙천(2006), 「국어 조사의 범주와 의미」, 『한국언어문화』 30집, 한국언어문화학회, 125-146면.

서정섭(1991), 『국어 양보문 연구』, 한신문화사, 1-194면.

서태룡(1982), 「국어의 조건과 주제」, 『성심여대 논문집』 13집, 1-17면.

서태룡(1987), 『국어 활용어미의 형태와 의미』, 서울대 박사학위논문, 1-259면.

서태룡(1997), 「어말어미의 변화」, 『전광현·송민선생 회갑기념논문집』, 태학사, 645-699면.

윤평현(1989), 『국어의 접속어미 연구』, 한신문화사, 1-190면.

이승재(1995), 「동명사 어미의 역사적 변화」, 『국어사와 차자표기』, 태학사, 215-252면.

이익섭·임홍빈(1983), 『국어문법론』, 학연사, 1-333면.

이 용(2000), 『연결 어미의 형성에 관한 연구』, 서울시립대 박사학위논문, 1-173면.

이은경(1996), 『국어의 연결어미 연구』, 서울대 박사학위논문, 1-261면.

이필영(1993), 『국어의 인용구문 연구』, 탑출판사, 1-208면.

임홍빈(1982), 「동명사 구성의 해석 방법에 대하여」, 『백영 정병욱선생 환갑기념논총』.

장윤희(1991), 「중세국어의 조건 접속어미에 대한 연구」, 『국어연구』 104, 국어연구회.

전혜영(1989), 『현대 한국어 접속어미의 화용론적 연구』, 이화여대 박사학위논문, 1-223면.

정정덕(1986), 『국어 접속어미의 의미·통사론적 연구』, 한양대 박사학위논문, 1-128면.

최재희(1991), 『국어 접속문 구성에 관한 연구』, 탑출판사, 1-229면.

제8장

접속어미의 의미 상관성

'-느라고'와 '-으려고'

1. 머리말

본고는 접속어미 '-느라고'와 '-으려고'의 의미 상관성을 이들의 형태론적 구성요소를 통해 밝히고 아울러 이들이 보여 주는 통사·의미적 특징을 살피는 것을 목적으로 한다. 지금까지 접속어미 연구에서 '-느라고'는 인과의 접속어미로 알려진 '-으므로', '-어서', '-으니까' 등과 함께 분류되어 의미 파악이 이루어졌으며, '-으려고'는 이른바 의도나 목적의 접속어미로 알려진 '-으러', '-고자'와 함께 분류, 기술되었다. 그리하여 '-느라고'와 '-으려고'는 별개의 의미 범주로 분류되어 각각의 개별적인 특징들이 논의되어 왔으며, 이렇게 하여 밝혀진 사실들은 이들 접속어미를 이해하는 데 상당한 기여를 해 왔던 것이 사실이다. 그러나 접속어미를 구성하는 형태에 주목하면 '-느라고'와 '-으려고'는 몇 가지 긴밀한 유사성을 가지고 있는 것이 발견될 뿐만 아니라 인과와 의도·목적이 이들의 본질적인 의미 기능이라고 단정 짓기도 어렵다는 것을 알 수 있다. 본고는 이러한 점에 주목하여 접속어미 '-느라고'와 '-으려고'의 특징을 형태론적 구성요소에 근거하여 살필 것이며, 또한 이들 접속어미의 의미 상관성을 규명해 보고자 한다.

2. 본문

2.1. '-느라고'의 형태론적 구성과 의미

'-느라고'는 형태론적 구성에서 첫 구성요소로 선어말어미 '-느-'가 통합되고 '-을'과 '-아'가 통합된 '-라'에 마지막 구성요소로 어말어미 '-고'가 재구조화되어 형성된 접속어미이다. '-느라고'는 '-느라'만으로도 접속어미의 기능을 보이기도 하는데, 그 이유는 '-라'에 기인한다. 이때의 '-라'를 '-다'의 이형태로 기술하는 한 '-느라'가 접속의 기능을 보이는 이유를 설명하기 힘들다. 가령, 고영근(1974)에서는 '-라'가 '-어-', '-더-', '-으니-' 등과 같은 제한된 선어말어미에만 결합한다는 점에 주목하여 '-다'와 '-라'의 교체가 음운론적 조건은 아니므로 이들을 이른바 형태론적 이형태 관계에 있는 것으로 보기도 하였지만 '-다'와 '-라'가 상보적 분포를 보여 주지 않으며, 역사적으로 '-을'과 '-아'의 재구조화로 '-라'가 형성되었으며, 결정적으로 '-라'는 '-다'와 달리 계사 뒤에서 접속어미로 기능할 뿐만 아니라, '-라'가 접속어미로 기능할 때는 '-어'와 같은 의미를 가질 수 있다는 점도 간과할 수 없는 사실이다. 더욱이, 이러한 사실과 연장선상에서 '-어라'가 명령형어미로 기능할 수 있는 것은 '예정·가능'의 의미인 '-을'의 존재를 인정하지 않고는 설명하기 어렵다. 그런 점에서 중세국어를 대상으로 한 것이지만 이승욱(1980)에서 '-다'는 [확실성] [객관

성], '-라'는 [가능성] [주관성]의 의미를 보인다고 한 것과, 이광호(1983)에
서 [의되의 의미 특질 유무로 '-다'와 '-라'의 차이를 인식한 것은 '-느라
고'의 형태론적 구성을 이해하는 데 유효하게 작용한다. 아울러 '-느라'에
시제 선어말어미 '-었-', '-겠-'의 통합이 제약을 받는 이유는 앞서 '-느-'
의 존재뿐만 아니라 구성요소인 '-라'가 '-을'과 '-아'의 통합형임을 인식
할 때 보다 분명해진다. 더욱이 '-느라고'가 동작동사와의 통합만이 허용
되는 것은 구성요소인 '-느-'의 존재를 인정하지 않고는 수긍하기 어렵다.
  '-느라고'와 '-느라'에서 '-고'는 '-으려고'와 '-으려'에서와 달리 크게
부각되지 않아 이들의 차별성이 크게 주목받지 못했다. 그러나 '-느라고'
가 쓰이면 선행절과 후행절이 접속문 구성이라는 사실이 보다 분명히 드
러난다.

  (1) 가. 철수는 시험공부를 하느라 밤을 새웠다.
     나. 철수는 시험공부를 하느라고 밤을 새웠다.

  (1가, 나)에서 '-느라'와 '-느라고'가 둘 다 가능하되, (1가)에 비해 (1나)
가 보다 분명한 접속문 구성을 보이는 것으로 판단된다. 그 이유는 이때
의 '-고'가 선행 서술을 끝맺지 않고 후행 서술을 이어주는 의미이기 때
문인데, 이러한 사실을 통해 '-고'의 분석 가능성을 확인할 수 있다. 그러
므로 '-고'의 의미만큼 '-느라고'와 '-느라'는 차이를 보이는 것이다.[1]
  한편, '-느라고'는 대부분의 접속어미 연구에서 인과 관계를 나타내는
것으로 분류되고 있는데 다음과 같은 예문에서 확인된다.

---

1) 한편, '-느라고', '-느라'와는 형태론적 구성이 약간 상이하지만 현대국어에서 선어말어
  미 '-오-'의 존재를 공시론적으로도 확인할 수 있는 예로 주어가 1인칭 화자인 경우에
  쓰이는 '-노라고'와 '-노라'가 있다. '-노라고'는 접속어미로 기능하고 '-노라'는 현대국
  어에서 종결어미로 기능하는 이유의 중심에는 '-고'의 유무와 밀접한 관련이 있다고 판
  단된다.

(2) 가. 윤주는 음식 준비를 하느라고 한참을 일했다.
　　　나. 윤아는 크느라고 부쩍 밥을 많이 먹는다.

(2가, 나)에서 '-느라고'는 선행절의 사건이 지속된 상태에서 후행절이
이어지기 때문에 선행절과 후행절의 관계가 긴밀해 보이는데, 이 점에 주
목하여 기존 논의에서는 '-느라고'를 인과 관계의 의미 기능을 갖는 것으
로 기술하고 있다.[2] 그런데 이때의 '-느라고'는 '-어서'나 '-으니까'와 비
교할 때 상대적으로 인과 관계의 의미 기능이 덜 부각되는 것이 사실이다.

(3) 가. 철수는 배가 아프{-어서, -으니까, -느라고} 병원에 갔다.
　　　나. 바람이 불{-어서, -으니까, -느라고} 낙엽이 떨어졌다.

(3가, 나)에서 확인할 수 있듯이, '-어서'는 선행절과 후행절의 내용이
필연적일 경우에 인과의 의미가 두드러지며, '-으니까'가 인과의 의미를
갖는 것은 첫 구성요소인 '-은'이 대립을 전제하고 선행절의 내용이 이루
어지면서 후행절의 내용이 연결되어 의미론적으로 긴밀성을 가질 수 있
으며, '-까'에서 분석되는 '-ㅅ-'이 청자의 확인을 요구하여 그만큼 강세
의 의미를 나타내는데, 그로 인해 인과의 의미를 분명히 드러내는 것이라
고 설명할 수 있다. 따라서 이와 같은 형태론적 근거가 약한 '-느라고'는
'-어서'나 '-으니까'에 비해 필연성의 정도가 약하고, 또한 '-어서', '-으
니까'에 비해 상대적으로 인과의 의미도 적극적으로 드러내지 못한다고
할 수 있다.
　　한편, '-느라고'는 선행절과 후행절이 동일주어이며, 선어말어미로 '-었-',
'-겠-'이 결합할 수 없고, 후행절에 명령형이나 청유형이 올 수 없다는

---

2) '-느라고'를 인과 관계 접속어미로 분류한 대표적인 논의는 이익섭·임홍빈(1983), 권재
　　일(1985), 윤평현(1989), 이은경(1996) 등이다.

제약 조건이 따른다.3)

> (4) 가. 윤주ᵢ는 시험공부를 하{*-었-, *-겠-}느라고 eᵢ 밤을 새우{*-어라
> *-자}.
> 나. 윤아ᵢ는 크{*-었-, *-겠-}느라고 eᵢ 밥을 많이 먹{*-어라, *-자}

그런데 (4가, 나)에서 제약 현상이 일어나는 이유는 '-느라고'의 구성요
소인 '-느-' 때문이라고 할 수 있다. 일반적으로 '-느-'는 상태동사에는
직접 결합할 수 없고 동작동사에만 직접 결합하는 것으로 알려져 '-느-'
의 의미를 '진행'으로 기술하는데, 이때의 '진행'은 동작동사가 갖는 의미
의 속성에 기인할 뿐, '-느-'는 기본적으로 현재지각의 의미를 갖기 때문
에 완결의 '-었-'이나 미지각의 '-겠-'이 결합할 수 없는 것이다. 또한 명
령형과 청유형은 기본적으로 청자의 행동을 요구한다는 공통점을 가지고
있는데, 화자가 청자의 희망이나 소망을 곧바로 청자에게 행동으로 요구
할 수 없기 때문에 '-느라고'의 후행절에 명령형과 청유형이 올 수 없는
것이다. 이것은 (5가, 나)에서 '-으려고'나 '-고자'의 경우도 마찬가지인데,
이 부분이 '-느라고'에서 의도의 의미 기능을 포착할 수 있는 단서가 된
다.4)

> (5) 가. *윤주는 시험에 합격하{-으려고, -고자} 열심히 공부하여라.
> 나. *우리는 추위를 이기{-으려고, -고자} 열심히 운동하자.

---

3) 이러한 제약 조건에 대한 기술은 이상복(1981), 최재희(1991) 등에서도 언급된 바 있다.
4) 그런데 '-고자'가 '하다'에 내포될 경우에는 후행절의 서법에 명령형과 청유형이 가능하
다. 그 이유는 청자에게 행동을 요구하기 위해서는 화자의 판단이 전제되어야 가능한데,
'하다'에 의해 화자의 판단이 보장되므로 후행절에 청자의 행동을 요구하는 명령형과 청
유형이 올 수 있게 된다.
 (ㄱ) 너는 물놀이를 하{*-고자, -고자 하니} 수영장에 가라.
 (ㄴ) 우리는 더위를 식히{*-고자, -고자 하니} 공원에 나가자.

또한, '-느라고'가 의도의 의미 기능까지 보여 주는 것은 선행절의 행동주가 주체적인 행위를 할 수 있는 경우에서도 파악된다.

(6) 윤주는 방안 전체의 분위기를 바꾸{-느라고, -으려고} 벽지를 바꿨다.

(6)의 '-느라고'와 '-으려고'에서 동일하게 주체의 의도라는 의미를 공유할 수 있는 근거는 분석된 '-을'의 의미가 선행 서술을 예정·가능으로 인지하기 때문이다.

한편, 비록 형태론적 인식에 근거한 '-느라고'와 '-으려고'의 유사성 파악은 아니지만 이상복(1981)에서는 일반적으로 인과 관계로 파악한 '-느라고'에 대하여 '행위자의 의도'라는 새로운 시각을 제시하면서 '-느라고'가 단순한 인과 관계 이상의 의미 기능을 가지고 있음을 지적하면서 다음의 예문을 제시하였다.

(7) 가. 양복에 맞추느라고 이 넥타이를 샀다.
    나. 뱀 장수를 구경하느라고 아이들이 모여 있다.
    다. 책을 찾느라고 온 집안을 다 뒤졌다.

그리고 (7가, 나, 다)에서 '-느라고'가 가지고 있는 모종의 의미 기능이 '행위자의 의도'이며 그 의도라는 것이 후행절로 '바람직하지 못하거나 만족스럽지 못한 결과'가 이어진다는 것이다.

(8) 가. 친구 결혼식에 갔다 오느라고 회의에 늦었다.
    나. 철수는 시험공부를 하느라고 어젯밤에 늦게 잤다.
    다. 버스에서 급히 내리느라고 짐을 두고 내렸다.

(8가, 나, 다) 역시 이상복(1981:14)에서 제시한 예문인데, 후행절이 선행

절과의 관계에서 행위 주체의 만족스럽지 못한 태도가 파악되는 것은 이 상복(1981)이 파악한 대로 '-느라고'의 의미 때문에 기인하기보다는 오히 려 선행절과 후행절의 관계 의미에서 포착되는 것으로 이해하는 것이 합 당하다.

더욱이 (8가, 나, 다)에서 '-느라고'는 선행절과 후행절이 인과 관계에 의해 연결된 것으로 보는 것이 더 자연스럽지 의도의 의미로 파악하는 데 는 다소간 무리가 따른다. 왜냐하면 행위 주체의 의도성에 의문이 따르기 때문이다. '-느라고'의 의미 파악에 대한 이상복(1981)의 견해가 매우 적절 함에도 좀 더 보완될 필요가 여기에 있으며, 이것이 이상복(1981:15)에서 제시한 (7가, 나, 다)에 대한 해석에 약간의 무리가 따르는 이유이다. 즉, '-느라고'의 후행절이 바람직하지 못한 결과라는 의미가 선행절과 후행절 의 관계 의미에서 유추될 수 있을지는 몰라도 '-느라고' 자체의 의미는 아니다. 그리고 이것이 남기심·루코프(1983)에서 지적한 대로 '의도하지 않은 결과'가 후행절에 연결되었기 때문이라고 보더라도 왜 이러한 조건 이 '-느라고'의 경우에만 가능한가 하는 문제는 여전히 남는다.[5]

본고는 이 문제에 접근하는 한 가지 방법으로 행위 주체의 의도성이 '-으 려고'에 비해 '-느라고'가 약하다는 점을 지적하고 싶다. 그래서 '-으려 고'가 '-고자', '-으러'와 대체될 수 있는 정도가 '-느라고'의 그것과는 차 이가 발생하는 것이다. '-으려고'는 '-을'의 예정·가능의 의미로 인해 선 행절이 후행절에 대해 선시적이지만 '-느라고'는 '-느-'의 현재 지각으로 인해 선행절의 선시성이 적극적으로 드러나지 않고 원인의 의미로 해석 이 가능한데, 이때 '-느라고'가 원인의 의미 기능을 갖는 것은 구성요소인 '-아'의 의미 때문이며, '-느라고'가 의도의 의미기능을 보여 주는 것은

---

5) 남기심·루코프(1983)에서는 이것을 '-느라고'가 선행절과 후행절의 시간대가 겹치기 때 문이라고 하였다.

분석되는 선행절의 내용을 예정, 가능으로 인지하는 '-을'의 의미 때문이라고 할 수 있다.6)

2.2. '-으려고'의 형태론적 구성과 의미

'-으려고'는 '-으러', '-고자'와 함께 의도나 목적을 나타내는 대표적인 접속어미로 알려져 왔다.7) 그런데 백낙천(2003)에서는 '-으려고'가 의도나 목적의 의미를 적극적으로 나타내는 것은 아니어서 '-으려고'의 의미는 예정·가능한 것으로 선행절의 내용을 인지하는 '-을'의 의미와 이러한 선행 요소를 끝맺지 않고 후행 요소를 이어주는 '-고'에 의한 것이며 의도나 목적의 의미는 선행절의 행동주가 주체적인 행위를 할 수 있는 경우에 파악되는 것으로 설명하였다. 이러한 의미 파악의 근거는 '-으려고'에 대한 형태론적 이해에서 출발한다. 즉, '-으려고'의 형태론적 구성요소에서는 첫 구성요소로 동명사어미 '-을'과 마지막 구성요소로 어말어미 '-고'를 확인할 수 있다. 대부분의 논의에서 '-으려고'의 구조적 양상을 고려하여 형태 분석을 하지 않는 견해를 취하고 있는데, 그것은 선어말어미 '-으리-'에 대한 형태론적 인식 정도와 관련을 맺고 있다. '-으려고'를 단일 형태로 보는 대표적인 논의인 고영근(1975)에서는 '-느-'의 위치에 '-더-'

---

6) 서태룡(1987:186)에서도 '-느라고'에서 분석되는 '-을'과 '-아'에 의해 의도와 원인의 의미가 설명될 수 있다고 한 바 있다.

7) 이와 관련된 대표적인 논의에서 언급한 의미 기술을 표로 정리하면 다음과 같다.

최현배(1971)	이익섭, 임홍빈 (1983)	권재일(1985)	최재희(1989)	윤평현(1989)
뜻함꼴(의도형): -으러, -고자 목적꼴(목적형): -으려	의도, 목적: -으려고	목적: -으러, -으려고, -고자	의도: -러, -려고, -고자	목적: -러, -려고, -고자

와 '-리-'가 나타나서 같은 의미로 대립하는 일이 없으며, '-어고'가 같은 의미로 어간에 직접 통합하는 일이 없기 때문에 분석이 불가능하다고 하였다. 그러나 형태 분석을 하여 설명하면 '-으려고'의 의미 기능을 종합적으로 설명할 수 있다. 분석적 입장에 있는 본고에서 '-으려고'에 대한 형태론적 이해를 위하여 다음의 몇 가지 방법을 경우의 수로 상정해 본다.

첫 번째는 '-으려고'의 '-고'를 잉여적인 요소로 보든 그렇지 않든 '-으려고'를 '-으려' + '-고'로 분석하는 것인데, '-고'의 생략 가능 여부를 볼 때, '-으려고'의 가장 손쉬운 형태론적 분석이라고 할 수 있다. 고영근(1975)에서는 '-으려고'를 '-으려'와 함께 제시하여 '-고'를 잉여적인 요소로 간주한 바 있는ㄴ데, '-고'의 잉여성 여부는 차치하고라도 과연 '-으려'가 분석될 수 없는가 하는 점에서 분석의 문제를 안고 있다.

두 번째는 '-으려고'를 '-으리-' + '-어' + '-고'로 분석하는 것으로 김종록(1984)에서 취하는 방법이다. '-으려'보다 '-으려고'가 후행절의 연결을 자연스럽게 한다는 지적은 이 둘의 차이를 인정하고 '-고'의 존재가 접속의 의미를 보다 분명히 하기 위한 것임을 인식하고 있다는 점에서 일면 긍정적인 분석 방법이라고 할 수도 있으나 '-으리-'가 '-을 것이'와 관련된다는 구조적 사실을 염두에 둔다면 얼마간 분석의 한계를 갖고 있다고 할 수 있다.

세 번째는 '-으려고'를 '-으리/을' + '-아/라' + '-고'로 분석하는 것으로 서정목(1989)에서 취하는 방법이다. 이 방법은 남부 방언에 나타나는 '-을라고'를 '-으려고'에 대당하는 것으로 보고 이 두 형식이 갖는 의미의 동질성을 확인하는 과정에서 '-으려고'를 '-으리-' + '-어/아' + '-고'로 분석하고 있다. 여기서는 '-으리-'를 더 이상 분석될 수 없는 선어말어미로 간주하였을 뿐만 아니라 '-어/아'의 이형태로 '-라'를 상정했다는 점에서 쉽게 수긍하기 어렵다.

네 번째는 '-으려고'를 '-을'+'이'+'이-'+'-어'+'-고'로 분석하는 것으로 서태룡(1987:91), 백낙천(2003)에서 취하는 방법이다.8) 이 분석 방법의 타당성에 대한 확인은 구조적 문제로 발생하는 보문화 절차에 대한 인식과 관련된다. 결국 이 문제는 선어말어미 '-으리-'의 형태 분석과 의미 규명으로 집약될 수 있다. 이럴 경우 '-으려고'는 [[[-을#이#이-]+-에]+-고]가 재구조화되어 형성된 접속어미라고 할 수 있다.

이와 관련하여 고영근(1981:20)에서는 중세국어의 '-으리-'에 대해 현대국어의 추측법 선어말어미 '-으리-'나 미래 시제의 우설적 표현 '-을 것이-'의 직접적 소급형으로 기술한 바 있는데, 여기서 주목할 것은 '-으리-'의 의미가 추측이고 '-을 것이-'와 관련된다는 언급이다. 본고는 이 점에 주목하며, 더욱이 명사구 보문화는 보문명사로 쓰이는 의존명사가 선행절의 내용에 대한 의미상의 반복으로서의 동격절을 구성하고 계사 '이-'에 의해 다시 서술된다는 사실을 상기한다면 '-으리-'에서 인식되는 확인과 강조의 의미는 의존명사 '이'와 계사 '이-'의 의미에 기인하는 것으로 설명할 수 있다. 이와 같이 확인과 강조가 '-을'의 의미와 함께 해석되어 '-으리-'는 추측의 의미를 나타낼 수 있는데, 이러한 설명 방식은 이른바 원칙법의 '-으니-'에서도 동일하게 적용될 수 있다. 즉, 확인과 강조는 분석되는 '이'와 '이-'의 의미로 설명될 수 있으며, 이것이 '-은'의 의미와 함께 해석되어 원칙의 의미를 나타낼 수 있는 것이다. 여하튼 이러한 본고의 견해는 '-으리-'가 '-을 것이-'로 환원될 수 있다는 사실로부터 지지를 받을 수 있다. 물론 '-으리'가 종결어미로도 쓰이는데, 이때의 '-으리'는 관형사형어미 '-을'과 어말어미 '-이'가 재구조화된 종결어미이므로 선어말어미 '-으리-'와 구성요소의 통합 방식과는 차이가 있다.

---

8) 서태룡(1987)에서는 '-을'에 계사 '이-'의 직접 통합 가능성도 조심스럽게 제기하기도 하였다.

(9) 가. 서울이여, 영원하리라. (서울이여, 영원할 것이라.)

　　나. 내일이면 늦으리다. (내일이면 늦을 것이다.)

　(9가, 나)의 '-으리-'가 추측의 의미를 가질 수 있는 것은 재분석되는 '-을'이 선행 요소를 예정·가능으로 인지하기 때문이고, '-으리' 다음에 종결어미로 '-다'와 '-라'가 가능한 것은 '-으리'의 마지막 구성요소인 계사 '이-'의 통합 양상과 동일하다. 더욱이 '-으리-'에 의존명사 '이'를 상정하는 것은 '-을 것이-'와의 관계에서 구조적으로 타당성을 검증 받을 수 있다. 서태룡(1987:91)에서 '-으려고'가 다른 의도나 목적의 접속어미인 '-으러'와 통사론적 특징에서 차별성이 있음을 설명하고자 했던 이유가 여기에 있다고 하겠다. 보문화 절차를 인정할 경우 의존명사 '이'의 존재를 상정할 수 있는데, 이는 '-으려고'가 '-으러' 구문과 달리 선행절과 후행절의 주어가 동일주어이어야 하는 제약도 없고 후행절 서술어가 이동동사이어야 하는 제약도 없다는 경험적 사실을 합리적으로 설명하는 데에 근거를 두고 있다. 결국, 선어말어미 '-으리-'의 의미나 통합 관계, '-으려고'의 구조적 문제를 고려할 때, '-으려고'에 의존명사 '이'의 존재를 상정하는 것은 설득력을 갖는다. '-으리-'가 동명사어미 '-을'과 의존명사 '이', 계사 '이-'로 분석된다는 것이 구조적인 지지를 받는다고 하더라도 의존명사 '이'의 상정에는 여전히 구조적인 부담이 남는다. 역사적으로 동명사어미는 관형사형어미의 기능을 함께 가지고 있는 것으로 보는 것이 합리적일 것 같은데, 그렇게 본다면 동명사어미는 명사의 기능도 가지고 있는 것이 된다. 서태룡(1987:91 각주 20)에서 '-을'과 계사 '이-'가 직접 통합되었을 가능성을 배제할 수 없다고 한 것이나 '-을'을 굳이 동명사어미라고 한 것은 이러한 직관적 인식을 반영한 고민으로 이해된다.

　한편, 첫 번째 분석 방법을 언급한 고영근(1975)에서는 '-으려고'의 '-고'

를 잉여적인 요소로 간주하여 '-으려'와 이형태의 관계에 있는 것으로 기술하기도 하였으나 '-으려고'가 '-으려'와 상호 대체될 수 있어 이때의 '-고'가 잉여적인 요소로 간주될 수 있는 경우는 다음과 같은 경우에 한정된다.

(10) 가. 철수는 고향을 떠나려 한다.
　　 나. 철수는 고향을 떠나려고 한다.

(10가, 나)의 '-으려'와 '-으려고'가 대체될 수 있는 경우는 '하다' 내포문 구성일 경우에 국한한다. 접속문 구성에서는 '-으려'보다는 '-으려고'가 쓰이며 이때에 '-고'는 필수적으로 요구된다.

(11) 가. *비가 오려 바람이 분다.
　　 나. 비가 오려고 바람이 분다.
(12) 가. *반가운 사람이 오려 아침부터 까치가 운다.
　　 나. 반가운 사람이 오려고 아침부터 까치가 운다.
(13) 가. *사람이 살려 먹는 것이지 먹으려 사는 것은 아니다.
　　 나. 사람이 살려고 먹는 것이지 먹으려고 사는 것은 아니다.
(14) 가. *철수는 영희를 배웅하려 공항에 나갔다.
　　 나. 철수는 영희를 배웅하려고 공항에 나갔다.

(11가, 12가, 13가, 14가)가 (11나, 12나, 13나, 14나)와 달리 어색하거나 비문이 되는 이유는 '-으려'에 후행절의 내용과 관련한 정보를 요구하는 형태소인 선행 서술을 끝맺지 않고 후행 서술을 이어주는 의미를 지닌 '-고'가 없기 때문이다. (11가, 12가, 13가, 14가)에서 확인되는 '-으려'의 비문은 다음과 같이 '하다' 내포문 구성으로 바꾸면 가능해진다.

(15) 가. 비가 오려 한다.
　　 나. 반가운 사람이 오려 한다.

　　다. 철수는 영희를 배웅하려 한다.

　한편 '-고 하-'의 생략과 관련하여 '-으런다'는 '-으려고 한다'로 환원
될 수 있지만 그렇다고 그 역이 언제나 성립하는 것은 아니다.

　　(16) 가. 나는 서울을 떠나려고 한다.
　　　　나. 나는 서울을 떠나런다.
　　　　다. 철수는 직장을 그만 두려고 한다.
　　　　라. *철수는 직장을 그만 두런다.

　(16가)의 경우와 같이 주어가 1인칭일 경우에는 화자의 의도와 관련하
여 '-으려고 한다'는 '-으런다'로 환원이 가능하지만, (16나)의 경우와 같
이 주어가 1인칭이 아닐 경우에는 '-으려고 한다'는 화자의 의도가 아닌
예정의 의미만을 나타내므로 '-으런다'로 환원되지 못하는 것이다.
　한편, '-으려'에 '-고'가 통합되어 사용된 시기가 역사적으로 후대라는
것은 '-고'의 분석 가능성과 함께 이때의 '-고'가 고유한 의미를 지니는
형태소로 더 이상 잉여적인 요소가 아님을 시사한다.9) 선행절과 후행절을
연결하는 접속문 구성에서는 '-고'의 통합이 필수적인데, 그 이유는 '-고'
가 접속의 기본적인 기능을 갖는 존재이기 때문이다.

----

9) 후기 중세국어에서도 '-으려'는 선어말어미 '-오-'가 통합되어 'ᄒᆞ다' 내포문 구성을 이
　루었으며, '-고'가 통합된 '-으려고'가 접속문 구성에 나타난 예가 문헌에 보이는 시기는
　19세기 이후인 것으로 보인다.
　　(ㄱ) 이제 涅槃호려 ᄒᆞ노니 <석상 23:10>
　　(ㄴ) 부텻 ᄆᆞᅀᆞ매 마초ᄒᆞ야 우흐로 갑ᄉᆞ오려 ᄒᆞ니라 <능엄경 3:113>
　　(ㄷ) 오궁 터에다가 별로 졍거장을 만들려고 벽독 질을 시작ᄒᆞ엿ᄂᆞᆫ더 <독립 155:3/2>
　　(ㄹ) 어미 닭은 색기들을 보호ᄒᆞ려고 두 나래를 펴고 <몽학필독 1:101>
　한편, 리의도(1990)에서는 '-으려고'가 19세기에 이르러 나타난다고 하였으며, 손세모돌
　(1997)에서는 '-으려고'가 신소설에 빈번하게 나타난다고 하면서 '-으려고'가 확립된 시
　기를 20세기 초로 보고 있다.

지금까지 살펴본 바와 같이 '-으려고'는 접속문 구성에 쓰이고 '-으려'는 '하다' 내포문 구성에 쓰인다는 뚜렷한 차이를 보이는데, 이는 선행 서술을 끝맺지 않고 후행 서술을 이어주는 의미를 지닌 '-고'의 유무에 의한 것이다. 그러므로 '-고'는 고유한 의미를 지니는 형태소로 더 이상 잉여적인 요소가 아니며, '-으려고'와 '-으려'는 형태론적 구성을 달리 하는 별개의 어미이다.

'-으려고'는 의도나 목적의 의미를 갖는 것으로 기술되었다. 그러나 '-으려고'가 어느 경우에나 의도나 목적의 의미를 갖는 것은 아니다.

> (17) 가. 국화꽃이 피려고 봄부터 소쩍새가 울었다.
>   나. 비가 오려고 먹구름이 몰려왔다.
>   다. 윤주가 결혼을 하{-으려고, -고자} 맞선을 보았다.
>   라. 국화꽃이 피{-으려고, *-고자} 봄부터 소쩍새가 울었다.

(17가, 나)에서 선행절의 주어인 '국화꽃'과 '비'에 의도나 목적이 있다고 보기는 어렵고, 단지 '-을'의 의미로 인해 선행절이 후행절보다 후시적인 사건을 나타내고 있을 뿐이다.[10] 왜냐하면, '-고자'의 경우에 의도나 목적의 의미 기능을 나타내려면 선행절 주어가 [+유정성]의 의미 자질이라는 것 외에 [+인간성]이라는 의미 자질이 추가적으로 필요하고 이럴 경우 (17다)에서처럼 '-고자'는 '-으려고'와 상호 대체가 가능하지만 '-으려고'의 경우에는 이러한 조건이 아니더라도 가능하여 선행절의 주어가 [+인간성]의 의미 자질이 아닌 (17라)에서는 상호 대체가 어렵다. 즉, '-으려고'는 예정·가능의 의미를 본질적으로 가지고 있으며, 이것이 주체의 의도나 목적의 의미를 적극적으로 가지고 있는 '-고자'와 변별되는 차이점

---

10) (17가, 나)와 같이 '-으려고'에 의도나 목적의 의미가 나타나지 않는 것과 관련하여 최재희(1991)에서는 '의사 의도 구문'이라고 명명하기도 하였다.

이다.

결국, '-으려고'는 '-으러'와 마찬가지로 구성요소에서 의도나 목적의 의미를 적극적으로 발견할 수 없다. '-으려고'의 의미는 예정·가능한 것으로 선행절의 내용을 인지하는 '-을'의 의미와 이러한 선행 요소를 끝맺지 않고 후행 요소를 이어주는 '-고'에 의한 것이며 의도나 목적의 의미는 선행절의 행동주가 주체적인 행위를 할 수 있는 경우에 파악되는 것으로 설명할 수 있다.

2.3. '-느라고'와 '-으려고'의 의미 상관성

앞선 2.1.에서 '-느라고'에 의도의 의미 기능이 포착된다고 하였는데, '-느라고'에서 의도의 의미 기능이 포착된다는 사실을 의도의 의미를 나타내는 '-으려고'와의 비교를 통해 좀 더 구체적으로 살펴보자.

김종록(1984)에서는 '-으러, -으려고, -고자, -도록'를 비교의 대상으로 하였으며, 손세모돌(1997)에서는 '-고자'와 '-으려고'를 비교의 대상으로 하여 이들의 통합상의 특징과 의미를 살피고 있는데, 접속어미 전체를 다룬 대부분의 논의에서 '-으려고'는 의도나 목적의 의미를 갖는 것으로 '-느라고'는 인과의 의미를 갖는 것으로 기술하고 있다.

그런데 '-느라고'는 '-으려고'와 몇 가지 주목할 만한 유사점이 있음에도 불구하고 기존의 논의에서는 '-으려고'를 '-으러', '-고자'와 함께 의도나 목적의 의미를 나타내는 것으로 파악하고 이들의 통합상의 특징만 살폈을 뿐, '-느라고'와 '-으려고'의 형태론적인 유사성에 대한 관심은 부족했다. 형태론적 관점에서 발견할 수 있는 '-느라고'와 '-으려고'의 유사성은 다음과 같다.[11]

첫째, '-느라고'와 '-으려고'는 마지막 구성요소인 '-고'를 생략한 표현이 가능하다.

    (18) 가. 윤주는 시험 공부를 하{-느라고, -느라} 어제 밤을 새웠다.
        나. 하루종일 비가 오{-으려고, -으려} 한다.

물론, (18나)의 '-으려고'에서 '-고'가 생략될 수 있는 것은 '하다' 구성일 경우이며, 엄밀하게 말해 이때의 '-고'는 잉여적인 요소가 아니다.

    (19) 윤주는 친구를 위로해주{-으려고, *-으려} 기도를 하였다.

(19)에서처럼 접속문 구성에서는 선행 서술을 끝맺지 않고 후행 서술을 이어주어야 하는 만큼 '-으려고'에서 '-고'의 존재는 필요하다.
    둘째, '-느라고'와 '-으려고'는 '-었-', '-겠-'의 결합에 제약을 받는다.

    (20) 가. 철수는 서둘러 오{*-었-, *-겠-}느라고 지갑을 두고 왔다.
        나. 윤주는 교사가 되{*-었-, *-겠-}으려고 열심히 공부한다.

(20가)에서 '-느라고'는 일정 기간 동작의 지속을 나타내기 때문에 '-었-', '-겠-'이 결합할 수 없으며, (20나)에서 '-으려고'는 선행절이 후행절보다 후시적 사건을 나타내는데, 이 때문에 '-었-', '-겠-'이 결합할 수 없는 것이다. 결과적으로 '-느라고'와 '-으려고'는 선행절과 후행절의 시간적 관계가 정해진 접속어미이다.
    셋째, '-느라고'와 '-으려고'는 후행절에 직접 화법의 명령문이나 청유

---

11) 서태룡(1987:185-186)에서는 다음과 같이 이들 접속어미의 공통점을 제시하였다.
    첫째, 양자가 '-고'를 생략한 표현이 가능하다.
    둘째, 양자가 '-었-', '-겠-'의 통합에 제약을 받는다.
    셋째, 양자가 후행절에 직접 화법의 명령문이나 청유문이 올 수 없다.
    넷째, '-으려고'의 경우는 예외가 있기도 하지만 선행절과 후행절의 주체가 동일하다.

문이 올 수 없다.

(21) 가. 윤주는 늦잠을 자느라고 학교에 지각{했다, 했냐?, *해라, *하자}.
　　　나. 철수는 공부를 하려고 도서관에 {간다, 가니?, *가라, *가자}

(21가, 나)에서 보듯이, 명령문이나 청유문은 화자의 의지로 청자에게 어떠한 행동을 요구하는 것인데, 이것이 '-느라고'와 '-으려고'에서 분석 되는 '-을'의 의미와 의미상 상충을 가져오기 때문에 '-느라고'와 '-으려 고'는 후행절에 명령문과 청유문이 올 수 없는 것이라고 할 수 있다.

넷째, '-느라고'와 '-으려고'는 선행절과 후행절의 주체가 동일하다는 특징을 보인다. 특히 '-느라고'는 '-느-'에 의해 현재 지각된 행위자의 의 도가 지속되어야 하므로 선, 후행절은 반드시 동일주어이어야 한다. 반면 에 '-으려고'는 선, 후행절이 동일주어가 아니더라도 상관이 없는데, 물론 이럴 경우에는 주체의 의도성이 강하게 드러나지 않는 경우에 해당한다.

(22) 가. 윤주가 공부를 하느라고 ei 밤을 새웠다.
　　　나. 비가 오려고 날씨가 흐리다.
　　　다. 자식이 잘 되기를 바라려고 부모는 평생 기도하며 사신다.

(22나, 다)에서 '-으려고'는 주체의 유정성 여부나 주체의 의도와는 상 관없이 단지 앞으로 일어날 일에 대한 예정만을 나타낸다.

그런데 모든 경우에 '-느라고'가 '-으려고'와 대체되는 것은 아니다.

(23) 가. 철수는 급히 차에서 내리{-느라고, *-으려고} 짐을 두고 내렸다.
　　　나. 영희는 늦잠을 자{-느라고, *-으려고} 1교시 수업에 지각을 했다.

(23가, 나)에서처럼 동일한 표현에서 '-으려고'가 쓰일 수 없는 것은 '-느

라고'가 의도의 의미로 파악되지 않고 인과의 의미로 해석되기 때문이다.

3. 맺음말

본고는 지금까지 접속어미 '-느라고'와 '-으려고'의 의미 상관성을 이들의 형태론적 구성요소를 통해 밝히고, 이들 접속어미의 의미 특성과 형태론적 유사성에 대해 살펴보았다. 그동안 접속어미 연구에서 '-느라고'는 인과의 접속어미로 분류되었으나 '-어서'나 '-으니까'에 비해 '-느라고'는 필연성의 정도가 약하고 '-어서', '-으니까'에 비해 상대적으로 인과의 의미도 적극적으로 드러내지 못한다는 사실을 구성요소의 의미 기능을 통해 확인하였다. 또한 '-으려고'는 의도나 목적의 접속어미로 알려진 접속어미인데, '-고자'와 비교할 때 의도나 목적의 의미가 적극적으로 드러난다고 볼 수 없다는 사실도 이들의 구성요소의 형태론적 특징과 의미 기능을 통해 알 수 있다. 또한 형태론적 구성요소의 관점에서 보면, '-느라고'와 '-으려고'는 마지막 구성요소로 '-고'를 공유하고 있는 것 외에도 의미상에서 매우 유사한 특징이 있음을 확인하였다. 그리고 이렇게 밝혀진 사실들은 이들 접속어미의 의미 기능을 보다 깊이 있게 이해하는 데 긍정적 영향을 미칠 것으로 보이며, 앞으로 이러한 연구는 접속어미의 상호 관련성에 근거한 체계화 작업에 의미 있는 근거가 될 것으로 판단한다.

참고문헌

고영근(1974), 「현대국어의 종결어미에 대한 구조적 연구」, 『어학연구』 10-1, 118-157면.

고영근(1975), 「현대국어의 어말어미에 대한 구조적 연구」, 『응용언어학』 7-1, 73-99면.

고영근(1981), 『중세국어의 시상과 서법』, 탑출판사, 1-226면.

권재일(1985), 『국어의 복합문 구성 연구』, 집문당, 1-164면.

김종록(1984), 「접속어미 {-러, -려(고), -고자, -도록}에 관한 연구」, 경북대학교 석사학위 논문.

남기심·루코프(1983), 「논리적 형식으로서의 '-니까' 구문과 '-어서' 구문」, 고영근·남기심 공편(1983), 『국어의 통사·의미론』, 탑출판사, 2-27면.

리의도(1990), 『우리말 이음씨끝의 통시적 연구』, 어문각, 1-248면.

백낙천(2003), 『국어의 통합형 접속어미』, 월인출판사, 1-300면.

서정목(1989), 「중부방언의 '-(으)려(고)'와 남부 방언의 '-(으)ㄹ라고'」, 『이정 정연찬 선생 회갑기념논총』.

서태룡(1987), 『국어 활용어미의 형태와 의미』, 서울대학교 박사학위 논문, 1-259면.

손세모돌(1997), 「연결어미 '-고자'와 '-려고'에 대하여」, 『한말연구』 3호, 한말연구학회, 91-110면.

윤평현(1989), 『국어의 접속어미 연구』, 한신문화사, 1-190면.

이광호(1983), 「후기 중세 국어의 종결어미 {-다/-라}의 의미」, 『국어학』 12, 국어학회.

이상복(1981), 「연결어미 '-아서, -니까, -느라고, -므로'에 대하여」, 『배달말』 5집, 배달말학회, 81-101면.

이승욱(1980), 「종결어미의 통합적 관계-{-다}{-라}의 소성 기술을 위하여」, 『난정 남광우박사 화갑기념논총』, 일조각.

이은경(1996), 『국어의 연결어미 연구』, 서울대 박사학위 논문, 1-261면.

이익섭·임홍빈(1983), 『국어문법론』, 학연사, 1-333면.

최재희(1991), 『국어 접속문 구성에 관한 연구』, 탑출판사, 1-229면.

최현배(1971), 『우리말본』, 정음사, 1-892면.

제3부

언간의 어말어미

제1장 언간의 접속어미 형태

1. 머리말

본고는 조선 시대 한글 편지(이하 '언간')에 나타난 접속어미의 형태·통사론적 특징을 살펴보는 것을 목적으로 한다. 구체적인 논의에서는 당시의 판본 자료와 함께 살펴봄으로써 근대국어 공시태 속에서 언간의 접속어미가 보여 주는 특징의 일단을 제시할 것이다.

언간에 나타난 접속어미는 종결어미와 함께 사용 빈도가 높아 판독의 불완전성에서 오는 오류를 상대적으로 줄여 줄 수 있다는 점에서 국어사 연구의 1차 자료로 삼아서 무리가 없을 것이다. 또한, 통시적 관점에서 접속어미와 같은 문법 형태소는 음운 변화에 따른 형식의 변화는 있었지만 그 고유한 의미와 기능은 국어의 역사적 변화 속에서도 유지하고 있으며, 더욱이 방언 자료가 형태론에 기초한 국어 문법사 연구에 유력한 근거를 제공해 준다는 점에서 언간에 나타난 접속어미의 형태·통사론적 특징을 살피는 것은 의의가 있을 것이다.

2. 대상 자료

본고에서 연구 대상으로 삼고 있는 언간 자료 3종은 16세기 중·후반부터 17세기 말이나 18세기 초기에 이르는 자료로서, 후기 중세국어에서 근대국어로의 교체기를 지나 근대국어의 중심 시기에 해당하는 필사 자료들이다. 이들 필사 자료의 간략한 서지적 특징을 제시하면 다음과 같다.

2.1. 청주 북일면 순천 김씨 묘 출토 언간(이하 〈청주 언간〉, 번호와 함께 인용할 때는 〈청주 ㅇㅇㅇ〉)

〈청주 언간〉은 1977년 봄 인천 채씨 13세 채무이(蔡無易)의 계배(繼配) 의인(宜人) 순천 김씨의 묘를 이장할 때 나온 유물 중의 일부이다. 일찍이 조건상에[1] 의해 학계에 소개된 이후 조건상,[2] 전철웅이[3] 판독을 한 바 있으며, 최근에 조항범은[4] 총 192건에 대한 역주를 하였다. 〈청주 언간〉은 16세기 중·후반 서울 지역의 언어를 반영하고 있다.

2.2. 현풍 곽씨 언간(이하 〈현풍 언간〉, 번호와 함께 인용할 때는 〈현풍 ㅇㅇㅇ〉)

〈현풍 언간〉은 1989년 4월 4일에 현풍 곽씨 후손들이 이들의 12대 조모 진주 하씨 묘를 이장하는 과정에서 하씨의 관 속에서 나온 유물 중의

---

1) 조건상, 「청주출토유물 언간에 대하여」, 『국어국문학』78, 국어국문학회, 1978, 385~387면.
2) 조건상, 「〈청주북일면김씨묘출토간찰〉 해제 및 개설」, 충북대박물관, 1981.
3) 전철웅, 「〈淸州北一面順天金氏墓出土簡札〉의 判讀文」, 『호서문화연구』13, 1995, 1~57면.
4) 조항범, 『註解 순천김씨묘출토간찰』, 태학사, 1998.

하나이다. 이 언간은 김일근에[5] 의해 처음으로 소개된 이후, 백두현,[6] 황문환이[7] 판독을 한 바 있다. 최근에 백두현에서[8] 총 172건(한글 편지 167건, 한문 편지 5건)에 대한 역주가 이루어졌다. <현풍 언간>은 17세기 초 경상도 방언을 반영하고 있다.

2.3. 은진 송씨 언간(이하 <은진 언간>, 번호와 함께 인용할 때는 <은진 ○○○>)

<은진 언간>은 경기도 박물관에서 소장하고 있는 宋奎濂家 典籍 '先札' 1-9에 걸쳐 포함되어 있는 한글 편지로서 총 124건에 이른다. 이 자료는 최근 한국정신문화연구원에서 '한국 간찰 자료 선집'의 일환으로 '恩津 宋氏 霽月堂篇 -先札 所載 諺簡-'이라는 자료집을 간행하여 학계에 소개하였으며, 황문환·이래호와[9] 이래호에[10] 의해 <은진 언간>의 서지적 사항과 국어학적 특징이 밝혀지기도 했다. <은진 언간>은 17세기 말에서 18세기 초기 서울 지역의 언어를 반영하고 있다.

---

5) 김일근, 「忘憂堂 從姪 郭澍의 再室 晉州河氏墓 出土文獻의 槪觀」, 『晉州河氏墓出土文獻과 服飾調査報告書』, 건들바우박물관, 1991.

6) 백두현, 「진주 하씨묘 출토 <현풍 곽씨 언간> 판독문」, 『어문론총』 31, 경북어문학회, 1997: 1-29면.

7) 황문환, 『16·17世紀 諺簡의 相對敬語法』, 국어학총서 35, 태학사, 2002가.

8) 백두현, 『현풍곽씨언간 주해』, 태학사, 2003.

9) 황문환·이래호, 「<先札> 소재 언간에 대하여, <은진송씨 제월당편>」, 한국정신문화연구원, 2003.

10) 이래호, 「宋奎濂家 典籍 <先札> 所載 諺簡에 대하여」, 『어문연구』 123호, 한국어문교육연구회, 2004: 113-136면.

3. 언간의 접속어미

언간은 평균 문장 길이도 상당히 길며, 한 문장이 여러 개의 접속어미에 의해 이른바 '다중 접속문'을 이루고 있다. 또한 특정 언간에 국한되지 않고 '-고', '-으며', '-으니', '-으나' 등의 접속어미가 빈번하게 사용되고 있는데,[11] 이는 발신자가 내용을 무리 없이 이어가는 데 있어서 나열의 '-고', '-으며', 설명과 대립의 '-으니', '-으나'가 가장 무표적이기 때문일 것이다. 그리고 이들 접속어미들은 중세국어 이후 지금까지 형태와 의미의 변화를 겪지 않고 있는 접속어미이다. 특히, 본고에서는 이들 접속어미처럼 형태나 의미의 변화 없이 지금까지 통용되고 있는 접속어미는 논의에서 제외하고 형태론적 검토가 필요할 뿐만 아니라 다양한 변이형으로 나타나는 통합형 접속어미인 '-다가', '-고져'류, '-으려', '-으며셔', '-도록', '-을만뎡', '-으락', '-쟈' 등의 문법적 특징을 살펴볼 것이다. 특히, 본고에서는 이들 통합형 접속어미를 백낙천에서[12] 제시한 분류 원칙에 따라 마지막 구성요소가 어미인 통합형 접속어미와 의존명사나 기타 다른 구성이 포함된 통합형 접속어미로 나누어 살펴보기로 한다.

---

11) 최근 이광호에서는 긴 문장을 근대국어의 특징으로 지적하면서 <경신록 언해 1ㄱ~2ㄴ>의 내용을 소개하고 있는데, 소개된 용례에는 무려 '-고'가 11개, '-으며'가 26개가 쓰이고 있다.(『근대국어문법론』, 태학사, 2004, 510면). 언간의 평균 문장 길이가 길다는 것은 판본 자료나 언간 자료를 막론하고 이 시기의 공통된 특징이라고 할 만하다.
12) 백낙천,『국어의 통합형 접속어미』, 월인출판사, 2003가.

3.1. 어미의 통합형

3.1.1. '-다가'

본 언간[13]에서 접속어미 '-다'의 형태는 보이지 않고 '-다가'의 형태만 확인된다.[14]

(1) 가. 자내 긔벼론 기드리다가 몯흐여 사롬 보내뇌 <현풍 28>
　　나. 아마도 편히 디내다가 오나라 <은진 9-69>
　　다. 나는 요스이 여긔 잇다가 닷쇈날로 나가로쇠 <현풍 84>
　　라. 대강은 나왓다가 드러니거든 내 시시로미 녀길 마롤 니르디 마소
　　　　<청주 11>
　　마. 사롬 업스와 지금 문안 사롬도 몯 보내엿숩다가 이저야 보내으오
　　　　니 <현풍 132>

(1가, 나, 다)는 '-다가'가 동작동사나 상태동사 '잇다'의 어간에 직접 결합한 예이다. (1라, 마)에서 '-다가'는 시제 선어말어미로 '-엇-'이 결합한 것이며, 경어법 선어말어미로는 '-시-'나 '-숩-'의 결합이 가능하다는 것을 보여 준다. 특히, 동사 '숣-(白)'에서 기원한 '-숩-'이 근대국어에 와서 상위의 객체에 대한 주체 겸양에서 점점 청자에 대한 화자 겸양으로

---

13) 본고가 대상으로 하는 언간 자료 3종 전체를 가리킬 때는 편의상 '본 언간'이라고 부르기로 한다.
14) 현대국어에서 관용적 표현인 '보다 못해', '오래 살다 보니' 등에서 '-다'가 더 선호되는 것을 고려한다면 '-다가'의 사용이 활발해진 다음에 '-다'의 출현을 예상할 수 있을 것이다. 실제로 '-다'의 형태는 19세기에 나타나는 것으로 보인다.
　(ㄱ) 길은 가라다 못 가옵고 이리 민망흐옵 <추사 8>
　(ㄴ) 견디다 못흐야 엽젼 오만량을 주고 빠져갓다 흐니 <독립 1:7>
　특히, (ㄱ)은 1818년 추사가 대구 감영에 있는 아내 예산 이씨에게 쓴 편지로서 접속어미 '-다'가 보이는 이른 시기의 것으로 보인다. <추사 언간>의 다른 편지에 '-다가'도 나타나고 있어 '-다'와 '-다가'가 공존하는 양상을 보여 주고는 있지만, 대체로 이 시기 언간에서부터 '-다'의 쓰임이 확대된 것으로 볼 수 있다.

변화하기 시작하는데, (1마)는 출가한 딸이 어머니인 진주 하씨에게 보낸 편지로서 이때 '-엇-'에 후행하여 나타나는 '-습-'은 청자에 대한 화자 겸양의 의미를 보여준다.

(1가, 나, 다, 라, 마)에서 '-다가'는 선행절에 초점을 두면 중단의 의미로, 후행절에 초점을 두면 전환의 의미로 기능한다. 그리고 이러한 의미는 분석된 어말어미 '-다'에 의해 선행하는 내용을 끝맺고 선행하는 내용을 끝맺지 않고 후행하는 내용을 이어주는 '-가'의 의미 때문이라고 할 수 있다.15)

한편, 일부 논의에서 '-다가'를 동사 '다그다'가 문법화한 것으로 보기도 하지만 다음에서 살펴볼 '-롤다가', '-에다가', '-어다가' 등이 동사 '다그다'가 문법화한 것이므로 접속어미 '-다가'와 '-롤다가', '-에다가', '-어다가'의 '다가'는 엄밀한 의미에서 형태나 의미에 있어 어떠한 연관성이 없다고 보는 것이 올바른 이해일 것이다.16) 그런 점에서 (2가)에서 확인되는 '다가'는 그 형태론적 구성이 접속어미 '-다가'와 다르다. 본래 동사 '다그다'는 동사에서 기원한 다른 후치사와 같이 목적어를 수반한 타동사가 문법화한 것이다.

(2) 가. 너희 줄 오술 몯 지어 아니 닙고 이롤 너롤다가 주쟈코 굼좌더니

---

15) 익명의 심사위원 선생님께서는 형태 분석과 관련하여, 이때의 '-다'를 어말어미로 보는 것과 분석된 '-가'의 정체와 관련한 문제를 지적해 주셨다. 물론, 접속어미 '-다가'의 '-다'와 어말어미 '-다'는 선어말어미 '-느-', '-도-', '-으이-', '-ㅅ-'과의 통합 관계에서 차이를 보여 준다. 그러나 이러한 선어말어미들이 접속어미 '-다가'에 통합할 수 없는 것은 접속문이 갖는 구조적인 문제에 기인한다고 볼 수 있다. 또한, '-다가'에서 분석되는 '-가'는 접속어미 '-으니까'의 '-까'에서 청자의 확인을 나타내는 '-ㅅ-'과 함께 분석되는 '-가'에서 그 형태를 확인할 수 있다.

16) 이에 대한 자세한 언급은 서태룡, 「'-으니까'와 '-다가'의 {-가}」,『강신항 선생 회갑 기념 논문집』, 1990, 609~627면. 백낙천,『국어의 통합형 접속어미』, 월인출판사, 2003 가, 169-188면 참조.

하 바삿다 홀시 <청주 59>

나. 다룬 사룸미 우리를다가 므슴 사룸믈 사마 보리오 <번노上 5:ㄴ>

다. 아기룰다가 둘고지예 엿ᄂ니라 <번박上 56:ㄱ>

(2가)는 16세기 자료인 <청주 언간>에서 확인되는 것으로 이때의 '다가'는 목적어를 수반하는 동사로 기능한 것임을 알 수 있다. 그런데 비슷한 시기의 다른 판본 자료인 (2나, 다)의 '-룰다가'에서 '-가'가 생략된 '-룰다'는 보이지 않는다.

더욱이 (3가, 나, 다)에서 '-어다가'는 마치 통사적 합성동사의 구성처럼 보인다. 이때의 '-어다가'는 '-어 가지고'와 대체가 가능할 정도로 의미가 유사하다. 그리고 홍윤표에서[17] 밝힌 바와 같이 '-어다가'는 선행 동작이 완전히 중단되지 않고 선행 동작이 이루어진 상태에서 후행 동작이 일어날 수 있을 때에 쓰인다. 그리고 이때의 '-어다가'는 (3라)에서 보는 바와 같이 '-어다'의 형태로도 나타난다.

(3) 가. 무명 두 필 조차다가 주고 브티라 <청주 68>

나. 하협의 집 사룸 가는 이룰 블러다가 주워 보내여 <현풍 78>

다. 며느리도 ᄃ려다가 돗다가 보내고 제 하 긔특훈가 시브니 <은진 9-24>

라. 싀지비 가 어더다 브라다 너곳 머리 호려 ᄒ면 <청주 23>

한편, (4)의 '얻다'에서 확인되는 '다가'는 '-에다가' 정도로 보아 무방하다.

(4) 부님 두고 오시먀 가노라 ᄒ신ᄃ 내 안 얻다 두려뇨 <청주 3>

---

17) 홍윤표, 「현대국어의 후치사 {가지고}」, 『동양학』 14, 단국대 동양학연구소, 1984, 25-40면.

순천 김씨 친척이 순천 김씨에게 보낸 편지의 일부인 (4)는 '아버님을 두고 오시며 간다고 하신다면 내 마음을 어디에다가 둘 것인가' 정도로 이해할 수 있으며, 이때의 '얻다'는 '어디에다가'의 구어적 축약형이라고 할 수 있는데, 언간이 갖는 구어적 성격의 일단을 엿볼 수 있다. 그런데 '-어다가'와 '-에다가'가 '-어다', '-에다'의 형태로도 쓰이지만, '-롤다가'는 '-롤다'의 형태로 나타나지 않는 이유가 무엇인지를 분명하게 말하기는 어렵다. 다만, 본고에서는 동사 어간에 직접 결합하거나 선어말어미로는 '-엇-'이나 '-시-', '-숩-'만이 결합 가능한 '-다가'와 동사 '다그다'의 활용형이 문법화한 '-롤다가', '-어다가', '-에다가'의 '다가'는 의미적 연관성이 없으며, 이들이 동일한 형태를 공유하는 것은 표기상의 문제일 뿐이라는 것만은 분명한 것으로 보인다.

3.1.2. '-고져', '-고쟈', '-고뎌', '-과뎌', '-과댜'

본 언간에서는 소망이나 의도의 의미를 나타내는 접속어미가 '-고져', '-고쟈', '-고뎌', '-과뎌', '-과댜' 등의 형태로 빈번하게 출현한다. 이 시기 편지가 일상적인 안부와 함께 발신자가 수신자에 대한 간절한 마음을 담아 전하는 것이 일반적 내용임을 고려할 때, 소망이나 의도의 접속어미가 언간 자료에 출현 빈도가 높은 것은 지극히 자연스러운 현상이라고 할 수 있다.

'-고져'에 후행하는 서술어로는 대체로 대동사 'ᄒ다'나 '식브다', 'ᄇ라다'류가 이어진다.[18] 한편, '-고져', '-과뎌'는 16세기 이후로 각각 '-고

---

18) 장윤희,『중세국어 종결어미에 대한 통시적 연구』, 서울대학교 박사학위 논문, 1998, 230면에서도 언급한 바 있듯이, <청주 65>의 '내 ᄇ라기ᄂ 됴히 잇과댜'는 뒤에 'ᄒ다'나 'ᄇ라다' 등의 후행 동사가 연결되지 않아 문제의 '-과댜'가 마치 종결어미처럼 인식되기도 하지만 여기서는 후행 동사가 생략된 것으로 보는 것이 좋을 듯하다.

쟈', '-과댜'로 바뀌기 시작하는데, 이는 근대국어 들어와 '-어'계 어미가 '-아'계 어미로 통일되는 현상과 궤를 같이 한다. <청주 언간>에서 '-고져'와 '-고쟈'가 공존하는 것은 이러한 교체기의 양상을 보여 주는 것으로 이해할 수 있으며, (5가, 나, 다, 라, 마)에서 보는 바와 같이 어머니인 신천 강씨가 딸인 순천 김씨에게 보낸 편지인 <청주 79>에서는 '-고져', '-고쟈'가 함께 나타나고 있다. 이때의 '-고져'는 화자와 주체가 일치하는 경우, 즉 자기 스스로가 동작이나 행동을 바라는 경우에 쓰인다. <청주 언간>보다 후대인 <현풍 언간>에 '-고쟈'가 보이지 않는 것은 문자의 보수성에 기인하는 것이라 할 수 있다.

    (5) 가. 저옷 오고져 ᄒᆞ면 ᄃᆞ려 오고져 ᄒᆞ니 <청주 79>
       나. 형님겨오셔 어제 혼자 절에 가 겨시니 가 뵈옵고 오고져 시브오니 <현풍 110>
       다. 밤스이 안부 알고져 ᄒᆞ노라 <은진 9-51>
       라. 올홀 견디여 너희나 가 보고쟈 ᄇᆞ라ᄂᆞ니 그붓니로다 <청주 12>
       마. 진봉 제나 다연 말 거시나 보내고쟈 혼둘 어디 가 어드리 <청주 79>

   한편, '-고뎌'의 형태는 (6가, 나, 다)에서 보는 바와 같이 <청주 언간>에서는 확인되지 않고 <현풍 언간>에 특히 많이 나타나고 있다.

    (6) 가. 김슌복의게 가 무러 보고뎌 ᄒᆞ뇌 <현풍 18>
       나. 년회 블의예 주그니 더욱 수이 느려 가고뎌 ᄒᆞ뇌 <현풍 21>
       다. 갓가이 집을 짓고뎌 ᄒᆞ니 자내 짐쟉ᄒᆞ여 긔별ᄒᆞ소 <현풍 31>

   일반적으로 국어 음운사에서 17세기는 구개음화의 초기 단계로 알려졌다. 그런데 17세기 초기 자료인 <현풍 언간>에서 '-고져' 외에도 '-고뎌'

가 나타나는 것은 이 시기 활발하게 일어난 구개음화에 대한 과도교정 (hypercorrection)이라고 볼 수 있다.19) 더욱이 과도교정이라는 것이 필사자의 문법 의식이 전제되지 않고는 일어날 수 없는 것이라는 점에서 이 시기 보편적 음운 변동인 구개음화에 대한 강한 문법적 반작용이 있었을 것으로 추정할 수 있다.

한편, 18세기까지 나타나는 '-과뎌'는 '-고져>고쟈'의 변화처럼 근대국어 들어와 '-어'계 어미가 '-아'계 어미로 통일되는 경향을 보이듯이 '-과뎌'의 형태로 더 많이 나타난다. 그런데 <현풍 언간>에는 많은 예는 아니지만 '-과뎌'가 아닌 '-과뎌'의 형태로 나타나 흥미롭다. 이때의 '-과뎌'는 화자와 주체가 다른 경우, 즉 제 3자가 어떤 동작이나 행동을 하기 바라는 경우에 쓰인다. 이 '-과뎌'는 19세기 이후 점점 사라지게 되는데, 그 이유는 '-과뎌'가 '-고쟈'와 뚜렷한 구별이 없어지게 된 것도 주요한 원인이었겠지만 보다 근본적으로는 일반적으로 소망이나 의도의 접속어미는 선행절의 주어와 후행절의 주어가 동일해야 하며 주어의 자질로 [+유정성] 외에도 '-으려'와 달리 [+인간성]이 추가로 필요하다. 그런데 '-과뎌'는 선행절과 후행절의 주어가 비동일주어라는 제약이 있으며, 이것이 결정적으로 접속어미로서의 '-과뎌'의 기능 약화를 가져온 것이라고 할 수 있다.

  (7) 가. 윤뎌나 춋과뎌 흐둘 쉬오랴 <청주 94>
     나. 이번 이롤 흐과뎌 흐노라 <청주 173>
     다. 자내 날 살과뎌 흐는 졍이나 내 자내네 혼자 두고 와셔 므스 일

---

19) 김주필은 「晉州河氏 墓 出土 한글 筆寫 資料의 表記와 音韻現象」, 『진단학보』 75호, 진단학회, 1993, 129~148면에서 <현풍 언간>이 단일어 내부뿐만 아니라 활용어미의 경우에도 비어두음절에서의 구개음화된 표기가 자주 나타나는 것으로 보아 이 시기에 구개음화가 상당히 진전되었다고 언급하였다.

이실고 <현풍 21>

  라. 아마도 일긔 사오나온더 무스히 디내다가 오과댜 ᄒ노라. <은진
    9-77>

이렇게 볼 때, 조항범에서[20] (7가, 나)의 '춫과댜', 'ᄒ과댜'를 각각 '찾
게 하고자'로 풀이하고 'ᄒ과댜'를 '하게 하고자'로 풀이하고 있는데, 이
는 사동문이 사동주와 피사동주라는 두 개의 의미상의 주어가 필요하듯
이, '-과댜'의 비동일주어 조건을 충실하게 반영한 적절한 해석이라고 할
수 있다. 더욱이 '-과댜'는 보조사 '-도'가 통합된 '-과댜도'의 형태로도
나타난다. 문제의 '-과댜도'는 이 시기 다른 판본 자료에서는 확인되지 않
는 것으로 본 언간 중에서도 <청주 언간>에서만 보이는 용례라고 하겠다.

  (8) 제 머글 거시나 내 돌보고 잇과댜도 ᄒ건마는 그 지비 언제 그리ᄒ리
    <청주 42>

현대국어의 직관으로 볼 때, (8)를 '자기가 (알아서) 먹을 것이나 (그래
도) 내가 돌보고 있고자 하건만 그 집이 언제 그리하겠느냐' 정도로 이해
할 수 있을 것이다. 문제는 과연 '-과댜'에 보조사 '-도'의 결합이 가능한
가 하는 것이다. 국어사 자료에서 또 다른 '-과댜도'가 발견되지 않는 한
'-과댜도'의 형태론적 구성은 흥미로울 수밖에 없을 것이다. 그러나 국어
사 자료가 갖는 긍정적 가치를 염두에 둔다면 '-과댜도'는 '-과'와 보조
동사 '디-(>지-)'와 어말어미 '-아'가 통합된 '-과댜'에 보조사 '-도'가
결합한 것이라고 할 수 있다.[21] 그렇게 본다면 '-과댜도'는 마지막 구성

---

21) 이때의 '디-'를 '지-'와 같은 의미인 보조동사로 보는 것은 '-과댜'와 '-고져'가 공시태
   에 공존하고 이들의 의미적 유연성을 염두에 둔 것이지만 형태 분석과 관련하여 이때의
   '디-'를 '지-'와 같은 의미인 보조동사로 본다면 15세기 국어에 'ㄷ' 구개음화가 이미

요소로 어말어미 '-아'와 보조사 '-도'가 결합한 것이므로 적어도 형태론적 구성으로는 무리가 없다.

전체적으로 본 언간에서는 '-고져', '-고쟈', '-과뎌', '-과댜'가 동일 언간 자료에 공존하고 있는데 그 이유는 위에서 언급한 대로 근대국어에 와서 '-어'계 어미가 '-아'계 어미로 통일되는 현상이 일반적이지만 필사본 자료의 특성상 문자의 보수성과 개인의 표기 의식의 불완전성 때문에 혼용되는 것이라고 하겠다.[22)]

한편, 백낙천에서는[23)] '-고져'가 '-고'에 보조동사 '지-'의 활용형이 재구조화된 것으로 파악하고, '-고져'의 의미가 소망이나 의도의 의미를 나타내는 이유가 분석되는 '지-'의 의미에 의한 것으로 파악하였다. 이러한 논의를 바탕으로 다음의 예문을 살펴보자.

(9) 아즈바님이 나롤 보아지라 ᄒᆞ시고 부러 사롬이 와시매 가니 <현풍 6>

(9)의 '보아지라'를 백두현에서는[24)] '보-+-아지라'로 분석하고 이때의 '-아지라'를 원망형어미로 설명하였다. 문제는 15세기부터 나타나는 '-아지라'가 '원망'의 의미를 나타낼 수 있는 형태론적 근거가 어디에 있느냐 하는 것이다. 본고는 청자의 반응을 고려하는 '-아' 뒤에 결합한 '지-'가 보조동사로서 소망이나 의도의 의미를 갖기 때문이라고 생각한다.[25)] 더욱

일어난 것으로 볼 수도 있으므로 여기서 섣불리 말하기는 어려울 것으로 보인다.
22) 특히 <청주 언간>과 <현풍 언간>에 통시적 변화형을 보이는 이들 접속어미가 공존하는 이유가 무엇인지에 대한 보다 면밀한 검토가 필요할 것으로 보이는데, 이는 앞으로의 과제로 남긴다.
23) 백낙천, 앞의 책, 135~138면 참조. 한편, 이때의 '지-'를 보조동사로 파악한 것은 '-고' 다음에 통합할 수 있는 선어말어미로 '-지-'가 확인되지 않는다는 구조적인 문제 때문이다.
24) 백두현, 앞의 책.
25) 물론 '-고져'에 후행하여 '식브다'가 연결되는 것으로 보아 이때의 '지-'를 보조동사로

이 '-고쟈'의 분석에 대한 본고의 입장이 직관에도 부합된다는 사실은 다음의 예에서도 확인할 수 있다.

(10) 가. 아무리 무소물 잡쟈 호여도 훈디 사던 이리 니존 적 업시 그리오니 <청주 40>
　　 나. 갓가온 디 안뷔나 듣쟈 너겨 오니 홀어미 똘 더디고 오니 유독고 모딘 사룸미라 <청주 80>

(10가, 나)에서 '-쟈'는 청유형어미일 가능성보다는 원망(願望)의 의미를 갖는 것으로 이해되며, 밑줄 친 부분은 각각 '잡고쟈', '듣고쟈' 정도로 해석할 수 있다. 이러한 해석이 가능한 이유는 '-쟈'가 '지-'와 '-아'로 분석되고 이때의 '지-'가 주체의 의도나 목적의 의미와 관련되기 때문이다.

그 외 본 언간에서는 이 시기 판본 자료에서는 쉽게 발견되지 않는 '-고라쟈'의 형태나 '-고져 ᄒᆞᄂᆞᆫ'의 축약형으로 알려진 '-고젼'의 형태도 보인다.

(11) 가. 제 죽고라쟈 식브고 <청주 34>
　　 나. 내 안히 셜오나마나 제 죽고라쟈 식베라 <청주 68>
　　 다. 며ᄂᆞ리나 ᄒᆞ나히 나롤 ᄃᆞ려셔 간ᄉᆞ히여 주기고젼 ᄠᅳ디 업서 <청주79>
　　 라. 병셔도 보옵디 몯ᄒᆞ옵고 시시로 아옵고젼 긔별도 ᄌᆞ조 몯 듣ᄌᆞ오니 <현풍 120>
　　 마. 저옷 오고져 ᄒᆞ면 ᄃᆞ려 오고져 ᄒᆞ니 <청주 79>
　　 바. 분 하 업ᄉᆞ니 ᄡᅳ던 거시나 얻고젼노라 <청주 159>

(11가, 나)의 '-고라쟈'는 이 시기 판본 자료에서는 확인되지 않고 있는

보기 어렵다고 할 수도 있으나 이 경우 보조동사 '지-'의 재구조화가 먼저 일어났다고 한다면 '식브다'가 연속될 수 있는 충분한 개연성이 있다. 이와 관련한 언급은 백낙천, 「'-쟈'를 포함한 접속어미의 형태론적 해석」, 『국어교육』 112호, 한국국어교육연구학회, 2003나: 267면 참조.

것으로 본 언간에서만 발견된다. 한편, (11다, 라)에서 '-고젼'을 '-고져
ᄒᆞᄂᆞᆫ'의 축약형으로 보는 조항범,26) 백두현의27) 입장에는 다분히 현대적
직관이 개입되었을 것이라는 생각을 부인할 수 없다. 중세국어에서는 간
접 인용절이 관형어로 나타날 경우에 속격조사 '-ㅅ'이 쓰일 수 있어 '-닷,
-랏, -갓' 형이 나타나며, 이들은 각각 '-다/라/가+ᄒᆞᄂᆞᆫ/홀' 구성과 대등
한 통사 구성을 보여 준다. 문제의 '-고젼'은 이러한 구성과 모종의 관련
이 있을 것으로 보인다.

> (12) 가. 여스슨 食이니 가지고젓 ᄆᆞᅀᆞ미 슬믜윰 업수미오 <법화 1:25>
> 　　나. 죠고맛 비 ᄐᆞ고젓 ᄠᅳ들 닛디 몯ᄒᆞ리로다 <두초 15:55>

(12가, 나)에서 '-고젓'은 속격 '-ㅅ'이 개입한 관형 구성으로서 '-고져
ᄒᆞᄂᆞᆫ'과 통사상 대등한 관계를 갖는다.28) 그러므로 문제의 '-고젼'은 '-고
젓'이 변화한 형태로 보아 무방하다. 현대국어에서 '-다고 하는'의 준말을
'-다는'으로 보고, '-다는'이 '-단'으로도 축약될 수 있다고 한 것은 위에
언급한 대로 중세국어에서 간접 인용절에 나타나는 속격 '-ㅅ' 구성이 관
형절로 이해되는 것과 결코 무관하지 않을 것이다. 이러한 논의를 전제로
'얻고져 ᄒᆞ노라'의 축약형으로서 '얻고젼노라'가 가능할 수 있는 것은 'ᄒᆞ-'
의 탈락과 중세국어 속격 구성의 흔적이 화석으로 남아있다는 것과 관련
된다고 할 수 있을 것으로 보인다. 그래서 앞의 예문인 (11다, 라)의 '-고
젼'을 단순히 '-고져 ᄒᆞᄂᆞᆫ'의 축약형으로 이해하기보다는 중세국어의 속
격 구성의 관형화 현상이라는 해석을 전제했을 때 보다 설명력을 가질 수

---

26) 조항범, 앞의 책.
27) 백두현, 앞의 책.
28) 이러한 언급은 이현희, 「중세국어의 청원구문과 관련된 몇 문제」, 『어학연구』 24-3, 서
　　울대 어학연구소, 1988, 354면에서도 제기한 바 있다.

있을 것으로 보인다. 그런데 앞의 예문인 (11마)에서 '오고져 ᄒᆞ면'과 '오고져 ᄒᆞ니'의 '-고져 ᄒᆞ면'과 '-고져 ᄒᆞ니'는 축약형을 보이지 않고, 동일 편지인 <청주 79>에서 '주기고져 ᄒᆞᄂᆞᆫ'의 '-고져 ᄒᆞᄂᆞᆫ'만이 축약형을 보여 (11다)에서처럼 '주기고젼'으로 축약될 수 있다는 것은 쉽게 납득하기 어려운 부분이다. 더욱이 (11바)의 '얻고젼노라'에 이르면 '-고젼'의 형태론적 구성은 더욱 난관에 봉착한다.[29] 그러나 '-고져 ᄒᆞᄂᆞᆫ'의 축약형으로서의 '-고젼'이 중세국어 속격 구성의 흔적이 남아있는 것임은 비교적 분명하며, 이러한 현상이 언간 자료에 나타나는 것은 언간이 그만큼 구어성이 강한 필사 자료라는 것에 대한 증거라고 할 만하다.

3.1.3. '-으려'

의도나 목적의 의미를 나타내는 '-으려'는 19세기 이후 '-고'가 통합되어 '-으려고'의 형태로 나타나지만 중세국어에는 '-오-' 다음에 결합하여 '-오려'의 형태로만 나타나다가 '-오-'의 소멸로 16세기 이후에는 '-으려'나 '-으랴'로 나타난다. 문제는 '-으랴'의 경우 이것이 '-으리-'와 '-가'의 이형태 '-아'가 통합된 'ᄒᆞ라'체 판정 의문문의 '-으랴'와 구별하기가 쉽지 않다는 것이다. 'ᄒᆞ다' 내포문에 쓰인 다음의 경우에서 (13가~다)에서 '-으랴'는 내포문의 의문어미로 보이고, (13라, 마)에서 '-으랴'는 의도나 목적의 의미로 해석된다.

---

29) 익명의 심사위원 선생님께서는 (11다, 라)에서 '-고젼'은 그 뒤에 명사가 오는 환경이지만 (11바)에서 '얻고젼노라'는 후행 요소가 선어말어미라는 점에서 차이가 있다고 하면서 '얻고젼노라'의 경우는 'ᄒᆞ'의 'ᆞ'가 탈락한 '얻고졓노라'의 음운 변이형으로 보는 것이 합리적임을 점을 지적해 주셨다. 그러나 문제는 조항범, 앞의 책, 699면에서도 언급하였듯이, '얻고져 ᄒᆞ노라>*얻고졓노라>*얻고곋노라>얻고젼노라'의 과정에서 '얻고졓노라'가 문증되지 않는다는 것은 여전히 문제로 남는다. 이에 대한 면밀한 논의는 앞으로의 과제로 남긴다.

(13) 가. 내 아조 드려셔 거느리랴 ᄒᄂᆞᆫ 거시 아냐 안죽 듕히 되여실 더디
　　　나 <청주 96>
　　나. 미듀기 오면 나가랴 ᄒᆞ다 ᄒᆞ니 저ᄃᆞ려 내 말로 니ᄅᆞ라 <청주
　　　133>
　　다. 고롭기ᄂᆞᆫ ᄀᆞ이 업고 죽히 민망ᄒᆞ랴 ᄒᆞ노라 나ᄂᆞᆫ 넌ᄒᆞ여 무ᄉᆞ히
　　　디내노라 <은진 9-47>
　　라. 넘녀롭기 ᄀᆞ이 업고 제 싀어미 죽히 넘녀ᄒᆞ랴 ᄒᆞ며 문의도 와셔
　　　그러ᄒᆞ니 (은진 9-103>

'-으려'는 19세기 이후 '-고'가 통합된 '-으려고'가 나타나기 시작하면
서 접속어미로서의 기능을 하는 것으로 알려졌다.[30] 본 언간에서도 대체
로 '-으려'의 형태로 나타난다.

(14) 가. 나ᄂᆞᆫ 너일로 가려 졍ᄒᆞ여 이시니 ᄆᆞ사롬을 ᄀᆞ장 일 보내소 <현
　　　풍 19>
　　나. 마젼홀 거슨 보내려 ᄒᆞ더니 너도 놈 수이 가리라 ᄒᆞ니 <은진
　　　9-36>
　　다. 져버니 / 내려고 닛도 다시 도도네 <청주 173>

그러나 (14다)의 <청주 173>은 어머니 신천 강씨가 딸인 순천 김씨에
게 보낸 편지로 여기에 유일하게 나타나는 '내려고'가 나오는 것으로 보
아 '-으려고'가 이미 16세기 후반부터 모습을 보이고 있음을 본 언간을
통해 확인할 수 있다.

한편, 방언형으로 '-을라'의 형태도 확인할 수 있다.

(15) 가. 오손 빌라 보내여니와 이리 더운더 와 ᄃᆞ녀 가면 <청주 22>
　　나. 다ᄆᆞᆫ 두 ᄌᆞ식을사 쏘 주글라 ᄒᆞ오니 민망ᄒᆞ여이다 <현풍 146>

---

30) 서태룡, 「어말어미의 변화」, 『전광현·송민 선생 회갑기념 논문집』, 1997, 673면 참조.

이와 관련하여 백두현은[31] '-을라'가 현대국어의 '-으려'에 해당한다고 하면서 현대국어 경상방언에서는 '-을라 카다', '-을락 카다', '-을라 하다'의 형태로써 의도 혹은 가까운 미래의 일에 대한 추측을 표현하는 어미로 사용된다고 지적하였다. 이때 '-을라'가 가까운 미래의 일에 대한 추측을 나타낼 수 있는 것은 미정을 나타내는 '-을'의 의미 때문이다. 결국 '-으려고'에서 '-을'의 분석이 갖는 정당성은 방언형 '-을라'에서도 확인되는 셈이다.

3.1.4. '-으며셔'

'-으며셔'는 현대국어 '-으면서'의 직접적 소급형으로 접속어미 '-으며'에 동사구 구성의 '-셔'가 통합된 접속어미이다. 근대국어 초기인 16~17세기에 '-으며'에 '-셔'가 결합한 '-으며셔'가 나타나다가 18세기에 이르면 '-으면셔'와 '-으몃셔'가 나타나며 이것이 현대국어의 '-으면서'로 정착한다.[32]

본 언간에서도 '-으며셔'는 16~17세기 필사본인 <청주 언간>과 <현풍 언간>에서만 확인되고 그 이후의 언간에서는 확인되지 않고 있다.

> (16) 가. 이 유무 느쇠 가노라 ᄒ여늘 가시며서 주고 간 유뮈오 <청주 54>
> 나. 닉년희 혼인ᄒ쟈 ᄒ며셔 죵곳 들쁘면 이리 우여니 어려올가 <청주 142>
> 다. 브듸 시작ᄒ며셔 사룸 즉시 보내소 <현풍 29>
> 라. 이 사룸이 지나가며셔 급치매 유무 몯ᄒ노이다 <현풍 145>

---

31) 백두현, 앞의 책.
32) 이에 대한 언급은 백낙천, 앞의 책, 132면 참조.

본 언간에서는 확인되지 않지만, 문제는 18세기 이후 '-으며셔'가 '-으면셔'로 변화하면서 개입된 'ㄴ'의 정체이다. 이 'ㄴ'이 음운론적 요인에 의해 삽입된 것이라면 'ㄴ'은 형태소가 아닌 분절음적인 존재이므로 '-으면셔'는 '-으며'와 관련될 것이다. 그런데 만약에 'ㄴ'이 통합적 구조상 보조사라면 '-으면셔'는 '-으며'와 관련되기보다는 '-으면'과 관련될 것이다.

(17) 가. 부님 두고 오시먀 가노라 ᄒ신돈 내 안 얻다 두려뇨 <청주 3>
나. 제 글도 닐그며 너일 바조옷 드듸면 부디 가 긔걸홀 거시니 민양 가기 어려워 <청주 129>

(17가)에서 '-으며'는 동시의 의미보다는 나열의 의미가 강하게 드러나고 있는데, 그 이유는 전제된 존재의 연결을 나타내어 선행절 내용의 지속이 유지되는 '-셔'가 없기 때문이다. '-으면셔'가 '-으면'이 아닌 '-으며'와 관련이 있다는 것은 '-으면셔'에서 'ㄴ'이 적어도 보조사가 아니라는 것이며, 더욱이 'ㄴ'이 보조사라면 어말어미와 동사의 어간에 보조사가 개입되는 특이한 구조를 인정해야 하는 구조적인 부담도 생기므로 'ㄴ'을 보조사로 볼 수는 없다.

한편, <현풍 언간>에는 '-며'의 의미로 '-먀'가 쓰이고 있다.

(18) 게도 졔亽ᄒ시먀 이리 ᄎ려 보내시니 안심치 몯ᄒ야이다 <현풍 118>

백두현은[33] (18)의 '졔亽ᄒ시먀'에서의 '-먀'가 '-며' 또는 '-며셔(>-면셔)'의 의미를 지닌 것으로 설명하면서도 현대역으로는 '제사를 지내시면

---

33) 백두현, 앞의 책.

서'로 풀이하였다. 이는 현대적 직관이 개입된 것이라 할 수 있겠는데, '-며'
와 '-며셔'가 공시태에 존재하며 '-며셔'는 '-셔'에 의해 선행절 내용의
지속이 유지되어 결정적으로 반복 구성에서 차이를 보이므로 이 둘을 단
순한 이형태 관계로 볼 수는 없을 것이다. 그러므로 (18)에서 '제亽ᄒ시먀'
는 '제사를 지내시며' 정도로 이해하는 것이 좋을 듯하다.

3.2. 의존명사나 기타 다른 구성의 통합형

3.2.1. '-도록'

'어떤 결과의 미침'이라는 의미를 나타내는 '-도록'은 중세국어에서 '-ᄃ
록'과 함께 나타나다가 16세기 이후 점차 '-도록'으로 나타나기 시작한
다.[34] 본 언간에서도 '-도록'의 형태만 확인된다.

> (19) 가. 네 유무 보고 졈그도록 울오 인노라 <청주 71>
> 나. 졈그도록 우다가 밤 들게야 도라오매 긔운이 편치 아녀 누우 잇
> 뇌 <현풍 4>
> 다. 영만이를 주면 됴홀가 시브니 됴토록 ᄒ여라 <은진 9-7>
> 라. 늙도록 브리다가 죽게 되니 졍의 하 ᄀᆞ이 업ᄉ니 <은진 9-72>

현대국어와 마찬가지로 (19가~라)에서 '-도록'은 시제 관련 선어말어
미의 결합을 허용하지 않는다. 이는 후행절이 선행절보다 앞선 사건임을
요구하며 선행절과 후행절의 시간적 선·후 관계가 이미 결정되어 있기
때문이다.

한편, '-도록'의 출현 환경과 관련하여 본 언간에서만 보이는 특이한

---

34) '-도록'의 형태론적 분석과 관련한 논의는 백낙천, 앞의 책, 254면 참조.

것으로 '그더도록'이 있다. 조항범,[35] 백두현에서도[36] '그토록'이라고 현대역하고 있는 것인데, 계열 관계를 보이는 '이더도록'과 함께 본 언간에서만 확인되는 흥미로운 용례이다.

(20) 가. 찰방이 그더도록 귀코 빋순 일가 <청주 4>
　　나. 그더도록 몯 닛즈와 흐압시다가 가오디 흔 즛 말숨을 몯 듯줍고
　　　　<현풍 128>
　　다. 제 즈시근 므슴 지조흐곰 좀 귀흔 이리 잇관디 이더도록 토심되
　　　　거뇨 <청주 66>
　　라. 길히 하 머오매 이더도록 긔별 몯 듣즈와 민망흐오니 <현풍
　　　　129>

그런데 '그더도록', '이더도록'과 '그토록', '이토록'은 형태음운론적으로 매우 투명한 관계에 있다고 하기는 어렵다. '그더도록', '이더도록'이 본 언간에서만 확인된다는 자료의 제한이 있기는 하지만 '그더토록', '이더토록'이 문증되지 않는 상태에서 '그토록', '이토록'과 연관짓는 것은 적어도 '그더도록'과 '이더도록'이 '그러흐도록'와 '이러흐도록'의 축약형이라는 것이 형태론적으로 전제되어야 하는데 이들 관계는 좀더 검토되어야 할 것이다.[37]

더욱이 본 언간에서는 '그리도록', '이리도록'도 확인할 수 있는데, 이들 또한 '그리흐도록' 내지는 '이리흐도록'의 축약형인지는 신중한 검토가 필요할 것으로 보인다.

---

35) 조항범, 앞의 책.
36) 백두현, 앞의 책.
37) 이러한 문제 의식은 황문환에서도 언급된 바 있으며(황문환, 「'이리ᄃ록'과 '이토록'」, 한국어문교육연구회 145회 학술대회 발표문, 2002나), 한편으로는 '이더, 그더' 내지는 '이리, 그리'에 '도록'이 직접 결합된 것일 가능성도 배제할 수 없다. 만약에 그럴 경우에는 부사에 직접 결합한 '도록'을 보조사로 볼 수 있을 것이다.

(21) 가. 또 아즈바님믄 그리도록 겨시다가 너도히 가시니 <청주 74>

　　　나. 거부훈 병 어더 그리도록 듕툰 아니흐더 <현풍 129>

　　　다. 언마롤 살 인싱이라 이리도록 글탈눈고 <청주 72>

　　　라. 나도 어제 막그미드려 그장 교슈흐연느니 내 이리도록 흐거든

　　　　　<청주 140>

한편, 본 언간에서는 '뎌리도록', '뎌대도록'은 확인되지 않으며,[38] <청주 73>에 '훈 나히나 져머시면야 뎌도록 셜오랴'에서 '뎌도록'이 확인될 뿐이다. 이 편지는 어머니 신천 강씨가 딸인 순천 김씨에게 쓴 편지로서 신천 강씨가 편지의 제 삼자인 나머지 딸들의 처지를 가리키면서 한탄하는 내용이다. 더욱이 이때의 '뎌'가 지시대명사 '이, 그'와 같은 계열에 있는 것임을 상기할 때, 본 언간에 화자와 청자로부터 먼 표현에 쓰이거나 실제 대화 장면에 함께 하지 않을 때 쓰이는 '뎌' 계열 용례가 '뎌도록'을 제외하고 달리 확인되지 않는 이유는 그만큼 언간이 발신자와 수신자간의 대화 상황을 전제한 긴밀한 소통 수단이기 때문이라고 할 수 있다.

3.2.2. '-을만뎡'

본 언간에서는 선행절을 긍정적으로 평가하고, 부정적으로 평가하는 후행절을 연결하는 '-을만뎡'이 나타나며, 동일 언간에 이것의 구개음화 표기인 '-을만졍'도 함께 나타난다. '-을만졍'은 단모음화를 거쳐 현대국어의 '-을망졍'으로 되었다.[39]

(22) 가. 옥쳔 며느리는 눈 사이 잠간 어릴만뎡 양주 모양은 쇠 편편ㅎ고

---

38) 물론 판본 자료에는 '뎌리도록'(뎌리도록 아니 앗기놋다, 석상 6:26), '뎌대도록'(진실로 뎌대도록 만히 됴훈 은이 업세라, 노걸 하:57)이 나타난다.

39) 그러나 '만'이 '망'이 된 이유는 여전히 문제로 남는다.

<청주 30>
나. 개더긔 공도 돌목 녀어만뎡 므스러 보내리 <청주 106>
다. 내 아무리 무슨미는 주글만졍 자븐 이룰 제게 드리왇디 마오죠
호디 <청주 42>
라. 업거든 어들만뎡 서너 병이나 보내소 <현풍 16>

일찍이 학계에서는 '-을만뎡'의 형태론적 구성과 관련하여 '만뎡'의 정
체에 대해 많은 관심을 보여 왔다. 그런데 '만뎡' 자체를 명사적인 요소로
본다고 하더라도 '*-은만뎡', '*-는만뎡'의 예가 없으므로 '-을만뎡'에서
관형사형어미로 '-을'을 분석하기가 쉽지는 않다. 허웅은[40] '만뎡'을 보조
사로 간주하면서도 이때의 '만'은 의존명사의 의미를 그대로 유지하고 있
다고 하였는데, 물론 허웅에서처럼[41] '만뎡'에서 '뎡'의 정체를 완전히 밝
히지 못하는 한 '만뎡' 전체를 하나의 단위로 보되 선행하는 성분이 체언
일 경우 '만뎡'을 보조사로 보는 것은 무리가 없어 보인다.

(23) 가. 밥 머긇 덛만뎡 長常 이 이룰 싱각ᄒ라 <월석 8:8ㄴ>
나. 우리둘히 모미 주긇만뎡 모딘 일 뻠티 아니ᄒ리이다 <월석
25:32ㄴ>
다. 모쳐라 밤일쇠 만졍 늄 우일 번ᄒ괘라 <청구영언, 고시조>

허웅은[42] (23가)의 '만뎡'을 '-이라도'로 정도의 의미를 갖는 것으로 보
고 보조사로 분류하였다. 그러나 동사의 어간 다음에 결합하는 (23나)에서
'만뎡'은 보조사로 보기 어렵다. 더욱이 이때는 '-을' 다음에 분포하므로
'만뎡'을 의존명사로 보는 것이 오히려 구조적인 지지를 받을 수 있을 것

40) 허웅, 『우리옛말본』, 샘문화사, 1975.
41) 허웅, 위의 책, 582면.
42) 허웅, 위의 책, 392면.

이다. (23나)는 '우리들이 몸이 죽을망정 모진 일은 범하지 않겠습니다'
정도로 이해할 수 있다. 더욱이 (23다)는 '아아, 밤이기에 망정이지 남을
웃길 뻔하였구나' 정도로 이해할 수 있는데, 이때의 '만정'은 분명하게 의
존명사의 기능을 하는 것으로 보인다. 더욱이 다음의 용례에서 '만덩'은
접속어미 '-ㄴ디', '-ㄹ싀' 다음에 나타나고 있다.

> (24) 가. 막대 디퍼 돈뇨미 몰 튀기예 妨害ᄒ란디 만덩 이 부러 무를 여희
>   우미 아니니라 <杜重 13:49ㄱ>
>   나. 마죾내 그저 三字經을 닐올싀 만덩 만일 百中經을 닐으더면 <伍
>   倫全備諺解 3:6ㄴ>
>   다. 도로혀 이 내 둧기롤 섈리홀싀 만덩 져기 트면 밋디 못홀 낫다
>   <伍倫全備諺解 4:34ㄴ>

그런데 '-ㄴ디', '-ㄹ싀' 다음에 '만덩'이 이어지는 예는 <청주 언간>
에서도 찾아볼 수 있다.

> (25) 가. 일 오니는 네 제 혀 볼싀만덩 녀롬 아니 지을 저그란 드려 잇거
>   라 <청주 147>
>   나. 하눌히 삼겨 어ᄅᆞ모로 여롤 쁘란디만덩 아기내도 몯 미처 보리
>   러니라 <청주 169>

조항범은[43] (25가, 나)에서 밑줄 친 부분에 대해 각각 '볼망정', '쓸었지
마는'으로 풀이하고 있으나 '-ㄴ디'와 '-ㄹ싀'가 각각 의존명사 '두'와
'ᄉ'에 처격조사 '의'가 통합된 것임을 염두에 둔다면 '-기에 망정이지'
정도로 이해할 수 있다. 또한 분석적 입장에서 '-을쑨뎡'에서 '쑨'과 '만'
의 대응 관계를 고려하면 '-을만뎡'의 '만'은 의존명사로 분석할 수 있을

---
43) 조항범, 앞의 책.

것이다. 그런데 본 언간에서 '-을쏀뎡'이 확인된다.

> (26) 가. 내 주려 주글쏀뎡 시 버슬 드리 졀오니 내 이제 죽느다 ᄒ다
>   <청주 94>
>   나. 사룸믈 줄션뎡 녀눈 긔계눈 아므려나 ᄎ림새 <청주 50>

조항범은[44] (26가)에서 '주려 주글쏀뎡'을 '굶주려 죽을망정'으로 풀이하고 있는데, 이는 '-을만뎡'과 '-을쏀뎡'이 대응 관계를 보여 준다는 점에서 현대적 직관과도 일치함을 보여 준다. 또한, (26나)에서 보는 바와 같이 <청주 언간>에는 의존명사 'ㅅ'가 구성요소로 참여한 '-을션뎡'도 유일한 용례로 나타난다. '-을션뎡'은 근대국어 시기까지 보이다가 현대국어에는 사라지고 이와 같은 의미인 '-을망정'이 대신하게 된다.

3.2.3. '-으락'

백낙천은[45] 현대국어를 대상으로 반복 구성의 '-으락'은 재구조화되는 과정에서 두 가지의 기능을 보여 준다고 언급한 바 있다. 즉, 하나는 '-으락'이 내포문어미로 기능하는 것이고 다른 하나는 복합어의 구성요소로 기능하는 것이다. 내포문어미의 '-으락'은 선행 요소가 항상 동작동사의 관형사형으로 나타나며 예정의 의미를 나타낸다. 다른 하나는 복합어의 구성요소인 '-으락'으로서 서로 대립하는 의미를 갖는 동사의 어간에 결합하여 일정한 범위 내에서 동작이나 상태가 반복되는 의미를 나타낸다.
중세국어에도 복합어에 쓰이는 '-으락'이 나타나며 이것의 의미는 현대국어와 같다.

---

44) 조항범, 앞의 책.
45) 백낙천, 앞의 책, 258~261면 참조.

(27) 가. 長常 주그락 살락 ᄒ야 受苦호ᄆᆯ 輪廻라 ᄒᆞᄂᆞ니라 <월석 1:12>
　　　나. 가셔 오디 마와댜 노ᄒᆞ락 달애락 ᄒ니 노호와 가디 마로마 ᄒᆞᆫ 후
　　　　　ᄂᆞᆫ ᄂᆞᆷ 모론 ᄆᆞᅀᆞᄆᆞᆯ 미양 애ᄃᆞ라 ᄒ니 <청주 120>
　　　다. 예논 효말이 알파기ᄂᆞᆫ 오라나 누으락 닐락 시드니 아니ᄒᆞ게 알
　　　　　논다 ᄒ나 <은진 9-30>

본 언간에서도 (27나, 다)에서 보는 바와 같이 '-으락'이 나타나는데, (27나)에 대해 조항범도46) '노여워하기도 하고 달래기도 하고'로 풀이하면서 이때의 '-으락'은 동작의 반복을 나타내는 연속의 어미라고 하였다.

한편, <현풍 언간>에는 복합어의 구성요소인 '-으락'과 형태론적 구성은 다르지만 유사한 의미를 갖는 '-명'이 보여 흥미롭다.

(28) 응낭이ᄂᆞᆫ 나올제 두고 나고 밧ᄢᅧ 오명 가명 ᄒᆞ더니 <현풍 142>

이때의 '-명'은 '-며'에 'ㅇ'이 결합된 것으로서, '-명'이 다른 언해문 자료에서 확인되지 않는 것으로 보아 구어적 성격이 매우 강한 것으로 이해할 수 있다. 그리고 이때의 'ㅇ'은 음운론적 요인에 의해 삽입된 것이라 할 수 있다.

3.2.4. '-쟈'

계기적 연결의 의미를 나타내는 '-쟈'는 16세기부터 나타나기 시작하는데 단모음화를 거쳐 현대국어의 '-자'로 변화한다. 그러나 '-자'와 함께 거론되는 '-자마자'는 19세기에 비로소 모습을 나타낸다.47) 이때의 '-자

---

46) 조항범, 앞의 책.
47) 김유범, 「시간성 의존명사 '다'를 찾아서」, 『형태론』 3권 2호, 2001, 209~229면에서는 '-자마자'가 국어사에 모습을 나타내기 시작한 것으로 19세기 <국한회어>에 나오는

마자'는 '말-'에 의해 재구조화된 통합형 접속어미로서 '-자마자'가 '-자'에 비해 선·후행절의 동시성이 더욱 확연히 드러나는 것은 마지막 구성요소인 '마자'에 의한 것이다.[48]

한편, 본 언간에서는 '-자마자'는 나타나지 않고 '-쟈'의 형태만 보인다.

> (29) 가. 내 머근 옷드리나 ᄒᆞ여 받즙고 마쟈 젹심ᄒᆞ디 몯 일워 ᄒᆞ노라
>   <청주 102>
>   나. 이리 오댜 ᄒᆞ 즈이업시 그리오니 나도 아ᄆᆞ려나 쉬 가고져 가노
>   라 <청주 65>

(29가)의 '마쟈'는 '말다'의 활용형으로 '-자마자'의 '마자'가 '말-'에 의한 재구조화된 통합형 접속어미로 굳어지기 이전의 단독형으로 볼 수 있다.[49] 특히, 판본 자료에서 쉽게 발견되지 않는 '-댜'가 <청주 언간>에 나타나 우리의 주목을 끈다. 조항범은[50] (29나)에서의 '-댜'를 계기적 연결의 '-쟈'로 설명하였다.

그러나 계기적 연결의 '-쟈'가 구개음화 이전 단계에 '-댜'로 나타났을 가능성을 현재로서는 단언하기 어렵다. 더욱이 이것이 동시, 나열의 '-먀'로 판독될 가능성이 아주 없는 것도 아니다.[51] (29나)는 신천 강씨(친정어머니)가 순천 김씨(딸)에게 보낸 편지로서 신천 강씨가 보낸 다른 편지인

'보자마자 見然勿然'이라는 용례를 제시하고 있다.

48) 백낙천, 「'-자'를 포함한 접속어미의 형태론적 해석」, 『국어교육』 112호, 한국국어교육연구학회, 2003나: 247-271면 참조.

49) 익명의 심사위원 선생님께서는 이때의 '-마쟈'를 현대국어의 '그만두고자' 정도로 이해할 수 있다고 하였다. 이러한 해석의 방법도 충분한 타당성이 있으나 '젹심ᄒᆞ디'의 정체가 분명하지 않다고 보고 (29가)의 의미를 '내가 마음먹은 옷들이나 하여 받고 그만 두자마자 적심하되 이루지 못하여 한다' 정도로 파악하고자 한다.

50) 조항범, 앞의 책.

51) 조항범은 앞의 책에서 이 '-댜'가 '-먀'로 판독될 가능성도 열어놓았으며, 황문환은 앞의 책(2002가)에서 '-먀'로 판독하고 있다.

<청주 언간 30, 41, 42, 66, 71> 등에 나타나는 'ᄒᆞ먀, 니르디 말먀, 오먀, 유무ᄒᆞ먀, 아니 그리먀' 등의 판독과 비교하면 필체상 크게 차이가 나지도 않으며 신천 강씨의 다른 편지인 <청주 102>에서는 '마쟈'와 필체 비교를 해 보아도 이것이 신천 강씨의 개인적 필체로 보아 무방할 것으로 보인다. 더욱이 계기적 연결의 '-댜'가 <청주 언간>에만 유일한 예로 나타난다는 것은 설명의 부담일 수밖에 없다. 문제의 '오댜'는 '오먀'에 대한 단순한 오기일 가능성이 크다. 그러므로 (29나)는 '이리 오며 너무나 한없이 그리우니' 정도로 이해하는 것이 좋을 듯하다.

그밖에, <현풍 언간>에 '-ㄴ다마다'가 나타난다.

(30) 가. 잘 제면 긴다마다 니르니 잔잉ᄒᆞ여 닉일로 드려 가거나 <현풍 42>
　　　나. 서보기 온다마다 완노라 ᄒᆞ고 ᄒᆞ고 유뮈나 드리고 션믈ᄒᆞ니 <현풍 127>

(30가, 나)에 대해 백두현은[52] 각각 '깬 적마다', '온 적마다'로 풀이하고 있다. 이때 '-ㄴ다마다'의 '-마다'는 '말다(勿)'의 활용형인 '마쟈'와 같은 반복 구성이 아니며, 적어도 형태론적 분석에 근거할 때 '-ㄴ다마다'와 '-쟈마쟈'는 일정한 거리에 있는 것이 분명하다.

4. 맺음말

지금까지 본고에서는 16세기 중·후반부터 17세기 말이나 18세기 초기에 걸쳐 이루어진 언간 자료 3종에 나타난 통합형 접속어미 중에서 형태

---

52) 백두현, 앞의 책.

론적 검토가 필요할 뿐만 아니라 다양한 변이형으로 나타나는 '-다가', '-고
져'류, '-으려', '-으며셔', '-도록', '-을만뎡', '-으락', '-쟈' 등에 대한
형태·통사론적 특징을 살폈다.

필자는 언간 자료가 그동안 판본 자료 중심의 국어학 연구를 보충할 국
어사 자료로서 매우 긍정적 가치를 가지고 있음을 실증적으로 증명하고
자 하였다. 결과적으로 언간에 나타난 국어는 당시의 근대국어가 지니고
있는 특징에서 크게 벗어나지 않는다는 것과 언간의 언어가 당시의 규범
적 문법 의식에 내재해 있는 필사자 개인의 표기 의식이 생생하게 반영된
자료임을 확인할 수 있었다.

그러나 본고의 한계도 분명히 있다. 가령, 접속어미의 형태론적 구성에
대한 논의가 보다 치밀하게 이루어져야 할 것이며, 근대국어 공시태에 존
재하는 다른 문헌과의 대비도 보다 면밀하게 이루어져야 할 것이다. 본고
가 보다 설득력을 지니려면 형태론에 근거한 충실한 논의가 역사적 변화
에 대한 면밀한 검토와 함께 국어 활용어미 전체 차원에서 보다 명시적
설명이 이루어져야 할 것이다. 앞으로 더 많은 언간 자료가 발굴·소개되
어 국어사 자료로 적극 활용된다면 기존의 판본 위주의 국어사 연구의 폭
과 깊이를 더할 수 있을 것으로 기대한다.

참고문헌

김유범(2001), 「시간성 의존명사 '다'를 찾아서」, 『형태론』 3권 2호, 209-229면.

김일근(1986/1991), 『諺簡의 硏究』, 건국대학교 출판부.

김일근(1991), 「忘憂堂 從姪 郭澍의 再室 晉州河氏墓 出土文獻의 槪觀」, 『晉州河氏墓出土文獻과 服飾調査報告書』, 건들바우박물관.

김주필(1993), 「晉州河氏 墓 出土 한글 筆寫 資料의 表記와 音韻現象」, 『진단학보』 75호, 진단학회, 129-148면.

백낙천(2003가), 『국어의 통합형 접속어미』, 월인출판사.

백낙천(2003나), 「'-자'를 포함한 접속어미의 형태론적 해석」, 『국어교육』 112호, 한국국어교육연구학회, 247-271면.

백두현(1997), 「진주 하씨묘 출토 <현풍 곽씨 언간> 판독문」, 『어문론총』 31, 경북어문학회, 1-29면.

백두현(2002), 「<조선관역어>의 미해독어 '則卜論答'(寅時) 고찰」, 『국어학』 40, 국어학회, 43-65면.

백두현(2003), 『현풍곽씨언간 주해』, 태학사.

서태룡(1990), 「'-으니까'와 '-다가'의 {-가}」, 『강신항 선생 회갑 기념 논문집』, 609-627면.

서태룡(1996), 「16세기 淸州 簡札의 종결어미 형태」, 『정신문화연구』 19권 3호, 57-93면.

서태룡(1997), 「어말어미의 변화」, 『전광현·송민 선생 회갑기념 논문집』, 645-699면.

안병희·이광호(1990), 『中世國語文法論』, 학연사, 1990.

이광호(2004), 『근대국어문법론』, 태학사, 2004.

이래호(2004), 「宋奎濂家 典籍 <先札> 所載 諺簡에 대하여」, 『어문연구』 123호, 한국어문교육연구회, 113-136면.

이유기(2001), 『중세국어와 근대국어 문장종결형식의 연구』, 도서출판 역락.

이현희(1988), 「중세국어의 청원구문과 관련된 몇 문제」, 『어학연구』 24-3, 서울대 어학연구소, 349-379면.

장윤희(1998), 『중세국어 종결어미에 대한 통시적 연구』, 서울대학교 박사학위 논문.

전철웅(1995), 「<淸州北一面順天金氏墓出土簡札>의 判讀文」, 『호서문화연구』 13, 1-57면.

정우영(1995), 『15世紀 國語 文獻資料의 表記法 硏究』, 동국대학교 박사학위 논문.

조건상(1978), 「청주출토유물 언간에 대하여」, 『국어국문학』 78, 국어국문학회, 385-
387면.
조건상(1981), 「<청주북일면김씨묘출토간찰> 해제 및 개설」, 충북대박물관.
조항범(1998), 『註解 순천김씨묘출토간찰』, 태학사.
허 웅(1975), 『우리옛말본』, 샘문화사.
허 웅(1989), 『16세기 우리옛말본』, 샘문화사.
홍윤표(1984), 「현대국어의 후치사 {가지고}」, 『동양학』 14, 단국대 동양학연구소,
25-40면.
황문환(2002가), 『16·17世紀 諺簡의 相對敬語法』, 국어학총서 35, 태학사.
황문환(2002나), 「'이리드록'과 '이토록'」, 한국어문교육연구회 145회 학술대회 발표문.
황문환·이래호(2003), 「<先札> 소재 언간에 대하여, <은진송씨 제월당편>」, 한국정
신문화연구원.

제2장 **언간의 종결어미 형태**

순흥 안씨 언간

1. 머리말

조선 시대 한글 간찰을 가리켜 '언간(諺簡)'이라고 하는데, 이때의 '언(諺)'은 '언문(諺文)'으로서 중국 문자인 한자에 비해 상대적으로 낮추어 부르는 의미가 아닌 '한글'의 다른 이름이다. 한편, 한문으로 쓰인 편지를 가리켜 흔히 한문 간찰, 줄여서 간찰이라고 하는데, 이때의 '간찰(簡札)'이 오늘날의 편지와 같은 개념으로 이해되기도 하지만, 본래 의미로서의 '간찰'은 '간지(簡紙)' 즉, 종이가 나오기 이전에 종이를 대신하여 쓰였던 대쪽이나 얇은 나무쪽을 가리키는 '간(簡)'에서 유래된 개념으로서 이러한 '간지'에 쓴 편지라는 의미가 일반화된 것이 오늘날 간찰이다.

흔히 '언간(諺簡)'으로 불리는 조선 시대 한글 간찰은 발신자나 수신자어느 한쪽으로 여성과 관련된 특징을 보이고 있으며 번역을 전제하지 않아 당시의 국어 문법이 자연스럽게 반영되어 있다. 이에 따라 언해(諺解)자료에 잘 보이지 않는 문법 규칙이나 고유의 일상 어휘가 풍부하게 나타나며, 또한 대화 상황을 전제한 구어체 자료의 성격 때문에 높임법을 비롯하여 구어(口語)나 방언이 어느 자료보다 풍부하게 반영되는 특징을 보인다. 나아가 개인의 삶이나 일상의 모습까지도 보여 주는 흥미로운 자료이다. 이러한 특징들을 적극적으로 활용하면 언해 자료 위주로 진행되어온 기존 연구를 보완하여 국어사 연구의 폭과 깊이를 더하는 데 크게 기여할 수 있을 것이다. 그러나 그동안 언간 자료는 극히 난해한 흘림체로되어 있어 판독 자체가 어렵고 겨우 판독이 이루어진다 하더라도 난해한어휘나 어구가 많은 관계로 그 자료적 가치가 제대로 소개되지 못하다가최근 언간에 대한 관심이 학제간 연구를 통해 새롭게 주목을 끌고 있다.

본고는 한국학중앙연구원 문중 기탁본 <순흥 안씨 언간> 22편에 나타난 문장 종결어미를 기술하여 근대국어 공시태 속에서 언간에 나타난 종결어미의 특징을 기술하는 데 있다.[1]

국어 종결어미에 의해 실현되는 문법 범주인 문체법과 상대높임법의기능을 충실하게 기술하기 위해서는 종결어미를 포함한 어미구조체인 이른바 문장 종결 형식에 대한 형태론적인 이해가 선행되어야 할 것이다.[2]그리고 형태론적 이해를 위한 유력한 방법의 하나가 문장 종결 형식 의구성요소에 대한 정밀한 형태 분석이다. 그런데 기존의 문장 종결 형식과관련한 논의는 이것의 문법적 실현인 문체법을 평서법, 의문법, 명령법,청유법으로 분류·기술하거나 상대높임법의 등급[3]을 'ᄒᆞ쇼셔'체, 'ᄒᆞ소'

---

1) <순흥 안씨 언간>은 이광호 외(2005)에서 판독과 역주를 하였다. 여기서는 <순흥 안씨언간> 총 27건 중에서 원문의 상당 부분이 훼손되어 판독이 불가능하다고 판단되는 5건을 제외한 22건을 판독과 역주의 대상으로 삼았다.
2) 물론 국어 상대높임법의 등급은 관련 형태뿐만 아니라 상대높임에 관여하는 어휘, 운율적 요소(억양), 상황적 요소에 의해서도 크게 영향을 받는 것이 사실이다. 한편 황문환(2002)에서는 경어법 선어말어미 '-시-', '-습-'을 제외한 문장 종결의 단위, 가령 '-ᄂᆞ이다'를 문장 종결 형식이라고 규정하고 있는데, 본고는 이들 요소까지도 포함한 단위인 '-ᅀᆞᆸᄂᆞ이다', 외에도 '-ᄂᆞ이다', '-이다', '-다' 등을 모두 문장 종결 형식으로 규정하는 포괄적 입장을 기본적으로 취한다.

체, '호라'체로 나누어 분류·기술하고 각각에 해당하는 형태를 확인하는 방법이었다. 그러나 국어의 종결어미에 대한 형태 목록이 선행된 다음에 문법 범주 체계화의 일환으로서 문장 종결 형식이 나타내는 문법 범주를 살핀다면 보다 체계적인 연구가 이루어질 수 있을 것이다. 본고는 <순흥 안씨 언간>에 나타난 종결어미의 형태와 의미를 근거로 문체법과 상대높임법의 범주를 확인할 것이다. 한편, 언간은 판독 자체가 난해하기는 하지만 언간에 나타난 종결어미는 사용 빈도가 높고 형태의 판독이 비교적 분명하다는 점과 언간 자체가 화자(발신자)와 청자(수신자)의 관계가 뚜렷하게 드러난다는 특징을 가지고 있다. 이런 이유로 언간 자료는 문체법 연구나 상대높임법 연구를 위해서는 필사본 자료로서 판독이 어렵다는 문제에도 불구하고 이 방면의 연구를 위한 좋은 국어사 자료로서 손색이 없다고 하겠다.4) <순흥 안씨 언간>(이하 본 간찰, 번호와 함께 인용할 때는 <순흥 ○○ ○>) 22건에 나타난 종결어미를 그 형태를 기준으로 분류하고 분석된 형태의 기본 의미와 해당 문장의 화용론적 상황에 대한 객관적 관찰을 토대로 문체법과 상대높임법의 등급을 결정짓는 형태를 확인하고 기술하는 것을 목적으로 한다. 아울러 이들 종결어미에 통합되는 선어말어미의 분포도 확인·기술할 것이다.

---

3) 상대높임의 등급에 대해서는 여러 입장이 있겠으나, 본고는 현대국어의 상대높임 등급은 '합쇼'체, '하오'체, '하게'체, '해라'체와 '해요'체와 '해'체를 기본적으로 상정하고, 중세 국어에 대해서는 '호쇼셔'체, '호아쎠'체, '호라'체 등급을 설정한다. 근대국어에서는 중세 국어의 '호아쎠'체가 소멸하고 이를 '호소'체가 대신하는 것으로 보이며, 18세기 이후에 는 '호소'체 정도의 등급에 '-시-'나 '-습-'이 통합한 '호읍소'체 등급이 설정 가능하다.

4) 안귀남(1996), 황문환(2002)의 논의가 이 방면의 대표적인 연구이다.

2. 자료 소개

2.1. 순흥 안씨 가계도 및 필사 시기

순흥 안씨가는 고려 때 인물인 安子美를 시조로 하고 있다. 순흥 안씨 시조인 안자미는 고려 신종 때 興威衛保勝別將을 지내고 興霄懸(순흥의 별 칭)에 정착, 세거하였으며, 후손들은 순흥을 본관으로 하고 있다. 이후 순 흥 안씨는 안자미의 세 아들 永儒, 永麟, 永和 등을 파조로 한 3파가 주류 를 이루었다.

순흥은 경상북도 영풍군에 속해 있는 지명으로 본래 고구려의 及伐山郡 인데, 신라 경덕왕이 及山郡으로 고쳤고, 고려 초에 興州라고 하였다가 성 종 때 順政으로 개칭되었다. 이후 충목왕 때 順興府로 승격되었으며, 1457 년에 풍기, 영천에 나누어 편입되었고 조서 숙종 때 다시 부로 복구되었 다가 1895년 면으로 강등되고, 1914년 군을 없애고 봉화와 영주에 각각 편입시켜 오늘날 영풍군에 속한 순흥면으로 남게 되었다.

한편, 본 간찰과 관련되는 가계는 안자미의 二男인 영린에서 시작하여 安敏修(1724-1790)-安爾宅(1743-1800)-安愿(1764-1832)-安潤義(1783-1861)-安秉 魯(1808-1872)-安弘烈(1837-1876)-安載駿(1860-1930)-安相鎬(1884-1922)-安永昌 (1907-1971)을 거쳐 安宗植-安哲鎬 대에 이르러 순흥 안씨가 고문서를 한국 학중앙연구원에 대여해 주었다.

한편, 언간이 국어사 자료로 학계에 소개되기 시작하면서 <충북 청주 순천묘 출토 언간(이하 청주 간찰)>은 16세기 중반 국어의 생생한 모습을 담고 있고 <경북 달성 진주 하씨묘 출토 언간(이하 현풍 간찰)>은 17세기 초반 국어의 특징을 반영하고 있는데, 이들 언간은 집안의 특정 인물이 특정 연대에 관련 인물들에게 집중적으로 보낸 자료들이다. 그러나 본 간찰은 누대에 걸쳐 오고간 자료로 보인다. 그러나 그 필사 시기는 후기 근대국어로 추정할 수 있다.

특히, 본 간찰은 시조 安子美의 23세인 安敏修(1724-1790)가 살았던 18세기부터 19세기 말 또는 20세기 초까지 친·인척간에 주고받았던 서신으로 추정되는데, 이 시기의 순흥 안씨가 문중의 한문 간찰 157건도 함께 수집·정리되어 있다. 따라서 본 간찰의 필사 시기는 표기의 보수성을 감안하더라도 근대국어의 특징을 두드러지게 반영하고 있으며, 부분적으로 개화기 국어의 모습을 보여 준다고 해서 무리가 없다.5)

2.2. 발신자·수신자 관계

본 간찰은 모두 22건으로 이루어졌다. 편지의 처음과 끝에 상대가 누구인지를 밝힌 것이나 겉봉에 수신자를 밝혀 적은 경우에는 발신자와 수신자의 관계를 분명히 확인할 수 있게 해 주지만6), 상대가 누구인지 분명하지 않고 다만 본문 내용을 통해 확인할 수밖에 없는 것은 보다 면밀한 검토를 통해 발신자와 수신자의 관계를 밝혀야 할 것이다.7)

이러한 과정을 통해 파악한 본 간찰의 발신자와 수신자 관계를 문서 번호와 함께 보이면 다음과 같다

본 간찰의 주문장에 사용된 상대높임법을 'ᄒᆞ쇼셔'체, 'ᄒᆞ소'체, 'ᄒᆞ라'

---

5) 가령, 19세기에 나타나는 '옵바'가 본 간찰에서 '올바임'이라는 이표기로 나타나고 화자 겸양으로 '-압-' 또는 '-옵-'의 형태가 쓰이거나, 7종성법이 지켜진 것 외에도 특히, '해요'체가 쓰이고 '방학', '개학' 등의 개화기 어휘 등이 등장하고 있는 것은 본 간찰의 필사 시기를 추정하는 데 유력한 근거가 된다.

6) 이와 관련하여 황문환(2002)에서는 한 편지 내에서는 동일한 화계가 사용되는 것으로 간주하여 '한 편지 한 화계'를 설정하기도 했다.

7) 그러나 사정이 이렇다 하더라도 각 편지마다 종결어미의 형태는 비교적 분명히 나타나며, 이를 통해 상대높임법의 등급과 문체법의 종류를 확인하기는 그리 어렵지 않다.

체의 등급에 따라 분류하면, '흐쇼셔'체 간찰이 16건, '흐소'체 간찰이 2
건, '흐라'체 간찰이 4건으로 확인된다.[8] 물론 '흐쇼셔'체 간찰 중에는 '흐
소'체 등급을 함께 보이는 것이 1건 있는 것으로 보이는데, 이들도 일차적
으로 '흐쇼셔'체 간찰로 분류하여 기술하기로 한다. 논의 과정에서 언급되
겠지만, 본 간찰에서는 국어 상대 높임법의 등급 설정과 관련하여 '흐쇼
셔'체와 '흐소'체의 중간 등급으로 '흐옵소'체 등급을 설정할 필요가 있는
데, 그것은 본 간찰에서도 확인되는 '-압/-옵'의 형태를 유지하는 일련의
종결어미들에 대한 고려 때문이다.

　우선, 본 간찰에 나타난 발신자·수신자와 상대높임법의 등급을 정리
하면 다음과 같다.

〈순흥 안씨 언간 목록〉

문서번호	크기 (가로×세로 cm)	발신자	수신자	내용	상대높임법	비고
MF35-007642 355	30×39	숙모	조카 며느리	일상 안부	흐라체	
356	31×40	사촌동생	사촌형수	일상 안부	흐쇼셔체	
357	31×40	사촌동생	사촌형수	일상 안부	흐쇼셔체	
358	32×53	여동생	오라버니	그리움, 신세 하소연	흐쇼셔체 흐소체	임술년
359	31×38	손위 동서	손아래 동서	일상 안부	흐소체 (흐옵소체)	

---

8) 내포문에서 상대높임법의 등급이 중립적으로 나타나는 경우가 있으므로 본고는 주문장을
　대상으로 살펴보기로 한다. 또한 본 간찰에서는 15세기의 '흐야쎠'체 형식은 소멸하고
　'흐소'체가 이를 대신하고 있다.

360	30×39	시외숙	생질부	일상 안부	ᄒᆞ라체	경신년
361	31×40	손위 동서	손아래 동서	일상 안부	ᄒᆞ소체 (ᄒᆞᆸ소체)	
362	31×40	숙부	조카 며느리	일상 안부	ᄒᆞ라체	
363	31×40	조카 며느리	숙부	일상 안부	ᄒᆞ쇼셔체	임술년
364	31×40	조카 며느리	숙부	일상 안부	ᄒᆞ쇼셔체	임술년
365	31×40	제수	아주버니	일상 안부	ᄒᆞ쇼셔체	임술년
366	31×40	외종손부	외종조부	일상 안부	ᄒᆞ쇼셔체	임술년
367	31×40	조카 며느리	큰아버지	일상 안부	ᄒᆞ쇼셔체	임술년
368	31×40	조카 며느리	숙모	일상 안부	ᄒᆞ쇼셔체	임술년
369	31×40	조카	외숙모	일상 안부	ᄒᆞ쇼셔체	임술년
370	31×40	조카 며느리	큰어머니	일상 안부	ᄒᆞ쇼셔체	임술년
371	31×40	조카 며느리	외숙부	일상 안부	ᄒᆞ쇼셔체	임술년
372	31×40	외손자 며느리	외할머니	일상 안부	ᄒᆞ쇼셔체	임술년
MF35-007647 275	25×34	여동생	오라버니	그리움, 신세 하소연	ᄒᆞ쇼셔체	
MF35-007634 280	29×53	시어머니	며느리	일상 안부	ᄒᆞ라체	
281	34×52	신부 쪽 안사돈	신랑 쪽 안사돈	일상 안부	ᄒᆞ쇼셔체	
286	35×56	신부 쪽 안사돈	신랑 쪽 안사돈	일상 안부	ᄒᆞ쇼셔체	

3. 어미 '-다/-ᄃ'

본 간찰에서 어미 '-다/-ᄃ'는 'ᄒ라'체 평서문, 'ᄒ쇼셔'체 평서문에 쓰였으며, 그중에서도 'ᄒ쇼셔'체 평서문에 많이 나타나고 있다. 많지는 않지만 본 간찰에서 'ᄒ소'체 평서문에는 '-다'가 쓰이지 않고 '-네'가 쓰이고 있다.

3.1. 'ᄒ쇼셔'체 평서문의 '-다/-ᄃ'

'ᄒ쇼셔'체 평서문에 쓰인 '-다/ᄃ'는 선행하는 선어말어미로 청자 존대의 '-으이-'가 필수적으로 통합되어 나타난다. 이것은 'ᄒ쇼셔'체가 '-으이-'의 유무에 의해 결정되는 등급이기 때문이다.[9] 또한 (2가, 나)처럼 중세국어에서 동사 '숣-(白)'에서 기원한 '-습-'이 상위의 객체에 대한 주체 겸양에서 근대국어에 들어와 청자에 대한 화자 겸양의 의미로 변화하는데 본 간찰에서는 본 간찰에서는 이의 후대형인 '-압-'이 추가로 통합되어 나타나기도 한다.[10] 이때의 '-압-'은 발신자(화자)가 수신자(청자)보다 아랫사람인 경우에 쓰이고 있다.

(1) 가. 서한을 밧지와 보오니 반가운 마음 그지업사이다 <순흥 356>
　　　더소 제절이 두루 평안하옵신지 복모구구이니다 <순흥 356>
　　　종시숙은 시절이 무험ᄒ오니 다힝이외다 <순흥 356>
　　　지삼 봉독하오니 질거운 마음 층양업나이다 <순흥 357>
　　　더소 도회가 균경하옵신지 복츅이로소이다 <순흥 357>

---

9) 그 외 'ᄒ쇼셔체'의 등급을 결정짓는 형태소로 명령문에 나타나는 '-쇼셔'가 있다.
10) 이것은 중세국어에서 '-시-'보다 앞선 서열이었던 '-옵-'이 서열상의 변화가 일어났으며, 그 변화에는 의미의 변화와 관련되어 있음을 시사한다.

종시숙은 상봉하솔중 뫼압 무탈하니 힝이외다 <순흥 357>

디소 제절이 안과하옵신지 원렴구〃이외다 <순흥 359>

심약 누슈 흘을 젹 무슈하오이다 <순흥 275>

쥬야로 사렴하실 일 죄롭스오이다 <순흥 279>

주야자탄 무지로소니다 <순흥 281>

약효을 보시셔 조곰 그만흐오심이다 <순흥 281>

일면 방갑고 놀압고 몃칠재 조곰 그만하오니다 <순흥 281>

황〃이 지나다 본이 어나듯 개학이 되고 두셔 몽송업사오니다 <순흥 281>

　나. 각쳐 디소 졔졀리 두류 무탈흐온디 복모구〃로소이ᄃ <순흥 358>

안문 디쇼 각각〃 고루 현발흐온니 복힝만〃니외ᄃ <순흥 358>

여ᄌ된 한니 무궁무진니로쇼이ᄃ <순흥 358>

집을 도라와 싱각하니 후회가 그지업스이ᄃ <순흥 358>

보고 십기 그지업고 만늬보기 한늬로쇼이ᄃ <순흥 358>

구#흐옵기 그지업스외ᄃ <순흥 358>

회답흐시기 바리난늬ᄃ <순흥 358>

이후 늬〃 긔후 알영흐압시기 복축이외ᄃ <순흥 358>

(2) 가. 일후 늬〃 뫼압고 알영하시기를 바리압나이다 <순흥 357>

긔체후 안령흐압심 복축흐압나니다 <순흥 365>

일후 늬〃 뫼시압고 알영하시기를 바리압나이다 <순흥 356>

　나. 늬후 늬〃 긔체후 안령흐압십 복축흐압난니다 <순흥 363>

긔체후 안령흐압심 복축흐압난니다 <순흥 364>

긔체후 안령흐압심 복축흐압는니다 <순흥 366>

(2나)에서 보이는 '흐압난니다', '흐압는니다'는 '-니다'의 첫음절 'ㄴ'이 상위 음절의 자음이 아니지만 이것을 음절말의 자음으로 인식하여 중철 표기한 것으로 잘못된 분철 표기에 따른 일종의 부정회귀(不正回歸) 표기라고 할 수 있다.

3.2. '호라'체 평서문의 '-다'

'호라'체 평서문에 쓰인 '-다'는 어간 '없-'이나 선어말어미 '-ㄹ-', '-ㄴ /ㄴ-'에 통합되어 나타난다. 동작동사에 '-다'가 직접 통합하면 과거 시제 를 나타내며, 현재 시제를 나타낼 경우에는 '-ㄴ-'가 통합되는데, 본 간찰 에서는 확인되지 않는다. 본 간찰에서 '-다'는 상태동사에 직접 통합할 경 우 현재 시제를 나타내고 있다.

(3) 가. 천금죤찰 바다보니 질거운 마음 충양업다 <순홍 355>
    나. 완숙한 화용이 지면예 황홀한이 반갑기 그지업다 <순홍 360>
    다. 전문 석양얼 포정한이 셔윤키 그지엽다 <순홍 360>
    라. 서찰을 바다보니 질거운 마음 충양업다 <순홍 362>
    마. 경시오나 너모 볼 염치업다 <순홍 280>

(4) 가. 숙부는 아즉 의구하니 힝일다 <순홍 362>
    나. 세월 이만흐니 안심하고 지는다 <순홍 280>
    다. 너모 익씨지 말고 줄 잇다가 오긔 바란다 <순홍 280>
    라. 부아야 슈 〃 괴로워 각즁 못혼다 <순홍 286>

(4가)에서 '-ㄹ다'는 계사 뒤에 쓰여 '-도다'의 교체형 '-로다'의 축약 형이라고 할 수 있다. 그런데 본 간찰에서는 확인되지 않지만 표면형 '-로 다'가 '-리로다'의 축약형으로 보아야 할 것이 있다. 이때의 '-리로다'는 모음 'i'의 생략으로 '-ㄹ로다'가 쓰이다가 '-로-'가 구어체에서 생산적으 로 쓰이지 못하는 상황 속에서 탈락되어 '-ㄹ다'가 형성된 것으로 볼 수 있다. 이 경우에서의 '-로-'는 이른바 감동법 선어말어미 '-도-'의 이형 태가 아니다. 이때 표면형으로 실현된 '-ㄹ다'에서 '-ㄹ-'은 예정·가능 의 의미로 분석할 수 있다.

(4나, 다, 라)는 주어가 1인칭이며, 의문사가 없으므로 '-ㄴ다'는 '호라'

체 의문문이 아닌 평서문이다. 이때의 '-ㄴ-'은 동작동사의 어간이 자음으로 끝나는 경우에 나타나는 현재 지각 '-ᄂ-'의 이형태이므로 '-ㄴ다'는 '-ᄂ'와 '-다'로 분석될 수 있다.

> (5) 가. 너도 간 후 무스이 줄 잇는 쥴 제일 반갑다 <순홍 280>
>   나. 줌놓안 반종 노와 줄 되엿다 <순홍 280>

(5가)는 상태동사 어간에 직접 통합한 '-다'이다. (5 나)는 과거 시제의 '-엿-'이 선어말어미로 통합되어 나타난 예이다. 이 시기 과거 시제의 선어말어미로 쓰이는 '-엇-', '-앗-'은 본 간찰에서는 나타나지 않고 있다.

4. 어미 '-라'

어미 '-라'는 'ᄒ라'체 평서문과 명령문에 나타난다. '-다'와 달리 '-라'는 'ᄒ쇼셔'체나 'ᄒ소'체에는 쓰이지 않는 것으로 보인다. 이를 근거로 'ᄒ라'체 마지막 구성요소로 '-아'를 분석해 낼 수 있다.

4.1. 'ᄒ라'체 평서문의 '-라'

본 간찰에서 'ᄒ라'체 평서문 어미 '-라'는 계사 '이-'에 직접 통합하여 나타나고 있으며, 선어말어미로 '-노-'와 '-더-'의 방언형 '-드-'가 통합되어 나타나고 있다.

> (6) 가. 각듹 제절이 다 두루 퇴평하신지 원렴불이라 <순홍 355>
>   나. 딕소 제치가 안왕하신지 원모불이라 <순홍 362>

　　다. 일후 니 〃 뫼압고 알영하기를 바러노라 <순흥 355>
　　라. 일후 니 〃 뫼시압고 알영하기를 바러노라 <순흥 362>
　　마. 손밧 노흐니 묵 〃 슈지 도로 헛브드라 <순흥 280>

　(6가, 나)는 계사 '이-'에 통합된 'ᄒ라'체 평서문 어미 '-라'이다. (6다, 라)에서 '-노라'는 '바르다'라는 동작동사에 통합되어 나타나는데, 이를 근거로 '-노라'에서 '-ᄂ-'를 분석할 수 있다. 분석된 '-ᄂ-' 다음의 '-오-'는 화자와 관련한 선어말어미이다. 따라서 '-노라'가 화자의 존재를 강조하는 의미를 갖게 되는 것은 분석된 '-오-'의 존재 때문이다.

　한편, (6마)에서 '-드라'에서 '-라'에 선행하는 '-드-'는 '-더-'의 구어적 방언형이다. '-다라' 또는 계사 뒤에서 '-러라'의 형태로도 나타날 수 있는데, 본 간찰에서는 '-드라'만 확인된다.

4.2. 'ᄒ라'체 명령문의 '-라'

　'ᄒ라'체 명령문 어미 '-라'는 동작동사에 통합되어 나타난다. 본 간찰에서는 하나의 예만 보이는데, 용례 (7)은 간찰의 형식상 첫머리에 나타나는 편지를 받을 수신자에 해당하는 부분이다.

　　(7) 부아 답 술피라 <순흥 280>

　명령문이라는 것이 앞으로 일어날 사건에 대해 화자가 청자의 행동을 요구하는 것이므로 (7)에서의 '-라'는 예정·가능의 '-을'과 '-아'로 분석 가능하다.

5. 어미 '-가', '-고', '-노'

어미 '-가'는 'ᄒᆞ쇼셔'체, 'ᄒᆞ소'체, 'ᄒᆞ라'체 의문문에 쓰일 수 있지만 본 간찰에서는 'ᄒᆞ쇼셔'체와 'ᄒᆞ소'체 의문문에만 나타나고 있다. 'ᄒᆞ쇼셔' 체 의문문에는 '-으이-'가 분석될 수 있으며, 'ᄒᆞ소'체 의문문에서는 주체 인 청자를 높이기 위해 '-시-'가 쓰이거나 주체인 청자를 높이기 위해 화 자 겸양으로 '나'가 아닌 '저'가 쓰일 수 있다.

어미 '-고'는 의문사를 포함하는 설명 의문문에 쓰인 의문문 어미이다. 'ᄒᆞ쇼셔'체, 'ᄒᆞ소'체, 'ᄒᆞ라'체에 쓰일 수 있지만 본 간찰에서는 'ᄒᆞ쇼셔' 체와 'ᄒᆞ소'체에만 나타나고 있다.

어미 '-노'는 'ᄒᆞ라'체에만 나타나며 의문사를 포함하는 설명 의문문에 쓰인다. 이 시기 'ᄒᆞ라'체 의문문 어미로는 '-냐', '-뇨'가 빈번하게 쓰였 는데, 본 간찰에서는 확인되지 않고 '-노'의 형태만 보인다.[11]

5.1. 'ᄒᆞ쇼셔'체 의문문의 '-가'

중세국어에서 '-가'는 판정 의문문에 쓰이고 '-고'는 설명 의문문에 쓰 였는데, 이러한 구별이 'ᄒᆞ라'체에서는 규칙적으로 나타난다. 그러나 'ᄒᆞ 쇼셔'체에서는 판정 의문문과 설명 의문문의 구별이 대체로 18세기 말부 터는 '-가'로 통일되는 모습을 보여 준다.

한편, (8가, 나, 다)의 예들은 'ᄒᆞ쇼셔'체 의문문에 쓰인 '-가'인데, 본

---

11) 본 간찰에서는 의문문어미 '-냐', '-뇨'가 확인되지 않지만 <청주 간찰>에서는 어말 모 음이 양성화된 '-냐', '-뇨'의 형태만 나타나고 있다. 이때의 '-냐'는 '-니-'와 '-가'의 교체형 '-아'의 통합형이며, '-뇨'는 '-니-'와 '-고'의 교체형 '-오'로 분석 가능하므로 고유의 의문문어미는 '-가'와 '-고'라고 할 수 있다.

간찰에서 확인된 '-가'는 의문사를 포함하지 않는 판정 의문문에 쓰이고 있다. 이때 'ᄒᆞ쇼셔'체 등급을 결정짓는 것은 '-으이-'이다. 이 '-으이-'는 청자에 대한 화자의 태도와 관련되며, '-으잇-'에서 분석되는 '-ㅅ-'은 청자 확인의 의미를 갖는다.

> (8) 가. 사장 양위분 긔체후 일향 만왕하옵ᄂᆞ닛가 <순흥 356>
> 　　나. 사장 외닉분 긔체후 일향 만안하옵ᄂᆞ닛가 <순흥 357>
> 　　다. 각덕 도후 일톄로 균완하신잇가 <순흥 286>

(8가, 나)는 사촌 동생이 사촌 형수에게 보낸 편지이고, (8다)는 신부 안사돈이 신랑 안사돈에게 보낸 편지로서 전체적으로 'ᄒᆞ쇼셔'체가 쓰였다.

5.2. 'ᄒᆞ소'체 의문문의 '-가'

(9가, 나, 다)의 예들에서 '-ㄴ가'는 'ᄒᆞ소'체 의문문 어미이다. '-ㄴ가' 자체는 'ᄒᆞ라'체에도 쓰일 수 있지만 주체 존대 '-시-'가 쓰이거나 '나'가 아닌 '저'가 쓰인 것으로 보아 'ᄒᆞ소'체 등급이라고 할 수 있다. 그러나 (9가, 나, 다)는 독백적 상황에서 자문 형식으로 쓰인 것으로 이해할 수도 있다. 본 간찰에서는 'ᄒᆞ라'체 의문문을 확인할 수는 없지만 '-ㄴ가'가 'ᄒᆞ소'체와 'ᄒᆞ라'체에 두루 쓰일 수 있는 것은 자문 형식이라는 것이 결국 화자 자신의 내면적 의구를 나타내기 때문으로 보인다. 이때 '-ㄴ가'는 기원적으로 동명사어미 '-ㄴ'에 의문 첨사 '-가'의 통합으로 이루어진 것이다.

> (9) 가. 힝보도 올치 못ᄒᆞ신 ᄒᆞ역 슈습 엇지 하신고 심ᄉᆞ나 여전ᄒᆞ신가
> 　　　<순흥 275>

　나. 슬하 영디 뭇탈하며 증손 보신가 〈순흥 275〉

　다. 겨의들 싱활에 골물인가 〈순흥 275〉

　(9가, 나)는 늙은 여동생이 오라버니에게 보낸 편지로서 '여전ᄒᆞ신가',
'보신가'에서는 청자인 주체를 높이기 위해 '-시-'가 쓰였는데, (9다)는 동
일한 편지이면서 '-시-'가 쓰이지 않은 '골물인가'로만 나타나고 있지만
화자 겸양의 '져'가 쓰이고 있으므로 'ᄒᆞ소'체라 할 수 있다.

5.3. 'ᄒᆞ쇼셔'체 의문문의 '-고'

　(10)의 예문은 '-ㄹ고' 의문문을 내포하면서 상위문 서술어가 'ᄒᆞ쇼셔'
체가 쓰인 것으로 의문사 '엇지'가 의문문 어미 '-고'와 일치 현상을 보이
고 있다. 이때의 '-ㄹ고'는 기원적으로 동명사어미 '-ㄹ'에 의문 첨사 '-고'
가 통합된 것이다.

　　(10) 이 엇지 동긔 졍일고 모름이 안이나 영위에 슘연 전 가려 〃 한 거
　　　　시 늙근 몸이 여의치 못 미불하엿나이다 〈순흥 275〉

　예문 (10)은 지금의 경상북도 영주시 순흥면에 살던 여동생이 시집을
간 후, 어머니 제사가 돌아오자 자신의 처지를 슬퍼하며 오라버니에게 보
낸 편지로서 판정 의문문에 쓰이는 [-WH] 보문자 '-가'가 나타나지 않고
설명 의문문에 쓰이는 [+WH] 보문자 '-고'가 쓰인 것은 동남 방언의 특
징을 보여 주는 한 예라고 할 수 있다.

5.4. '호소'체 의문문의 '-고'

(11가, 나)에서 '-고'는 의문사 '엇지', '언제'와 일치 현상을 보여 주는 설명 의문문 어미이다.

> (11) 가. 힝보도 올치 못호신 호역 슈습 엇지 하신고 <순홍 275>
> 　　나. 언제 만나 심곡 소회할고 <순홍 275>

(11가)에서처럼 '호소'체 의문문에서는 '-고' 앞에 '-시-'가 통합되어 쓰이기도 하는데, 이때의 '-시-'는 '호소'체 등급과 관련되기보다는 주체를 높이기 위한 것으로 기능한다.

5.5. '호라'체 의문문의 '-노'

(12)의 예문에서는 의문사 '엇지'가 쓰인 설명 의문문으로서 이때의 '-노'는 의문사 '엇지'와 일치 현상을 보여 준다.

> (12) 아희와 한가지 쩌나니 가지로 셥 〃 엇지 다 말노 하겻노 <순홍 286>

6. 어미 '-소'

어미 '-소'는 '호소'체 명령문 어미이다. 이 '-소'가 평서문이나 의문문에 쓰이지 않는 것으로 보아 '호소'체 명령문 어미로 유일하다고 할 수 있다.[12] '-소'는 '-오-'로 교체되어 나타나기도 한다. '호소체'는 현대국어

'하오'체와 '하게'체로 분화되며, 서태룡(1996)에서도 언급한 바와 같이 현대국어의 '하오'체는 'ᄒᆞ소'체 명령문 어미 '-소'에 의한 등급으로 소급될 수 있다.

6.1. 'ᄒᆞ소'체 명령문의 '-소'

(13가, 나, 다)는 'ᄒᆞ소'체가 쓰인 용례로서, '-시-'가 통합되어 나타나기는 하지만 이때의 '-시-'는 주체인 청자를 높이기 위한 것이지 상대높임법의 등급을 결정짓는 것은 아니다. 왜냐하면 'ᄒᆞ소'체에 '-시-'가 나타나는 것은 상대높임법의 등급과는 무관하기 때문이다.13) 그런데 '-(으)시소'는 순수하게 명령의 의미를 나타낸다고 하기보다는 권유의 의미를 나타낸다고 이해하는 것이 자연스럽다. 존대할 대상에게 화자가 명령의 수행 의도를 드러낸다고 볼 수 없기 때문이다. 본 간찰에는 나타나지 않지만 'ᄒᆞ쇼셔'체에서는 '-쇼셔'가 명령문 어미로 기능하지만 사실상 권유의 의미로 이해하는 것이 합리적이다.

> (13) 가. 너무 걱정하시지 마시소 <순흥 279>
> 나. 부아 오래두 지닉시고 수이 브라시소 <순흥 279>
> 다. 친자로 여기시고 #푼 셩덕시로 백소로 가라치시소 <순흥 279>
> 라. 두어즈 상달ᄒᆞ온니 져 온 다시 바다보시오 <순흥 358>

(13라)는 '-소'의 교체형으로 'ᄒᆞ소'체 명령문 어미 '-오'가 쓰이고 있

---

12) 이에 대한 자세한 설명은 서태룡(1996), 황문환(2002) 참조.

13) 그러나 실제의 대화에서 '-시-'의 유무는 상대높임법의 등급에 어느 정도 관여한다고 봐야 한다. 손아랫사람 손윗사람에게 '-(으)시소'는 쓸 수 있어도 '-(으)소'는 쓰기 어렵기 때문이다. 그렇게 본다면 상대 높임의 등급을 결정하는 요소에 '-으이-', '-ᅌᅡᆸ-', '-으이', '-아' 외에도 '-시-'도 포함시켜야 할 것이다.

다. 이때의 '-시-'도 상대높임법의 등급을 결정짓는 것은 아니다. 'ᄒ소'체를 현대국어의 '하게'체와 '하오'체의 중간 등급 정도로 이해한다고 할때, 현대국어의 '이것을 보(시)오, 저리로 가(시)오'에서의 '-오'는 'ᄒ소'체 명령문 어미 '-소'의 직접적 계승형이라고 할 수 있다.

7. 어미 '-네'

어미 '-네'는 마지막 구성요소로 청자 존대의 '-(으)이'를 분석해 낼 수 있다. '-(으)이'는 선어말어미 '-거-', '-느-', '-더-' 다음에 통합하여 이루어진 '-게', '-네', '-데'의 마지막 구성요소로 분석 가능하며, 상대높임법의 등급을 결정짓는 요소로 기능한다. 본 간찰에서 어미 '-네'가 'ᄒ소체' 등급으로 쓰일 수 있는 것은 '-(으)이' 때문이다.

<청주 간찰>이나 <현풍 간찰>에는 이른바 'ᄒ니'류가 빈번하게 나타나고 있는 것을 확인할 수 있다. 이 'ᄒ니'류 형성에 대해서는 크게 두 가지 입장이 있는데, 첫째, '-ᄂ이다'>'-니이다'>'-니'의 형성 과정은 'ㅣ' 모음 역행동화와 '-이다'의 생략에 의한 것으로 보는 입장과 둘째, '-ᄂ이다'>'-닝다'>'-니다'>'-니'의 형성 과정은 축약에 의한 '-이-'의 탈락과 '-다'의 생략에 의한 것으로 보는 입장이다. 이 'ᄒ니'류는 전반적으로 'ᄒ소'체 등급을 보여 주는데, 'ᄒ소'체가 현대국어의 '하게'체와 '하오'체의 중간 등급을 보여 주는 것으로 보아 중세국어 'ᄒ야쎠'체의 후대형이라고 할 수 있다.

한편, '-으이'는 선어말어미 '-으이'-'가 어말어미로 재구조화된 것으로 볼 수 있는데, 또 다른 해석으로 '-으이'의 형성을 음운론적 요인에 의한 일종의 움라우트 현상으로 파악한 논의도 있다. 문제는 어미 '-네'가

'후라'체가 아닌 '후소'체 평서문에 나타난다는 점이다. 이와 관련하여 황
문환(2002)에서는 문제의 '-으이-'가 선행 음절의 부음으로 실현되어 '-으
이-'에 대한 인식이 약화된 만큼 대우 등급이 하락한 것으로 보았으며,
서태룡(1985)에서는 '-으이-'의 축약과 관련하여 언급하였다. 본고는 이
문제를 '-으이-'의 재구조화에 따른 기능의 변화가 대우 등급과 관련되는
것으로 보고자 한다.

어미 '-세'의 마지막 구성요소로 '-으이'를 분석할 수 있다. '-으이'는
'후쇼셔'체 등급을 결정짓는 '-으이-'가 어말어미로 재구조화된 형태이다.
현대국어 '하게'체와의 문법사적 연속성을 고려하면 '-으이'를 '후소'체
등급을 결정짓는 형태로 분석할 수 있을 것이다.

7.1. '후소'체 평서문의 '-네'

(14 가, 나)는 본 간찰 <순흥 359>, <순흥 361>에 나타나는 예문인데,
전체적으로 '후쇼셔'체 등급을 나타내고 있지만 유독 이 부분에서 '후소'
체 등급으로 나타나고 있다. 발신자 자신의 감정 상태를 나타내다 보니
수신자에 대한 대우 등급보다 한 단계 낮춘 것으로 이해할 수도 있을 것이
다. 그런데 한 편지 내에서 '후소'체와 '후쇼셔'체가 통용되는 경우는
흔하지 않는 것으로 보인다. 본 간찰에서는 '-니'와 '-ᄂ-' 다음에 화자의
존재를 강조하는 '-오-'가 통합하여 주로 주어가 1인칭인 문장에 주로 쓰
이는 '-뇌'의 형태는 발견되지 않는다.

> (14) 가. 지삼 피독한이 질거운 마음 측양업네 <순흥 359>
>   나. 반가이 바다보니 질거운 마음 측양업네 <순흥 361>

(14가, 나)의 '-네'에서 마지막 구성요소로 '-으이'를 분석할 수 있는데 이것이 'ᄒ소'체 평서문을 나타내는 형태소이며, 이를 제외한 '-느-'는 현재 지각의 의미를 지니는 것으로 분석해 낼 수 있다.

7.2. 'ᄒ소'체 평서문의 '-세'

본 간찰에서 '-세'는 다음의 예문에서 확인할 수 있다.

> (15) 가. 종동서는 상봉하솔즁 아즉 무고ᄒ니 힝일세 <순흥 359>
>   나. 종동서는 상봉하솔즁 무고하오니 힝일세 <순흥 361>

(15가, 나)에서 '-ㄹ세'는 계사 뒤에 쓰여 '-도세(-도쇠)'의 교체형 '-로세'의 축약형이라고 할 수 있다.

8. 어미 '-압'

언간에서 특이한 종결 형식이 '-압'이다. 본 간찰에서는 '-압'의 형태로 평서문과 명령문에 나타나고 있다. 이때의 '-압'은 '-ᄉ-'의 후대형으로서 '-압'과는 변이형 관계인데, 뒤에 종결어미가 생략된 것으로 보이며,[14] 생략된 종결어미의 문장 종결 형식에 따라 평서문과 의문문으로 파악할 수 있다. 이와 관련하여 황문환(1999)에서는 <현풍 간찰>에서 'ᄒ압'류는 'ᄒ쇼셔'체에서만 발견되는 것으로 보아 그 상대높임법상의 등급을 'ᄒ쇼

---

14) 이와 관련하여 황문환(2002)에서는 생략을 새로운 대우 등급을 발생시키는 하나의 형태 원리로서 의의를 갖는다고 하였다.

서'체로 파악한 바 있다. 그러나 본 간찰에서 보이는 예문들은 '흐쇼셔'체로 단정 짓기 어렵게 만든다. 평서문의 '-압'은 생략된 종결어미가 '-ᄂ이다/나이다' 정도로 이해할 수 있으면 '흐쇼셔'체로 간주할 수 있겠으나 전체적으로 해당 편지에 '흐소'체가 쓰인 것으로 보아 '-닉/네' 정도가 생략된 것으로 볼 수 있다. 또한 명령문에 쓰인 '-압'도 발신자와 수신자의 관계로 보아 '흐쇼셔'체 등급을 상정하기 곤란하게 만든다. 그렇다고 '흐소'체로 보기도 곤란하다. 이때의 '-압'은 화자 겸양의 의미를 지니는 것으로 '흐소'체에서 분석되지 않기 때문이다. 이 점이 이른바 '흐옵소'체 등급을 설정할 수 있는 근거의 하나이다. 16세기 간찰인 <청주 간찰>에서는 '흐옵소'체를 설정할 형태론적 근거가 미약하지만 17세기 이후부터 동사 '숣-(白)'에서 기원한 '-습-'이 상위의 객체에 대한 주체 겸양에서 점점 청자에 대한 화자 겸양으로 변화한다. 이러한 '-습-'에서 기원한 '-압'이 특정한 화용적 상황에 의해 청자 존대의 의미를 갖게 되면서 이른바 '흐옵소'체가 설정될 수 있다.15) 본 간찰에 나타난 어미 '-압'은 '흐쇼셔체'나 '흐소'체와 구별되는 '흐옵소'체라고 할 수 있다.

8.1. '흐옵소'체 평서문의 '-압'

(16가, 나)는 전체적으로 '흐소'체가 쓰인 편지이지만, <순흥 359>, <순흥 361> 간찰이 손위 동서가 손아래 동서에게 쓴 것임을 감안하면, '-압' 뒤의 생략된 종결어미가 '-ᄂ이다'일 수는 없으며, '-닉/네' 정도로 이해하는 것이 자연스럽다.

---

15) 이유기(2001)에서 근대국어에서 '흐옵소'체 설정의 타당한 근거를 제시하고 있다.

(16) 가. 일후 닉〃 뫼압고 알영하시기를 바리압 <순홍 359>
　　　나. 일후 닉〃 뫼시압고 알영하시기를 바리압 <순홍 361>

　물론 (16가, 나)의 '-압'이 전체적으로 'ᄒᆞ소'체 등급과 함께 나타나는 것에서 알 수 있듯이 불완전한 대우 등급을 보여 주는 것은 사실이지만 본 간찰이 쓰인 19세기를 전후로 이 '-압'은 'ᄒᆞ소'체와 함께 쓰이고 있음을 용례를 통해 확인할 수 있다.

8.2. 'ᄒᆞᆸ소'체 명령문의 '-압'

(17) 가. 이 말삼을 사촌의계 신〃 당부하시압 <순홍 358>
　　　나. 오라바 보시옵 <순홍 275>
　　　다. 졔수에 스시옵 바든 회답 하시압 <순홍 275>

　(17가, 나, 다)는 모두 여동생이 오라버니에게 보낸 편지로서 발신자와 수신자의 화계상 일반적으로 'ᄒᆞ쇼셔'체를 쓸 관계는 아니다. 그렇게 본다면 '-압' 뒤의 생략된 문장 종결 형식을 '-쇼셔'로 보아 'ᄒᆞ쇼셔'체로 볼 가능성은 희박하고 '-소' 정도가 생략된 것으로 볼 수 있다. 더욱이 (17가, 나, 다)에서 본고가 주목하고자 하는 것은 '-압'에 선행하여 '-시-'가 통합되어 있다는 사실이다. 이때의 '-시-'는 'ᄒᆞ소'체 등급에서는 나타나지 않는 것으로 이른바 'ᄒᆞᆸ소'체가 'ᄒᆞ소'체와 일정한 등급의 차이가 있음을 확인하게 해주는 용례가 된다.

　한편, 본 간찰이 누대에 걸쳐 집안 사이에 오고간 편지이기 때문인지는 몰라도 '해요'체가 쓰인 용례가 보여 흥미롭다. 격식체, 비격식체라는 이원적 체계가 아닌 상대높임법 전체 차원에서 '해요'체 등급에 대한 이해가 있어야 하겠지만 '해요'체가 '두루 높임'으로 여러 등급에 걸쳐 사용되고 있음은 사실이며, 이러한 '해요'체가 문헌에 적극적으로 나타나기 시작한 것은 20세기부터인 것으로 알려졌다.

<순흥 281>은 신부 쪽 안사돈이 신랑 쪽 안사돈에게 쓴 편지로서 (18가, 나)는 '해요'체 명령문이다.

> (18) 가. 이왕 이른 걸 너모 낙심타 마새요 <순흥 281>
> 나. 바도든 걸 가리처 주시요 <순흥 281>

특히, <순흥 281>에는 '외주게서 부아을 보로 방학 때 진작 가시려 하여든니', '황황이 지나다 본니 어나듯 개학이 되고'와 같은 내용이 나오는데, 이와 같이 '방학', '개학' 등의 개화기 어휘가 보이는 것으로 보아 <순흥 281>이 20세기 초에 쓰인 것임을 알 수 있다.

9. 맺음말

많지 않은 양이지만 본 간찰은 필사 시기가 18세기부터 20세기에 걸치는 특징을 보이고 있다. 그래서 <청주 간찰>과 <현풍 간찰>이 중세국어와 근대국어로의 변천의 한 양상을 보여 주는 자료라고 한다면 본 간찰은 근대국어의 양상을 보여 주는 다양한 자료 중의 하나로 추가될 수 있을 것이다. 하나의 자료를 통해 그 시대의 언어 양상을 충실히 보여 주기 위해서는 음운, 형태, 문법, 어휘에 충분한 논의가 있어야 가능한 일이지만 본고는 거기까지 미치지 못했다. 앞으로 국어사 자료로서 본 간찰에 대한 보다 구체적인 연구가 이루어지기를 기대해 본다. 지금까지 본 간찰에서 확인된 내용을 근거로 종결어미의 형태와 관련한 내용을 정리하여 결론으로 대신하면 다음과 같다.

① 어미 '-다/ᄃᆞ'는 'ᄒᆞ쇼셔'체, 'ᄒᆞ라'체 평서문에 쓰였다.

② 어미 '-라'는 'ᄒᆞ라'체 평서문, 명령문에 쓰였다.

③ 어미 '-가'는 'ᄒᆞ쇼셔'체, 'ᄒᆞ소'체 의문문에 쓰였다.

④ 어미 '-고'는 'ᄒᆞ쇼셔'체, 'ᄒᆞ소'체 의문문에 쓰였다.

⑤ 어미 '-노'는 'ᄒᆞ라'체 의문문에 쓰였다.

⑥ 어미 '-소'는 'ᄒᆞ소'체 명령문에 쓰였다.

⑦ 어미 '-네', '-세'가 'ᄒᆞ소'체 평서문에 쓰인 것은 '-으이'에 의한 것이다.

⑧ 어미 '-압'은 '-ᄉᆞᆸ-'의 후대형으로서 종결어미가 생략되어 형성된 것으로 평서문일 경우 '-니/네' 정도가 생략된 'ᄒᆞᆸ소'체로 파악되고 명령문일 경우에는 '-소' 정도가 생략된 'ᄒᆞᆸ소'체로 파악된다.

⑨ 어미 '-요'가 명령문에 쓰였으며, 이를 통해 <순흥 281>은 20세기 것으로 추정된다.

⑩ 특이하게 본 간찰에는 청유문 어미('ᄒᆞ라'체의 '-쟈', 'ᄒᆞ소'체의 '-새', 'ᄒᆞ쇼셔'체의 '-사이다')가 확인되지 않고 있다. 본 간찰이 전체 22건에 불과한 한정된 자료의 제약 때문인 것으로 보인다.

한편, <순흥 안씨 언간>에 나타난 종결어미를 중심으로 살펴본 문장 종결 형식을 표로 정리하면 아래와 같다.

문체법 상대높임법	평서문	의문문	명령문	청유문
ᄒᆞ쇼셔체	-으이다, -외다	-으잇가, -으잇고		
ᄒᆞ웁소체	-압		-압	
ᄒᆞ소체	-네, -세	-ㄴ가, -ㄹ가 -고, -ㄹ고	-(시)소 -(시)오	
ᄒᆞ라체	-다, -ㄹ다 -ㄴ다, -라	-노	-라	

참고문헌

김무봉(1996), 「중세국어의 선어말어미 '-ㅅ-'에 대한 연구」, 동국대학교 박사학위 논문.

백두현(2003), 『현풍곽씨언간 주해』, 태학사.

백낙천(2004), 「언간에 나타난 통합형 접속어미의 형태와 의미」, <국어국문학> 138, 국어국문학회, 153-181면.

서태룡(1985), 「정동사어미의 형태론」, <진단학보> 60호, 진단학회, 159-192면.

서태룡(1996), 「16세기 청주 간찰의 종결어미 형태」, <정신문화연구> 19권 3호, 한국정신문화연구원, 57-93면.

안귀남(1996), 「언간의 경어법 연구」, 경북대학교 박사학위 논문.

이광호(1996), 「언문간찰의 형식과 표기법」, <정신문화연구> 19권 3호, 한국정신문화연구원, 95-131면.

이광호 외(2005), 『조선 후기 한글 간찰(언간)의 역주 연구2』, 태학사.

이유기(2001), 『중세국어와 근대국어 문장종결형식의 연구』, 역락.

조항범(1998), 『주해 순천김씨묘출토간찰』, 태학사.

황문환(1999), 「근대국어 문헌 자료의 '호옵'류 종결형에 대하여」, <배달말> 25집, 배달말학회, 113-129면.

황문환(2002), 『16·17세기 언간의 상대경어법』, 태학사.

제3장 언간의 종결어미 형태

창원 황씨 언간

1. 머리말

이 글은 <창원 황씨 언간>(이하 본 간찰)에 나타난 종결어미를 분석하여 그 형태론적 특징을 살펴보는 것을 목적으로 한다. 본 간찰은 한국학중앙연구원 문중 기탁본으로 이미 1990년에 『고문서집성 9』에 해당 자료가 영인·간행된 적이 있다. 이후 마이크로필름으로 보관되다가 2005년 『조선후기 한글 간찰(언간)의 역주 연구 2』로 역주서와 함께 영인 자료가 출간되었다.[1] 한국학중앙연구원(2005)에서는 본 간찰의 필사 시기를 19세기로 설정하고 있는데, 드러난 필사자들의 생몰 연대와 언간에 드러난 필사 시기와 표기적 특징 등이 고려된 것이라고 할 수 있다.[2]

---

1) 자세한 서지 사항은 한국학중앙연구원 편, 『조선 후기 한글 간찰(언간)의 역주 연구』2(태학사, 2005, 25~31면), 백낙천, 「창원 황씨 한글 간찰의 국어학적 특징」(『한국어문학연구』 51, 한국어문학연구학회, 2008, 213~216면)을 참고할 수 있다.

2) 백낙천, 「창원 황씨 한글 간찰의 국어학적 특징」(『한국어문학연구』 51, 한국어문학연구학회, 2008)에서도 밝혔듯이, 본 간찰은 황규희(1864~1927)라는 인물과 관련성이 있는 간찰이 많다. 한편, 이광호, 「언문간찰의 형식과 표기법」(『정신문화연구』 19-3, 한국정신

한편, 기존의 종결어미의 연구는 그것의 문법적 실현인 상대높임법과 문장종결법에 대한 연구가 많은 부분을 차지하는데 이러한 문법 범주의 기능을 보다 충실하게 기술하기 위해서는 종결어미를 포함한 어미구조체에 대한 형태론적 이해가 선행되어야 할 것이다. 이 글에서는 본 간찰의 발신자와 수신자와의 관계를 재검토하고, 종결어미의 형태론적 특징에 주목하여 논의를 진행하고자 한다.

2. 연구사 검토

언간의 연구는 김일근(1959, 1974, 1986/1991),3) 조건상(1981),4) 백두현(1997, 2003),5) 조항범(1998) 등에 의해 자료의 소개와 판독·주해가 이루어지면서 본격화되었다. 이후 한국학중앙연구원(2005)의 『조선 후기 한글 간찰(언간)의 역주 연구 영인본』과 『역주 연구』1~3이 간행되었으며, 나아가 한국학중앙연구원(2009)에서 후속 결과물이 간행되면서 언간을 접할 수 있는 기회가 확대되었다. 이들의 연구는 주로 1차적 연구로서 언간을 발굴하여

문화연구원, 1996)에서는 『고문서집성』9에 실린 창원 황씨 간찰 중에서 18건을 판독하고, 표기적 특징을 언급하면서 그 필사시기를 근대국어 후기인 19세기로 추정한 바 있다.
3) 김일근의 연구는 언간 자료에 대한 본격적인 연구와 언간을 자료화 했다는 점이 높게 평가된다.
4) 많은 양의 언간이 발굴된 것은 1977년 충북 청주에서 발견된 '순천김씨묘 출토 간찰'이다. 조건상, 『청주북일면순천김씨묘출토간찰』(충북대박물관, 1981)은 언간을 발굴하고 사본을 첨부·판독했으나 온전한 편지에 한정했다. 전철웅, 「청주 북일면 순천 김씨묘 출토 간찰의 판독문」(『호서문화연구』 13, 충북대 호서문화연구소, 1995)에서는 이를 재판독하여 판독문의 수를 늘렸다. 또한 조항범, 『주해 순천김씨묘 출토 간찰』(태학사, 1998)은 192건의 모든 편지를 판독·주석하였다.
5) '순천김씨묘 출토 간찰' 이후 1989년 대구 달성에서 발견된 '현풍곽씨 언간'이다. 김일근, 「망우당 종질 곽주의 재실 진주하씨묘 출토문헌의 개관」(『진주하씨묘 출토 문헌과 복식 조사보고서』, 건들바우박물관, 1991)에서 해제한 것을 백두현, 『현풍곽씨언간 주해』(태학사, 2003)에서 172매(언간 167매)의 판독문을 수정하고 주해를 했다.

판독·주석 등을 통해 언간의 자료화에 힘쓴 연구들이며, 이들 자료를 토대로 한 학위논문과 개별 논문이 지속적으로 나오고 있다.[6]

　본 간찰에 대한 연구로는 한국학중앙연구원(2005), 백낙천(2008)이 있다. 한국학중앙연구원(2005)에서는 69편을 판독 및 주석과 함께 현대어도 함께 싣고 있다. 백낙천(2008)은 창원 황씨 간찰의 국어학적 고찰을 통해 서지사항, 표기, 어휘, 문법 등을 분석했다. 그러나 논문에서도 밝혔듯이 국어학적 연구에 음운현상을 언급하지 않은 것과 문법 부분에서 어미 고찰에 치중한 것이 아쉽다.

　한편, 본 간찰에서 발신자와 수신자의 관계를 상대높임법의 등급으로 정리하면 다음의 표와 같다.

〈발·수신 관계와 상대높임 등급〉[7]

발신자	수신자	문서번호	상대높임 등급
신부 안사돈	신랑 안사돈	494, 495, 499, 504, (509), 514, 520, 526, 528, 529, 530, 531, 534, 535, 549, 549-1	ᄒᆞᆼᅀᆞ셔
손아래 동서	손위 동서	497, 525, 536, 538, (543)	
조카 (며느리)	숙모 (숙부)	407, 516, 523, 532, 550	
여동생	오라버니	524, 537, 541, 551	
며느리	시아버지	(503)	
	시어머니	518	
출가녀	어머니	511	

	아버지	502, 519, 522	
아내	남편	508, 533	
종손녀	할아버지	500, 539	
하인	상전	515	
장모	사위	548	
미상		(493), 521	
손위 동서	손아래동서	517, 532-1, 545	ᄒ소
형	동생	542	
아버지	딸	564	
어머니	딸	563, 566, 570	
	아들	(568)	
시아버지	며느리	253(손부 포함), 492, 501, 506	ᄒ라
시어머니		498, 505, 507, 510, 512, 527, 544	
이모	조카	565	
누이	남동생	517-1	
언니	여동생	513, 540	
미상		466(품목)	없음

3. 평서법

본 간찰에서 평서법은 ᄒ라체에서는 '-다, -라', ᄒ소체에서는 '-오', ᄒ쇼셔체에서는 '-이다, -니다, -읍/습'의 형태가 보인다.

---

7) 한국학중앙연구원 편,『조선 후기 한글 간찰(언간)의 역주 연구』2(태학사, 2005, 30면)의 발·수신자의 표를 재구성한 것이며, 문서번호는 이에 따른다. 표 안의 ( )는 발·수신자의 관계를 재조정한 것이다.

3.1. ᄒ라체

ᄒ라체의 종결어미에는 '-다, -라'의 용례만 보인다. 아래에서는 '-다' 를 중심으로 '-ᄒ다, -ㄴ다/-는다, -ㄹ다, -로다'의 용례를 살펴보고, '-라' 를 중심으로 '-노라, -더라, -이라'에 대해 검토해 본다.

3.1.1. '-다'

'-다'는 'Ø+-다', '-앗/엇-, -겟-' 등 선행하는 어미들과 '-ᄒ다, -ㄴ 다/는다, -ㄹ다, -로다'의 형태로 나타난다.

> (1) 가. 여긔 것들도 죠히들 잇다 <창원 512>
> 나. 잇단 말도 못ᄒ고 업단 말도 못ᄒ고 이리 쑵다 <창원 253>
> 다. 한아비 온다고 반기리 그저 셟다 <창원 253>
> 라. 어마님 긔운 디단 못지 아니ᄒ시ᄂᆞ 침담지절이 갈스록 여의들 못
> ᄒ니 답답다 <창원 513>
> 마. 마샹의 엇지ᄂᆞ 득달홀고 넘여 측냥업다 <창원 505>
> 마′. 엇지들이나 어더 먹고 스라가는지 일시도 잇칠 길 업ᄃᆞ <창원
> 517-1>
> 바. 싀모는 큰 병은 업스나 신병 괴롭다 <창원 527>
> 바′. 여셔는 별고는 업스ᄂᆞ 쥬경 형뎨 감긔 셩치 못 괴롭ᄃᆞ <창원
> 517-1>

(1가)는 동사, (1나~바)는 형용사의 용례이다. 특히 (1나)의 '쑵다'는 '슬 프다'의 뜻으로 동사 '슬퍼하다'의 의미인 '슳다'가 아닌 형용사 '슳프다' 의 이표기로 볼 수 있다.[8] (1라)는 '어근+-ᄒ다'의 형태에서 '-ᄒ-'가 탈

---

8) 한국학중앙연구원 편,『조선 후기 한글 간찰(언간)의 역주 연구』2(태학사, 2005, 40면)에서 는 동일한 형태론적 구성인 '골프다<곫다'로 쓰인 예를 상정했으며, 문맥상 '서럽다'의 의미로도 가능하므로 '쑵다'를 '셟다'의 이표기로 이해할 수도 있다고 했다. 또한 <창

락한 '답답+-다'로 분석할 수 있다. (1마, 바)에서 '업다, 괴롭다'의 형태가 (1마´~바´)에서는 '-듯'의 형태로 나타났다.[9]

> (2) 가. 어졔 편지는 즉시 보앗다 <창원 492>
> 　　나. 버슨 의복 한 벌 가니 고쳐 입히고 입은 거시ᄂ 고쳐 입혀라 안혼
> 　　　　못 고쳐 입혓다 <창원 505>
> 　　다. 병이 만일 더흥던들 내가 너려 갈 쩐 흥엿다 <창원 506>
> 　　다´. 심집은 아직 우례을 못흥얏다 <창원 513>
> 　　라. 세상 실로 귀치 아니흥여 즈즐 못 계듸겟다 <창원 253>
> 　　라´. 셩뉴 혹시 어더셔 좀 가지고 오너라 즁졍 회즁의 약흥여 먹이게
> 　　　　다 <창원 517-1>
> 　　마. 너의 모양을 싱각흥면 심셩 졍홀 길 업거든 잇더을 당흥야 눈물
> 　　　　만 압스니 실노 밋칠것다 <창원 513>

(2가, 나, 다)는 과거시제 선어말어미 '-앗/엇-'이 결합한 예이다. (2나)는 사동접미사 '-히-'가 결합된 예이며, (2다, 다´)는 동일한 형태 조건 '-흥-'에 '-엿/얏-'의 이형태가 쓰인 예이다. (2라, 라´)의 '-겟-/계-'와 (2마)의 '-ㄹ것'은 미래시제의 형식을 갖는 형태이며, 본 간찰에서는 추측·예정의 의미이다.

> (3) '-흥다'
> 　　가. 네가 오쟉 섭섭히 너기랴 보는 듯흥다 <창원 492>
> 　　나. 죠식 젼 공복이 더 날 듯흥다 <창원 506>

253>에 '셟다'가 나타나 '쓿다'와 '셟다'의 의미를 각기 다르게 인식한 것으로 보았다.
9) '-듯'는 특이하게도 다른 편지에서는 보이지 않고 <창원 517-1>의 편지에서만 드러난다. 하지만 '-듯'는 필사된 언간 판독의 난해함을 보여 준다. '-다'와 '-듯'는 흘리는 정도에 따라 또는 판독자의 주관에 따라 '-다'로 읽히거나 '-듯'로 읽을 수도 있기 때문에 '-다/-듯'의 판독에 지나친 해석을 하는 것은 무리일 것으로 판단된다. 또한 이러한 형태는 "ᄉ셩존물을 모로니 흔 셰샹의 잇눈 보롬이 업다"<창원 253>과 "너눈 쳐가의 닛눈지 집의 와 닛눈지 알 길 업다"<창원 517-1>의 편지에도 나타난다.

(3)은 '듯[의존명새+-ᄒ다'가 결합된 보조형용사로 동사의 관형사형 뒤에 쓰이고 있다.

> (4) '-ㄴ다/는다'
> 가. 손부는 팔월 후 광쥬 가고져 혼다 <창원 253>
> 나. 네가 심녀ᄒ는 일 츠마 못 닛친다 <창원 512>
> 다. 치위예 노인니 졔관으로 둔니시는 일 민망 〃홀 일 일로는다 <창원 512>
> 라. 총요 등 티강 젹는다 <창원 513>
> 라′. 말이 나무나 어득 티강 젹는다 <창원 507>
> 마. 부디 본심 슈습ᄒ야 지니기 민는다 <창원 513>
> 마′. 시졀도 하 고이ᄒ다 ᄒ니 무슨ᄒ기나 밋는다 <창원 253>

(4)는 동사 어간에 통합된 용례이며, 이때의 '-ㄴ-'은 개음절 어간 뒤에서는 '-ᄂ다>-ㄴ다'의 변화에 따라 '-ㄴ다'로 나타나는 것으로 볼 수 있다. (4나)는 '닛친다'는 '닛-+-히-+-ㄴ다'로 '닛다'에 피동접미사 '-히-'가 쓰였다. (4다)의 '일로는다'는 '일-+-로-(<-오-)+-는다'로 분석될 수 있으며, (4라, 라′, 마)는 동일한 환경에서 '-는/ᄂ-'이 모두 나타나고 있다. 이러한 현상은 '-ᄂ-'에서 'ㆍ'의 음가 소실로 인해 다르게 나타난 것으로 볼 수 있다.[10]

---

10) 고영근, 『한국어의 시제 서법 동작상』(태학사, 2004, 394-399면)에서는 '-ᄂ-'가 '-ㄴ-'으로 모습을 바꾼 것은 『번역박통사』, 『번역소학』, 『소학언해』 등 16세기 초~말에 바뀌기 시작했다고 했다. 또한 17세기에 들어서 이전의 모음어간에서 벗어나 자음어간 뒤에서도 '-ᄂ-'가 '-는-'으로 바뀌었는데, '-ㄴ-'에서 '-는-'으로 변화하는 현상을 유추, 중가법으로 설명할 수 있지만 유추법이 더 설득력이 있다고 했다.
  (ㄱ) ᄯ 날노뻐 셔연의 궁관 아모와 아모의 말을 듯고 이 말을 ᄒ야 져를 막는다 ᄒ야 원망ᄒ고 <명의, 상, 008b>
  (ㄴ) 먹으라 ᄒ는 거슨 아니 먹는다 ᄒ고 <명성, 030a>
  결국 현대국어에 쓰이는 종결어미 '-는다'는 근대국어 후기에 나타난 것으로 보인다(위 (ㄱ, ㄴ)의 예문은 김태훈, 「근대국어 후기의 종결어미」(『후기 근대국어 형태의 연구』, 역락, 2006, 113면)에서 재인용).

(5) '-ㄹ다'

   가. 두 스돈집이 무이훈 동닐다 <창원 513>

   나. 이곳은 아즉 별고 업스니 다힝일다 <창원 506>

  (5)의 '-ㄹ다'는 '-리도다'에서 '-ㄹ로다'처럼 모음 'ㅣ'가 생략되고, 여기에 '-로-'가 다시 한번 탈락해서 '-ㄹ다'의 형태로 남아있다.[11] (5가)의 '동닐다'는 '동니+[이-]+-ㄹ+-다'처럼 분석될 수 있는 것으로 계사 '-이-'가 탈락한 형태로 볼 수 있다. (5나)에서 계사 '-이-'가 유지된 형태가 나타나기도 한다. 이외에도 '만〃일다 <창원 507>, 쑌일다 <창원 513>, 외질녀일다 <창원 513>, 만힝일다 <창원 513>, 통곡일다 <창원 513>' 등이 나타난다.

(6) '-로다'

   가. 삼월 졔논 밥이나 엇지 써흘고 넘이로다 <창원 253>

     외오셔 뷘 넘녀 쓴이로다 <창원 253>

     아모려나 약효나 보고 조심흐여셔 어셔 쾌복흐기 앙망이로다

     <창원 507>

     듕병 디낸 아희들 먼 길히 샹홀가 근심이로다 <창원 568>

   나. 의복도 쟝만홀 거시 업술거시니 넘녀로다 <창원 568>

  (6가)의 '앙망이로다'는 '앙망+이-+-로-+-다'로 분석되며, 이때의 '-로-'는 이른바 감동법 선어말어미 '-도->-로-'로 바뀐 것이다. (6나)의 '넘녀'는 <창원 570> 간찰에서는 '넘녀롭다, 넘녀흐노라'로 쓰이기도 한다.

---

11) 백낙천, 「언간의 종결어미 형태」(『한국사상과 문화』32, 한국사상문화학회, 2006가, 347-348)에서는 <순흥 안씨 언간>의 종결어미를 분석하면서 '-ㄹ다'는 계사 뒤에 쓰여 '-도다'의 교체형인 '-로다'의 축약형으로 보았다.

3.1.2. '-라'

본 간찰에서 어미 '-라'는 선행 어간이 계사일 때보다 '-ᄂ-+-오-'가 결합한 형태가 많이 확인되며, 회상법의 '-더-', 계사 '-이-'와 결합한 예가 나타난다.

(7) '-라'
  가. 종종 인편의 드르니 무스이 득달한가 시부나 노듕의셔 비롤 만나
     우듕의 가노라 <창원 510>
  나. 내 병은 더흐든 아녀 뎌 전과 ᄀ치 디내노라 <창원 563>
  다. 장야을 안지셔셔 지니시오니 답답 절민잇더라 <창원 517-1>
  라. 망극통곡이라 망극통곡이라 <창원 541>

(7가, 나)는 '-노-'(<'-ᄂ-+-오-')의 형태로 동사 어간과 통합하고 있는 예들이다. (7다)는 '-더-'와 결합한 형태가 나타나고 있으며, (7라)는 계사 '-이-'와 통합한 예가 보인다.

3.2. 흐소체

흐소체에서는 대표적 형태인 '-오'의 형태만 쓰이고 있다. 하지만 '-소'의 형태가 보이지 않는 것은 특이하다.

3.2.1. '-오'

(8) '-오'
  가. 자근 시동싱은 계동 싀가의셔 만뉴ᄒ여 못 나려오오 <창원 497>
  나. 며느리 디례의 쎄치고 무양ᄒ오 <창원 549-1>
  다. 너을 보기 시급ᄒ더 이 봄의도 못보게시니 셥셥 엇지 다 측냥ᄒ

리마는 업는 타시오 <창원 505>

(8가)의 '못 나려오오'는 못 내려오냐는 뜻으로 '-오'가 쓰였으며, (8나)는 형용사 어간에 연결된 형태이며, (8다)는 계사 '-이-'와 결합된 형태가 나타난다.

3.3. ㅎ쇼셔체

ㅎ쇼셔체는 등급을 결정짓는 '-으이-'를 포함하고 있는데, 이때의 '-으이-'는 청자에 대한 화자의 태도와 관련된다. 이 '-으이-'가 결합된 종결어미로 다음과 같은 것이 나타난다.

3.3.1. '-이다'

(9) '-이다'
  가. 큰 우고 업스오ᄂ 쇼영ᄉ가 여의치 못ᄒ와 답 〃 ᄒ오이다 <창원 407>
  나. 이곳슨 디소 뎌딕이 다 일영들 ᄒ오심 만 〃 힝이올소이다 <창원 528>
  다. 어마님게오셔 일루의 희망을 가지고 가셧다 오작 ᄒ시오릿가 복모 든 〃 ᄒ옵나이다 <창원 407>
  다´. 닉니 거ᄂ리시고 긔운 틱평ᄒ오심 ᄇ라옵ᄂ이다 <창원 549-1>
  라. 사돈게옵셔도 긔운 부지ᄒ오신 일 만힝이옵던이 날 싀이 싀로이 궁 〃 ᄒ와이다 <창원 509>
  마. 밤에도 열어번식 누오이 장근 달포 되오이 살기아 황당ᄒ외다 <창원 515>

(9가)의 '-오이다'가 가장 많은 용례를 보이고 있다. 드물게 (9나, 다)의

'-소이다', '-나/ᄂ이다'도 보인다. (9라)의 '-와이다'는 ᄒ라체의 '-에라',
ᄒ소체의 '-에'에 짝할 ᄒ쇼셔체 '-어이다'로 볼 수 있으며12), (9마)의 '-외
다'는 '-오-+-으이-+-다'의 형태가 축약된 것이다.

(10) '-니다'

가. 아ᄌ바님 ᄂ외분게셔와 ᄃ소 각졀 일안들 ᄒ옵시오닛가 면〃
굼〃ᄒ오니다 <창원 518>

나. 이곳준 계오 지ᄂ오나 안 혼ᄌ 임ᄒ노니 ᄎ마 괴롭습고 지ᄂ옵
ᄂ니다 <창원 494>

다. 밧ᄉ돈게옵셔도 층〃으로 거ᄂ리시고 만강ᄒ오시오며 날 셔이
시로이 궁금ᄒ온이다 <창원 534>

라. 무ᄎ 대졉 무〃 슈통ᄒ오니 셥〃무안 가이 업습던이다 <창원
499>

(10가, 나)의 '-니다'를 백낙천(2006:346-347)은 첫음절 'ㄴ'이 상위 음절
의 음절말의 자음으로 인식하여 중철 표기한 것으로 잘못된 분철 표기에
따른 일종의 부정회귀(不正回歸) 표기로 보았다. 그 예로 (10다, 라) '-ᄂ이
다'처럼 나타난 것도 있다.

3.3.2. '-ᄂ다'

(11) '-ᄂ다'

가. 어셔 ᄒ옵시기 매일 발원 ᄎ수ᄒ옵ᄂ다 <창원 515>

나. ᄃ강 알외ᄂ다 <창원 515>

---

12) 황문환, 『16·17세기 언간의 상대경어법』(태학사, 2002나, 135면)에서는 '-와이다'를 주
로 화자의 심리 표현과 관련된 심리형용사나 심리동사에 통합되는 특징을 가졌으며, 16·
17세기에는 ᄒ라체의 '-에라'와 마찬가지로 '-어-'의 교체형에 따라 '-아이다', '-어이
다', '-여이다'로 나타나며, 16~17세기 언간에는 'ᄒ여이다'가 '히야이다'로 표기된 예
도 있다고 했다.

　(11)의 '-닝다'는 <창원 515>에서만 관찰되는 표현으로 ᄒᆞ쇼셔체 '-ᄂᆞ 이다'와 관련이 있으며, 축약에 의한 'ㅇ'음의 탈락 현상으로 볼 수 있 다.13)

3.3.3. '-읍/습'

　'-읍/습'이 문장의 끝에 나타나 문장이 종결된 듯이 보이는 예가 나타 난다.14) 이러한 '-읍/습' 종결 형태는 ᄒᆞ쇼셔체로만 사용되며, 평서법 이 외에도 의문법, 명령법에서도 나타난다.

　(12) '-읍'
　　가. 비인셔 스로 곳 즈로 반긔지 못ᄒᆞ오니 셥〃ᄒᆞ옵기 피츠일반이옵
　　　<창원 499>
　　나. 이졔셔 본닌이 셥셥이 알으시지 말으시옵 <창원 508>
　　다. 북어와 선분을 여러 가지 스보닉시니 싱팡스러우나 형님 빗지신

---

13) 전광현, 「근대국어 음운」(『국어의 시대별 변천 연구』2 , 국립국어연구원, 1997, 39면)에 따르면 '-닝다'를 근대국어 전기에 '의[ʌj]'는 하향이중모음이었으나, '-의'가 'ᄋᆞ'의 변 화와 함께 '의'와 '애'에 합류하고, 18세기 후반에 하향이중모음 '에, 애' 등이 단모음화 하였다고 했으며, 김태훈, 「근대국어 후기의 종결어미」(『후기 근대국어 형태의 연구』, 역락, 2006, 122면)에서는 전광현, 「근대국어 음운」(『국어의 시대별 변천 연구』2 , 국립 국어연구원, 1997)에서처럼 '-닝'가 이중모음으로 발음 될 때에는 '-ᄂᆞ-'와 '-이'가 따 로 발음되기 때문에 종결어미 '-이'를 인식할 수 있었으나, '-닝'의 발음이 변화함에 따 라 '-닝'에서 '-이'라는 발음이 나타나지 않게 되었다고 했다. 또한 '-닝'에 종결어미 '-다' 를 결합하여 '-닝다'를 사용하게 된 것이라고 언급하며, 1750~1799년 사이의 '-닝다' 는 선어말어미 '-ᄂᆞ-'와 종결어미 '-이'와 '-다'로 분석될 수 있다고 했다. 하지만 황문 환, 『16 · 17세기 언간의 상대경어법』(태학사, 2002나)에서는 '-닝'와 '-닝이다'의 기능 적 유사성을 중시해 '-ᄂᆞ이다>-닝다>-닝다>-닝'의 과정을 제시하고 있다. 앞선 예문 (9)의 논의도 이와 유사하다.
14) '-읍/습'이 종결형으로 쓰이고 있으나 후행 요소의 생략으로 보인다. 이에 대해 황문환, 『16 · 17세기 언간의 상대경어법』(태학사, 2002나, 137면)에서는 '-읍노이다' 및 '-읍도 소이다'로부터 '-읍-' 뒤의 형태의 생략으로 추정하면서, 일단 '-습' 자체가 종결형으로 기능하고 있다고 보아 '-습' 종결형으로 처리했다.

일 츠마 불안 〃 ᄒᆞᆸ <창원 497>

   라. 긔별ᄒᆞ신 거슨 보션은 ᄲᆞᆯ라 기우랴고 ᄒᆞ던 것 보니ᄋᆞᆸ <창원 502>

   마. 매일 시여차식 ᄯᅩᆼ을 누옵 <창원 515>

(12)의 '-ᄋᆞᆸ'은 '-다, -니다, -이다'가 생략된 것으로 보이며, '-ᄋᆞᆸ'이 종결 형태로 각각 '-이-'(가), '-시-'(나)가 결합된 예이고, (12다, 라)는 용언 어간과 통합된 예이다. 특히 (12마)는 /-ᄋᆞᆸ~-옵/으로 처리할 수도 있다.

(13) '-습'

   가. 굼굼 긔별 듯지 못 갑갑 향념 층냥업습 <창원 517>

   나. 시딕 평안ᄒᆞ고 아득희 몰나더니 득남 심통 〃 깃부ᄋᆞᆸ기 측냥 못 ᄒᆞ셔습 <창원 545>

   다. 총총 두어 ᄌ 젹습 동싱 오면 ᄌ셔ᄒᆞᆫ 말 ᄒᆞ계습 티평이들 지니ᄋᆞᆸ기 밋습 <창원 540>

   라. 병환이 그러치 아니셔도 이왕 갈 터의 그리ᄒᆞ고 잇ᄉᆞᆸ <창원 533>

   마. 열엇 잇던 거시오니 잇거든 그 중의 큰 거스로 ᄒᆞ나 보너오시면 셩광되게습 <창원 524>

   바. 완오 형데 그리코노 신통ᄒᆞ더라 ᄒᆞ오니 어셔 보면 조케습 <창원 497>

   사. 형데 중의 슈니 오면 조계습 <창원 540>

   아. 어셔 츌뉵ᄒᆞ시기를 고디ᄒᆞ여더니 이런 변을 당ᄒᆞ니 더옥 복통을 ᄒᆞ겨습 <창원 541>

(12가)처럼 계사 '-이-'와 통합된 예는 문증되지 않으며, 동사나 형용사와 바로 결합된 예만 보이고 있다. (13라)는 아내가 남편에게 쓴 편지로 '-ᄋᆞᆸ/습'이 아닌 '-ᄉᆞᆸ'으로 문장을 맺고 있다. (13마, 바, 사, 아)의 '-습'은 '-겠-'의 변이형들이 선행한 형식들이다.

4. 의문법

의문법어미에서 ᄒ라체 {-아}계의 '-냐, -랴'의 예와 '-리', '-다', 그리고 '-라'가 보인다. 또 ᄒ소체의 '-가, -고'가 보이며, ᄒ쇼셔체에서는 '-릿가'(<-리잇가)는 보이지만 '-닛가'(<-니잇가)는 보이지 않는다.

4.1. ᄒ라체

4.1.1. {-아}

(14) '-냐'
  가. 엇지 ᄉ라인는지 죽어는지 쥬소 관녀되ᄂ 쓸 디 인느냐 <창원 513>
  나. 형뎨 평슌ᄒ고 소솔 무고ᄒ냐 <창원 517-1>
  다. 든이는 말이 디단든 안타ᄒᄂ 굼굼ᄒ 말이냐 엇지 다ᄒ겐느냐 <창원 513>
  라. 너의들 이리 와 안 보지 볼 길 닛는냐 <창원 517-1>
  바. 슈창 형제 줄 잇고 엇지 목심 부지ᄒ야는냐 <창원 513>
  사. 광줘셔 쓸 말이나 갓다가 먹어논야 <창원 253>
  아. 너의 친당 근역이 강건ᄒ시며 층층 뫼시고 너도 무양ᄒ야 <창원 498>
(15) '-랴'
  가. 닉집 경수 이밧 더 잇시랴 <창원 498>
  나. 너일 송 집 치힝을 엇지ᄒ며 네가 오쟉 셥셥히 너기랴 <창원 492>
  다. 지우금 딕을 완정치 못ᄒ옵시고 사우 힝츠도 못 뫼옵시니 망조ᄒ옵신 심사을 ᄉ옵시랴 <창원 503>

(14사, 아)는 판독의 애매성 또는 필사자의 문법의식 오류로 인해 '먹어

논야', '무양ᄒ야'가 나타나고 있는데, 각각 '먹었느냐', '무양하냐' 정도로 이해된다. 본 간찰에서는 '-녀'는 보이지 않고, '-냐', '-랴'만 나타난다.15)

4.1.2. '-리'

(16) '-리'
쇼상은 윈디셔 날을 보내니 셟기 더욱 층냥ᄒ리 <창원 563>

'-리'는 '헤아릴 수 있겠느냐'의 의미로 의문법으로 나타났다. 특이한 용례로 기존 문헌에서는 잘 나타나지 않는 용례이다. 언간이 보여 주는 다양한 국어의 모습 중에 하나라고 할 수 있다.

4.1.3. '-다'와 '-라'

(17) '-다'
요사이 아희들 ᄃ리고 엇디 디니는다 <창원 568>

(17)의 '-는다'가 보이는데 '-ㄴ다'는 주어가 '너'일 때 사용되었다. '-ㄹ다'는 나타나지 않고 있다.16) 이유기(2001:182-184)에서는 '-ㄴ다'계 어미가 17세기에도 생산적으로 쓰였으며, 17세기에 그 기능이 소실되어 가는 시기로 보았다. 또한 의문법의 '-ㄹ다'는 '-ㄴ다'도 일정 부분 생산성을 유

---

15) 허웅, 『16세기 우리 옛말본』(샘문화사, 1989, 165면)에서는 15세기에 '-냐'는 드물고, 16세기 초 문헌에 '-녀'가 나타나며, 16세기 후기 문헌에 주로 '-냐'가 관찰되어 이 시기가 '-냐'와 '-녀'의 교체시기라고 언급했다.

16) 장윤희, 『중세국어 종결어미 연구』(태학사, 2002, 329면)에서는 '-ㄴ다'는 15세기까지 2인칭 직접 의문이었으나 16세기 후에는 그 기능이 약화된 것으로 보았다. 또한 안병희, 「후기 중세국어의 의문법에 대하여」(『학술지』6, 건국대학교, 1965, 77-79면)에서는 '-ㄴ다'의 소멸의 원인을 의도법 선어말어미 {-오-}의 기능 상실과 평서법 종결 형식 '-ᄂ다'가 '-ㄴ다'로 변화하면서 소멸했다고 하였다.

지했었다고 설명했으며, 17세기 평서법의 '-(으)리로다'가 '-(으)ㄹ다'로 변화하면서 '-ㄴ다(-ㄹ다)' 의문법이 약화되는데, 이는 평서법의 '-(으)ㄹ다'가 등장하여 의문법의 '-(으)ㄹ다'조차 약화되어 '-ㄴ다' 의문법의 전체적인 약화 현상에 영향을 미친 것으로 보았다.

> (18) '-라'
> 보션 셔벌노 지여더니 닉 졍신니 고약ᄒ여 쩌난 후 보니 아니 가져
> 갓시니 단벌노 가셔 오작 군식ᄒ여시라 <창원 510>

ᄒ라체 의문문에 '-라'가 등장하는 특이한 용례이다. 보통 '-라'는 평서법, 명령법에 나타나는데, 본 간찰에서는 '단벌로 가서 오죽 궁색하였겠느냐?' 정도의 의미에 어미 '-라'가 쓰였다.

4.2. ᄒ소체

4.2.1. '-가'

> (19) '-ㄴ가/-는가'
> 가. 듀야 넘여 엇더타 업숩더니 듯ᄌ오니 무ᄉ이는 올나간가 <창원
> 494>
> 나. 아ᄌ바님 요사이는 안녕ᄒ오신가 <창원 525>
> 다. 시덕 밥이ᄂ 먹으면 안 알을ᄂ논가 <창원 509>

(19가, 나)는 각각 동사와 형용사 어간에 통합한 예이다. (19다)의 '-는가'는 동사 어간과 통합한 예이다. 하지만 '-ㄹ가'의 형태는 문증되지 않는다.

4.2.2. '-고'

(20) '-ㄴ고/논고'
가. 아희는 쳐음 마샹횡역 엇지한고 <창원 510>
나. 평촌셔도 일안ᄒ시며 화##논 엇디 ᄉ논고 <창원 550>
다. 일연지니의 모ᄌ분이 긔셰 ᄒ오신이 <중략> 이갓치 당훈이 이
게 웬 말린고 <창원 565>
(21) '-ㄹ고'
거번 쳘 업논 흥졍 말훈 일 데가 지각 업논 말 어이홀고 <창원
497>

(20가)는 '엇지하-+-ㄴ고', (20나)는 '엇디+ᄉ-+-논고'로 분석할 수
있다. (20다)는 계사 '-이-'와 어울려 '말-+-이-+-ㄴ고'로 분석 가능하
며, '말린고'의 표기는 'ㄹ-ㄹ'의 과잉분철 예이다. (21)은 '-ㄹ고'로 의문
사가 선택적으로 나타난다.

4.3. ᄒ쇼셔체

ᄒ쇼셔체 의문형 '-잇가'는 선행에 '-니-, -리-'를 포함한 '-리잇가'의
형태가 나타난다. 본 간찰에서도 통시적으로 있어왔던 형태가 여전히 유
지되어 나타나고 있다.[17] 또한 '-읍/습'의 형태도 실현된다.

[17) 장윤희, 『중세국어 종결어미 연구』(태학사, 2002, 327-328면)에서는 근대국어의 의문법 어
미 체계는 이전과 비교해서 큰 차이가 없다고 지적하면서 16세기까지의 '-닛가, -릿가'
는 'ᄒ야ᄡᅥ체'를 표시하는 의문법 어미이지만 17세기 이후에 나타나는 '-닛가, -릿가'는
'-니잇가>니잇가', '-리잇가>리잇가'의 결과 나타난 '-니잇가, -리잇가' 등이 축약된
'ᄒ쇼셔체'라고 하였다.

4.3.1. '-잇가'와 '-릿가'

(22) '-잇가/릿가'

　가. 샹ㅅ 말ㅅㅁ은 무ㅅㅁ 말ㅅㅁ 알외오리잇가 <창원 505>

　나. 그 ㅅ이 쏘 틱긔가 잇ㅅㅂㄴ니잇가 <창원 524>

　다. 일조에 망극지통을 당ㅎㅇㅂ시고 오작 망창하셧ㅅ오며 유한이 만
　　　ㅅ오시릿가 <창원 407>

　　(22가, 나)는 중세국어의 '-리잇가', '-니잇가'에서 '-리잇가', '-니잇가'
의 형태로 나타나고 있는데, 한글 필사본이라는 특성상 정확한 판독이 불
가능해 표기 구별이 쉽지 않은 탓도 있지만 근대국어 후반기의 특징을 잘
보여 주는 형태이다. 또한 근대국어의 '-릿가', '-닛가'가 아닌 '-리잇가',
'-니잇가'가 공존하고 있다는 것이 주목할 점이다. (22다)는 '-리잇가'의
축약형으로 '-릿가'가 나타난다. 이러한 현상은 16·17세기의 의문형 '-닝
까', '-링까'의 형태에서 'ㅇ'의 약화로 인해 생긴 결과이다. '-닛가'는
<간찰>에서 그 예가 나타나지 않는다.

4.3.2. '-옵/습'

(23) '-옵'

　가. 말ㅅㅁ은 다 못ㅎ게습 언마나 크고 거르려 ㅎ옵 <창원 551>

　나. 밧사돈긔셔도 날ㅅ이 태평ㅎ시옵 <창원 549>

(24) '-습'

　가. 여긔는 어려은 터의 시는 오셔 무어슬 줍ㅅ오시게습 <창원
　　　497>

　나. 즈근딕 틱긔 잇습 <창원 540>

　　(23, 24)의 '-옵/습'은 평서법에서처럼 종결형이 생략된 형태로 나타난

것이다. (24나)의 '잇습'은 '있습니까' 정도로 해석할 수 있는데, 문맥으로
보아 안부를 묻는 것이므로 '잇습닛가'에서 '-닛가'가 생략된 형태로 볼
수 있다.

5. 명령법

명령법에는 ᄒᆞ라체, ᄒᆞ쇼셔체만 보이고 ᄒᆞ소체는 보이지 않는다. ᄒᆞ라
체에서는 '-라', ᄒᆞ쇼셔체에서는 '-쇼셔, -옵'의 형태만 쓰이고 있다.

5.1. ᄒᆞ라체

명령법의 ᄒᆞ라체에서는 '-아라/-어라/-여라/-너라~-나라'가 나타난다.
명령법에서는 '-라'가 공통적으로 보인다.

5.1.1. '-라'

(25) '-라'
 가. 형 더 중ᄒᆞᆫ 병 와셔 보아라 <창원 517-1>
 나. 이번은 종 부려라 <창원 505>
 다. 너무 고약부이지 말나 ᄒᆞ여라 <창원 253>
 라. 부ᄃᆡ 죠심ᄒᆞ여 잘 오너라 <창원 492>
 라'. 본샹이나 보고 오나라 <창원 563>
 마. 너 〃 뫼시고 긔질을 부지ᄒᆞ라 <창원 565>

(25가)의 '-아라'는 <517-1>의 편지와 같이 '보다'와 결합한 예만 보이
고 있으며, (25나)의 '-어라'는 동사 어간과 직접 통합한 예는 나타나지

않는다. (25다) '-여라'는 <간찰>에서 가장 많이 보이는 명령 형태이다. (25라)와 (25라´)의 /-너라~-나라/는 '-거라'의 교체형인 '-너라<-나라' 로도 나타나고 있다. (25마)의 '-라'는 (25다)의 '-여라'로 나타날 듯도 하 지만 단독형인 '-라'로만 보이는 것으로 간찰의 특성인 간접 명령 형태로 나타났다.

5.2. ᄒᆞ쇼셔체

ᄒᆞ쇼셔체 명령형은 '-쇼셔'로 나타나는 것이 일반적이나 본 간찰에서는 '-소셔'의 출현 빈도가 더욱 많이 나타난다.[18]

5.2.1. '-쇼셔'

(26) '-쇼셔'
    가. 내내 태평 부지ᄒᆞ오심 밋줍ᄂᆞ이다 이곳이셔 종종 보내시옵소셔
        <창원 514>
    가´. 아모조록 깁히 싱각ᄒᆞ오셔 동번셔취을 ᄒᆞ시드리도 이 돈부터
        갑게 ᄒᆞ시옵소셔 <창원 518>
    나. 격스옴 남스오나 쇼듕 어득 졍신 업스와 된지 만지 격스오니 눌
        너 술피시소셔 <창원 549>
    다. 대스 쎠 ᄌᆞ연 밤일이 만스올 거시니 초 만히 보내옵쇼셔 <창원
        536>

(26가, 가´)는 '-옵-'과 통합할 때는 매개모음 없이 '-옵소셔/옵쇼셔' 형태로만 나타난다.[19] 또한 /-소셔~-쇼셔/가 '-옵-'(또는 '-옵-')과 결합

---

18) <창원 549>의 '-소셔'를 한국학중앙연구원 편, 『조선 후기 한글 간찰(언간)의 역주 연 구』 2(태학사, 2005, 288면)에서는 'ᄒᆞ소셔'체 명령형어미로 처리하였다.

된 양상으로 '-시-+-옵-+-소셔'로 결합되어 있다. 그러나 (26나)는 '-시
-+-소셔'처럼 '-옵-'을 생략한 채 '-시-'와 바로 통합한 예이다. 또한 '-
쇼셔'의 형태는 (26다)에서처럼 '-소셔'의 형태보다 적게 나타난다.

5.2.2. '-옵'

'-옵'은 ᄒ쇼셔체 명령문으로도 나타나는데, 대개 물건을 사오라는 의
미의 문장들이 많이 보인다.

> (27) '-옵'
> 가. ᄉ동싱 의관 ᄒ나 ᄉ 보닉 오시옵 <창원 524>
> 나. 답장 이 편의 브치옵 부디 부디 회답이 하인 편 부치옵기 ᄇ라옵
>   <창원 550>
> 다. 셩식이 묘연ᄒ오니 쥬소의 겨옵 <창원 548>

(27가)는 '오-+-시-+-옵', (27나)의 'ᄇ라-+-옵'의 형태가 일반적으
로 나타나고 있으나 (28다)의 '겨-+(-시-)+-옵'처럼 '-시-'가 생략된 용
례가 보이기도 한다.

6. 맺음말

이 글은 창원 황씨 언간에 나타난 종결어미를 분석하여 그 형태의 고찰

---

19) 황문환, 『16·17세기 언간의 상대경어법』(태학사, 2002나, 192면)에서는 폐음절 어간 뒤
   에서는 매개 모음이 개재된 /-ᄋ쇼셔/가 나타날 것으로도 예상했으나 문증되지는 않는
   다고 했으며, 개음절 어간 뒤에서는 /-쇼셔/가 통합된다. '말(勿)-'과 같은 /ㄹ/ 말음 어간
   의 경우 /ㄹ/이 탈락되지 않고 반드시 매개 모음 개재형인 /-ᄋ쇼셔/가 연결된다고도 했다.

을 목적으로 하였으며, 구체적으로는 문장종결법과 각각의 높임 등급에 해당하는 종결어미를 추출하여 '평서법, 의문법, 명령법'과 'ᄒ라체, ᄒ소체, ᄒ쇼셔체'로 나누어 살펴보았다. 본문의 내용을 정리하면 다음과 같다.

첫째, 평서법의 ᄒ라체에는 '-다, '-라'를 중심으로 '-ㄴ다/는다, -ㄹ다, -로다'가 쓰이고 있으며, ᄒ소체에서는 '-소'는 보이지 않고 '-오'만 등장한다. ᄒ쇼셔체에서는 '-이다, -닏다, -ᅀᆞᆸ/습'의 형태가 나타난다.

둘째, 의문법에서는 {-아}계인 '-냐, -랴'와 '-리', '-다'의 형태가 보이고 있다. 평서법이나 명령법에서 보기 쉬운 '-라'가 쓰였다. ᄒ소체에서는 의문법의 대표형식인 '-가/고'가 사용되고 있다. ᄒ쇼셔체에서는 '-잇가'의 형태가 보이며, 부분적으로 '-릿가'가 사용되었으며, 역시 '-ᅀᆞᆸ/습'이 종결 형태를 지니고 있다.

셋째, 명령법에서는 ᄒ라체와 ᄒ쇼셔체만 보이며, ᄒ라체에서는 '-라', ᄒ쇼셔체에서는 '-쇼셔'의 형태보다는 '-소셔'가 더욱 많이 사용되고 있었다. 또한 '-ᅀᆞᆸ/습'이 평서법, 의문법, 명령법에서도 실현된다.

참고문헌

고영근(1989), 『국어형태론연구』, 서울대출판부.

고영근(2004), 『한국어의 시제 서법 동작상』, 태학사.

김일근(1959), 「이조어필 어간의 소개와 연구」, 『학술지』 2-1, 건국대학교, 351-395면.

김일근(1974), 『친필언간총람』, 경인문화사.

김일근(1986/1991), 「추사 김정희의 언간자료 총람」, 『건국어문학』 15, 건국대 국어국
　　　　　　문학연구회, 245-275면.

김일근(1991), 「망우당 종질 곽주의 재실 진주하씨묘 출토문헌의 개관」, 『진주하씨묘
　　　　　　출토 문헌과 복식조사보고서』, 건들바우박물관.

김태훈(2006), 「근대국어 후기의 종결어미」, 『후기 근대국어 형태의 연구』, 도서출판
　　　　　　역락, 111-158면.

백낙천(2006가), 「언간의 종결어미 형태」, 『한국사상과 문화』 32, 한국사상문화학회,
　　　　　　337-362면.

백낙천(2006나), 「조선후기 한글 간찰의 형식과 내용」, 『한말연구』 18, 한말연구학회,
　　　　　　161-195면.

백낙천(2008), 「창원 황씨 한글 간찰의 국어학적 특징」, 『한국어문학연구』 51, 한국어
　　　　　　문학연구학회, 211-233면.

백두현(1997), 「진주하씨묘 출토 <현풍 곽씨 언간> 판독문」, 『어문논총』 31, 경북어
　　　　　　문학회, 19-88면.

백두현(2003), 『현풍곽씨언간 주해』, 태학사.

서태룡(1996), 「16세기 청주 간찰의 종결어미 형태」, 『정신문화연구』 19-3, 한국정신
　　　　　　문화연구원, 57-93면.

안귀남(1996), 「언간의 경어법 연구」, 경북대 박사학위논문.

안병희(1965), 「후기 중세국어의 의문법에 대하여」, 『학술지』 6, 건국대학교, 59-82면.

이광호(1996), 「언문간찰의 형식과 표기법」, 『정신문화연구』 19-3, 한국정신문화연구
　　　　　　원, 95-131면.

이유기(2001), 『중세국어와 근대국어 문장종결형식의 연구』, 도서출판 역락.

임홍빈(1996), 「필사본 한글 간찰의 해독과 문장 분절」, 『정신문화연구』 19-3, 한국정
　　　　　　신문화연구원, 29-56면.

장윤희(2002), 『중세국어 종결어미 연구』, 국어학총서 41, 태학사.

전광현(1997), 「근대국어 음운」, 『국어의 시대별 변천 연구』 2, 국립국어연구원, 7-54면.

전철웅(1995), 「청주 북일면 순천 김씨묘 출토 간찰의 판독문」, 『호서문화연구』 13, 충북대 호서문화연구소, 225-281면.

조건상(1981), 『청주북일면순천김씨묘출토간찰』, 충북대박물관.

조항범(1998), 『주해 순천김씨묘 출토 간찰』, 태학사.

한국학중앙연구원 편(2005), 『조선 후기 한글 간찰(언간)의 역주 연구』 2, 태학사.

허 웅(1989), 『16세기 우리 옛말본』, 샘문화사.

황문환(2002가), 「조선시대 언간과 국어생활」, 『새국어생활』 12-2, 국립국어연구원, 133-145면.

황문환(2002나), 『16·17세기 언간의 상대경어법』, 태학사.

황문환(2004), 「조선시대 언간 자료의 연구 현황과 전망」, 『어문연구』 32-2, 한국어문교육연구회, 69-94면.

수록 논문 출전

1부 접속어미의 기본적 이해

백낙천(2009), 「국어의 문법화 현상에 대하여」, 『한국언어문화』 39집, 한국언어문화학회.
백낙천(2017), 「접속어미의 사전 표제어 기술에 대한 일고찰」, 『국제언어문학』 37호, 국제언어문학회.
백낙천(2008), 「국어 접속문의 시제 해석과 관련된 몇 가지 문제」, 『새국어교육』 79호, 한국국어교육학회.

2부 접속어미의 형태론과 통사론

백낙천(2001), 「동사구 구성 통합형 접속어미의 형태론적 해석」, 『한국어학』 13집, 한국어학회.
백낙천(2003), 「'-자'를 포함한 접속어미의 형태론적 해석」, 『국어교육』 112호, 한국국어교육연구학회.
백낙천(2006), 「'-든지', '-은지', '-을지'의 형태론적 구성과 의미」, 『새국어교육』 72호, 한국국어교육학회.
백낙천(1996), 「'(-)다가'에 대하여」, 『동국어문학』 8집, 동국대학교 국어교육과.
백낙천(2009), 「특이한 구성요소를 포함한 접속어미의 형태론적 해석」, 『한국어문학연구』 53집, 한국어문학연구학회.
백낙천(2006), 「국어 조사의 범주와 의미」, 『한국언어문화』 30집, 한국언어문화학회.
백낙천(2011), 「조사 통합형 접속어미의 특징」, 『국제언어문학』 24호, 국제언어문학회.
백낙천(2012), 「접속어미 '-느라고'와 '-으려고'에 대하여」, 『국제언어문학』 26호, 국제언어문학회.

3부 언간의 어말어미

백낙천(2004), 「언간에 나타난 통합형 접속어미의 형태와 의미」, 『국어국문학』 138, 국어국문학회.

백낙천(2006), 「언간의 종결어미 형태」, 『한국사상과 문화』 32집, 한국사상문화학회.

백낙천·조용림(2011), 「창원 황씨 한글 간찰의 종결어미 형태」, 『한국어문학연구』 56집, 한국어문학연구학회.

찾아보기